本书为教育部哲学社会研究后期资助项目
"俄国农业史研究（1700—1917）"（项目批准号：21JHQ055）的
阶段性成果

本书由贵州师范大学学科建设专项资金资助出版

俄 国 史 研 究

俄国交通运输史

（1700~1917）

邓沛勇 著

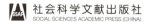

社会科学文献出版社
SOCIAL SCIENCES ACADEMIC PRESS (CHINA)

著者简介

邓沛勇，世界史博士，贵州师范大学历史与政治学院暨历史研究院副教授，贵州师范大学国际政治文化研究中心研究员，硕士生导师。研究方向为俄国史和中亚史。主持国家社科基金项目2项、教育部后期资助项目1项、贵州省哲学社会科学规划课题1项，参与多项国家社会基金项目和教育部项目。获贵州省第十三次哲学社会科学优秀成果奖二等奖、2021年贵州省社会科学"学术先锋"称号。现出版专著6部，译著2部，在《史学月刊》、《俄罗斯研究》和《经济社会史评论》等杂志上发表论文和译文20余篇。

目 录

绪　论

一　研究俄国交通运输史的现实意义

交通运输是社会经济发展的重要保障，在古代，大多数国家的交通运输以土路为主，其中，驿路可保证国家重要信息的传递，是维系国家专制统治的重要条件。近代社会，交通运输的作用更是突出，因雨季时土路时常泥泞不堪，水路成为刺激社会经济发展的重要动力，凭借其运量大、运费低等优势保证了地区间的商品交换，成为促进工农业发展的有力保障。19 世纪，铁路开始进入民众的视野，在其带动下工业化进程加速，商品流通加快，地区间市场的联系更加紧密，社会经济快速发展。因此，交通运输是一国社会经济发展的基本条件之一，亦是衡量一国现代化水平的重要指标，更是政治军事稳定的重要保障。

就俄国而言，19 世纪中叶之前，畜力和水路运输是其最主要的运输方式。俄国地域辽阔，自然条件各异，各地饲养牲畜种类不同，但大多数地区都使用马匹运输货物，18 世纪至 20 世纪初，俄国的马匹数量稳居世界首位，每千人拥有的马匹数居世界第六。[①] 俄国畜力运输的基本工具是雪橇和轮式马车，雪橇是冬季最主要的运输工具。17～18 世纪，俄国畜力运输的路况很糟糕，道路时常泥泞不堪无法通行，19 世纪中叶，畜力运输的规模达至最大，大兴铁路之后，畜力运输迅速衰落。

俄国十月革命前，水运是俄国最主要的运输方式之一。17 世纪，内河运输业就已成为国民经济最重要的行业之一。18 世纪，俄国河运网络最终形成，其

---

① Экономическая история России с древнейших времен до 1917 г, Энциклопедия. Том первой. М. , РОССПЭН, 2009. С. 617.

1

长度居世界首位。18 世纪 50 年代，欧俄地区（即俄国欧洲部分）诸多河流中，如伏尔加河—卡马河流域、上沃洛乔克运河、北部和西北部诸河流中可定期通航的水路长度超 2.5 万公里。19 世纪初，西北部的上沃洛乔克运河、马林斯基运河和季赫温运河得以疏通和改造，第聂伯河、德涅斯特河、涅曼河和顿河也被纳入俄国河运体系，四通八达的水运体系最终形成。19 世纪 60 年代，欧俄地区共有长度为 4200 俄里的 7 条人工运河发挥作用。1912～1913 年，欧俄地区水路总长度为 18.8 万公里，其中，浮运木材水路和航运水路的长度分别为 14.3 万公里和 4.5 万公里；俄国亚洲部分的水路长度为 9.9 万公里，其中，浮运木材水路和航运水路的长度分别为 5.2 万公里和 4.7 万公里。[①] 俄国自然资源丰富，河流众多，伏尔加河水路最具代表性。伏尔加河及其支流是欧俄地区商品流通的纽带和交通命脉，推动了俄国社会经济的发展。

19 世纪下半叶，俄国开始大规模修建铁路，出现两次铁路建设热潮，铁路对社会经济的影响远大于水路，其修建规模是衡量俄国工业化水平的指标之一，更是维系专制制度的工具。就铁路的经济意义而言，它促进了全俄市场容量和规模的进一步扩大，使商品交流更加频繁，带动了商品性农业发展的同时，还推动了诸多工业部门的发展。

俄国大规模兴修铁路之后，水路主导地位虽然受到冲击，但在运输大宗商品尤其是粮食、木材、石油产品、金属制品和盐等货物方面，其生存空间和优势犹存。本书以 1700～1917 年为研究时段，重点阐释俄国交通运输发展的历史脉络，着重梳理土路、水路与铁路运输的建设历程，力求全面分析各种交通运输方式的货运规模，进一步探究俄国现代化进程中交通运输的作用。

二　研究综述

（一）国内研究现状

国内学术界尚无直接阐述俄国交通史的专著，诸多史学家在论述俄国社会经济发展状况及其特征时对其交通运输的历史略有叙述[②]，诸多译著也对俄国

---

①　Экономическая история России с древнейших времен до 1917 г. Энциклопедия. Том первой. М., РОССПЭН, 2009. С. 520.

②　孙成木、刘祖熙、李建主编《俄国通史简编》，人民出版社，1986；姚海、刘长江：《当代俄国：强者的自我否定与超越》，贵州人民出版社，2001；张建华：《俄国史》，人民出版社，2004；张建华：《激荡百年的俄罗斯：20 世纪俄国史读本》，人民出版社，2010；白建才：《俄罗斯帝国》，三秦出版社，2000；陶惠芬：《俄国近代改革史》，中国（转下页注）

交通问题有所涉猎。①这些成果具有重要参考价值，借助它们可简单了解俄国交通运输史的研究现状。

首先，就俄国陆路运输研究而言，国内鲜有学者关注该问题，只是在论及俄国经济发展时曾有所涉及。②

（接上页注②）社会科学出版社，2007；徐景学：《俄国征服西伯利亚纪略》，黑龙江人民出版社，1984；李迈先：《俄国史》，正中书局，1969；曹维安：《俄国史新论》，中国社会科学出版社，2002；何汉文：《俄国史》，东方出版社，2013；陈之骅主编《俄国沙皇列传》，东方出版社，1999；于沛、戴桂菊、李锐：《斯拉夫文明》，中国社会科学出版社，2001；刘祖熙编著《波兰通史简编》，人民出版社，1988；王晓菊：《俄国东部移民开发问题研究》，中国社会科学出版社，2003；刘祖熙：《改革和革命——俄国现代化研究（1861—1917）》，北京大学出版社，2001。

① 〔苏〕B. T. 琼图洛夫：《苏联经济史》，郑彪等译，吉林大学出版社，1988；苏联科学院经济研究所编《苏联社会主义经济史》（第一卷），复旦大学经济系译，生活·读书·新知三联书店，1979；〔苏〕潘克拉托娃主编《苏联通史》，山东大学翻译组译，生活·读书·新知三联书店，1980；〔苏〕诺索夫主编《苏联简史》（第一卷），武汉大学外文系译，生活·读书·新知三联书店，1977；〔美〕沃尔特·G. 莫斯：《俄国史（1855～1996）》，张冰译，海南出版社，2008，〔苏〕波克罗夫斯基：《俄国历史概要》，贝璋衡等译，生活·读书·新知三联书店，1978；〔俄〕瓦·奥·克柳切夫斯基：《俄国史教程》（第一卷），张草纫等译，商务印书馆，2013；〔俄〕瓦·奥·克柳切夫斯基：《俄国史教程》（第二卷），贾宗谊等译，商务印书馆，2013；〔俄〕瓦·奥·克柳切夫斯基：《俄国史教程》（第三卷），左少兴等译，商务印书馆，2013；〔俄〕瓦·奥·克柳切夫斯基：《俄国史教程》（第四卷），张咏白等译，商务印书馆，2013；〔俄〕瓦·奥·克柳切夫斯基：《俄国史》（第五卷），刘祖熙等译，商务印书馆，2015；〔苏〕Б. Б. 卡芬加乌兹、Н. И. 巴甫连科主编《彼得一世的改革》，郭奇格等译，商务印书馆，1997；〔苏〕梁士琴科：《苏联国民经济史》，中国人民大学编译室译，人民出版社，1959；〔英〕杰弗里·霍斯金：《俄罗斯史》，李国庆等译，南方日报出版社，2013。

② 刘祖熙：《改革和革命——俄国现代化研究（1861—1917）》，北京大学出版社，2001；张广翔、王子晖：《俄中两国早期工业化比较：先决条件与启动模式》，《吉林大学社会科学学报》2011年第6期；〔俄〕尼·米·阿尔辛季耶夫、〔俄〕季·弗·多连克：《关于俄罗斯现代化的若干问题》，张广翔译，《吉林大学社会科学学报》2008年第6期；〔俄〕В. В. 阿列克谢耶夫：《关于20世纪俄国现代化问题的若干思考》，张广翔译，《吉林大学社会科学学报》2005年第4期；张广翔：《亚历山大二世改革与俄国现代化》，《吉林大学社会科学学报》2000年第1期；张广翔：《19世纪俄国工业革命的特点——俄国工业化道路研究之三》，《吉林大学社会科学学报》1996年第2期；张广翔：《19世纪俄国工业革命的发端——俄国工业化道路研究之二》，《吉林大学社会科学学报》1995年第2期；张广翔：《19世纪俄国工业革命的前提——俄国工业化道路研究之一》，《吉林大学社会科学学报》1994年第2期；张广翔：《19世纪俄国工业革命的影响》，《吉林大学社会科学学报》1993年第2期；张广翔：《论19世纪俄国工业蒸汽动力发展历程及其工业革命特点》，《求是学刊》1990年第4期；杨翠红：《俄国早期工业化进程解析》，《贵州社会科学》2013年第9期；赵士国、刘自强：《中俄两国早期工业化道路比较》，《史学月刊》2005年第8期；万长松：《论彼得一世改革与俄国工业化的肇始》，《自然辩证法研究》2013年（转下页注）

其次，就俄国水路运输研究而言，国内深入研究的学者并不多。主要研究者为吉林大学东北亚研究院张广翔教授，其文章《伏尔加河大宗商品运输与近代俄国经济发展（1850—1913）》、《19世纪上半期欧俄河运、商品流通和经济发展》、《19世纪至20世纪初俄国的交通运输与经济发展》和《18世纪下半期至19世纪初欧俄水运与经济发展——以伏尔加河—卡马河水路为个案》除对18世纪至20世纪初欧俄地区水路的基本状况进行概述外，还对主要河流的商品流通状况，以及水路对俄国社会经济发展的作用进行了论述，这些研究成果具有很大的借鉴和启发作用。范璐祎的博士学位论文《18世纪下半期—19世纪上半期的俄国水路运输》对俄国水路运输状况进行详细描述，对主要河流自然地理概况、货运量和商品运输等内容进行阐释，对水路运输的意义也进行了简单分析。[①]

再次，就俄国铁路运输研究而言，很早就有学者关注该问题[②]，但其关注重点为西伯利亚大铁路或概述性地介绍俄国铁路运输状况。张广翔教授及其学生颇为关注俄国铁路运输，张广翔与逯红梅的文章《论19世纪俄国两次铁路修建热潮及其对经济发展的影响》和《19世纪下半期俄国私有铁路建设及政府的相关政策》简要分析了俄国铁路建设总体概况，并对俄国政府的铁路政策进行了探究，具有很大启发作用。逯红梅的博士学位论文《1836—1917年俄国铁路修建及其影响》，对俄国铁路建设的进程进行了大致梳理，对铁路修建模式，

（接上页注②）第9期；邓沛勇：《19世纪下半叶至20世纪俄国工业发展特征》，《俄罗斯研究》2017年第6期。

① 张广翔：《伏尔加河大宗商品运输与近代俄国经济发展（1850—1913）》，《历史研究》2017年第3期；张广翔、范璐祎：《19世纪上半期欧俄河运、商品流通和经济发展》，《俄罗斯中亚东欧研究》2012年第2期；张广翔：《19世纪至20世纪初俄国的交通运输与经济发展》，《社会科学战线》2014年第12期；张广翔、范璐祎：《18世纪下半期至19世纪初欧俄水运与经济发展——以伏尔加河—卡马河水路为个案》，《贵州社会科学》2012年第4期；范璐祎：《18世纪下半期—19世纪上半期的俄国水路运输》，吉林大学博士学位论文，2014。

② 李宝仁：《从近代俄国铁路史看铁路建设在国家工业化进程中的地位和作用》，《铁道经济研究》2008年第2期；白述礼：《试论近代俄国铁路网的发展》，《世界历史》1993年第1期；陈秋杰：《西伯利亚大铁路修建及其影响研究（1917年前）》，东北师范大学博士学位论文，2011；陈秋杰：《西伯利亚大铁路对俄国东部地区开发的意义》，《西伯利亚研究》2011年第2期；陈秋杰：《西伯利亚大铁路修建中的外国因素》，《西伯利亚研究》2011年第6期；陈秋杰：《西伯利亚大铁路修建中机车供应状况述评》，《西伯利亚研究》2013年第5期；张广翔：《19世纪俄国政府工商业政策基本趋势》，《西伯利亚研究》2000年第4期；黄亚丽：《维特经济政策研究》，吉林大学博士学位论文，2008；裴然：《1881—1917年俄国财政研究》，吉林大学博士学位论文，2010。

铁路修建的资金来源，铁路修建的技术、物力和人力保障及铁路运输的组织和管理等内容进行了阐述，并简要分析了铁路对俄国经济发展的作用。① 上述文章虽对俄国铁路建设状况及其重要意义进行了分析，但仍有诸多铁路线路未涉及，研究空间很大。此外，诸多学者在论述俄国社会经济问题时也曾论及交通运输。②

---

① 张广翔、逯红梅：《论 19 世纪俄国两次铁路修建热潮及其对经济发展的影响》，《江汉论坛》2016 年第 6 期；张广翔、逯红梅：《19 世纪下半期俄国私有铁路建设及政府的相关政策》，《贵州社会科学》2016 年第 6 期。逯红梅：《1836—1917 年俄国铁路修建及其影响》，吉林大学博士学位论文，2017。

② 张建华：《俄国近代石油工业的发展及其特点》，《齐齐哈尔师范学院学报》（哲学社会科学版）1994 年第 6 期；张广翔：《19 世纪 60—90 年代俄国石油工业发展及其影响》，《吉林大学社会科学学报》2012 年第 6 期；王然：《阿塞拜疆石油工业史述略》，《西安石油大学学报》（社会科学版）2013 年第 6 期；邓沛勇：《俄国能源工业发展的影响因素》，《西伯利亚研究》2017 年第 1 期；邓沛勇：《1917 年前俄国石油工业中外资垄断集团及其影响》，《俄罗斯研究》2017 年第 3 期；张广翔、邓沛勇：《论 19 世纪末 20 世纪初俄国石油市场》，《河南师范大学学报》（哲学社会科学版）2016 年第 2 期；王绍章：《俄国石油业的发展与外国石油资本》，《东北亚论坛》2007 年第 6 期；张广翔、白胜洁：《论 19 世纪末 20 世纪初俄国的石油工业垄断》，《求是学刊》2014 年第 3 期；白胜洁：《19 世纪末 20 世纪初俄国的工业垄断研究——以石油、冶金和纺织工业部门为例》，吉林大学博士学位论文，2015；张广翔：《19 世纪末—20 世纪初欧洲煤炭市场整合与俄国煤炭进口》，《北方论丛》2004 年第 1 期；邓沛勇：《19 世纪下半期至 20 世纪初俄国能源工业研究》，吉林大学博士学位论文，2016；张广翔、邓沛勇：《19 世纪下半期至 20 世纪初俄国煤炭工业的发展》，《史学月刊》2016 年第 4 期；张广翔、回云崎：《18 至 19 世纪俄国乌拉尔黑色冶金业的技术变革》，《社会科学战线》2017 年第 3 期；董小川：《俄国的外国资本问题》，《东北师范大学学报》1989 年第 3 期；张广翔：《外国资本与俄国工业化》，《历史研究》1995 年第 6 期；刘爽：《19 世纪末俄国的工业高涨与外国资本》，《社会科学战线》1996 年第 4 期；刘爽：《19 世纪俄国西伯利亚采金业与外国资本》，《学习与探索》1999 年第 2 期；张广翔、王学礼：《19 世纪末—20 世纪初俄国农业发展道路之争》，《吉林大学社会科学学报》2010 年第 6 期；张福顺：《资本主义时期俄国农民租地活动述评》，《西伯利亚研究》2007 年第 4 期；唐艳凤：《1861 年改革后俄国农民土地使用状况探析》，《北方论丛》2011 年第 1 期；李青：《论 1865—1913 年俄国地方自治机构的民生活动》，吉林大学博士学位论文，2012；钟建平：《俄国国内粮食市场研究（1861—1914）》，吉林大学博士学位论文，2015；曹维安：《俄国 1861 年农民改革与农村公社》，《陕西师范大学学报》（哲学社会科学版）1996 年第 4 期；曹维安：《评亚历山大二世的俄国大改革》，《兰州大学学报》（社会科学版）2000 年第 5 期；楚汉：《近代德、俄农业发展之比较》，《郑州大学学报》（哲学社会科学版）1996 年第 6 期；付明明：《论帝俄时期村社的发展变化》，《广西师范大学学报》（哲学社会科学版）2006 年第 4 期；金雁：《俄国农民研究史概述及前景展望》，《俄罗斯研究》2002 年第 2 期；唐艳凤：《俄国 1861 年改革后俄国农民赋役负担探析》，《史学集刊》2011 年第 3 期；王茜：《论俄国资本主义时期的农业经济》，《西伯利亚研究》2002 年第 6 期；张爱东：《俄国农业资本主义的发展和村社的历史命运》，《北京大学学报》（哲学社会科学版）2001 年第 1 期；张福顺：《资本主义时期俄国农民土地问题症结何在》，（转下页注）

（二）国外研究状况

从 19 世纪开始，很多学者和史学家就关注交通问题，为更好地梳理苏联和俄罗斯学者对交通运输及其影响的研究，下文从陆路、水路和铁路等方面进行分析。

首先，就陆路运输研究而言，俄国学者虽然很早关注该问题，但鲜有专门著作出版，只有部分研究俄国水路和铁路运输的书籍中涉猎该问题。[①]此外，还

（接上页注②）《黑龙江社会科学》2008 年第 1 期；张广翔、齐山德：《18 世纪末—20 世纪初俄国农业现代化的阶段及特征》，《吉林大学社会科学学报》2009 年第 6 期；张广翔：《俄国资本主义农业关系起源的特点》，《河南师范大学学报》（哲学社会科学版）2001 年第 6 期；张广翔：《十月革命前的俄国地主经济》，《史学集刊》1990 年第 4 期；张建华：《亚历山大二世和农奴制改革》，《俄罗斯文艺》2001 年第 3 期；张敬德：《论农奴制改革后俄国经济政策的性质》，《江西社会科学》2002 年第 12 期；张福顺：《20 世纪初俄国土地改革研究》，吉林大学博士学位论文，2008；袁丽丽：《十月革命前俄国合作社的思想和实践》，吉林大学博士学位论文，2011；周晓辉：《18 世纪中叶～19 世纪中叶欧俄农民经济研究》，东北师范大学博士学位论文，2009；钟建平：《19—20 世纪初俄国粮食运输问题研究》，《俄罗斯东欧中亚研究》2014 年第 3 期；钟建平：《19—20 世纪初俄国农业协会的兴农实践探析》，《贵州社会科学》2015 年第 3 期；徐向梅：《俄罗斯银行制度转轨研究》，中国金融出版社，2005；罗爱林：《维特货币改革评述》，《西伯利亚研究》1999 年第 5 期；张广翔：《19 世纪俄国政府工商业政策基本趋势》，《西伯利亚研究》2000 年第 4 期；张广翔、齐山德：《革命前俄国商业银行运行的若干问题》，《世界历史》2006 年第 1 期；钟建平：《俄国农民土地银行的运作模式》，《西伯利亚研究》2008 年第 8 期；钟建平：《俄国贵族土地银行运行机制初探》，《黑龙江教育学院学报》2007 年第 6 期；张广翔、刘玮：《1864—1917 年俄国股份商业银行研究》，《西伯利亚研究》2011 年第 2 期；张广翔、李旭：《19 世纪末至 20 世纪初俄国的证券市场》，《世界历史》2012 年第 4 期；张广翔、李旭：《十月革命前俄国的银行业与经济发展》，《俄罗斯东欧中亚研究》2013 年第 2 期；刘玮：《试论 19 世纪俄国币制改革》，《西伯利亚研究》2011 年第 1 期；刘玮：《1860—1917 年的俄国金融业与国家经济发展》，吉林大学博士学位论文，2011；李旭：《1861—1914 年俄国证券市场》，吉林大学博士学位论文，2016。

① Верховский В. М. Исторический очерк развития железных дорог России с их начала по 1897 г. Включительно, СПБ., Типография Министерства путей сообщения, 1897 – 1899. Вып. 1 – 2；Блиох И. С. Влияние железных дорог на экономическое состояние России, СПб., Типография М. С. Вольфа, 1878. Т. 1 – 5；Радциг А. Влияние железных дорог на сельское хозяйство, промышленность и торговлю, СПб., Деп. ж. д. М-ва пут. сообщ., 1896；Рихтер И. Личный состав русских железных дорог, СПб., Тип. Штаба отд. корп. Жандармов, 1900；Бубликов А. А. Современное положение России и железнодорожный вопрос. СПб., Типография Штаба Отдельного Корпуса Жандармов, 1906；Георгиевский П. Финансовые отношения государства и частных железнодорожных обществ в России и западноевропейских государствах. СПб., Тип. М-ва пут. сообщ. (А. Бенке), 1887；Гронский П. Е. Единственный выгодный способ развития сети русских железных дорог. М., Типо-лит. Н. И. Куманина, 1889；Кульжинский С. Н. О развитии русской железнодорожной сети.（转下页注）

有部分著作涉及远洋运输、城市运输和石油管道运输等内容，都值得借鉴。[①]

（接上页注①）СПб. ，Невская лито-тип. ，1910；Михайловский В. Г. Развитие русской железнодорожной сети. СПб. ，Тип. В. Демакова，1898；Петров Н. Финансовое положение русской железнодорожной сети. СПб. ，Тип. М-ва пут. Сообщ，1904；Рихтер И. Десять лет железнодорожной ревизии. СПб. ，Тип. бр. Пантелеевых，1900；Соболев А. Н. Железные дороги в России и участие земств в их постройке. СПб. ，Тип. Ю. Штауфа，1868；Федоров В. Письмо к другу（о железнодорожном вопросе）. СПб. ，Тип. и хромолит. А. Траншеля，1884；Шаров Н. О безотлагательной необходимсти постройки железнодорожных линий в интересах самостоятельного развития России. СПб. ，Тип. В. С. Балашева，1870.

① Марасинова Л. М. Пути и средства сообщения//Очерки русской культуры XVIII века. Т. 1. М. ，Из-во МГУ，1985；Кошман Л. В. Город и городская жизнь в России XIX стооетия. М. ，РОССПЭН，2008；Эртель. Опыт статистического обзора русского коммерческого флота в 1857 г. //Морской сборник. 1860. №9；Небольскин Г. Стастические заметки о внешней торговле России. СПб. ，Типография департамента внешней торговли，1850；Вольцемар Х. Несколько данных для историко-статистического обозрения Рижского торгового флота в XIX столетии//Морской сборник. 1862. №6；Дружиннина Е. И. Южная украина в период кризиса феодализм. 1825 – 1860 гг. М. ，Наука，1981；Очерки истории черноморского пароходства. Одесса，Маяк，1967；Моковское городское объединение архивов. История Москвы с древнейших времен до наших дней. Т. 2. М. ，Издательство объединения 《Мосгорархив》，1997；Серженло И. Н. Развитие городского транспорта и политика минипальных властей в Москве в конце XIX-начале XX вв. //Исторический журнал: научные исследования，2014. №5；Петербургская городская дума，1846 – 1918. СПб. ，Лики России，2005；Пискарев П. А. ，Урлаб Л. Л. Милый старый Петербург. Воспоминания о быте старого Петербурга начала XX века. СПб. ，Гиперион，2007；Кошман Л. В. Город на рубеже столетий лаборатория и хранитель культуры. //Очерки русской культуры конец XIX – XX. М. ，Издательство Московского университета，2011；Традиционное жилище народов России：XIX-начало XX в. М. ，Наука，1997；Нардова В. А. Самодержавие и городские думы в России в конце XIX-начало XX века. СПб. ，Наука，1994；Першке С. и Л. Русская нефтяная промышленность，ее развитие и современное положение в статистических данных. Тифлис. ，Тип. К. П. Козловского，1913；Лисичкин С. М. Очерки по истории развития отечественной нефтяной промышленности（дореволюционный период）. М. ，Государственное научно-техническое издательство，1954；Дьяконова И. А. Нефть и уголь в энергетике царской России в международных сопоставлениях. М. ，РОССПЭН，1999；Матвейчук А. А，Фукс И. Г. Истоки российской нефти. Исторические очерки. М. ，Древлехранилище，2008；МавейчукА. А. ，Фукс И. Г. Иллюстрированные очерки по истории российского нефтегазового дела. Часть 2. М. ，Газоил пресс，2002；Карпов В. П. ，Гаврилова Н. Ю. Курс истории отечественной нефтяной и газовой промышленности. Тюмень. ，ТюмГНГУ，2011；Мир-Бабаев М. Ф. Краткая история Азербайджанской нефти. Баку. ，Азернешр，2009；Фурсенко А. А. Династия Рокфеллеров. Нефтяные войны（конец XIX-начало XX века）. М. ，Издательский дом Дело，2015；Иголкин А. ，Горжалцан Ю. Русская нефть о которой мы так мало занаем. М. ，Нефтяная компания Юкос/Изд-во Олимп-Бизнес，2003；Монополистический капитал в нефтяной промышленности（转下页注）

其次，就俄国水路运输研究而言，诸多学者关注该问题，其中，伊斯托米娜、马鲁赫尼、波利沙卡夫、哈林和戈里尼卡等的研究最为详尽，通过上述学者的研究成果可以更好地了解俄国水路运输状况，可简单知晓俄国水路的地理分布以及各河流货物的运输方向、货运量和货物结构。[①] 此外，十月革命前的很

（接上页注①）России 1883 – 1914. Документы и материалы. М. , Изд-во Академии наук СССР. 1961；Монополистический капитал в нефтяной промышленности России 1914 – 1917. Документы и материалы. Л. , Наука, 1973；Наниташвили Н. Л. Экспансия иностранного капитала в Закавказье（конец XIX-начало XX вв. ）. Тбилисск. , Издательство Тбилисского университета, 1988. С. 248；Сеидов В. Н. Архивы бакинских нефтяных фирм（XIX-начало Ххвека）. М. , Модест колеров, 2009；Берзин Р. И. Мировая борьба за нефть. М. , Типография Профгортоп, 1922；Осбрник Б. Империя Нобелей. История о знаменитых шведах, бакинской нефти и революции в России. М. , Алгоритм, 2014；Тридцать лет деятельности товарищества нефтяного производства Бр. Нобеля 1879 – 1909. СПб. , Типография И. Н. Скороходова, 1910；Дьяконова И. А. Нобелевская корпорация в России. М. , Мысль, 1980；Ахундов Б. Ю. Монополистический капитал в дореволюционной бакинской нефтяной промышленности. М. , Изд-во социально-экономической литературы, 1959；Самедов. В. А. Нефть и экономика России（80 – 90-е годы XIX века）Баку. , Элм, 1988；Менделеев Д. И. Проблемы экономического развития России. М. , Изд-во социально-эконоической литературы. 1960；Нардова В. А. Монополистические тенденция в нефтяной промышленности и 80-х годах XIX в. И проблема транспортировки нефтяных грузов//Монополии и иностранный капитал в России. М-Л. , Изд-во Академии наук СССР. 1962；Фурсенко А. А. Первый нефтяной экспертный синдикат в России（1893 – 1897）// Монополии и иностранный капитал в России. М-Л. , Изд-во Академии наук СССР. 1962；Нардова В. А. Начало монополизации бакинской нефтяной промышленности//Очерки по истории экономики и классовых отношений в России конца XIX-начала XX в. М-Л. , Наука, 1964；Дьяконова И. А. Исторические очерки. За кулисами нобелевской монополии//Вопросы истории. 1975. №9；Фурсенко А. А. Парижские Ротшильды и русская нефть//Вопросы истории. 1962. №8；Потолов С. И. Начало моноплизации грозненской нефтяной прошыленности（1893 – 1903）//Монополии и иностранный капитал в России. М-Л. , Изд-во Академии наук СССР. 1962.

① Истомина Э. Г. Водные пути России во второй половине XVIII-начале XIX века. М. , Наука, 1982；Истомина Э. Г. Водный транспорт России в дореформенный период（Историко-географическое）. М. , Наука, 1991；Марухин В. Ф. История речного судоходства в России. М. , Орехово-Зуевский педагогический институт, 1996；Болышаков В. Н. Очерки истории речного транспорта Сибири XIX век. Новосибирск. , Наука, 1991；Халин А. А. Система путей сообщения нижегородского поволжья и ее роль в социально-экономическом развитим региона（30 – 90 гг. XIX в. ）. Н. Новгород. , Изд-во Волго-ветекой академии государственной службы, 2011；Глинка М. С. Ветер Балтики. М. , Лениздат, 1980；Шубин. И. А. Волга и Волжское судоходство. М. , Транспечать, 1927；Семенова Л. Н. Рабочие Петербурга в первой половине XVIII в. Л. , Наука, 1974；Семенова Л. Н. Рабочие Петербурга в первой половине XVIII в. Л. , Наука, 1974；Старый рыбинск. История Города В описаниях （转下页注）

多研究成果曾涉及水路运输问题，也有很大的参考价值。①

　　再次，就俄国铁路运输研究而言，其研究成果可分为以下两类。第一类为19 世纪俄国学者的著作，这些著作最具参考价值，很多学者为铁路建设的实际参与者，其著作的文献价值较高。②第二类为 20 世纪苏联和俄罗斯学者的相关

（接上页注①）совреников XIX – XX вв. Рыбинск., Михайлов посад, 1993；Фурер Л. Н. Влияние судоходства на развитие капитализма в Поволжье（середина XIX века）. Казань., Гос. музей ТАССР, 1959；Дулов А. В. Географеческая среда и история России Конец XV - середина XIX вв. М., Наука, 1983；Прокофьева М. Наше судоходство, выпуск 1-ый, СПб., Тип. И. И. Глазунова. 1870；Виргинский В. С., Захаров В. В. Подготовка перехода к машинному производству в дореформенной России//И, 1972. №4.

①　Виды внутреннего судоходства в России в 1837 году. СПб., Печатано в типография 9 дуарда Праца и Ко, 1838；Сучков Н. Н. Внутрение пути сообщения России//Федоров В. П. Россия в ее прошлом и настоящем（1613 – 1913）. М., Типография В. М. Саблина, 1914；Борковский И. Торговое движение по Волжско - маринскому водной пути. СПб., Типография Бр. Пантелевых, 1874；Прокофеьев М. Наше судоходство. СПб., Типография министерства Путей Сообщения. Выпуск 6. 1884. Прокофеьев М. Наше судоходство. СПб., Типография А. М. Котомина. Выпуск 5. 1877；Прокофеьев М. Наше судоходство. СПб., Типография Глазунова. Выпуск 4. 1872；Прокофеьев М. Наше судоходство. СПб., Типография П. И. Глазунова. Выпуск 3. 1870；Прокофеьев М. Наше судоходство. СПб., Типография П. И. Глазунова. Выпуск 2. 1870；Прокофеьев М. Наше судоходство. СПб., Типография П. И. Глазунова. Выпуск 1. 1870.

②　Кислинский Н. А. Наша железнодорожная политика по документам кабинета министров. СПб., Издание Канцелярии комитета митестров, 1902；Министерство финансов 1802 – 1902. Ч. 1 - 2. СПб., Экспедиция заготовления государственных бумаг., 1902；Краткий очерк развития нашей железнодорожной сети. За дестилетие 1904 – 1913 гг. СПб., Типография редакции период, изданий Министерства финансов, 914；Верховский В. М. Краткий исторический очерк начала и распространения железных дорог в России по 1897 г. Включительно. СПб., Тип. М. И. С., Фонтатика, 1898；Народное хозяйство в 1913 году. Петроград., Типография редакции период, изданий министерства финансов, 1914；Отчет по эксплуатации Ташкентской железной дороги за 1913 год. Оренбург., Т-во скоропечатнии А. А. Левинсон, 1914；Кругобайкальская железная дорого: Альбом типовых и исполнительных чертежей: 1900 – 1905. СПб., МСП, 1907；Великий пути: Виды Сибири и ее железных дорог. Красноярск., М. Б. Аксельрод и Ко, 1906；Изыскания по переустройству Средне-Сбирской железной дороги Ачинск-Иркутск: Пояснительная записка к окончательному проекту. СПб., МПС, 1904；Труды Комиссии Имераторского русского технического общества по вопросу о Сибирской железной дороги. СПб., МПС, 1891；К вопросу о Сибирской железной дороги. Муромско-Казанская линия. Записка профессора Н. А. Осокина. Казань., Тип. В. М. Ключиникова, 1884；Краткий очерк развития сети общества Московско-Казанской железной дороги. М., Тип. Т-во. А. И. Мамонтова, 1913；Стальная магистраль Нечерноземья. Горький, Волго-Вятский изд-во, 1983；Верховский В. М. Исторический очерк разных отраслей железнодорожного дела и развития（转下页注）

成果，这些著作直接研究俄国铁路建设状况，其参考价值颇高。①

（接上页注②） финансово-экономической остроны железных дорог в России по 1897 г. Включительно. СПб., Тип. Издания Министерства путей сообщения, 1901; Витте С. Ю. Принципы железнодорожных тарифов по перевозке грузов. СПб., Тип. И. Кушнерева и Ко, 1910; Горбунов А. А. Политика развития железнодорожного транспорта в XIX-начале XX вв.: компаративно-ретроспективный анализ отечественного опыта. М., Изд-во МИИТ, 2012; Гудкова О. В. Строительство северной железной дороги и ее роль в развитии северного региона （1858 – 1917）. Вологда., Изд-во Древности Севера, 2002; Мигулин П. П. Наша новейшая железнодорожная политика и железнодорожные займы. 1893 – 1922 гг. Харьков., Печатное дело, 1903; Мигулин П. П. К вопросу о частном железнодорожном строительстве. СПб., Нев. типо-лит, 1910; Блиох И. С. Влияние железных дорог на экономическое состояние России. СПб., Тип. М. О. Вольфа, 1878; Чупров А. И. Железнодорожное хозяйство. Т. 1 – 2. М., Тпи. император. Моск. университета, 1901.

① Андреев В. В. Московско-Казанская железная дорога на рубеже XIX – XX веков. М., Изд-во Политех. университета, 2010; Вергинский В. С. Возникновение железных дорог в России до начала 40 - х годов XIX века. М., Государственное транспортное железнодорожное изд-во, 1949; Вергинский В. С. История техники железнодорожного транспорта. М., Трансжелдориздат, 1938; Горбунов А. А. Политика развития железнодорожного транспорта в XIX-начале XX вв.: компаративно-ретроспективный анализ отечественного опыта. М., Изд-во МИИТ, 2012; Гудкова О. В. Строительство северной железной дороги и ее роль в развитии северного региона （1858 – 1917）. Вологда., Изд-во Древности Севера, 2002; Залужная Д. В. Транссибирская магистраль: ее прошлое и настоящее. истр. очерк. М., Мысль, 1980; Загорский К. Я. Экономика транспорта. М-Л., Изд. Госиздат, 1930; Ильинский Д. П., Иваницкий В. П. Очерк истории русской паворозостроительной вагоностроительной промышленности. М., Изд-во Транспечать, 1929; История железнодорожного транспорта России. 1836 – 1917. СПб., М., Изд-во Иван Федоров, 1994; Караев Г. Н. Возникновение службы военных сообщений на железных дорогах России （1851 – 1878）. М., Воениздат, 1949; Крейнин А. В. Развитие системы железнодорожных грузовых тарифов и их регулирование. М., Дом международного университета, 2010; Мокрицкий Е. И. История вагонного парка железных дорог СССР. М., Трансжелдориздат, 1949; Пушин В. М. Главные мастерские железных дорог. М-Л., Государственное изд-во, 1927; Сагратян А. Т. История железных дорог Закавказья: 1850 - 1921. Ереван., Айастан, 1970; Сигов С. П. Очерки по истории горнозаводской промышленности Урала. Свердловск., Свердлгиз, 1936; Соловьева А. М. Железнодорожный транспорт в России во второй половине XIX в. М., Наука, 1975; Соловьева А. М. Промышленная революция в России вв. М., Наука, 1991; Сотников Е. А. Железные дороги из XIX – XXI век. М., Транспорт, 1993; Уродков С. А. Петербурго-Московская железная дорог. История строительства （1842 – 1851）. Л., Изд-во Ленинградский университет, 1951; Ушаков К. Подготовка военных сообщений России к мировой войне. М-Л., Государственное изд-во, 1928; Шадур Л. А. Развитие отечественного вагонного парка, М., Транспорт, 1988; Зензиное Н. А. От Петербурго-Московской до Байкало-Амурской магистрали. М., Транспорт, 1986; Тимофеев П. Т. Развитие железнодорожного транспорта в Чуваши. Чебоксары., Чувашигосиздат, 1958; Альфред Рибер Д. Железные дороги и экономическое развитие: истоки （转下页注）

（接上页注①）系统 рейтерна//Страницы российской истории, пробылемы, события, люди. Сборник статей в честь Бориса Васильевича Ананьича. СПб. , 2003；Андреев В. В. Московско-Казанская железная дорога в конце XIX – XX вв. : модернизационный фактор в экономическом развития региона. Диссертация на соискание ученой степени кандидата исторических наук. Чебоксары. , 2007；Борзунов В. Ф. К вопросу об экономическом значении Сибирской железной дороги в конце XIX-начале XX в. //Вопросы истории Сибири и дальнего Востока, Новосибирск. , 1961；Виргинский В. С. Железнодорожный вопрос в России до 1835 года//Исторические записки. М. , Изд-во Академии СССР. 1945；Горюнов Ю. А. Воздействие ташкентской железной дороги на экономическую жизнь оренбуржья. Диссертация на соискание ученой степени кандидат исторических наук. Оренбург. , 2010；Довыдов М. А. Погубернские перевозки вчех вооще товаров по русским железным дорогам в 1913 г. （к вопросу о транспортном кризисе в годы Первой мировой войны）//Сборник материалов международной научной конференции железные дороги и процесс социальной модернизации России в XIX-первой половине XX в. Тамбов. , 2012；Ермаков К. А. Строительство Московско-курской железно дороги （к 100-летию сооружения）//Сборник трудов Ленинградского института инженеров железнодорожного транспорта им. акад. В. И. Образцова. вып. 273. Л. , 1968；Журавлев В. В. Общество Владикавказской железной дороги и развитие нефтепромышленности на Северном Кавказе//Ученые записки МГПИ им. Ленина. М. , 1964. №211；Кислинский Н. А. Начало железного строительства в России//Английская набережная. Ежегодник. СПб. , Изд. Лики России, 2001；Кообар Г. А. Сервисная деятельность на сибирской железной дороге в 1900 – 1913 гг. : качество и культура обслуживания. Диссертация на соискание ученой степени кандитата исторических наук. Омск. , 2006；Куприянова Л. В. Новороссийский порт и Владикавказская железная дорога в пореформенный период//Исторические записки. Т. 78. М. , Изд-во Академии СССР. 1963；Мельников П. П. Сведения о русских железных дорогах//Красный архив. М. , 1940. №. 2；Мухина Н. Е. История создания юго-восточной железной дороги и ее роль в экономическом развитии цетрального черноземья （1865 – 1913）. Диссертация на соискание ученой степени кандитата исторических наук. Воронеж. , 2007；Погребинский А. П. Строительство железных дорог в пореформенной России и финансовая политика царизма （60 – 90-е годы XIX в. ）//Исторические записки. М. , Изд-во. АН СССР. 1957；Первые железные дороги в России//Красный архив. М. , 1936. № 3；Сидров А. Л. Железнодорожный транспорт России в 1 – й мировой войне и обострение экономического кризиса в стране//Исторические записки. М. , Изд-во Академии СССР. 1948；Степанов В. Л. Контрольно-финансовые мероприятия на частных железных дорогах России （конец XIX-начало XX в. ）//Экономическая история. Ежегодник. М. , РОССПЭП, 2004；Соловьева А. М. Из истории выкупа часных железных дорог в России в конец XIX в. // Исторические записки. М. , Изд-во. АН СССР. 1968；Целиков С. А. Строительство и эксплуатация Самаро-Златоустовской железной дороги и ее влияние на развитие экономики Самарской, Оренбургской, Уфимской губерний （вторая половина XIX – 1917 г. ）. Диссертация на соискание ученой степени кандитата исторических наук. Самара. , 2006；Хобта А. А. История строительства кругобайкальской железной дороги 1887 – 1915 гг. Диссертация на соискание ученой степени кандитата исторических наук. Иркутск. , 2005；Чернов П. Н. К истории строительства железной дороги Ташкент-Оренбург. //Известия Узбекского филиала Географического общества СССР. Ташеннт. , 1956.

　　最后，俄国学者在研究社会经济中的一些专门问题时曾涉及交通运输问题，如外资对俄国交通运输业发展的作用，尤其是对铁路建设的重要作用[1]；金融业对交通运输业的影响，以商业银行的作用最为突出[2]；交通运输业与大工业的关系，这些成果对本研究也具有一定的借鉴意义。[3]

---

[1] Ионичев Н. П. Иностранный капитал в экономике России（XVIII-начало XX в.）. М., МГУП, 2002; Доннгаров А. Г. Иностранный капитал в России и СССР. М., Международные отношения, 1990; Оль П. В. Иностранные капиталы в народном хозяйстве Довоенной России. Л., Изд-во академии СССР. 1925; Бовыкин В. И. Иностранное предпринимательство и заграничные инвестиции в России. М., РОССПЭН, 1997; Бовыкин В. И. Формирование финансового капитала в России конец XIX в. – 1908 г. М., Наука, 1984

[2] Бовыкин В. И., Сорокин А. К., Петров Ю. А., Журавлев В. В. Эволюция хозяйства и развитие капиталистического предпринимательства на путях перехода России к рыночной экономике// Предпринимательство и предприниматели России от истоков до начала XX века. М., РОССПЭН, 1997; Бовыкин В. И. Иностранное предпринимательство в России// История предпринимательства в России. М., РОССПЭН, 2002. Бовыкин В. И. Финансовый капитал в России накануне первой мировой войны. М., РОССПЭН, 2001; Бовыкин В. И. Зарождение финансового капитала в России. М., Изд-во МГУ, 1967; Бовыкин В. И. Французкие банки в России: конец XIX-начало XX в. М., РОССПЭН, 1999; Дякин В. С. Германские капиталы в России. Электроиндустрия и электрический транспорт. Л., Наука, 1971; Гиндин И. Ф. Банки и экономическая политика в России XIX-начало XX в. М., Наука, 1997.

[3] Гусейнов Р. История экономики России. М., Изд-во ЮКЭА, 1999; Грегори П. Экономический рост Российской империи（конец XIX-начало XX в.）. М., РОССПЭН, 2003; Дулов А. В. Географеческая среда и история России. Конец XV-середина XIX вв. М., Наука, 1983; Ковнир В. Н. История экономики России: Учеб. пособие. М., Логос, 2005; Кондратьев Н. Д. Мирное хозяйство и его конъюнктуры во время и после войны. Вологда., Обл. отделение Гос. издательства, 1922; Конотопов М. В., Сметанин М. В. История экономики России. М., Логос, 2004; Кафенгауз Л. Б. Эволюция прошмышленного производства Росси и（последняя треть XIX в. – 30-е годы XX в.）. М., Эпифания, 1994; Лаверычев В. Я. Военный государственно-монополистический капитализм в России. М., Наука, 1988; Лившин Я. И. Монополии в экономике России. М., Изд-во Социально-экономической литературы, 1961; Маевский И. В. Экономика русской промышленности в условиях первой мировой войны. М., Изд-во Дело, 2003; Межлаука В. И. Транспорт и топливо. М., Транспечать, 1925; Обухов Н. П. Внешнеторговая, таможенно-тарифная и промышленно-финансовая политика России в XIX-первой половине XX вв.（1800 – 1945）. М., Бухгалтерский учет, 2007; Очерк месторождения полезных ископаемых в Евройской России и на Урале. СПб., Типография В. О. Деаков, 1881; Погребинский А. П. Государственно-монополистический капитализм в России. М., Изд-во социально-экономической литературы, 1959; Пажитнов К. А. Очерки истории текстильной промышленности дореволюционной Россиии. М., Изд-во академии наук СССР. 1958; Рязанов В. Т. Экономическое развитие России. Реформы и российское хозяйство в XIX – XX （转下页注）

三　主要研究内容

本书包括绪论及正文两部分。绪论简要分析了研究俄国交通运输史的现实

（接上页注③）вв. СПб., Наука, 1999; Тарновский К. Н. Формирование государственно-монополистического капитализма в России в годы первой мировой войны. М., Изд-во МГУ, 1958; Туган-Барановский М. И. Русская фабрика в прошлом и настоящем: Историко-экономическое исследование. Т. 1. Историческое развитие русской фабрики в XIX веке. М., Кооперативное издательство 《Московский рабочий》, 1922; Федоров В. А. История России 1861 – 1917. М., Высшая школа, 1998; Хромов П. А. Экономическое развитие России. Очерки экономики России с древнейших времен до Великой Октябрьской революции. М., Наука, 1976; Хромов П. А. Экономика России периода промышленного капитализма. М., Изд-во ВПШ и АОН при ЦК КПСС, 1963; Хромов П. А. Экономическая история СССР. М., Высшая школа, 1982; Чунтулов В. Т., Кривцова Н. С., Чунтулов А. В., Тюшев В. А. Экономическая история СССР. М., Высшая школа, 1987; Братченко Б. Ф. История угледобычи в России. М., ФГУП 《Производственно-издательский комбинат ВИНИТИ》, 2003; Фомин П. И. Горная и горнозаводская промышленность Юга России. Том I. Харьков., Типография Б. Сумская, 1915; Фомин П. И. Горная и горнозаводская промышленность Юга России. Том II. Харьков., Хозяйство Донбасса, 1924; Баканов С. А. Угольная промышленность Урала: жизненный цикл отрасли от зарождения до упадка. Челябинск., Издательство ООО 《Энциклопедия》, 2012; Гагозин Е. И. Железо и уголь на юге России. СПб., Типография Исидора Гольдберга, 1895; Кушнирук С. В. Монополия и конкуренция в угольной промышленности юга России в начале XX века. М., УНИКУМ-ЦЕНТР, 1997; Шполянский Д. И. Монополии угольно-металлургической промышленности юга России в начале XX века. М., Изд-во академии наук СССР. 1953; Тихонов Б. В. Каменноугольная промышленность и черная металлургия России во второй половине XIX в. (историко-географические очерки). М., Наука, 1988; Струмилин С. Г. Черная металлургия в России и в СССР. М-Л., Изд-во Академии наук СССР. 1935; Алексеев В. В., Гаврилов Д. В. Металлургия Урала с древнейших времен до наших дней. М., Наука, 2008; История Урала с древшейших времен до 1861 г. М., Наука, 1989; Струмилин С. Г. История черной металлургии в СССР. Феодальный период (1500 – 1860 гг.). М-Л., Изд-во АН СССР. 1954; Гаврилов Д. В. Горнозаводский Урал XVII – XX вв. Екатеринбург., УрО РАН, 2005; Вяткин М. П. Горнозаводский Урал в 1900 – 1917 гг. М-Л., Наука, 1965; Кафенгауз Б. Б. История хозяйства Демидовых в XVIII – XIX вв. М-Л., АН СССР, 1949; Алапаевский металлургический завод//Уральская советская энциклопндия. Свердловск., Издательство Уралоблисполкома, 1933; Фельдман М. А. Рабочие крупной промышленности Урала в 1914 – 1941 гг. Екатеринбург., Уральский государственный университет им. А. М. Горького, 2001; Скальковский К. А. Очерки современного положения горного дела в разных государствах//Горный журнал. 1868, №3; Мильман Э. М. История первой железнодорожной магистрали Урала (70 – 90 – е годы XIX в.). Пермь., Пермское книжное издательство, 1975; Рагозин Е. И. Железо и уголь в Урале. СПб., Типография Исидора Гольдберга, 1902; Сигов С. П. Очерки по истории горнозаводской промышленности Урала. Свердловск., Свердлгиз, 1936.

意义，梳理了国内外研究现状，并简单介绍了主要的研究内容。

正文分为五章，第一章为俄国内河运输，分别探究俄国的几大水系，重点阐释伏尔加河—卡马河流域，详细介绍了该流域的主要港口、航运特征和主要商品流通状况；第二章为俄国铁路运输，分别对农奴制改革前俄国铁路建设状况和19世纪下半叶俄国两次铁路建设热潮进行了分析，探究了不同时期铁路建设的规模及其货流量，以便更好地分析其历史意义；第三章介绍了其他运输方式，分别阐述陆路运输、海上运输和管道运输，探究不同运输方式的发展轨迹和规模；第四章分析了下诺夫哥罗德的交通运输，以下诺夫哥罗德的水路运输和铁路运输为例探究俄国社会经济发展中交通运输的历史意义；第五章分析俄国交通运输的影响，选择最具代表性的铁路运输和内河运输进行探究。

第一章　俄国内河运输

早期俄国货物运输以陆路运输为主，随着商品经济的发展，陆路运输的弊端逐渐显现，政府开始关注水路运输。俄国水路运输包括两大部分：一是内河运输，即众多河流组成的庞大水运网络；二是远洋运输，亦是促进国内外贸易发展的动力。内河运输是早期俄国商品经济快速发展的有力保障，其网络四通八达，因篇幅有限不能一一阐释，只能择其重点进行分析。另外，海运也是俄国水运网络的重要组成部分，后文将详细阐述，本章仅分析重要的内河航线，力求全面勾勒水路运输网络的面貌，探究其社会和经济意义，因伏尔加河水路的影响最大，所以此处笔墨较多。

第一节　1861 年农奴制改革前水路运输一枝独秀的原因

世界文明的起源都与河流息息相关，尼罗河河畔的古埃及文明、两河流域的古巴比伦文明、恒河流域的古印度文明、黄河流域的中华文明都是如此，河流对人类文明发展的重要意义可见一斑。几乎每个国家都有一条与之历史发展息息相关的河流，并逐渐成为这个国家的代名词，如波兰的维斯瓦河、法国的卢瓦尔河、英国的泰晤士河、德国的莱茵河、中国的黄河等。俄国的历史发展也与河流密切相关，伏尔加河就有"母亲河"的美称。因 1861 年农奴制改革为俄国现代化的开端，所以下文以其为分界点探究各种交通模式的发展历程和历史意义。

1861 年农奴制改革前，在俄国所有运输方式中，水路运输独占鳌头，究其原因：一是随着商品性农业的快速发展，粮食外运量大增，水路成为运粮的主力；二是工商业蓬勃发展，产品需要运至国内市场，要求水路的运输能力不断提高；三是水运本身所拥有的优势无法替代，如运费低廉、运量大等。

一　商品性农业的蓬勃发展

从 18 世纪开始，俄国农业蓬勃发展，商品性农业已初具规模，经济作物种植面积不断扩大，粮食出口量大增。俄国农业生产的专业化趋势也不断加强，机器开始在农业中推广，肥料的应用范围不断扩大，农业中资本主义生产关系逐渐得到普及。

1861 年农奴制改革前，欧俄地区的主要农业区划分如下：北部农业区，包括阿尔汉格尔斯克、沃洛格达和奥洛涅茨；西北部农业区，包括诺夫哥罗德、圣彼得堡和普斯科夫；波罗的海沿岸农业区，包括里加、库尔兰和爱斯特兰；西部农业区，包括斯摩棱斯克、莫吉廖夫、明斯克、科夫诺、格罗德诺、维捷布斯克和维尔诺；中部非黑土区农业区，包括弗拉基米尔、卡卢加、科斯特罗马、莫斯科、下诺夫哥罗德、特维尔和雅罗斯拉夫尔；乌拉尔农业区，包括维亚特卡和彼尔姆；中部黑土区，包括沃罗涅日、库尔斯克、奥廖尔、奔萨、梁赞、坦波夫和土拉；伏尔加河中游黑土区，包括喀山和辛比尔斯克；伏尔加河下游黑土区，包括萨马拉和萨拉托夫；乌克兰左岸农业区，包括哈尔科夫、契尔尼戈夫和波尔塔瓦；乌克兰右岸农业区，包括沃伦、基辅和波多利斯克；南部草原农业区，包括比萨拉比亚、顿河哥萨克军区、塔夫里达、叶卡捷琳诺斯拉夫和赫尔松；东南部伏尔加河中下游农业区，包括阿斯特拉罕、奥伦堡和乌法。

1861 年农奴制改革前，俄国农业生产的粗放型特征十分明显，主要依靠扩大播种面积来增加粮食产量。1850～1860 年，俄国粮食产量稳步增长，年均增长率为 7.4%，但此时欧俄地区人口增长率约为 13%，远高于粮食产量增长率，农民仍食不果腹。[①] 整体而言，受农奴制制约，农业生产力发展仍然缓慢，1801～1862 年，欧俄地区粮食收获总量与播种作物量之比见表 1 - 1。

表 1 - 1　1801～1862 年欧俄地区粮食收获总量与播种作物量之比

年份	粮食收获总量与播种作物量之比
1801～1806	3.49∶1
1807～1814	3.50∶1
1815～1822	3.50∶1

① Нифонтов А. С. Зерновое производство России во второй половине 19 века. М., Наука, 1974. С. 90.

年份	粮食收获总量与播种作物量之比
1823～1830	3.47∶1
1831～1838	3.49∶1
1839～1846	3.66∶1
1847～1854	3.52∶1
1855～1862	3.45∶1

资料来源：Хромов П. А. Экономика России периода промышленного капитализма. М., Издательство ВПШ и АОН при ЦК КПСС, 1963. С. 13。

由表1－1可知，受农奴制的制约，俄国粮食生产率较低，农民的粮食长期不能自给，粮食大多留做自用，只有地主的土地上生产的粮食可以运至市场上销售。因自然条件恶劣，俄国农作物播种面积和农产品产量长期停滞不前。1801～1860年，欧俄地区粮食投入和产出之比为1∶3.5，60年中有4年的粮食产量与年平均产量吻合，27年低于年平均产量，29年高于年平均产量。俄国著名学者杜洛夫认为，农奴制改革前俄国农民投入和产出之比为1∶3时才可勉强温饱，投入产出之比为1∶2时农民经常食不果腹，投入产出之比为1∶5时才可能略有节余。[①] 19世纪，虽然各地粮食收获量都有所增加，但各地收获量与播种量之比相差不大。1861年农奴制改革前，俄国各区域粮食收获总量与播种作物量之比见表1－2。

表1－2　1861年农奴制改革前俄国各区域粮食收获总量与播种作物量之比

区域	1802～1811年	1841～1850年	1851～1860年
北部农业区	3.8∶1	3.9∶1	3.4∶1
西北部农业区	2.6∶1	2.7∶1	2.6∶1
波罗的海沿岸农业区	4.7∶1	4.0∶1	4.3∶1
西部农业区	3.3∶1	2.8∶1	2.5∶1
中部非黑土区农业区	2.6∶1	2.7∶1	2.7∶1
中部黑土区	3.9∶1	3.7∶1	3.2∶1
伏尔加河中游黑土区	3.2∶1	3.2∶1	3.4∶1

[①] Дулов А. В. Географеческая среда и история России. Конец XV -середина XIX вв. М., Наука, 1983. С. 53－54.

续表

区域	1802～1811 年	1841～1850 年	1851～1860 年
乌克兰左岸农业区	3.1：1	3.6：1	3.6：1
乌克兰右岸农业区	4.3：1	4.2：1	3.7：1
南部草原农业区	4.6：1	3.1：1	3.9：1
东南部伏尔加河中下游农业区	3.2：1	3.4：1	3.5：1
乌拉尔农业区	2.9：1	3.6：1	3.4：1

资料来源：Хромов П. А. Экономика России периода промышленного капитализма. М.，Издательство ВПШ и АОН при ЦК КПСС，1963. С. 14。

由表 1－2 可知，1841～1860 年，俄国粮食产量增速最快的是波罗的海沿岸农业区和南部草原农业区，究其原因为上述地区农业自由雇佣劳动力数量最多，南俄地区农业工人约有 3.0 万人，波罗的海和立陶宛地区农业工人的数量达12.0 万人。[①] 因笔者掌握的材料有限，仅能以 1851～1860 年欧俄地区粮食播种面积为例加以说明，具体数据见表 1－3。

表 1－3　1851～1860 年欧俄地区粮食播种面积

单位：百万俄亩

年份	粮食播种面积			马铃薯播种面积		
	非黑土区	黑土区	总计	非黑土区	黑土区	总计
1851	26.8	34.9	61.7	3.2	2.2	5.4
1852	26.6	37.9	64.5	3.1	2.2	5.3
1853	26.6	37.4	64.0	3.1	2.2	5.3
1854	26.7	36.7	63.4	3.1	2.2	5.3
1855	26.7	36.6	63.3	3.2	2.3	5.5
1856	26.6	36.3	62.9	3.1	2.3	5.4
1857	27.1	36.5	63.6	3.2	2.3	5.5
1858	27.3	37.8	65.1	3.3	2.5	5.8
1859	27.3	38.3	65.6	3.4	2.6	6.0
1860	27.8	38.8	66.6	3.5	2.7	6.2

资料来源：Нифонтов А. С. Зерновое производство России во второй половине 19 века. М.，Наука，1974. С. 89。

---

① Хромов П. А. Экономика России периода промышленного капитализма. М.，Издательство ВПШ и АОН при ЦК КПСС，1963. С. 14.

　　1861 年农奴制改革前,欧俄地区(除芬兰和波兰外)的粮食播种面积不断增加。1800～1813 年、1834～1840 年和 1840～1847 年粮食播种面积分别为 1.5亿俄亩、1.8 亿俄亩和 2.1 亿俄亩[1],运至国内市场的粮食数量也逐年增加。19世纪中叶前,中部黑土区粮食产量最高。1802～1804 年,欧俄地区 50 省年均粮食净产量为 1.21 亿俄石,中部黑土区粮食产量比重为 28%。

　　19 世纪上半叶,随着商品性农业的发展,粮食出口量大增。俄国出口货物中农产品所占的比例最大,以粮食、面粉、亚麻、大麻、牲畜和油脂等货物为大宗,其中粮食所占比例最大。1801～1860 年俄国主要粮食(小麦、黑麦、大麦和燕麦)的年均出口量见表 1－4。

表 1－4　1801～1860 年俄国主要粮食的年均出口量

单位:千普特

年份	年均出口量	年份	年均出口量
1801～1805	19873	1831～1835	18469
1806～1810	5120	1836～1840	28831
1811～1815	9089	1841～1845	27205
1816～1820	29655	1846～1850	51211
1821～1825	10071	1851～1855	45396
1826～1830	23950	1856～1860	69254

　　资料来源:Хромов П. А. Экономика России периода промышленного капитализма. М.,Издательство ВПШ и АОН при ЦК КПСС, 1963. С. 171。

　　由表 1－4 可知,除个别年份外,俄国粮食出口量整体呈波动上涨趋势。1861 年农奴制改革前,俄国已成为世界市场上的主要粮食出口国。1846 年,英国政府取消俄国粮食的进口关税后,俄国粮食出口量大增。1801～1805 年,俄国粮食的年均出口量为 1987.3 万普特,1856～1860 年达到 6925.4 万普特。[2]1861 年农奴制改革之前,俄国粮食出口价值占出口货物总价值的比重为35.1%[3],大麻的占比紧随其后,此外,亚麻、动物产品的出口量也不容忽视。

---

①　Хромов П. А. Экономика России периода промышленного капитализма. М.,Издательство ВПШ и АОН при ЦК КПСС, 1963. С. 15.

②　Хромов П. А. Экономика России периода промышленного капитализма. М.,Издательство ВПШ и АОН при ЦК КПСС, 1963. С. 173.

③　Ковнир В. Н. История экономики России:Учеб. пособие. М.,Логос, 2005. С. 181.

19 世纪上半叶，俄国运至国内外市场上的粮食数量逐年增加，粮食外运规模的扩大迫使其交通运输能力不断提高，水路运输借机蓬勃发展。

二　工商业蓬勃发展

俄国真正意义上的大工业诞生于彼得一世时期，冶金工业最具代表性，此时乌拉尔冶金工业已现雏形。为保障军队物资供应，纺织工业也开始发展，其中，呢绒和麻纺织工业发展最快。19 世纪上半叶，随着资本主义生产关系的逐步确立，俄国大工业也蓬勃发展，具体表现为企业和工人数量大增、资本主义雇佣方式逐渐得到普及、工业结构发生变化以及生产技术不断提高等。

（一）大工业已现雏形

19 世纪上半叶，俄国主要的工业模式为世袭工厂和领有工厂，二者都以农奴劳动为基础。1861 年农奴制改革前，棉纺织工业已开始雇佣自由工人，在运输业、机器制造业和造纸业等行业中机器的普及率较高。值得一提的是，1861 年农奴制改革前虽然生产力发展较快，但封建生产关系仍制约着资本主义经济的发展。

1. 乌拉尔地区冶金工业的优势犹在

18 世纪上半叶，乌拉尔地区冶金手工工场多集中于中乌拉尔西部地区和卡马河沿岸，东部、南部和巴什基尔等地区都未被开发。随着乌拉尔地区冶金工业的繁荣，18 世纪下半叶乌拉尔地区冶金手工工场的分布范围逐渐扩大。1744 年，工场主基里洛夫于巴什基尔地区建立沃斯克列谢尼斯克炼铜手工工场，此后该手工工场规模迅速扩大，1745～1755 年，其建成 20 家炼铜手工工场。[①] 18 世纪末，基里洛夫还建立了诸多手工工场，如阿尔汉格尔斯克手工工场、上阿基诺—佩特洛夫手工工场、下阿基诺—佩特洛夫手工工场和佩拉加夫谢尼斯克手工工场等。

随着乌拉尔地区冶金工业的繁荣，冶金工人的数量迅速增加，1747～1795 年，南乌拉尔地区男工数量为 9.4 万人，以鞑靼人数量最多。乌拉尔地区冶金工业崛起后，大量移民涌入该地区，1762 年乌拉尔地区居民数量已达 10.6 万

---

① Материалы по истории Башкирской АССР. Т. V. M.，Изд-во АН СССР. 1960. С. 514 – 517，667 – 672.

人，其中巴什基尔人数量最多。①

18 世纪 40～60 年代，乌拉尔地区建成 3 家大型冶金手工工场，分别为巴拉尼奇铸铁和轧件手工工场、上尤科福炼铜手工工场与下图里斯克铸铁和轧件手工工场。18 世纪中叶，仅杰米多夫家族在乌拉尔地区就建立了 40 家冶金手工工场。1750 年，该手工工场铸铁产量为 86.7 万普特，生铁产量为 60.9 万普特，铸铁产量分别占全俄和乌拉尔地区铸铁产量的 43.2% 和 60.9%，其生铁产量占比分别为 45.7% 和 61.7%。② 18 世纪 40～70 年代，乌拉尔地区共建成 76 家冶金手工工场，其中，1741～1750 年新建手工工场的数量为 19 家，1751～1760 年为 37 家，1761～1770 年为 20 家。③ 1770～1790 年，冶金业务已扩展至整个乌拉尔地区，手工工场多沿河而建，以维亚特卡、卡马河沿岸和乌拉尔中部和北部地区的手工工场数量最多。1741～1800 年，乌拉尔地区共建成 116 家冶金手工工场，铸铁、生铁冶炼和炼铜手工工场的数量最多，其中 4 家为国有手工工场，其余 112 家为私人手工工场。④

18 世纪下半叶，乌拉尔地区金属产量迅速增加，铸铁产量从 1750 年的 142.4 万普特增加至 1800 年的 793.9 万普特，增长了 4.6 倍；生铁产量从 98.7 万普特增加至 543.4 万普特，增长了 4.5 倍。18 世纪末，乌拉尔地区铸铁产量为全俄铸铁产量的 4/5，生铁产量为全俄生铁产量的 9/10。1800 年，乌拉尔地区的铸铁、生铁和铜产量分别占全俄总产量的 80.1%、88.3% 和 100%。⑤

与 1800 年相比，1860 年乌拉尔地区铸铁产量增长了 1.8 倍，生铁和铜产量分别增长了 1.9 倍和 1.7 倍，此时英国的铸铁产量增长了 24.6 倍，法国、德国和美国的铸铁产量分别增长了 15.1 倍、13.1 倍和 20.4 倍。世界市场上俄国的铸铁比重已从 1800 年的 30.7% 降至 1860 年的 3.76%，同时期铜的比重由 27%

① Кабузан В. М. Изменения в удельном весе и территориальном размещении русского населения России в XVII-первой половине XIXв. //Проблемы историческое демографии СССР: Сб. статей. Таллин., Наука, 1977. С. 193; Алексеев В. В., Гаврилов Д. В. Металлургия Урала с древнейших времен до нашей дней. М., Наука, 2008. С. 333.

② Алексеев В. В., Гаврилов Д. В. Металлургия Урала с древнейших времен до нашей дней. М., Наука, 2008. С. 334.

③ Любомиров П. Г. Очерки по истории русской промышленнности. XVII, XVIII и начало XIX вв. М., Госполитиздат, 1947. С. 382.

④ Алексеев В. В., Гаврилов Д. В. Металлургия Урала с древнейших времен до нашей дней. М., Наука, 2008. С. 338.

⑤ Струмилин С. Г. История черной металлургии в СССР. М-Л., Изд-во Академии наук СССР. 1935. С. 201, 203.

降至 3.9%。① 即便乌拉尔地区冶金工业逐步衰落，但该地区仍是俄国最主要的冶金基地，农奴制改革前夕，乌拉尔地区、中部工业区、波兰、北部地区、西伯利亚和其他地区金属产量的比重分别为 71%、15%、7%、2%、1% 和 4%。② 乌拉尔地区仍是俄国最重要的冶金基地，其金属产品外运主要依靠水路运输，这刺激了卡马河和伏尔加河水路货物运输的发展。

2. 纺织工业

19 世纪上半叶，农奴制制约着工商业的发展，即便如此，诸多工业部门已逐步推广大机器，生产力水平不断提高。棉纺织工业主要集中于中部地区的莫斯科、弗拉基米尔，以及伏尔加河流域的阿斯特拉罕、萨拉托夫和喀山等地，圣彼得堡的棉纺织工业也迅速崛起。18 世纪，阿斯特拉罕就已建立波斯和土耳其棉花存储基地，随后建立了诸多棉纺织手工工场。1813～1814 年，阿斯特拉罕已有 77 家棉纺织手工工场，其中 70 家手工工场的工人数量低于 16 名，7 家手工工场的工人数量为 16～32 名。1814 年，阿斯特拉罕棉纺织手工工场内工人的数量达 691 名，车床数量为 587 台。③

19 世纪初，圣彼得堡棉纺织工业发展迅速，此时棉纺织工业的发展主要依靠外国资本。据统计，1813～1814 年圣彼得堡登记在册的棉纺织手工工场的数量为 14 家，其中 6 家手工工场工人数量低于 16 名。④

19 世纪初，俄国最重要的棉纺织中心为莫斯科和弗拉基米尔，很多小作坊逐步发展为资本主义类型的手工工场。1825 年，俄国共有 484 家棉纺织手工工场，其中，阿斯特拉罕、弗拉基米尔、莫斯科和圣彼得堡的数量分别为 27 家、175 家、200 家和 19 家。此后阿斯特拉罕棉纺织业逐渐萧条，1849 年，仅剩 6 家棉纺织手工工场，棉纺织工业逐步向中部工业区和圣彼得堡等地集中。⑤

① Алексеев В. В., Гаврилов Д. В. Металлургия Урала с древнейших времен до нашей дней. М., Наука, 2008. С. 398.

② Хромов П. А. Экономика России периода промышленного капитализма. М., Издательство ВПШ и АОН при ЦК КПСС, 1963. С. 92.

③ Хромов П. А. Экономика России периода промышленного капитализма. М., Издательство ВПШ и АОН при ЦК КПСС, 1963. С. 72.

④ Хромов П. А. Экономика России периода промышленного капитализма. М., Издательство ВПШ и АОН при ЦК КПСС, 1963. С. 72.

⑤ Хромов П. А. Экономика России периода промышленного капитализма. М., Издательство ВПШ и АОН при ЦК КПСС, 1963. С. 73.

就纺纱工业而言，俄国第一家机械纺纱工厂为亚历山德罗夫纺纱手工工场，1798 年，该手工工场于圣彼得堡建立，1805 年，已广泛使用蒸汽纺纱机。19 世纪初，只有亚历山德罗夫纺纱手工工场使用机器纺纱，在其带动下，俄国产生诸多纺纱工厂，莫斯科的数量最多。1812 年，莫斯科已具有 11 家纺纱厂，纺纱机数量达 780 台。[①] 1843 年，莫斯科纺纱厂数量达 22 家，纱锭数量为 13.8 万个，纱线产量为 16.2 万普特，产品价值达 350 万卢布。[②]

随着纺织机器的广泛使用，棉纱工业中机械纱锭的数量迅速增加，1849 ~ 1860 年，机械纱锭的数量增加了 1.5 倍，达 160 万个，同期纺纱厂的数量由 45 家增加至 57 家，工人数量增长了 85%，产品价值增加了 150%。[③] 至 1860 年，俄国共有大型棉纱厂 54 家，机械纱锭达 153.5 万个。

3. 造船业

造船业是水路运输快速发展的保障，伏尔加河流域的造船业最为发达。伏尔加河流域造船业主要集中于伏尔加河上游至雷宾斯克河段，主要造船点为雷宾斯克码头、特维尔和科斯特罗马。此外，奥卡河流域的下诺夫哥罗德、卡马河及其支流的彼尔姆、喀山、叶卡捷琳堡等地的造船业也颇具规模。相对而言，伏尔加河流域下游造船业发展缓慢，只有阿斯特拉罕的造船业尚可。伏尔加河上游和中游造船业发达与其造船历史悠久、造船工匠经验丰富、森林资源丰富、易于就地取材等因素密切相关。

18 世纪，伏尔加河流域所产船只主要借鉴荷兰的造船经验，多为平底驳船。1718 年，开始推广两头尖的大木帆船，这类船只航速快、省人力、载重量大，载重量可达 2.5 万普特。[④] 19 世纪上半叶，伏尔加河流域大木帆船已经得到普及，而奥卡河的船只多是内河露舱货船，这种船只长 10 ~ 18 俄丈，宽 3.3 ~ 5

---

① Пажитнов К. А. Очерки истории текстильной промышленности дореволюционной России: Хлопчатобумажная，льно-пеньковая и шелковая промышленность. М.，Изд-во академии наук СССР. 1958. С. 15；Рожкова М. Промышленность Москвы в первой четверти XIX в. // Вопросы истории. 1946，№ 11 – 12. С. 96.

② Соловьева А. М. Промышленная революция в России в XIX в. М.，Наука，1991. С. 73.

③ Пажитнов К. А. Очерки истории текстильной промышленности дореволюционной России: Хлопчатобумажная，льно-пеньковая и шелковая промышленность. М.，Изд-во академии наук СССР. 1958 С. 16 – 19；刘祖熙：《改革和革命——俄国现代化研究（1861—1917）》，北京大学出版社，2001，第 96 页。

④ Родин Ф. Н. Бурлачество в России. Историко-социологический очерк. М.，Мысль，1975. С. 74 – 75.

俄丈，最大载重量可达到 3 万普特。[1] 卡马河流域运输铁和铁制品时多使用内河露舱货船、半露舱货船、平底小木船、四角的多桅帆船等。

19 世纪上半叶，俄国商品经济的发展推动了造船业的崛起。1831 年俄国制造河船 7025 艘，而 40 年代每年新造船只约为 1.5 万艘。[2] 到 50 年代末年均造船已达 3 万艘。[3] 1815 年，俄国出现第一艘轮船，即伏尔加轮船公司的第一艘拖轮"伏尔加"号，该船从荷兰进口。到了 60 年代，伏尔加河及其支流航行的轮船几乎都由俄国制造。[4] 1860 年，伏尔加河流域共有蒸汽轮船 400 艘。[5]

4. 机器制造业

俄国机器制造业产生较早，俄国工业化进程开启后机器制造业进入全新发展阶段。19 世纪初，机器制造厂主要生产纺织机器，如 1826 年，乌拉尔地区冶金工厂就为亚历山德罗夫纺纱手工工场生产了 200 台纺纱机。[6] 随着机器需求量的不断增加，工厂规模不断扩大，如 19 世纪四五十年代，沃特金工厂为亚历山德罗夫纺纱手工工场生产了 200 台蒸汽机。总的来看，19 世纪上半叶，俄国机器制造业有所发展，以别尔德工厂为例，1809～1850 年该工厂的机器产量增长了 16 倍。[7]

19 世纪 20 年代，俄国已有 7 家机器制造厂，每年制造蒸汽机约 13 台、纺纱机约 200 台、其他类型车床约 60 台、涡轮机 100 台。这个时期，圣彼得堡伊里萨工厂、坦波夫的乌尼热斯基工厂也开始生产蒸汽机。1823 年，全俄机器制造厂工人数量已达 641 名。[8] 30 年代，俄国机器制造厂增加到 12 家，年均机器

① Истомина Э. Г. Водные пути России во второй половине XVIII-начале XIX века. М. ，Наука，1982. С. 56.

② Сметанин С. И. ，Конотопов М. В. Развитие промышленности в крепостной России. М. ，Издательство《Академический Проект》，2000. С. 406，408，409.

③ Марухин В. Ф. История речного судоходства в России. М. ，Орехово-Зуевский педагогический институт，1996. 1996. С. 34.

④ Марухин В. Ф. История речного судоходства в России. М. ，Орехово-Зуевский педагогический институт，1996. С. 227.

⑤ Сметанин С. И. ，Конотопов М. В. Развитие промышленности в крепостной России. М. ，Издательство《Академический Проект》，2000. С. 410.

⑥ Розенфельд С. Я. ，Клименко К. И. История машиностроения СССР. М. ，Изд-во Акад. наук СССР. 1961. С. 21.

⑦ Сметанин С. И. ，Конотопов М. В. Развитие промышленности в крепостной России. М. ，Издательство《Академический Проект》，2000. С. 329 – 330.

⑧ Сметанин С. И. ，Конотопов М. В. Развитие промышленности в крепостной России. М. ，Издательство《Академический Проект》，2000. С. 332.

产量约为 600 台，主要为涡轮机和纺纱机。① 1850 年，工厂数量增长到 27 家，工人数量约为 1500 人，产品价值达 43 万卢布。② 虽然俄国机器制造业有所发展，但产品仍不能满足国内市场需求，仍需从国外进口，19 世纪 20~60 年代俄国进口机器数量增长了 35 倍。

值得一提的是，俄国本土机器制造厂大部分为外资企业，以圣彼得堡为例，1860 年，12 家私人机器制造厂中只有 4 家属于俄国企业主，其他工厂都属于外国企业主。圣彼得堡是俄国机器制造业的中心，该地制造厂工人占机器制造业工人总量的 70%，生产全俄 2/3 的机器。莫斯科机器制造业也十分发达，且工厂主多为俄国人，19 世纪 60 年代莫斯科的 8 家大型机器制造厂中只有 3 家为外资企业。③ 虽然俄国机器制造业发展迅速，但每年仍从国外进口大量机器。

（二）贸易逐步繁荣

居民数量增加是国内贸易蓬勃发展的前提，而城市数量增加则是国内市场逐步扩大的保障。19 世纪初俄国已有 634 个城市，很多城市居民数量迅速增加，如莫斯科和圣彼得堡居民数量分别为 20.0 万人和 33.0 万人。19 世纪上半叶，俄国城市居民的数量增长了 1.5 倍，以欧俄地区为例（不含波兰），1801 年、1840 年和 1863 年城市居民的数量分别为 276.5 万人、466.6 万人和 610.5 万人。④ 诸多城市都是国内贸易的中心，如莫斯科、圣彼得堡、阿尔汉格尔斯克、喀山、雅罗斯拉夫尔、下诺夫哥罗德、雷宾斯克、沃罗涅日、托木斯克和伊尔库斯克等地。此时，最主要的贸易方式是展销会，19 世纪 30 年代俄国已有 1705 个展销会，商品交易额达 5.6 亿卢布。⑤

据统计，19 世纪 60 年代初，欧俄地区 48 省共有 1127 个城市展销会和 4768 个农村展销会。一般而言，每个经济区都具有展销会，主要从事零售或者批发

---

① 刘祖熙：《改革和革命——俄国现代化研究 (1861—1917)》，北京大学出版社，2001，第 95 页。

② Сметанин С. И., Конотопов М. В. Развитие промышленности в крепостной России. М., Издательство《Академический Проект》，2000. С. 332.

③ Лившиц Р. С. Размещение промышленности в дореволюционной России. М., Государственное издательство политической литературы, 1955. С. 107 – 108.

④ Хромов П. А. Экономика России периода промышленного капитализма. М., Издательство ВПШ и АОН при ЦК КПСС, 1963. С. 159 – 160.

⑤ Хромов П. А. Экономическая история СССР. Первобытно-общинный и феодальный способы производства в России. М., Высшая школа, 1988. С. 163.

贸易。乌克兰地区的展销会数量最多，哈尔科夫共有 77 个城市展销会和 525 个农村展销会，波尔塔瓦的城市和农村展销会的数量分别为 63 个和 388 个，契尔尼戈夫的城市和农村展销会的数量分别为 52 个和 164 个。[①] 乌克兰地区展销会主要销售的商品为纺织品、金属制品、手工作坊产品。在所有展销会中，下诺夫哥罗德的展销会的规模最大，下文将详细阐释该问题，此处不再分析。国内外市场的逐步扩大要求与之相匹配的运输方式，19 世纪上半叶，水路大致满足了商品运输的需求，可谓"一枝独秀"。

三　水运自身的优势

水路运输能力大、成本低、耗能少、投资小。河流越长、河道越笔直，运输成本越低，水路还适用于远距离运输。其具体优势如下。

一是与传统的陆路运输相比，水路运输能力巨大。因交通运输落后，早期陆路运输工具主要为马车和雪橇，货运量十分有限，诸多地区的货物无法外运，严重制约了社会经济的发展。虽然早期各河流使用的船只都为木船，但很多船只的载重量大，如大木帆船长度为 13～25 俄丈不等，宽度为 4～4.5 俄丈不等，载重量为 5000～3 万普特不等。伏尔加河流域的巨型平底白木船也较为流行，其长度大多超过 25 俄丈，宽度为 8 俄丈左右，载重量一般都超 6.0 万普特。平底木驳船也较为常见，其长度一般低于 20 俄丈，载重量为 1.8 万～2 万普特。19 世纪中叶，马拉机械船只曾在伏尔加河流域风靡一时，其长度可达 35 俄丈，载重量为 12.0 万普特。奥卡河流域内河露舱货船也十分常见，其长度为 10～18 俄丈不等，宽度为 3.3～5 俄丈不等，载重量可达 3.0 万普特。此外，伏尔加河和卡马河上广泛使用的小型平底木驳船和中等帆船的载重量是单个畜力运输工具（大车、板车、雪橇等）载重量的百倍至数百倍。[②] 即便后来的铁路车厢和

---

①　Хромов П. А. Экономика России периода промышленного капитализма. М., Издательство ВПШ и АОН при ЦК КПСС, 1963. С. 168.

②　Истомина Э. Г. Водные пути России во второй половине XVIII-начале XIX века. М., Наука, 1982. С. 26；Истомина Э. Г. Водный транспорт как фактор развизия внутренней и внешней торговли сельскохозяйственной продукцией в конце XVIII-первой половине XIX в. // Научный совет по проблемам аграрной истории РАН. Динамика и темпы аграрного развития России：инфраструктура и рынок. Материалы X – XIX сессии Симпозиума по аграрной истории Восточной Европы. Орел., Орловская правда, 2006. С. 52. Соловьева А. М. Железнодорожный транспорт России во второй половине XIX в. М., Наука, 1975. С. 25.

汽车也无法与之相较。19 世纪 60 年代，俄国河运船只的平均载货量是铁路车厢的 19 倍，约为汽车的 200 倍。① 因此，水路的运量优势是其他运输工具无法比拟的，铁路车厢在其面前也会自惭形秽，这也是水运经久不衰的重要原因之一。

二是水路运输的成本低廉。虽然水路运输的季节性突出，但较其他运输方式相比，其价格最为低廉。其价格低廉体现在三个方面：一是运费低；二是水路修建和维护成本低；三是燃料消耗量低。一般而言，水路运费为铁路运费的 1/4 ~ 1/2。就维护和修建成本而言，水路仅需疏通河道即可，具体而言，19 世纪 60 年代，每公里铁路和公路的修建成本分别约为 17 万卢布和 7 万卢布，每公里水路的运营成本仅约为 1 万卢布，含船舶费用在内的运营成本为 2 万卢布。因此，水路的原始运输成本比铁路和公路低很多。俄国政府用于修建和维护运河、疏通河道和清淤的支出远低于铁路。就燃料消耗而言，水路运输每吨货物的耗能量分别为铁路和公路的 1/6 和 1/25，因此，水路运输成本远低于铁路和公路运输。

三是水路的运速虽无法与铁路相比，但远高于陆路运输。汛期和顺流而下时，船只的速度也可与铁路运速一较高下，但陆路运输速度一直逊色于水路。河水流速和方向对船只运行的影响也较大，水流越快，船速越快，顺流航行的时间明显少于逆流航行。② 19 世纪初，夏季马车每日可行驶约 25 俄里，驿马不停行驶的日行驶路程仅为 74 俄里。16 ~ 17 世纪，客运船只顺流而下每昼夜可航行 44 ~ 85 俄里不等，逆流而上也能航行 25 ~ 46 俄里不等；货船每昼夜逆流而上可航行 9 ~ 24 俄里不等，顺流而下为 100 俄里。③

因此，河流的宽度、深度与流向都影响货物的运输规模和速度。随着俄国经济的不断发展，自 18 世纪下半叶起俄国河运发展迅速，伏尔加河流域的水路运输成为俄国经济发展不可或缺的因素之一。④ 水路运输量大、成本低、适合远距离运输等优势在伏尔加河流域彰显得淋漓尽致。

---

① Марухин В. Ф. История речного судоходства в России. М. , Орехово-Зуевский педагогический институт, 1996. С. 381.

② Дулов А. В. Географеческая среда и история России. Конец XV -середина XIX вв. М. , Наука, 1983. С. 122.

③ Дулов А. В. Географеческая среда и история России. Конец XV -середина XIX вв. М. , Наука, 1983. С. 122.

④ Истомина Э. Г. Водный транспорт России в дореформенный период (Историко-географическое). М. , Наука, 1991. С. 136.

四　自然环境与交通运输

与工业相较，交通运输更加受制于自然环境，自然地理因素可维持数百年不变，恶劣的自然环境制约诸多地区社会经济发展。因俄国地域辽阔，土路铺设困难，加上春夏季节道路泥泞不堪，关卡众多，畜力运输发展缓慢。19 世纪中叶以前，俄国商品运输主要依靠水路，水路对俄国社会经济的发展至关重要，水路无须任何辅助性工作，不必精心维护，浅滩地区小船亦可航行。但并不是所有季节都是水路唱主角，冬季河流封冻，陆路运输成为主要的运输方式。本部分仅以水路运输为例探究自然环境对交通运输的影响，具体影响如下。

一是受自然环境的影响，河流的数量和深度变化较大，基辅罗斯时期东斯拉夫人就已使用水路运输货物，德涅斯特河、第聂伯河、布格河、顿河、沃尔霍夫河和伏尔加河是输送商品的主要河流，用于载人载物的既有独木舟，也有长 20 米、宽 3 米的大型木船，但平底小木船的数量最多。[1] 俄国河流数量并非数百年不变，因诸多河流变浅，加上船只载重量增加，船只的吃水深度不断提高，欧俄地区适合通航的河流的数量不断减少，15～19 世纪中叶，欧俄地区通航河流的数量由 100 多条减少至 60 条。[2]

二是航行受制于河流的通航状况。俄国诸多河流航道复杂，以伏尔加河为例，19 世纪 50 年代，河流上浅滩的总长度达 90 俄里，上游各地浅滩和石滩密布。19 世纪 60 年代，仅谢利扎罗夫河口至特维尔河段就有 17 处石滩，谢利扎罗夫河口至雷宾斯克河段有 50 处石滩，雷宾斯克河段至萨拉托夫河段有 35 处石滩。浅滩众多，地区水位变化较大，如正常通航期雷宾斯克港口附近水位为 2～8 俄尺，汛期水位达 5.5～7.3 俄丈。[3] 第聂伯河、卡马河、丘索瓦亚河，以及西伯利亚的众多河流都有航行艰难的河段，行船时险象环生。顿河流域的浅滩经常移动，行船更是困难重重。上沃洛乔克运河姆斯特河段石滩众多，船只

---

① Институт истории естествознания и техники Очерки истории техники в России с древнейших времен до 60 – х годов XIX века. М.，Наука，1973. С. 92.

② Дулов А. В. Географическая среда и история России. Конец XV-середина XIX вв. М.，Наука，1983. С. 110.

③ Марасинова Л. М. Пути и средства сообщения//Очерки русской культуры XVIII века. Ч. 1. М.，Изд-во МГУ，1985. С. 260；Истомина Э. Г. Водные пути России во второй половине XVIII-начале XIX века. С. 99；Старый рыбинск. История Города В описаниях современиков XIX – XX вв. Рыбинск.，Михайлов посад，1993. С. 89.

事故频发，该河段船只失事的概率达 3%。[1] 俄国仅有涅瓦河、北德维纳河和沃尔霍夫河等几条河流没有浅滩，通航条件较好。

三是水路季节性特征突出，春汛时水路航线最长；夏季水位下降，航距大大缩短；冬季河流结冰，运输完全停止。以伏尔加河为例，该河流于 3 月末 4 月初解冻，10 月末 11 月初开始结冰。一般而言，伏尔加河的通航期于 4 月中旬开始，年均封冻期为 160 天。欧俄地区许多河流虽有 6 ~ 8 个月的非结冰期[2]，但因水位各异并不是所有时节都适合航运，如上沃洛乔克运河姆斯特河河段年均通航期不超过 50 天，许多河流浮运和航运的最佳时间为 4 ~ 6 个月。干旱季节，枯水期河水变浅，航运停止。

四是随着货运量增加和社会经济的发展，水路运输工具也不断完善，但船只类型仍受自然因素的制约。19 世纪末，俄国船只类型仍以木船为主，除木筏外，河运船只种类很多，如早期的内河露舱船、多桅帆船、机械船、尖头船和平底小货船，后期的轮船和新型船只。[3] 就船只构造而言，其主要类型有二：带有圆形吃水部分的船只和带垂直船舷的船只（平底）。因船只类型较多，仅择其主要略述一二。19 世纪初，帆船最为普及，尖头帆船在各河流中最为常见，此类船只多为单桅帆船，由松木等制成，长度为 5 ~ 14 俄丈不等，宽度为 8 ~ 12 俄尺不等，载重量为 5000 ~ 30000 普特不等，但只能航行 10 ~ 15 次。[4] 19 世纪中叶，木驳船的载货量非常大，天气状况较好时，此类船只由辛比尔斯克航行至雷宾斯克需 2 个月左右，返航时间为 5 ~ 6 个星期。[5] 受自然因素制约，

① Быков Л. С. По Петровскому указу-канал на древнем волоке. М. , Транспорт, 1994. С. 149.

② Мизис Ю. А. Формирование рынка Центрального Черноземья во второй половине XVII-первой половине XVIII вв. Тамбов. , ООО 《Издательство Юлис》, 2006. С. 85.

③ Муллагулов М. Г. Башкирский народный транспорт XIX и начало XX вв. Уфа. , Ура БнцУрОРАН, 1992. С. 125; Цветков С. В. , Черников И. И. Торговые пути корабли кельтов и славян. СПб. , Изд-во 《Русско-Балтийский информационный центр БЛИЦ》, 2008. С. 263.

④ Марухин В. Ф. История речного судоходства в России. М. , Орехово-Зуевский педагогический институт, 1996. С. 35; Старый рыбинск. История Города В описаниях современиков XIX – XX вв. Рыбинск. , Михайлов посад, 1993. С. 97; Смирнов И. А. История северно-Двинской водной системы (Канал герцога Виртембергского) // Кирипло-Белозерный историко-архитектурный и художественный музей Заповедник. Белогодский гос. пед. ин-т. Кириппов историко-краеведческий альманах. Вологда. , Изд-во Русь, Вып 1. 1994. С. 103.

⑤ Истомина Э. Г. Водный транспорт России в дореформенный период (Историко-географическое). М. , Наука, 19891. С. 28.

船只航行需要一些辅助力量，最初船只行驶依靠纤夫在岸边拉纤绳、杆子撑船、划桨、马匹牵引等方式[1]，俄国载重为 3.0 万普特以下的船主要依靠纤夫牵引，牵引每 1000 普特货物需要 3～4 名纤夫，纤夫牵引货船每天可行进 5～10 俄里。[2] 18 世纪，伏尔加河流域的特维尔、雷宾斯克、雅罗斯拉夫尔、下诺夫哥罗德和阿斯特拉罕等地有数万名农民纤夫，19 世纪 40 年代，仅伏尔加河流域就有 60 万名纤夫。[3]

18 世纪至 19 世纪 60 年代初，俄国水运"一枝独秀"的原因如下：一是幅员辽阔，森林、沼泽地和冻土地带较多，畜力运输长期停滞不前，只能依靠水路运输商品；二是资金匮乏和人口密度较低，导致修路困难，土路年久失修，畜力运输难以满足商品流通的需求；三是水运的货运量大、成本低的优势，弥补了其因枯水期和封冻期不能运行以及速度慢的不足，其数百年来一直是运输粮食、鱼、木材、盐等大宗商品的主力。

第二节　俄国主要内河线路

俄国水路网络四通八达，成千上万条河流把俄国的水路、运输和经济连为一体，奠定了俄国特有的历史发展轨迹。基辅罗斯时期东斯拉夫人就利用舟船之便开展贸易，可经过水路从"瓦良格"到"希腊"。第聂伯河就是"瓦良格"通往"希腊"的主要水路，此处也诞生了基辅罗斯早期的文明。

俄国内河水系可分为十大区域。第一区为包括伏尔加河上游、上沃洛乔克运河、涅瓦河、卢加河与拉多加湖（斯维里河除外），总长度为 2260 俄里，主要流经省份为特维尔、诺夫哥罗德和圣彼得堡等。第二区为马林斯基运河和季赫温运河相关水路体系，包括伏尔加河流域的部分河流和湖泊（如舍克斯纳河、科夫扎河、白湖）、波罗的海附近的部分河流和湖泊（如维捷格拉河、沃德拉河、奥涅加湖、斯维里河、拉多加湖周围的运河），水路总长度为 1894 俄里，主要流经省份为奥洛涅茨、特维尔、诺夫哥罗德、雅罗斯拉夫尔和圣彼得堡等。

---

① Старый рыбинск. История Города В описаниях современиков XIX – XX вв. Рыбинск., Михайлов посад, 1993. C. 98.

② Соловьева А. М. Железнодорожный транспорт во второй половине XIX в. М., Наука, 1975. C. 25–26.

③ Дулов А. В. Географическая среда и история России. Конец XV-середина XIX вв. М., Наука, 1983. C. 126.

第三区范围最广，为伏尔加河—卡马河流域，包括两部分：第一部分为特维尔至下诺夫哥罗德的伏尔加河干流，以及奥卡河流域（乌帕河除外），长度为3500俄里；第二部分为下诺夫哥罗德至伏尔加河下游入海口，包括卡马河及其支流，总长度为3788俄里，主要流经省份为特维尔、莫斯科、雅罗斯拉夫尔、科斯特罗马、弗拉基米尔、梁赞、卡卢加、坦波夫、奔萨、奥廖尔、下诺夫哥罗德、喀山、彼尔姆、维亚特卡、奥伦堡、辛比尔斯克、萨拉托夫和阿斯特拉罕。第四区为奥卡河的乌帕河、顿河流域、捷列克河、库班河和库马河，总长度为2145俄里，主要流经省份为土拉、库尔斯克、坦波夫、萨拉托夫、哈尔科夫、叶卡捷琳诺斯拉夫、沃罗涅日、高加索地区、塔夫里达、顿河哥萨克军区和格鲁吉亚等。第五区包括第聂伯河（普里皮亚季河和别列津纳河除外）、布格河和德涅斯特河及其支流，总长度为3570俄里，主要流经省份为斯摩棱斯克、莫吉廖夫、奥尔洛夫斯克、库尔斯克、契尔尼戈夫、基辅、波尔塔瓦、哈尔科夫、叶卡捷琳诺斯拉夫、赫尔松和波多利斯克。第六区为奥金斯基运河、普里皮亚季河、戈伦河、斯卢奇河、斯特里河、亚谢利达河、涅曼河及其支流、纳雷夫河和博布尔河，总长度为2180俄里，主要流经省份是基辅、沃伦、明斯克、格罗德诺和维尔诺等。第七区为别列津纳运河、别列津纳河、西德维纳河、埃姆巴赫河、纳罗夫河下游、普斯科夫湖和楚德湖。主要流经省份为明斯克、莫吉廖夫、维捷布斯克、库尔兰、克利夫兰和爱斯特兰等。第八区与芬兰相关，主要包括武奥克萨河、基名河和博尔格河等河流。第九区包括北德维纳河流域、北叶卡捷琳娜二世运河、奥涅加河流域、梅津河和伯朝拉河，总长度为3180俄里，主要流经省份为沃洛格达、阿尔汉格尔斯克、彼尔姆、维亚特卡和奥洛涅茨的部分地区。第十区为乌拉尔山至太平洋沿岸间西伯利亚地区诸多河流，主要包括鄂毕河、叶尼塞河、勒拿河、亚纳河，以及汇入太平洋的乌拉克河和阿穆尔河，主要流经省份为托博尔斯克、托木斯克、伊尔库茨克和彼尔姆等。

因俄国横跨亚欧大陆，笔者也以此为划分依据，将俄国内河划分为两大部分，即欧洲部分与亚洲部分，分别对上述地区的众多河流进行阐释。从17世纪开始，内河运输已成为俄国经济发展的重要推力，亦是重要生产部门之一。18世纪末19世纪初，俄国河运网络彻底形成，世界上最大的内河网络由此诞生，此时欧俄地区水系主要包括伏尔加河—卡马河流域、西北部的上沃洛乔克运河、俄国北部与西北部的诸多河流、马林斯基运河和季赫温运河、第聂伯河、德涅斯特河、涅曼河和顿河，欧俄地区四通八达的水运体系保障了俄国商品流通，推动了俄国经济的快速发展。

一 伏尔加河—卡马河流域

伏尔加河被称为"母亲河"，在俄国社会经济发展过程中具有重要作用。对俄国人而言，伏尔加河不仅是河流，而且是民族精神的象征。伏尔加河是俄国人民内心的寄托，亦是俄国历史的见证。旧石器时期伏尔加河流域的乌格里奇附近、弗拉基米尔附近的苏尼克里、奥卡河附近的科拉恰夫斯克等地就有村落分布，新石器时代形成伏尔加河—奥卡河文化区，特列奇亚科夫教授认为："公元前2世纪中叶，伏尔加河已转化为各部落共同的水路，沿岸部落开始向西北地区迁移，居民纷纷在河流沿岸建立村镇。"[1]

（一）伏尔加河—卡马河流域概述

公元前2世纪，伏尔加河流域就分布着众多居民点，形成了独特的文化区，主要有三个文化区，即莫斯科—克利亚季马河流域文化区、上伏尔加河流域文化区和中伏尔加河流域文化区。随着社会经济发展，斯拉夫文明由西部开始向东北部地区延伸，伏尔加河流域逐渐成为大型部落的聚集区。伏尔加河水路在俄国历史发展进程中具有重要作用，公元前1000年在伏尔加河—奥卡河流域居住着操芬兰—乌戈尔语的部落，该部落为东斯拉夫人的祖先之一。从东斯拉夫人开发伏尔加河流域时起，他们的迁移方向与伏尔加河的走向一致。早期东斯拉夫人的聚居地以及后来的主要城市，都傍伏尔加河而生。

伏尔加河流域的主干是伏尔加河干流，它是欧洲最长的河流，全长3500多公里，从瓦尔代丘陵一直延伸到里海沿岸。对于伏尔加河名称的由来一直争论不断，主要说法如下：一是古希腊人称之为"拉"，为古希腊的太阳神的名字；二是中世纪时期，在阿拉伯人和波斯人的文献中伏尔加河被称为"伊吉里"；三是部分欧洲学者认为，伏尔加可能是河流北岸居民的方言，他们将河流称为"伏尔加河"；四是部分俄国学者认为，伏尔加河的名称可有两个解释，或来源于单词"潮湿"，译为较湿的河流，或源于芬兰—乌戈尔语，意为"白色和光明"。

从17世纪开始，伏尔加河及其支流就是俄国最重要的内河航线，伏尔加河

① Дубов И. В. Великий Волжский путь. Л., Издательство Ленинградского университета, 1989. С. 6.

既可通往波罗的海和白海，又可由奥卡河通向莫斯科河，进而抵达莫斯科；伏尔加河还与顿河相连，可通向亚速海，与整个东欧水系连为一体。总之，伏尔加河既连接里海沿岸各省、乌拉尔地区和中部黑土区的农业区，又与西北部的工商业区紧密相连，为整个俄国商业网络的基础。伏尔加河干线与支流流经 17个省，总长度约为 1.3 万俄里。① 伏尔加河在各地区的河道长度如下：阿斯特拉罕 450 俄里，维亚特卡 980 俄里，顿河流域 1762 俄里，喀山 721 俄里，卡卢加 455 俄里，科斯特罗马 597 俄里，莫斯科 305 俄里，下诺夫哥罗德 582 俄里，奥廖尔 390 俄里，奔萨 278 俄里，彼尔姆 1909 俄里，梁赞 509 俄里，萨马拉 934俄里，萨拉托夫 972 俄里，辛比尔斯克 918 俄里，坦波夫 542 俄里，特维尔 872俄里。② 伏尔加河水路受自然条件影响较大，其季节性特征明显，上游浅滩较多，在枯水期时很难航行，下游至阿斯特拉罕河段的水路最顺畅。

　　按地理位置而言，伏尔加河流域可划分为三部分，即以奥卡河、卡马河为界将伏尔加河流域分为三部分；也有学者以雷宾斯克为界将伏尔加河流域分为两部分。③ 就运输意义和通航条件而言，伏尔加河水路由两部分组成：一是伏尔加河及其大型支流奥卡河、苏拉河、舍克斯纳河以及与之相通的上沃洛乔克运河、季赫温运河和马林斯基运河，卡马河至阿斯特拉罕的干流也属该区域；二是卡马河水系，包括维亚特卡河、别拉亚河、丘索瓦亚河及卡马河的其他支流。④

① Истомина Э. Г. Водный транспорт России в дореформенный период（Историко-географическое）. М.，Наука，1991. С. 136；Тагирова Н. Ф. Рынок Поволжья（вторая половина XIX-начало XX вв）. М.，ООО《издательский центр научных и учебных программ》，1999. С. 71；Бессолицын А. А. Поволжский региона на рубеже XIX – XX вв.（основны тенденции и особенности экономического развития）//Экономическая история России：проблемы，поиск，решения：Ежегодник. Вып5. С. 196. Экономическая история России с древнейших времен до 1917 г. Том первой. М.，РОССПЭН，2009. С. 520

② Истомина Э. Г. Водный транспорт России в дореформенный период（Историко-географическое）. М.，Наука，1991. С. 136.

③ Истомина. Э. Г. Водный транспорт России в дореформенный период（Историко-географическое）. М.，Наука，1991；Марухин В. Ф. История речного судоходства в России. М.，Орехово-Зуевский педагогический институт，1996；Бессолицын А. А. Поволжский региона на рубеже XIX – XX вв.（основны тенденции и особенности экономического развития）//Экономическая история России：проблемы，поиск，решения：Ежегодник，Вып5；张广翔：《19 世纪至 20世纪初俄国的交通运输与经济发展》，《社会科学战线》2014 年第 12 期。

④ ИстоминаЭ. Г. Водный транспорт России в дореформенный период（Историко-географическое）. М.，Наука，1991. С. 137.

就货运量而言，运量最大的是伏尔加河上游以及格扎茨克、特维尔、雷宾斯克、下诺夫哥罗德、喀山、萨拉托夫、杜布纳和阿斯特拉罕河段，以下诺夫哥罗德和雷宾斯克间河段货运量最突出，该河段长 434 俄里，船只航行需 10 天。由下诺夫哥罗德至阿斯特拉罕河段货流量也较大，但耗时较长，在 19 世纪初，船只航行顺畅时也需 1 个月。

就航行条件而言，伏尔加河分为上游和下游两部分，上游为从源头至雷宾斯克段，下游是从雷宾斯克至里海出海口。上游宽度为 30～500 俄丈，下游各河段也宽窄不一，萨拉托夫河段宽度达 2130 俄丈，阿斯特拉罕河段宽度仅为 773 俄丈。伏尔加河部分河段地势凶险、沼泽众多。夏季，伏尔加河各河段的深度如下：雷宾斯克河段为 2 俄尺至 1.5 俄丈；莫洛加河段为 2 俄丈；科斯特罗马河段为 2 俄尺；沃利斯克河段为 5～6 俄丈；阿斯特拉罕河段为 4～8 俄丈。伏尔加河流域浅滩众多，上文已有所阐述，此处不再多说。

卡马河为伏尔加河最大的支流，卡马河发源于乌德摩尔梯自治共和国喀尔普什基诺村附近，是伏尔加河最大的支流，河长 2032 公里，流域面积达 52.17 万平方公里，结冰期为当年 11 月至翌年 4 月。卡马河主要支流为左岸的维舍拉河、科尔瓦河、雅伊夫河、科西瓦河、丘索瓦亚河、瑟尔瓦河、别拉亚河和乌法河；右岸的维亚特卡河、科波尔河和切普察河。丘索瓦亚河源于中部乌拉尔的东侧山麓，流经彼尔姆、斯维尔德洛夫斯克和车里雅宾斯克，春季水位上升时期航行距离可达 475 俄里，但航行条件异常危险。丘索瓦亚河的部分航道石滩众多，船长驾驶时需要高超的技艺。春季汛期时，丘索瓦亚河上游的宽度可达 30 俄丈，深度约达 2 俄尺；昆古尔县内的丘索瓦亚河宽度为 40～60 俄丈，深度为 2～4 俄尺；丘索瓦亚河下游宽度为 60～80 俄丈，深度达 4～7 俄尺，春季时适合航运，货物多于此时运出。

别拉亚河是卡马河左岸最长的支流，源于南乌拉尔地区的伊列麦利山，流经巴什基尔自治共和国，上游谷深流急，右支流努古什河注入后，河谷渐宽，成为平原河流。别拉亚河主要支流为乌法河、焦马河和西姆河等，该河流当年 11 月中旬至次年 4 月中旬封冻，结冰期为 5 个月。别拉亚河沿岸主要城市有别洛列茨克、萨拉瓦特、伊希姆拜、斯捷尔利塔马克和乌法等。维亚特卡河是卡马河右岸最大的支流，源于卡马河上游的高地湖泊，支流众多，适合浮运，部分河段适于航运。卡马河流域的货物主要运往伏尔加河流域，货运量取决于支流的货物航运和浮运的规模，货运量最大的河流是丘索瓦亚河和别拉亚河。上述河流主要为乌拉尔地区的采矿和冶金企业以及卡马河流域的煮盐企业提供服务，亦是部分时节浮运木头、建筑用木材、粮食和其他货物的唯一通路。

奥卡河是伏尔加河第二大支流，曲折东流，折向东北，在下诺夫哥罗德附近注入伏尔加河。奥卡河全长约 1500 公里，流域面积达 24.5 万平方公里。奥卡河流域面积约占伏尔加河流域水路的 1/5，沿岸地区人口稠密、工农业发展飞速。奥卡河码头众多，以莫斯科、奥廖尔、卡卢加、诺夫哥罗德、捷尔任斯克、梁赞和谢尔普霍夫码头最为著名，莫斯科不仅是俄国大型运输枢纽，还是俄国重要的政治、经济和文化中心。在奥卡河诸多支流中，莫斯科河意义特殊，它是连接伏尔加河和中部工业区的枢纽，将莫斯科、下诺夫哥罗德、梁赞和伏尔加河下游诸码头连为一体。奥卡河货运量较大的支流是祖沙河、奥谢特尔河、莫克沙河、普罗特瓦河，纳拉河、乌格拉河、莫斯科河和克利亚季马河。

苏拉河是伏尔加河的第三大支流，但该河流只有春季适合航运，河道弯曲，浅滩众多。其源头至杰什良尔河口处，河床宽度不足 5 俄丈，深度只有 2 俄尺；河流中段部分宽度达到 40 俄丈，深度为 3～4 俄丈不等。苏拉河货运量较大的支流为特维尔察河、舍克斯纳河、科斯特罗马河、温扎河、克尔热涅茨河和韦特卢加河。苏拉河与奔萨、辛比尔斯克、中部工业区和诸多农业大省联系紧密，亦可经过伏尔加河水路与波罗的海相连。19 世纪上半叶，苏拉河已成为俄国大型的粮食贸易区。1829 年，苏拉河航运货物价值达 490 万卢布[1]，其中以粮食占比最高，且粮食主要经瓦西里苏尔斯克码头运往伏尔加河下游，部分粮食也运往莫斯科、梁赞和卡卢加。19 世纪下半叶，苏拉河粮食主要运往雷宾斯克。苏拉河码头众多，以奔萨和普罗姆津码头货运量最大，但因该河流只适合春季航运，商品种类和运输规模无法与卡马河和奥卡河相比，故下文不再提及。

（二）伏尔加河—卡马河流域交通运输特征

水路货运量大、成本低、适合远距离运输等优势于伏尔加河流域被彰显得淋漓尽致。伏尔加河水路受自然条件影响较大，其季节性特征明显，在枯水期及结冰期河流货流量急剧下降，加上伏尔加河上游浅滩密布，在枯水期很难航行。所以，19 世纪下半叶，伏尔加河水路的货运量和规模逐渐逊色于铁路，但19 世纪中叶之前，其货流量独占鳌头。19 世纪，伏尔加河—卡马河流域除具有前文所述的河运的一般特征外，还具有货物流向明确、各支流商品结构单一、

---

① Истомина Э. Г. Водный транспорт России в дореформенный период（Историко-географическое）. М. , Наука, 1991. С. 154.

运输方式及工具更新快等特征。

1. 伏尔加河—卡马河流域货物流向明确

19世纪，伏尔加河流域为俄国重要的经济中心，上游为重要的工业品输出地，中游为大型的商品中转站和货物集散地，下游为重要的农产品和石油产品输出地。伏尔加河流域下游的阿斯特拉罕历来就是重要的鱼产品集散地，19世纪下半叶成为重要的石油产品转运港口；萨拉托夫、萨马拉和辛比尔斯克等省份为产粮基地，萨马拉和萨拉托夫为小麦输出地，辛比尔斯克为黑麦输出地。

卡马河流域为粮食和金属产品的输出地。西伯利亚等地的粮食等货物也经卡马河流域运往伏尔加河上游诸省，乌拉尔金属制品都由卡马河流域输出。伏尔加河下游沿岸诸省的商品大多运至下诺夫哥罗德和雷宾斯克，然后通过奥卡河、上沃洛乔克运河、季赫温运河和马林斯基运河分别运至莫斯科和圣彼得堡等地。因资料有限，笔者仅以主要港口为例探究伏尔加河流域的货流方向。

阿斯特拉罕是里海和伏尔加河流域唯一的大型鱼产品交易基地，也是波斯产品进口港口。19世纪中叶，阿斯特拉罕的捕鱼量约占全国捕鱼总量的2/3，鱼产品主要运往伏尔加河上游的下诺夫哥罗德和雷宾斯克。萨拉托夫与萨马拉等省为伏尔加河流域乃至整个俄国重要的商品粮生产基地，上述省份的粮食不但沿伏尔加河水路运至上游的诺夫哥罗德、雷宾斯克和圣彼得堡，还出口国外。

卡马河为乌拉尔金属产品的主要输出线路，金属产品由卡马河各码头转运至上游的下诺夫哥罗德、雅罗斯拉夫尔和雷宾斯克港口，后经马林斯基运河和季赫温运河运往圣彼得堡。19世纪初，乌拉尔地区的铁制品主要通过伏尔加河水路运至莫斯科和圣彼得堡，输入首都的铁制品占乌拉尔地区的铁制品运出总量的70%。[1] 19世纪下半叶，铁路开始输送乌拉尔地区金属制品。但整个19世纪，水路都是运输乌拉尔地区金属制品的主力；20世纪初，其主导地位才被铁路取代。卡马河流域的铁制品大多被运往下诺夫哥罗德港口，一部分被运至上游各省份，一部分沿伏尔加河被运至下游辛比尔斯克、萨马拉、萨拉托夫等省份，还有一部分铁制品被运往西伯利亚地区，然后被转运至中亚各地。[2]

下诺夫哥罗德港口为伏尔加流域重要的商品集散场所和货物中转地，伏尔

---

① Соловьева А. М. Промышленная революция в России в XIX в. М. , Наука, 1991. С. 134.

② АлексеевВ. В. , ГавриловД. В. Металлургия Урала с древнейших времен до наших дней. М. , Наука, 2008. С. 395；Гаврилов Д. В. Горнозаводский Урал XVII – XXвв. Избранные труды. Екатеринбург. , УрО РАН, 2005. С. 205.

加河下游和卡马河流域的各类货物也在此中转后运往上游及沿岸各省份。下诺夫哥罗德港口的主要商品为农产品、工业原料、建筑材料和工业品，农产品主要运往俄国工业中心，工业品主要运往伏尔加河下游诸省和东部地区。下诺夫哥罗德港口为俄国最大的贸易中心，下诺夫哥罗德展销会闻名世界，是世界级的大型运输中转站。

沿伏尔加河向上游运输的商品主要运至雷宾斯克和圣彼得堡，雷宾斯克为伏尔加河上游的重要港口，以粮食交易闻名于世。雷宾斯克码头的粮食主要经上沃洛乔克运河、季赫温运河和马林斯基运河运往圣彼得堡和波罗的海沿岸诸港口。圣彼得堡和波罗的海沿岸各港口的工业品也经西北部三条运河运至下诺夫哥罗德，然后转运至伏尔加河流域各省份。

从伏尔加河及其支流运至雷宾斯克的货物中农产品占比最高，伏尔加河、卡马河和奥卡河各码头的粮食主要源自喀山、辛比尔斯克、下诺夫哥罗德、萨马拉、萨拉托夫和维亚茨基，其中小麦主要来自萨拉托夫和萨马拉；其他农畜产品大多来自萨拉托夫、彼尔姆、奥伦堡、坦波夫、库尔斯克、沃罗涅日、科斯特罗马和下诺夫哥罗德。

伏尔加河上游的很多货物也被运至奥卡河和苏拉河流域，一部分商品被转运至下诺夫哥罗德港口，另一部分货物经下诺夫哥罗德码头被运往伏尔加河下游诸港口。奥卡河及其支流将欧俄中部省份与伏尔加河水路连为一体。库尔斯克、土拉、梁赞、坦波夫、奥廖尔、沃罗涅日、萨拉托夫和奔萨的粮食经此被运至奥卡河及其支流码头，一部分被运往莫斯科，另一部分被转运至圣彼得堡。[1]

2. 各支流商品结构单一

因掌握材料有限，笔者仅以各支流货流量最大的港口为例分析其商品结构。伏尔加河下游是俄国农产品和石油产品供应基地，阿斯特拉罕的货流量最大，每年有大量的进口货物输入该港口，然后被转运至伏尔加河流域各省份。输入阿斯特拉罕港口的主要货物为鱼产品、盐和进口货物，19世纪末，其成为俄国最大的石油转运港口。阿斯特拉罕渔业资源丰富，制盐业也十分发达，盛产湖盐，19世纪初，年均盐产量就达数十万普特。阿斯特拉罕除向上游输送本国商品外，还将中亚、高加索及波斯等地的进口商品运至国内市场，如波斯的棉花、丝绸、棉织品、胡桃木、大米和水果干等货物；中亚的棉花和皮革产品。国外

---

① Булгаков М. Б. Торговое движение по Окско-Московской речной системе в середине XVII в. //Промышленность и торговля в России XVII – XVIII вв. М. , Наука, 1983. С. 206 – 218.

货物除小部分在阿斯特拉罕当地销售外，大部分都沿伏尔加河运至俄国内地。

萨拉托夫和萨马拉为俄国重要的商品粮生产基地，萨拉托夫生产的主要农产品是小麦和黑麦，萨马拉盛产小麦，伏尔加河流域 2/3 的粮食都来自萨马拉和萨拉托夫。粮食主要被运往下诺夫哥罗德、雷宾斯克和圣彼得堡，被运往上游的粮食一部分用于国内需求，一部分出口国外。除粮食外，萨马拉和萨拉托夫还向伏尔加河上游各省运输盐、毛皮和皮革等货物，19 世纪中叶，萨拉托夫的鱼和埃利通盐的输出量为 400 万普特。伏尔加河流域各省运至萨马拉和萨拉托夫的主要商品为木材、金属、金属制品、树脂、焦油、糖和茶叶等，19 世纪中叶，阿斯特拉罕运至萨拉托夫的鱼产品数量为 116 万普特。①

俄国南部省份畜牧业发达，牲畜也由萨拉托夫、萨马拉和辛比尔斯克被运至莫斯科和圣彼得堡。中亚运至中部地区的牲畜也需经伏尔加河流域，牲畜由奥伦堡被运至莫斯科要经过布祖卢克、萨马拉、穆罗姆和弗拉基米尔。一部分牲畜被屠宰，肉、动物油、毛皮、骨头、皮革沿伏尔加河被运往国内市场，主要被运往雷宾斯克和圣彼得堡；另一部分牲畜被直接运至莫斯科等地。19 世纪 50年代下半期，每年仅由萨马拉码头运至圣彼得堡的动物油脂就达 60 多万普特。②

随着工商业的发展，卡马河及其支流浮运乌拉尔地区商品的数量明显增加，主要商品是铁、铜等金属制品。19 世纪中叶以前，乌拉尔是俄国最大的冶金基地，其生铁和铁产量的占比分别达 75% 和 86%③，卡马河为乌拉尔冶金产品的最主要输出线路。19 世纪 50 年代上半期，每年由卡马河运往伏尔加河的铁制品产量为近 800 万普特。19 世纪 50 年代末 60 年代初，仅丘索瓦亚河和别拉亚河码头就向伏尔加河输送了 1820 万普特的铜和金属制品。④ 具体而言，1843 ~1849 年，丘索瓦亚河每年航行船只数量为 337 艘，货物价值达 434 万卢布；1850 ~1856 年，年均航行船只数量为 347 艘，货物价值为 311 万卢布，货运量

① Марухин В. Ф. История речного судоходства в России. М. , Орехово-Зуевский педагогический институт, 1996. C. 254.

② Марухин В. Ф. История речного судоходства в России. М. , Орехово-Зуевский педагогический институт, 1996. C. 255.

③ Материалы Всероссийской научной конференции. Экономические реформы в России. Саранск. , Издатель-ский центр Историко-социологического института МГУ им. Н. П. Огарева. 2009. C. 37；Запарий В. В. Черная металлургия Урала XVIII – XX века. Екатеринбург. , Банк культурной информации, 2001. C. 120.

④ Марухин В. Ф. История речного судоходства в России. М. , Орехово-Зуевский педагогический институт, 1996. C. 259.

减少主要源于克里木战争（亦称克里米亚战争）。1852 年，丘索瓦亚河浮运的货物价值为 370 万卢布；1857 年达 443 万卢布；1860 年，丘索瓦亚河各码头驶出船只数量达 426 艘，货物价值为 490 万卢布。[①] 丘索瓦亚河运往卡马河上游各码头的主要货物为粮食和下诺夫哥罗德展销会的商品，主要供应乌拉尔地区采矿工厂的附近居民点。

乌拉尔地区还是沟通俄国东西方贸易的桥梁，西伯利亚、中国和中亚等国家和地区的商品多经该地运至俄国国内。卡马河水路是上述地区商品交流的媒介，船只由东部诸码头和叶卡捷琳堡等地出发，驶入伏尔加河诸码头，所载商品除粮食外，还有各种食品。彼尔姆码头运出的奶油和牛油部分由当地生产，部分来自叶卡捷琳堡。牛油主要经卡马河及其支流被运往下诺夫哥罗德展销会后被转运至圣彼得堡和出口国外。船只从伏尔加河返航时，经常装载鱼、鱼子和苹果等货物。

喀山码头位于伏尔加河与卡马河的交汇处，大量货物经由喀山被运至伏尔加河流域，喀山还是西伯利亚商品的汇集地，很多商品于冬季时被运至喀山，春季经水路被转运至国内各港口。喀山港口的货物包括西伯利亚的粮食、中国的茶叶、中亚的棉花、西伯利亚的食品和皮货等。喀山码头的货物主要被运至下诺夫哥罗德码头，主要商品为粮食、酒、油脂、鱼产品、石油、盐、亚麻籽和大麻籽、金属、金属制品、棉布、鱼和鱼产品、葡萄酒、西伯利亚皮革、毛制品、皮毛和毛皮制品、玻璃、陶瓷和上釉的陶器、煤油和河运船只，等等。

19 世纪中叶之前，喀山是重要的茶叶转运码头，茶叶大多来自中国。恰克图的茶叶先被运到伊尔库茨克，然后被运至托木斯克和秋明，最后被转运至喀山，再由喀山走水路被运往莫斯科和伏尔加河上游各码头。喀山商人经常到希瓦和布哈拉汗国经商，主要采购棉花，奥伦堡铁路修建之前，中亚棉花先被运至喀山，再被转运至下诺夫哥罗德展销会。喀山的黑麦主要被运往雷宾斯克，然后被运至圣彼得堡；部分黑麦也被运至阿斯特拉罕，主要是满足当地哥萨克部队的需求。喀山还是俄国蜡烛制造中心，每年沿伏尔加河向圣彼得堡运输蜡烛约 14 万普特。[②]

---

① Марухин В. Ф. История речного судоходства в России. М. , Орехово-Зуевский педагогический институт，1996. С. 267.

② Марухин В. Ф. История речного судоходства в России. М. , Орехово-Зуевский педагогический институт，1996. С. 256.

上沃洛乔克运河、季赫温运河和马林斯基运河（又称西北部运河）将伏尔加河流域与波罗的海沿岸各省连为一体。上沃洛乔克运河的货运量巨大，主要货物为粮食、食品、铁、铁制品、铸铁、木材、建材、工业燃料和饲料，等等。季赫温运河航程较短，货物多由圣彼得堡被运至伏尔加河流域，主要货物为糖、咖啡、葡萄酒、黑啤酒、醋、鲱鱼、柠檬、烟草、染料、棉花、纱、药品、茶、咖啡、大米和香料，等等。西北部三条运河中马林斯基运河的货流量最大，货物结构也较为稳定，粮食和食品占比最高，其次为工业品、蔬菜、水果、金属、铁制品和木材等货物。

3. 运输方式及工具更新快

一般而言，伏尔加河下游水路为阿斯特拉罕至卡马河流域河段，从 18 世纪下半叶起，该河段就十分繁荣，阿斯特拉罕码头货运量最大。阿斯特拉罕码头货物在向伏尔加河上游运输的过程中，萨马拉和萨拉托夫的粮食，乌拉尔的金属制品，西伯利亚的粮食、毛皮和食品等货物不断加入其中，该码头成为伏尔加河中游大型港口货物的主要来源。伏尔加河中游河段为卡马河至奥卡河河段，该河段最主要的港口为下诺夫哥罗德，下诺夫哥罗德航运在伏尔加河流域的作用不言而喻，下文将详细分析。上游水路包括奥卡河河段，该河段将伏尔加河与莫斯科连为一体，西北部的三条运河又将伏尔加河流域与波罗的海海域连为一体。19 世纪上半叶之前，伏尔加河流域货物运输以河运为主，1861 年农奴制改革后，俄国工业化开启，铁路的作用日益突出。

伏尔加河流域运输方式的变化主要表现为铁路的作用日渐突出，因下文将详细阐述俄国铁路建设状况，此处仅做简单分析。

18 世纪下半叶至 1861 年农奴制改革前，俄国水运网络不断扩大，水运线路总长度达 5.1 万俄里，其中固定航运线路为 3.1 万俄里。[①] 19 世纪中叶，欧俄通航内河总长度为 2.7 万俄里，年均船只行驶量约为 1.2 万艘，货物运送量达 4 亿普特，其中伏尔加河流域的货运量和货物价值占比分别为 3/4 和 4/5。[②] 19 世纪下半叶，俄国铁路建设热潮开启，伏尔加河流域铁路建设规模不断扩大，以

① Истомина Э. Г. Водный транспорт России в дореформенный период (Историко-географическое). М. , Наука, 1991. С. 257.

② Дулов А. В. Географеческая среда и история России. Конец XV-середина XIX вв. М. , Наука, 1983. С. 123; Истомина Э. Г. Водный транспорт России в дореформенный период (Историко-географическое). М. , Наука, 1991. С. 104.

下诺夫哥罗德—莫斯科、莫斯科—喀山和乌拉尔等铁路最为重要，上述铁路对伏尔加河流域乃至整个俄国经济发展的作用都不容忽视。

铁路修建初期，因里程较短、水路运输运费较低、运输量巨大，河运仍是主要的运输方式。但随着铁路的大规模修建，水路的主导地位受到冲击。19世纪末20世纪初，河运的作用日益逊色于铁路。19世纪末，俄国河运、陆运和海运的货运量总占比为30%，其余70%的货运量都由铁路完成。[①]虽然伏尔加河水路运输受到铁路的冲击，但二者的互补程度加强，由伏尔加河水路转往铁路的货流量与日俱增，如1912年水路转运至铁路的各种货物数量为2.4亿普特，包括石油产品1.1亿普特、建筑用木材4500万普特、粮食1670万普特等[②]，同时铁路的部分商品也转由水路运输。19世纪末，尽管铁路长度迅速增加，伏尔加河水路的长度并无变化，但随着社会经济的发展，水路的货流量也稳步增长。1912年，欧俄地区主要河流中年商品流通额超过百万卢布的码头有149个，其中92个分布于伏尔加河流域；年商品流通额超过千万卢布的码头有33个，其中21个分布于伏尔加河流域。[③]1913年，伏尔加河诸码头货运价值为欧俄水路货运总价值的68%，货流量占比达50%，仅阿斯特拉罕、下诺夫哥罗德、察里津、萨拉托夫、萨马拉、喀山和莫斯科等大型码头的货运价值就为4.9亿卢布。[④]

（三）伏尔加河—卡马河流域主要港口

19世纪，伏尔加河为俄国最重要的内河航线。1800～1825年，伏尔加河干流共有120个码头，奥卡河和卡马河流域的码头数量分别为60个和111个。[⑤]19世纪50年代，伏尔加河流域23个港口的年均商品交易额高于50万卢布，主

---

① Федоров В. А. История России 1861 – 1917. М.，Высшая школа，1998. С. 88.

② Истомина Э. Г. Роль Волжского воднотранспортного бассейна в формировании регионального социо-экономического пространства Европейской России во второй половине XIX-начале XX века//Исторический журнал：Научные исследования，№2. 2013. С. 225.

③ Экономическая история России с древнейших времен до 1917 г. Том первой. М.，РОССПЭН，2009. С. 522.

④ Истомина Э. Г. Роль Волжского воднотранспортного бассейна в формировании регионального социо-экономического пространства Европейской России во второй половине XIX-начале XX века//Исторический журнал：Научные исследования，2013. №2. С. 225；Экономическая история России с древнейших времен до 1917 г. Том первой. М.，РОССПЭН，2009 С. 522.

⑤ Экономическая история России с древнейших времен до. 1917 г Энциклопедия. Том первой. М.，РОССПЭН，2009. С. 520.

要货物是农产品。①

18 世纪末，伏尔加河流域港口中雷宾斯克、下诺夫哥罗德和阿斯特拉罕的货流量最大，雷宾斯克每年都举办粮食展销会，沟通着欧俄东部和中部产粮省份与圣彼得堡港口。下诺夫哥罗德港口为伏尔加河中游最重要的港口，它与运输农产品的喀山、切鲍科萨雷港口相连，喀山港口以下辛比尔斯克港口、萨马拉港口和塞兹兰港口最重要。伏尔加河流域沿岸地区为俄国重要的工农业生产中心，下游沿岸的萨马拉、萨拉托夫、科斯特罗马、彼尔姆、辛比尔斯克和坦波夫等省为俄国的产粮大省，也是伏尔加河流域粮食的主要来源；莫斯科位于奥卡河支流莫斯科河上，为俄国重要的工业中心；卡马河流域地区是乌拉尔地区金属制品的主要输出地。因诸多港口的状况在本书其他部分有所涉及，此处仅以雷宾斯克、阿斯特拉罕和莫斯科为例进行分析。

1. 雷宾斯克

雷宾斯克位于伏尔加河和舍克斯纳河的交汇处，是伏尔加河流域的水路运输枢纽，十月革命前雷宾斯克为俄国最大的粮食交易中心，伏尔加河及其支流运输到雷宾斯克的货物中农产品数量最多。

雷宾斯克是俄国重要的粮食交易港口，19 世纪上半叶，到港船只的类型众多，如机械船、露舱船、白木船、平底小货船、多桅帆船和帆船等，大木帆船的最大载重量为 3 万普特。② 雷宾斯克码头上载重量超过 1 万普特的船只较为常见，为应对庞大的货流量，该港口每年还需制造 1000 艘以上船只。③ 1835 年，伏尔加河中游和下游航行至雷宾斯克的船只数量为 1996 艘，货物价值为 6540 万卢布。1835 年共有 3899 艘平底木驳船和小船从雷宾斯克驶入上沃洛乔克运河，货物价值为 5230 万卢布；驶入季赫温运河的船只数量为 2159 艘，货物价值为 4090 万卢布；通航期雷宾斯克码头船只总量为 7502 艘，货物总价值达 1.1

① Истомина Э. Г. Водный транспорт как фактор развизия внутренней и внешней торговли сельскохозяйствен-ной продукцией в конце XVIII-первой половине XIX в. // Научный совет по проблемам аграрной истории РАН. Динамика и темпы аграрного развития России: инфраструктура и рынок. Материалы X – XIX сессии Симпозиума по аграрной истории Восточной Европы. Орел. , Орловская правда, 2006. С. 55.

② Марухин В. Ф. История речного судоходства в России. М. , Орехово-Зуевский педагогический институт, 1996. С. 313.

③ Прокофьев М. Наше судоходство. СПб. , Типография П. И. Глазунова. Выпуск 2. 1870. С. 31.

亿卢布。①

雷宾斯克码头的货物中，粮食运量占比最高，1842 年、1845 年和 1846 年运至雷宾斯克港口的粮食分别为 1630 万普特、3300 万普特和 4320 万普特。② 1855 年，伏尔加河流域各码头运往雷宾斯克的货物中，粮食运量占比为 69.8%；1857 年和 1860 年，粮食运量占比分别为 77.8% 和 61.3%。③

1851 年，雷宾斯克码头到港船只和货物价值分别为 2561 艘和 1797.1 万卢布；1856 年，到港船只共 2409 艘，货物价值为 884 万卢布；1857 年分别为 2092 艘和 1221.6 万卢布；1858 年，分别是 2192 艘和 767 万卢布；1860 年，雷宾斯克到港船只数量为 2283 艘，货物价值为 2588.1 万卢布；1868 年，分别是 1728 艘和 903.8 万卢布。④ 随着铁路的大规模修建，雷宾斯克码头的货流量开始下降，但仍是俄国最大粮食交易港口。

雷宾斯克码头通航期往来船只运送的主要货物是粮食，黑麦、小麦、黑麦粉和燕麦等来自喀山、维亚特卡、辛比尔斯克、下诺夫哥罗德、萨马拉和萨拉托夫；部分粮食和酒精来自奔萨、坦波夫和下诺夫哥罗德；造船用板材来自维亚特卡、喀山和彼尔姆；烟草来自萨拉托夫；粗席和韧皮纤维大编织袋等来自维亚特卡、喀山、科斯特罗马和下诺夫哥罗德；铁、铜等金属制品来自彼尔姆和奥伦堡。雷宾斯克的粮食主要通过马林斯基运河、季赫温运河和上沃洛乔克运河被运往圣彼得堡，以马林斯基运河的货运量最大。

2. 阿斯特拉罕

阿斯特拉罕是伏尔加河的出海口，亦是里海沿岸的重要港口，因气候等因素的制约，阿斯特拉罕港口的通航期只有 6 个月。阿斯特拉罕的渔业和煮盐业发达，虽然手工业欠发达，但手工业者数量众多。阿斯特拉罕港口的货物种类

① Истомина Э. Г. Водный транспорт России в дореформенный период (Историко-географическое). М., Наука, 1991. С. 142；范璐祎：《18 世纪下半期~19 世纪上半期的俄国水路运输》，吉林大学博士学位论文，2014，第 48 页。

② Истомина Э. Г. Водный транспорт как фактор развизия внутренней и внешней торговли сельскохозяйствен-ной продукцией в конце XVIII-первой половине XIX в. //Научный совет по проблемам аграрной истории РАН. Динамика и темпы аграрного развития России: инфраструктура и рынок. Материалы X – XIX сессии Симпозиума по аграрной истории Восточной Европы. Орел., Орловская правда, 2006. С. 55.

③ Марухин В. Ф. История речного судоходства в России. М., Орехово-Зуевский педагогический институт, 1996. С. 314.

④ Марухин В. Ф. История речного судоходства в России. М., Орехово-Зуевский педагогический институт, 1996. С. 309, 311.

众多，大多数货物来自辛比尔斯克、萨马拉和萨拉托夫、下诺夫哥罗德和莫斯科等地。18 世纪上半叶，阿斯特拉罕已是俄国重要的商业中心，除国内商品外，国外商品也十分常见。1720 年，阿斯特拉罕销售至马卡里耶夫展销会（下诺夫哥罗德展销会前身）货物的价值为 8.5 万卢布，占该展销会商品价值的 1/3。该码头运至马卡里耶夫展销会的主要是鱼产品，其价值为 3.6 万卢布，纺织品价值为 1.8 万卢布，丝织品价值为 2409 卢布，皮革等货物价值为 1.8 万卢布，日用百货、粮食和其他商品的价值分别为 1411 卢布、2149 卢布和 7242 卢布。[①] 1720～1723 年阿斯特拉罕仅海关收入就达 5.1 万卢布，1724 年，阿斯特拉罕运往上游城市货物的总价值达 48.2 万卢布。[②]

阿斯特拉罕为俄国鱼产品集散地，鱼产品主要被运往下诺夫哥罗德和雷宾斯克。阿斯特拉罕渔业资源丰富，梭鲈、欧鳊、鲱鱼、里海鲤、欧鳇和鲟鱼等都是当地特产。自古以来捕鱼就是当地居民的主要营生，16～17 世纪，阿斯特拉罕捕鱼业已十分发达。随着俄国鱼产品需求量的提高和阿斯特拉罕经济的发展，18 世纪下半叶至 19 世纪，阿斯特拉罕捕鱼业快速发展。18 世纪 80 年代，阿斯特拉罕每年向伏尔加河上游运输大量鲜鱼、冻鱼和咸鱼，鱼产品的价值达 60 万卢布。[③] 19 世纪初，该港口年均捕鱼量达 300 万普特[④]，仅 1813 年，由伏尔加河通过下诺夫哥罗德码头输入莫斯科的咸鱼、鲜鱼和鱼子的数量就分别为 2.5 万普特、9000 普特和 3000 普特[⑤]，1836 年，沿水路被运至莫斯科的鱼产品数量和价值分别为 5.5 万普特和 28.2 万卢布。[⑥] 19 世纪中叶，阿斯特拉罕的捕鱼量约占全俄捕鱼量的 2/3，春季可捕捞 900 万条里海鲤和 200 万条鲱鱼。除鲜鱼和干鱼外，阿斯特拉罕还盛产鱼子，下等鱼子农民多自用，上等鱼子多被运

---

① Кафенгауз Б. Б. Очерки внутреннего рынка России первой половины XVIII века. М., Изд-во Акад. наук СССР. 1958. С. 143，145，149–150.

② Голикова Н. Б. Очерки по истории городов России конца XVII-начала XVIII в. М., Издательство московского университета, 1982. С. 125，134，135.

③ Милов Л. В. По следам шедших эпох: статьи и заетки. М., Наука, 2006. С. 455.

④ Марухин В. Ф. История речного судоходства в России. М., Орехово-Зуевский педагогический институт, 1996. С. 237.

⑤ Истомина Э. Г. Водные пути России во второй половине XVIII-начале XIX века. М., Наука, 1982. С. 110.

⑥ Истомина Э. Г. Водный транспорт России в дореформенный период (Историко-географическое). М., Наука, 1991. С. 150.

至伏尔加河上游和出口国外。[①] 1871 年，伏尔加河—马林斯基水系的鱼产品运输量为 850 万普特，货物价值为 1062 万卢布，大部分鱼产品都源自阿斯特拉罕，其中 72% 的鱼产品被运往西北部地区，28% 的鱼产品被运往东南部地区。19 世纪末 20 世纪初，阿斯特拉罕渔业仍十分发达，1891 年和 1900 年阿斯特拉罕捕鱼量分别为 957 万普特和 1500 万普特。1913 年，伏尔加河—里海区域的捕鱼量达 2800 万普特，价值达 6500 万卢布，占全俄捕鱼量的 44%[②]，此年度阿斯特拉罕码头的总货运量为 8300 万普特。[③]

3. 莫斯科

莫斯科为连接西欧、高加索地区、南俄、北部和西伯利亚地区的交通枢纽。到 18 世纪，莫斯科贸易就已十分发达。18 世纪 80 年代，谢尔普霍夫约有 23 万匹帆布运往莫斯科，共计 80 万米，部分帆布也由莫斯科运往圣彼得堡、里加和南部港口。[④]

莫斯科人口众多，对皮革的需求量大，因此，附近城市的皮革主要被运往莫斯科。喀什基尔向莫斯科运输皮革、肉、蜂蜡、印花布和陶瓷等货物，西北部城市大量木材和木制品也被运往莫斯科。伏尔加河上游城市与莫斯科的贸易联系十分紧密，乌格里奇向莫斯科运输粗布和农产品。莫斯科纺织业发达，18 世纪 80 年代，莫斯科约有 200 万丈麻布、纺织商品被运往国内各地[⑤]，亚麻纱线和粗布主要被运往乌拉尔地区。莫斯科还有很多来自波斯、中亚和土耳其等的商品，东方国家商品经伏尔加河运至莫斯科；西欧的商品主要通过阿尔汉格尔斯克和波罗的海港口运入。

作为俄国大型商业中心之一，莫斯科汇集了乌克兰的农产品，例如西伯利亚的皮货，伏尔加河流域的粮食、毛线、皮革、鱼产品，诺夫哥罗德等省的呢

① Марухин В. Ф. История речного судоходства в России. М.，Орехово-Зуевский педагогический институт，1996. С. 238.
② Бессолицын А. А. Поволжский региона на рубеже XIX – XX вв. （основные тенденции и особенности экономического развития）//Экономическая история России：проблемы，поиск，решения：Ежегодник. Вып5. С. 198；Халин А. А. Система путей сообщения нижегородского поволжья и ее роль в социально-экономическом развитим региона. Нижний Новгород.，Изд-во Волго-вятекой академии государственной службы，2011. С. 187.
③ Россия 1913 год. Статистико-документальный справочник. СПб.，Блиц，1995. С. 132.
④ Милов Л. В. По следам шедших эпох：статьи и заетки. М.，Наука，2006. С. 450.
⑤ Милов Л. В. По следам шедших эпох：статьи и заетки. М.，Наука，2006. С. 450.

绒，卡卢加的大麻和大麻油，中部省份的纺织品、餐具、铁和铁制品，乌拉尔地区的盐和铁。莫斯科粮食长期不能自给，早期粮食由莫斯科郊区的农村供应，随着莫斯科城市规模扩大和人口数量增加，郊区的粮食供应量已不能满足其需求，自16世纪开始，莫斯科就从伏尔加河上游地区和梁赞运入粮食；16世纪末，从奥卡河流域运入粮食；到17世纪中叶，奥廖尔的粮食也开始输入莫斯科。莫斯科鱼产品来自罗斯托夫、梁赞、坦波夫、下诺夫哥罗德、喀山和阿斯特拉罕等地，盐从乌拉尔地区和伏尔加河下游省份运入，蔬菜从莫斯科郊区运入。莫斯科所需的大量原材料，如铁、铜、纺织品等货物，其中，铁主要来自乌拉尔地区，服装和纺织原料主要来自雅罗斯拉夫尔和科斯特罗马等省份。

莫斯科是伏尔加河流域粮食的主要供给地。究其原因如下：一是莫斯科省很多地区土壤贫瘠，气候恶劣，不宜耕作，即便部分县城农业相对发达，但粮食生产供不应求；二是莫斯科工业发达，外来人口数量不断增加，城市人口大增加。19世纪中叶，莫斯科的人口数量为40万人，1917年已增至240万人[1]，随着居民数量增加，粮食需求量更大，如1909～1913年，莫斯科粮食短缺数量（用于自身消费）为1727万普特。[2]

莫斯科粮食主要来源有四个方面：一是伏尔加河下游诸省的粮食经下诺夫哥罗德码头被转运至奥卡河流域；二是茨纳河莫尔什码头，该码头将伏尔加河下游的各产粮大省的粮食运至莫斯科，但粮食运输量有限，19世纪下半叶，该港口粮食供应量可忽略不计；三是雷宾斯克码头的部分粮食也被运至莫斯科；四是莫斯科周边各省，因其粮食产量有限，所以其输入量亦可忽略。因此，莫斯科的粮食主要源自伏尔加河下游沿岸各省。值得一提的是，铁路修建后，从水路运至莫斯科的粮食数量大幅下降，究其原因如下：一是奥卡河水路的季节性突出；二是铁路的冲击。

因掌握数据有限，笔者仅以19世纪上半叶从伏尔加河运至莫斯科的粮食数量加以说明。1811年，由卡卢加码头和姆岑斯克码头运往莫斯科的粮食数量为

---

① Водарский Я. Е. Исследования по истории русского города（факты，обобщение，аспекты）. М.，Институт российской истории РАН，2006. С. 232.

② Давыдов М. А. Всероссийский рынок в конце XIX-начале XX вв. и железнодорожная статистика. СПб.，Алетейя，2010. С. 181.

140 万俄石①；1813 年，由上述码头运往莫斯科的粮食为 130 万俄石。② 1836 年，沿伏尔加河水路运抵莫斯科的粮食数量为 710 万普特，价值为 800 万卢布。③

下诺夫哥罗德码头也向莫斯科大量输送粮食。据统计，19 世纪 60 年代，下诺夫哥罗德共接收 6200 万普特粮食④；19 世纪 80 年代下半期下诺夫哥罗德码头的粮食转运数量有所增长，达 8860 万普特；1900 年，该码头的粮食转运数量占伏尔加河流域总运粮量的 10.9%，下诺夫哥罗德的粮食主要被运至莫斯科。⑤ 值得一提的是，19 世纪 90 年代，莫斯科—下诺夫哥罗德等铁路年均向莫斯科运粮 2500 万普特。⑥ 19 世纪上半叶，雷宾斯克的粮食很少被运至莫斯科，主要被运至圣彼得堡。19 世纪下半叶，伏尔加河流域的铁路被大规模修建后，从雷宾斯克运往莫斯科的粮食数量大幅增加，如 19 世纪末，从雷宾斯克运往莫斯科的年均粮食数量为 2000 万普特，但仅是运至圣彼得堡粮食数量的 1/10。⑦

下诺夫哥罗德码头位于伏尔加河与其支流奥卡河的交汇处，为俄国重要的

① Ковальченко И. Д. , Милов Л. В. Всероссийской аграрный рынок XVIII-начало XX в. Опыт количественного анализа. М. , Изд-во Московского университета, 1974. С. 220; Истомина Э. Г. Водный транспорт как фактор развизия внутренней и внешней торговли сельскохозяйственной продукцией в конце XVIII-первой половине XIX в. // Научный совет по проблемам аграрной истории РАН. Динамика и темпы аграрного развития России: инфраструктура и рынок. Материалы X – XIX сессии Симпозиума по аграрной истории Восточной Европы. Орел. , Орловская правда, 2006. С. 57.

② Истомина Э. Г. Водные пути России во второй половине XVIII-начале XIX века. М. , Наука, 1982 C. 105.

③ Истомина Э. Г. Водный транспорт как фактор развизия внутренней и внешней торговли сельскохозяйственной продукцией в конце XVIII-первой половине XIX в. // Научный совет по проблемам аграрной истории РАН. Динамика и темпы аграрного развития России: инфраструктура и рынок. Материалы X – XIX сессии Симпозиума по аграрной истории Восточной Европы. Орел. , Орловская правда, 2006. С. 56.

④ Халин А. А. Система путей сообщения нижегородского поволжья и ее роль в социально-экономическом развитим региона (30 – 90 гг. XIX в.). Нижний Новгород. , Изд-во Волго-вятекой академии государственной службы, 201 C. 84.

⑤ Халин А. А. Система путей сообщения нижегородского поволжья и ее роль в социально-экономическом развитим региона (30 – 90 гг. XIX в.). Нижний Новгород. , Изд-во Волго-вятекой академии государственной службы, 201 C. 189.

⑥ Экономическая история России с древнейших времен до 1917 г. Том первой. М. , РОССПЭН, 2009. С. 410, 411.

⑦ Тагирова Н. Ф. Рынок Поволжья (вторая половина XIX-начало XX вв.). ММ. , ООО 《издательский центр научных и учебных программ》, 1999. С. 73.

工商业中心。下诺夫哥罗德由弗拉基米尔大公尤里·弗谢沃洛多维奇建立，在苏兹达尔大公康斯坦丁·瓦西里耶维奇之子安德烈·康斯坦丁诺维奇王公统治时期，下诺夫哥罗德变成独立公国，后被莫斯科大公瓦西里一世吞并。下诺夫哥罗德码头为伏尔加河中游最大的河运码头，19世纪上半叶，该码头在俄国水路运输系统中的作用更加突出，很多运送货物的船只都在该港口靠岸。1890年，下诺夫哥罗德码头的货运量仅次于阿斯特拉罕码头①，19世纪末，下诺夫哥罗德码头的货运总值独占鳌头，圣彼得堡和雷宾斯克货运量紧随其后，但雷宾斯克码头的货运量仅为下诺夫哥罗德码头的1/2。除此之外，在东方贸易中下诺夫哥罗德码头也具有重要作用。

19世纪90年代，伏尔加河水路涉及的主要码头为圣彼得堡码头、特维尔码头、雷宾斯克码头、雅罗斯拉夫尔码头、科斯特罗马码头、下诺夫哥罗德码头、喀山码头和萨马拉码头。上述码头中下诺夫哥罗德码头的货流量最大，其次为圣彼得堡码头和雅罗斯拉夫尔码头。特维尔、雷宾斯克、雅罗斯拉夫尔和科斯特罗马等码头的货流总量与下诺夫哥罗德码头持平，下诺夫哥罗德码头的货流量巨大可见一斑。

二 西北部地区的航运线路

俄国西北部地区水资源丰富，涅瓦河流域为该地区航运的中心，圣彼得堡就位于涅瓦河沿岸。涅瓦河与伊尔门湖、奥涅加湖、拉多加湖和斯维里河发达的水路运输共同保障圣彼得堡的货物供应。西北部地区还可通过上沃洛乔克运河、季赫温运河和马林斯基运河与伏尔加河流域相通，因资料有限，本部分仅选择最具有代表性的上沃洛乔克运河、季赫温运河和马林斯基运河来阐释俄国西北部地区的内河航运状况。

春汛时节，西北部河流水位很高，适合航运；夏季河流水位低；冬季进入枯水期，航运停止。很多大型湖泊支流的水位很高，如伊尔门湖和拉多加湖之间的沃尔霍夫河、拉多加湖和波罗的海之间的涅瓦河都适合航运。西北部水路主要集中于普斯科夫、诺夫哥罗德、圣彼得堡和奥洛涅茨等地，上述地区工业较为发达。19世纪，因水利设施的不断完善，西北部地区的航运网络逐渐扩

---

① Халин А. А. Система путей сообщения нижегородского поволжья и ее роль в социально-экономическом развитим региона（30－90 гг. XIX в.）. Нижний Новгород., Изд-во Волго-вятекой академии государственной службы, 201C. 182.

大，推动了该地区社会经济的发展。18 世纪，西北部地区所有河运线路中，上沃洛乔克运河的货流量最高，该运河始建于 1703～1709 年。19 世纪初，季赫温运河和马林斯基运河的货流量逐年提升，它们分别于 1810 年和 1811 年通航，下文将分别对其进行详细阐释。

（一）上沃洛乔克运河

18 世纪，上沃洛乔克运河就已通航，且货流量逐年增加。18 世纪下半叶，上沃洛乔克运河包括雷宾斯克和特维尔间的伏尔加河河段、特维尔察河河段以及茨纳河、姆斯金湖、姆斯特河、伊尔门湖、沃尔霍夫河、拉多加运河和涅瓦河等河段。

上沃洛乔克运河航运最发达的区域为诺夫哥罗德的旧鲁萨县界内，洛瓦季河为主要航运河流，该河流宽 70～200 俄丈不等，深 1～2 俄尺不等。洛瓦季河最大的航运支流是波拉河，其宽度为 20～80 俄丈不等，深度达到 4.5 俄尺。波拉河航运始于波德别列佐夫码头，该码头距伊尔门湖 150 俄里。18 世纪，上沃洛乔克运河的航运条件非常差，船只由伏尔加驶出，进入特维尔察河后石滩众多，航行十分困难，大部分船只秋季到达此处，次年春季才能继续航行。船只沿特维尔察河向上航行也十分困难，需经过数十个石滩。

伊尔门湖也是上沃洛乔克运河的重要组成部分，伊尔门湖长 40 俄里，宽 30 俄里，水位很浅。汇入伊尔门湖泊的河流近 50 条，主要航运河流为姆斯特河、拉瓦季河和舍隆河。[①] 伊尔门湖湖底多淤泥，航行也十分困难，18 世纪末俄国政府不得已开始疏通河道。

随着上沃洛乔克运河航运意义的提升，政府开始关注该地区，不断疏通和修建河道。[②] 18 世纪至 19 世纪初，上沃洛乔克运河已有 7 个蓄水坝和多条支流，修建运河的目的是保持水位、便于船只顺利通航。1781 年 11 月 1 日，叶卡捷琳娜二世颁布的法令中就包括完善和修复上沃洛乔克运河的具体措施，女皇参观该运河后决定每年拨款 4 万卢布用于修理河段内陈旧的水闸[③]，此后历代沙皇

---

① 范璐祎：《18 世纪下半期—19 世纪上半期的俄国水路运输》，吉林大学博士学位论文，2014，第 79 页。

② Высшие и центральные государственные учреждение России. 1801 – 1917. Т. 3. Центральные государственные учреждения. СПб.，Наука，2000. С. 17.

③ Истомина Э. Г. Водные пути России во второй половине ⅩⅧ-начале ⅩⅨ века. М.，Наука，1982. С. 138；范璐祎：《18 世纪下半期—19 世纪上半期的俄国水路运输》，吉林大学博士学位论文，2014，第 79 页。

都十分关注该运河。

18 世纪末，参政院委任诺夫哥罗德省省长管理特维尔、诺夫哥罗德、圣彼得堡的所有水运事宜。为减轻管理压力，1778 年，上沃洛乔克运河的航运线路分为三段：上沃洛乔克河段、姆斯特闸门至诺夫哥罗德河段、诺夫哥罗德至拉多加河段。这三段分别由专人管理。此后，俄国政府专门设立水运管理机构负责水运事宜，管理总部就设在上沃洛乔克。

上沃洛乔克运河将伏尔加河—里海流域和波罗的海连为一体，满载货物的船队经该运河驶入圣彼得堡。也有部分商队船只装载粮食、动物油、大麻油、大麻纤维、麻屑、亚麻籽、玻璃和其他商品，这些商品大多来自斯摩棱斯克、卡卢加、奥廖尔、库尔斯克、莫斯科、土拉和沃罗涅日，商品大多于当年冬季被运往各码头，次年春天被运至圣彼得堡。

（二）季赫温运河

季赫温运河也是连接伏尔加河与圣彼得堡的重要航线，该运河第一河段由汇入伏尔加河的莫洛加河和查戈达河组成，河段长 202 俄里。18 世纪，该河段航行十分困难，仅莫洛加河上就有 3 个石滩和 6 个浅滩，因河水较浅不利于通航，夏季船只能装载 900 普特的货物，秋季河流水位更低，船只仅可装载 200 普特的货物。[①] 18 世纪，莫洛加河河口处没有修建桥梁、设置码头和渡口，人与牲畜需要涉水通过，春汛时节更是通行困难。

查戈达河也是季赫温运河的重要组成部分，但因该河流石滩和浅滩众多，船只航行十分困难。查戈达河的船只行驶数百俄里后进入戈留恩河，后经沃仁斯克湖、斯摩棱斯克河、索米诺湖、瓦尔齐纳河后驶入季赫温运河。莫洛加河河口至夏西河河口线路全长 654 俄里，载货船只需靠纤夫和马力牵引行驶。季赫温运河石滩和浅滩较多，水量较小，因此只允许小型船只通航。18 世纪，季赫温运河组成部分如下：莫洛加河至查戈达河河段、季赫温运河、季赫温运河至夏西河交汇处、夏西河至夏西运河河段、夏西运河河段。与上沃洛乔克运河相比，季赫温运河的优势在于航程较短、往返时间较短，通常从季赫温运河至圣彼得堡的时间为 30～40 天，返航需 30 天左右。因浅滩众多，船只载重量有限，所以该水路以运输贵重货物为主。季赫温运河于 1810 年通航后货流量迅速

---

① Дулов А. В. Географеческая среда и история России. Конец XV -середина XIX вв. М. , Наука, 1983. С. 125；范璐祎：《18 世纪下半期～19 世纪上半期的俄国水路运输》，吉林大学博士学位论文，2014，第 86 页。

增加，19 世纪 30 年代，已成为俄国重要的航运线路，该运河航运条件较好河段长 175 俄里。1829 年，季赫温运河登记往来船只数量为 1729 艘，商品价值为 1700 万卢布，当年由季赫温运河和夏西运河驶入圣彼得堡的船只数量共 6499 艘，货物价值达 3770 万卢布。[①] 因季赫温运河运输周期短，很多商人都选择从该运河运输货物，即便其运输价格高于上沃洛乔克运河，但运费仍低于尼古拉耶夫铁路。[②]

因季赫温运河的重要性日渐突出，政府开始关注该运河，19 世纪初，政府颁布命令要求各主管部门和地方政府改善航运条件，投入资金修建纤道，清理夏西河上的石滩。19 世纪中叶，政府对季赫温运河更加重视，开始大规模修建纤道，清理河滩和河床，但因资金不足，以及地方政府执行不力，至 19 世纪 60 年代，季赫温运河的航行船只仍以中小型船只为主。莫斯科—下诺夫哥罗德、莫斯科—雅罗斯拉夫尔和雷宾斯克—博洛戈耶铁路修建之后，季赫温运河的货流量快速下降，但仍是输送木材等货物的主要线路。

（三）马林斯基运河

马林斯基运河始于伏尔加河支流舍克斯纳河，还包括雷宾斯克至切列波韦茨河段、舍克斯纳河河段至别列耶湖河段、斯维里河河段和谢尔马克斯至洛杰伊诺耶波列河段等。舍克斯纳河长 400 俄里；雷宾斯克至切列波韦茨河段航行十分顺畅，长度为 225 俄里；舍克斯纳河河段至别列耶湖河段长 39 俄里，宽度为 29 俄里，别列耶湖水量较少，沼泽众多，航行十分困难。斯维里河的航运意义也不容忽视，该河流源于奥涅加湖，流入拉多加湖，有很多浅滩和石滩。航运条件最好的河段为谢尔马克斯至洛杰伊诺耶波列河段，但波德波罗日耶村附近石滩众多，仅锡戈维茨和梅德维捷茨石滩就长达 9 俄里，切列波韦茨河段石滩也众多。舍克斯纳河上游水流湍急，石滩众多，不利于船只航行，河道宽度不超过 100 俄丈，深 9 俄尺，浅滩河段深度不到 2 俄尺。小型船只从雷宾斯克通过该运河需航行 12 天，大型船只航行耗时近 3 周。

1762 年，俄国政府就派人勘察马林斯基水路各段河流，并要求提出相应的设计方案，虽然诸多方案被提出，但并未被实施。1785 年 7 月 4 日，叶卡捷琳

---

① 范璐炜：《18 世纪下半期—19 世纪上半期的俄国水路运输》，吉林大学博士学位论文，2014，第 87 页。

② Истомина Э. Г. Водный транспорт России в дореформенный период（Историко-географическое）. М. , Наука, 1991. С. 185.

娜二世颁布命令修建运河，连接伏尔加河和波罗的海的运河才正式开始动工。1786 年 12 月，俄国政府拨款 50 万卢布修建运河；1799 年，政府派人勘探后开始施工。马林斯基运河大规模货物运输始于 1811 年，且货物运输数量逐年增加。

在西北部河运线路中马林斯基运河的航运条件最优越，大型船只既可经此驶入圣彼得堡，亦可经此驶入伏尔加河流域。但因该运河两岸水利设施短缺、劳动力匮乏、个别河段地势复杂，船只通行时也困难重重。马林斯基运河通航期较短，河流 5 月中旬解冻，10 月初已经封河，11 月初航运就已停止。马林斯基运河航运最困难的河段为别列耶湖和奥涅加湖区域，通过该区域时需更换船只。1844 年和 1851 年，俄国政府修建运河时绕过了这两个湖泊，货流量迅速增加。马林斯基运河主要缺点为船只航行时间较长、货物容易受潮和沿线辅助设施配备不足。[①]

三　南部地区的内河运输

南部与西南部地区主要的航运河流为第聂伯河与顿河，南部水域对俄国南部地区的经济开发、贸易发展作用巨大。因南部地区是俄国重要的农业区，铁路修建之前水路是连接南部与欧俄地区的主要方式。第聂伯河与顿河连接俄国南部地区和伏尔加河流域，为南部地区与欧俄各地经济、政治和文化联系做出巨大贡献。因笔者掌握材料有限，本部分仅阐释南部内河线路的货流量。

（一）第聂伯河

第聂伯河是欧俄地区仅次于伏尔加河的第二大河，为欧洲第四大河流，源自瓦尔代丘陵南麓。第聂伯河向南流经乌克兰等，注入黑海。第聂伯河春秋季水位高，夏冬季水位低，上游盆地的冰雪融水为河流的主要水源。第聂伯河主要支流为德鲁季河、别列津纳河、索日河、普里皮亚季河、捷捷列夫河、杰斯纳河、罗斯河、苏拉河、普肖尔河、沃尔斯克拉河、奥列利河、萨马拉河和因古列茨河等。普里皮亚季河是第聂伯河右岸的最大支流，源于乌克兰境内科韦利城西北部沼泽地，主要支流为斯特里河、戈伦河和普季奇河等；杰斯纳河是第聂伯河左岸的最大支流，其主要支流为苏多斯季河、斯诺夫河、博尔瓦河、纳夫利亚河、涅鲁萨河、谢伊姆河和奥斯乔尔河等；别列津纳河主要支流为博

---

① Прокофьев. М. Наше судоходство. СПб. ，Типография П. И. Глазунова. Выпуск 2. 1870. С. 12.

布尔河、克廖瓦河、奥尔萨河、奥拉河、盖纳河和斯维斯洛奇河；索日河主要支流为普罗尼亚河、奥斯乔尔河、别谢季河和伊普季河。

第聂伯河主要港口为基辅、第聂伯罗彼得罗夫斯克、扎波罗热和赫尔松。第聂伯河被划分为上第聂伯河和下第聂伯河，上第聂伯河为从源头至乌克兰境内的基辅，下第聂伯河是由基辅至河口部分。第聂伯河上游与西德维纳河相连，与西德维纳河大型码头保持着紧密的贸易联系。别列津纳和索日河的货物一般被运往波罗的海各港口，农产品的数量最多。运送粮食的船只由第聂伯河上游驶出，沿别列津纳河运输博布鲁伊斯克卫戍部队军粮，沿索日河运输小麦及面粉等货物。18 世纪 90 年代，第聂伯河航运已初具规模。

第聂伯河上游码头数量不多，莫吉廖夫、什克洛夫和奥廖尔等码头货运规模最大，主要货物为木材、木制品、建筑用石材等，上游最大的码头为什克洛夫码头，该码头还向德维纳河沿岸地区运输粮食。粮食很少被运往第聂伯河下游，通常在中游被转运，各年度第聂伯河粮食运输量差异较大，粮食运输规模取决于里加港港口的粮食需求量、第聂伯河沿岸各省粮食收成状况，以及陆路运输能力等。上游各河流中别列津纳河货运量最大，船只经该河流后可驶入波罗的海，主要货物为木材。别列津纳河只有两个码头，即博布鲁伊斯克码头和鲍里索夫卡码头。别列津纳河驶出船只大多经列津纳河和西德维纳河进入波罗的海海域，但因河道上充满淤泥，货流量十分有限。

从 19 世纪 20 年代起，第聂伯河中下游运往亚速海和黑海各港口的农产品数量剧增，克列门丘格、赫尔松和尼古拉耶夫等港口正式启用后，第聂伯河流域覆盖范围更广，货流量直线上升，以粮食、亚麻种子、牛油和猪油为主，大麻、皮革和纱线等货物的运输量也不容忽视。尽管第聂伯河运输条件复杂，但航运意义十分重大，该流域共有 6000 俄里水路，它承担了第聂伯河流域、俄国西南和南部地区的农产品运输任务。

第聂伯河中游航运条件较好的河段是杰斯纳河，杰斯纳河也有几个大型码头，如布良斯克和特鲁切夫斯克等。19 世纪 30 年代，杰斯纳河运输的货物价值就达 300 万卢布。[①] 19 世纪上半叶，为推动第聂伯河流域航运的发展，俄国政府多次尝试于谢伊姆河和杰斯纳河上修建运河。1823 年，政府提出运河修建方案，1832 年，正式动工，后因资金匮乏而搁置。1839 年，杰斯纳运河全线通

---

① Истомина Э. Г. Водный транспорт России в дореформенный период（Историко-географическое）. М. , Наука, 1991. С. 228.

行，布良斯克至库尔斯克河段货流量最大，主要货物为木材、粮食和食品。

第聂伯河下游最重要的城市为叶卡捷琳堡，从 19 世纪 20 年代起，该港口运往黑海各港口的货运量明显增加，年均航行的平底木驳船数量为 200 艘，木筏数量不足 800 个①，主要货物为军事物资与民用物资，煤炭、铁制品、军备和粮食等货物供给黑海舰队，谷物、曲、酒、亚麻、大麻、玻璃、棉花、蜡烛、四轮大车、器皿与建筑材料等，多在当地销售。虽然船只航行条件较差、浅滩众多、水利设施不足等原因导致事故频发，但第聂伯河流域的货运量仍逐年增加。

（二）顿河

顿河是欧俄地区仅次于伏尔加河和第聂伯河的第三大河，顿河东与窝瓦河相连，西与第聂伯河连为一体，还与里海、波罗的海和白海相通。顿河主要港口为乔治乌—德治、列别江、卡拉奇、伏尔加顿斯克、罗斯托夫和亚速夫等。顿河源头位于土拉，经利佩茨克、沃罗涅日和罗斯托夫，穿过俄国西南部的森林大草原地带。顿河右岸的主要支流为克拉西瓦亚梅恰河、索斯纳河、乔尔纳亚卡力特瓦河、奇尔河和顿涅茨河；左岸主要支流为沃罗涅日河、霍皮奥尔河、梅德韦季察河、伊洛夫利亚河、萨尔河和马内奇河。顿河将俄国内陆省份与欧俄南部地区连为一体，上游为源头至索斯纳河河口，上游沃罗涅日为产粮大省，粮食贸易发达；中游为索斯纳河河口至伊洛夫利亚河河口，中游多为草原地带，畜牧业发达，伊洛夫利亚河河口至亚速海入海口为顿河下游，主要港口为罗斯托夫，位于河口三角洲附近。顿河上游至罗斯托夫航线长约 700 俄里，船只向下游航行需 1～1.5 个月，向上游逆流航行需 2.5 个月。

顿河可将顿河哥萨克军区与俄国内地联系在一起，亦是中部黑土区商船云集之地，17 世纪，丹科夫、列别江、叶列茨和沃罗涅日等城市是顿河流域最主要的商业中心；18 世纪，鲍里索格列布斯克和帕夫罗夫斯克城也成为重要的商业中心。顿河全长 1870 公里，流经奥廖尔和坦波夫的河段宽度分别为 74 米和 170 米，顿河下游河宽 330～450 米不等，上游水深 0.7～2 米不等，下游水深 2.7～8 米不等。一般而言，顿河可划分为三部分，上游为发源地至沃罗涅日河河口，中游为沃罗涅日河河口至卡拉奇河河口，下游为卡拉奇河河口至亚速海

① Истомина Э. Г. Водный транспорт России в дореформенный период（Историко-географическое）. М. , Наука, 1991. C. 231；范璐祎：《18 世纪下半期—19 世纪上半期的俄国水路运输》，吉林大学博士学位论文，2014，第 120 页。

的入口处。

彼得一世征服亚速夫要塞之后，开始重视顿河流域。1697 年，彼得一世下令研究顿河水路，1699 年，阿普拉克辛和克留斯将军受命测量水路和绘制地图，此前彼得一世数次前往伊万湖，研究如何修建该运河。1701 年，政府开始修建伊万湖运河，1709 年正式竣工，伊万湖运河长 225 俄里，可行驶长度约为 22 米、载重约为 60 吨的大船。

为加强顿河流域与俄国中部地区的联系，1843 年 7 月，政府开始在伏尔加河和顿河之间修建马拉铁路，并成立公司专门负责该事务，该公司注册资本是 20 万卢布，每股价格是 250 卢布。马力拉动的铁路长 63 俄里，始于伏尔加河流域的杜博夫卡镇，终点是顿河中游的卡恰林斯卡亚码头。铁路上共运行 150 节车厢，每节车厢的载重量不超过 200 普特，主要货物为农产品、亚麻种子、生铁、铸铁和餐具等。19 世纪 50 年代下半期，每年从伏尔加河运至顿河流域的各种商品约重 1200 万普特，1856 年，货物运输量约有 1300 万普特，从顿河运至伏尔加河的货物约重 500 万普特。[①] 19 世纪 50 年代上半期，每年仅从杜博夫卡镇运至卡恰林斯卡亚码头的商品货物价值就达 1000 万卢布，军用物资数量更多。[②] 马拉铁路虽存在诸多缺点，但因杜博夫卡镇和卡恰林斯卡亚地区的河岸很陡峭，路况不佳，只能使用马拉铁路。

顿河流域大量货物都来自伏尔加河流域。阿斯特拉罕沿伏尔加河向上游运输的一部分商品就被运至顿河流域，此外，萨拉托夫、萨马拉、辛比尔斯克等省份的货物也补充进来，卡梅申码头、波克罗夫码头、萨拉托夫码头、叶卡捷琳堡码头、沃利斯克码头、巴拉科夫码头、杜霍夫尼茨卡亚码头、赫瓦林斯卡亚码头，以及萨马拉、辛比尔斯克等城市的货物也都被运至顿河流域。顿河也向伏尔加河流域运输货物，上游各码头也向巴甫洛夫和斯塔洛别里等县城运输货物，货物种类繁多，主要为粮食、动物油、酒精、大麻纤维和木材加工制品等。中游卡恰林斯卡亚码头也向伏尔加河流域运输货物，主要货物为粮食、咸鱼、鱼子、铁、缆索和柞木桶板等。

---

① Марухин В. Ф. История речного судоходства в России. М. , Орехово-Зуевский педагогический институт, 1996. С. 245 – 246.

② Марухин В. Ф. История речного судоходства в России. М. , Орехово-Зуевский педагогический институт, 1996. С. 247；范璐祎：《18 世纪下半期—19 世纪上半期的俄国水路运输》，吉林大学博士学位论文，2014，第 125 页。

从 19 世纪开始，顿河流域的货流量急剧增加。19 世纪 20 年代末 30 年代初，顿河流域年均航行船只数量约为 600 艘、木筏约为 300 个，货物价值约为 800 万卢布。[①] 19 世纪二三十年代，沃罗涅日河驶出大量木排，年均运输木材价值为 40 万卢布。19 世纪 50 年代初，伏尔加河流域每年运至顿河流域的货物中，磨刀石为 10 万个，薄木板为 18 万张，韧皮纤维大编织袋和蒲包为 40 万个，树脂为 15 万普特，焦油为 10 万普特。[②] 罗斯托夫为顿河流域最大的转运港口，1859 年，到达该港口的船只数量和货物价值分别为 1004 艘和 480 万卢布；1860 年，到港船只数量为 740 艘，货物价值为 380 万卢布。[③] 19 世纪中叶，每年有数百艘船聚集在顿河中游的卡恰林斯卡亚码头，货物主要被运往罗斯托夫，因装载货物的船只体积较小，且货物中木材的占比较高，大部分船只在将货物运至罗斯托夫后都被拆掉当柴卖。顿河流域的货物不仅来自伏尔加河流域，还来自霍皮奥尔河和梅德韦季察河流域。

一般而言，顿河流域各码头的船只于 4 月下旬或 5 月上旬起航，装载面粉、大米、燕麦、动物脂肪、酒和亚麻籽等货物，上游沃罗涅日的船只航行至罗斯托夫需 25 昼夜，19 世纪中叶，船只航行速度明显加快。19 世纪 50 年代末 60 年代初，每年从顿河上游、梅德韦季察河和霍皮奥尔河起航的船只达 400 艘，货物重量达 1020 万普特，如加上从伏尔加河、杜博夫卡镇运至顿河流域的货物数量，货物总重量达 1900 万普特。[④] 顿河水路在加强南部地区与中部地区社会经济联系过程中具有重要作用，但 19 世纪下半叶，水路的作用已明显逊色于铁路。

四　北部地区的内河航运

俄国北部水域包括白海和巴伦支海，主要内河线路为北德维纳河及其支流，船只多在奥涅加河、库洛伊河和梅津河及支流内航运。北部水域与内地相连的

---

① Истомина Э. Г. Водный транспорт России в дореформенный период（Историко-географическое）. М. , Наука, 1991. С. 238.

② Марухин В. Ф. История речного судоходства в России. М. , Орехово-Зуевский педагогический институт, 1996. С. 246.

③ Истомина Э. Г. Водный транспорт России в дореформенный период（Историко-географическое）. М. , Наука, 1991. С. 241；范璐祎：《18 世纪下半期—19 世纪上半期的俄国水路运输》，吉林大学博士学位论文，2014。

④ Марухин В. Ф. История речного судоходства в России. М. , Орехово-Зуевский педагогический институт, 1996. С. 248.

唯一水路为苏霍纳河—德维纳河水路，该水路的长度为 2455 俄里。苏霍纳河—德维纳河水路始于苏霍纳河，苏霍纳河为北德维纳河支流，发源于沃洛格达的库别纳湖，苏霍纳河上游很多支流都适合航运，如拉班斯卡亚苏霍纳河、奥戈里苏霍纳河和上苏霍纳河等。货船一般由苏霍纳河源头库边斯科耶湖驶出，沿拉班斯卡亚苏霍纳河行进，奥戈里苏霍纳河主要浮运木材。由于上游河水落差较小，春季水流倒灌库边斯科耶湖，下游拉班斯卡亚河和奥戈里苏霍纳河水量丰富，更适合航运和浮运。下游河段深度达 4 俄丈，中游河段深度为 2～4 俄丈不等，仍适合航运，只有上游水位较低，航运条件稍差，整体而言，苏霍纳河—德维纳河航运条件较好。

苏霍纳河最大的支流为沃洛格达河，大量货物从沃洛格达码头沿沃洛格达河运输至苏霍纳河—德维纳河水路上，春汛时节货运量较大，其他时节河流因浅滩和石滩众多，航运条件较差，货运量有限。苏霍纳河最重要的浮运支流为旧科季马河、察廖瓦河、列扎河和斯特列利纳河。苏霍纳河—德维纳河水路最长的河段是北德维纳河，该河流为俄国北部水域最长的河流，右侧主要的航运河流为维切格达河、乌夫秋加河和皮涅加河，左侧支流主要的航运河流为瓦加河和叶姆察河。

北德维纳河具有大量的浮运河流，其中货流量最大的河流为科季马河、奥博克沙河、叶尔加河、尤姆达河、托伊马河、拉亚河和舍莫克萨河。北德维纳河的结冰期为 10 月初，次年 4 月下旬至 5 月中旬河流解冻；航运始于春季，结束于秋季；夏季河水泛滥时，航运较为活跃，但因河流河床较为复杂，具有大量浅滩，夏季航运条件十分复杂，如德维纳河乌斯秋日县境内河段就有 15 处浅滩，阿尔汉格尔斯克县内河段河水较深，但其他河段的水深不超过 3 俄丈。北德维纳河下游河床较宽，达至 4 俄里，阿尔汉格尔斯克境内河段宽度为 2 俄里150 俄丈。

维切格达河为北德维纳河右岸最大支流，发源于乌斯季 - 瑟索利斯克县城，总长度为 935 俄里。维切格达河适合航运的支流为维斯林卡河和托尔瓦河，维切格达河水流较大，因维切格达河的汇入，北德维纳河的水量增加了近 2 倍，但在汇入皮涅加河前航道急剧变窄。皮涅加河至阿尔汉格尔斯克间河流分出许多河汊，至阿尔汉格尔斯克又重新汇成河流，但部分岔道已成为固定的航道，如别廖佐维航道、摩尔曼斯克航道、普多日姆斯基航道和尼克利斯基航道。

北德维纳河的第二大支流为皮涅加河，春汛时节河流的宽度为 6 俄丈；夏季因汛期结束，降水量较少，船只难以航行。仲夏时节下游河流深度低于 3 俄丈，只有小型船只和木筏方可通行。北德维纳河第三大支流为瓦加河，该河流在韦利斯克县境内的宽度为 100 俄丈，在申库尔斯克县境内的宽度约为 300 俄丈，深度为 2 俄尺至 2 俄丈不等，瓦加河上游经常浮运木材，大多数货物使用小型船只和木筏运输。[①]

苏霍纳河—德维纳河流域为俄国北部最主要的内河线路，在国内外贸易中发挥了重要作用，该水路的主要货物为木材、粮食、工业品、盐和食品等。苏霍纳河—德维纳河流域主要码头为沃洛格达、大乌斯秋格、科季马、诺舒利斯克、贝科夫斯卡亚、尼科利斯克、波多西诺韦茨、凯戈罗茨克、乌斯季 - 瑟索利斯克、索利维切戈茨克、亚连斯克、韦利斯卡亚、韦尔霍瓦日耶、申库尔斯克、叶姆察、皮涅加、克拉斯诺博尔斯克和霍尔莫戈雷等。苏霍纳河—德维纳河水路的主要货物有二：一是粮食；二是食品。19 世纪 30 年代，该水路除运输肉、动物油、植物油和水果外，还运输茶叶、糖、咖啡、香肠、乳酪、蜜饼、葡萄干和火腿等货物。

北部水路还向圣彼得堡港口运输鱼产品等货物，货物主要由白海—凯米城—波韦涅茨河段运输，航运长度为 310～330 俄里。19 世纪 50 年代，该河段运输 4 万普特大西洋鳕鱼，货物由波韦涅茨运至圣彼得堡的运费为每普特 1 卢布 50 戈比～2 卢布 50 戈比[②]，比陆运价格便宜数倍。

北德维纳河对北部省份社会经济的发展特别重要，它吸纳了沃洛格达、维亚特卡、科斯特罗马、雅罗斯拉夫尔和彼尔姆的商品，为当地居民的生活提供了保障。随着圣彼得堡和波罗的海诸港口的日渐繁荣，阿尔汉格尔斯克港口明显衰落，据阿尔汉格尔斯克海关资料，1849 年出口亚麻、麻刀、椴皮席、亚麻种子、树脂、木板和粮食的货值为 360 万卢布。[③] 十月革命前北部地区水运相对滞后，但也推动了当地社会经济发展，加强了该地与全俄市场的联系。

---

① 范璐祎：《18 世纪下半期—19 世纪上半期的俄国水路运输》，吉林大学博士学位论文，2014。

② Истомина Э. Г. Водный транспорт России в дореформенный период（Историко-географическое）. М. , Наука, 1991. C. 214.

③ Истомина Э. Г. Водный транспорт как фактор развизия внутренней и внешней торговли сельскохозяйственной продукцией в конце XVIII-первой половине XIX в. //Научный совет по проблемам аграрной истории РАН. Динамика и темпы аграрного развития России: инфраструктура и рынок. Материалы X – XIX сессии Симпозиума по аграрной истории Восточной Европы. Орел. , Орловская правда, 2006. C. 57.

　　此外，西德维纳河与涅曼河也是俄国重要的内河航线，是沟通俄国西北部地区与波罗的海的主要线路。西德维纳河源自瓦尔代丘陵，河流流向为先向西南后向西北，主要流经拉脱维亚等地，最后注入波罗的海里加湾，全长 1020 公里。西德维纳河水域面积约为 8.8 万平方公里，支流较短，左侧主要支流为苗札河、卡斯普利亚河、乌拉河和季斯纳河等，右侧主要支流为托罗帕河、德里萨河、艾维耶克斯泰河和奥格列河等。西德维纳河流域有 5000 多个湖泊，但面积都较小，主要湖泊为上游的拉脱维亚境内的列日纳湖、卢巴纳湖和日日特萨湖，中游的奥斯维亚湖和德里斯维亚特湖，南部的卢科姆利湖。

　　西德维纳河上游与第聂伯河、窝瓦河、沃尔霍夫河相通，曾是瓦良格商路的组成部分。19 世纪初，乌拉河运河开通后，可与别列津纳河相通，但主要用于浮运木材，货运规模有限。西德维纳河流域降水主要集中于 7 ~ 8 月，年均降水量超 600 毫米。河流春汛为 3 月底至 6 月初，4 月至 5 月初水位最高。所以，该地货物运输大多集中于春季，春季各地货物主要被运至里加港，汛期时节船只载重量可达数千普特。19 世纪上半叶，西德维纳河水路主要运输的货物为大麻纤维、亚麻、木材和粮食等，货物仍主要被运至里加港，春季里加港近半数的货物都源于该水路。从 19 世纪中叶起，西德维纳河水路日渐萧条，1860 年该河流运输各种货物的船只数量仅有 2000 艘。[1]

　　涅曼河也是俄国西北部地区重要的内河线路，全长 937 公里，流域面积达 9.82 万平方公里。涅曼河主要支流为基利亚河、鲁斯涅河、别列津纳河、米亚尔基斯河和尼亚里斯河等。春汛时节为 3 月中旬至 5 月末，适合货物运输。19 世纪上半叶，涅曼河水路主要运输的货物为木材、粮食和进口货物，木材以浮运为主，粮食主要来自俄国内陆地区，进口货物多源自普鲁士。

五　西伯利亚地区的河运概况

　　西伯利亚地区西起乌拉尔山，东至太平洋，北邻北冰洋，南部与哈萨克斯坦、中国、蒙古国、朝鲜交界，总面积 1280 万平方公里。[2] 西伯利亚地区自西向东分布三条主要河流，即鄂毕河、叶尼塞河和勒拿河。18 世纪，西伯利亚土路就已初具规模，修建成欧俄通往西伯利亚地区的三条大道，即伊尔比特大道、

---

[1]　Истомина Э. Г. Водный транспорт России в дореформенный период（Историко-географическое）. М.，Наука，1991. C. 194.

[2]　陈叔琪编《苏联地理》，上海外语教育出版社，1986，第 10 页。

叶卡捷琳堡大道和沙德林斯克大道，三条道路汇聚于秋明，被称为俄国第八大道。虽然西伯利亚地区陆路运输不断发展，但在西伯利亚交通运输方式中，水路的作用更大一些。

西伯利亚区域河流众多，大型河流为鄂毕河、叶尼塞河和勒拿河。鄂毕河源于阿尔泰山，穿越西西伯利亚平原，经鄂毕湾注入北冰洋的喀拉海。其左侧较大支流为卡通河、佩夏纳亚河、阿努伊河、恰雷什河、阿列伊河、舍加尔卡河、恰亚河、帕拉别利河、瓦休甘河、大尤甘河、大萨雷姆河、额尔齐斯河、北索西瓦河、休奇亚河等；右侧较大支流为比亚河、丘梅什河、伊尼亚河、托木河、丘雷姆河、克季河、特姆河、瓦赫河、特罗姆约甘河、利亚明河、纳济姆河、卡济姆河和波卢伊河。

额尔齐斯河是中国唯一流入北冰洋的河流，源自中国阿尔泰山，喀依尔特河和库依尔特河汇合后成为额尔齐斯河，自东向南流入哈萨克斯坦境内斋桑湖，北经俄国的鄂毕河注入北冰洋。全长4248公里，在中国境内546公里，流域面积5.7万平方公里。上游河段汇入的主要支流为库尔丘姆河、布赫塔尔马河、乌里巴河、乌巴河、克孜勒苏河和恰尔河。中游地区无大支流汇入，主要流经西西伯利亚平原，且河道较为曲折。

鄂木斯克河汇入鄂毕河，此河段汇入的主要支流为鄂木河、伊希姆河、托博尔河、杰米扬卡河和孔达河等。鄂毕河—额尔齐斯河水系沟通乌拉尔山和东西伯利亚地区，此水路涵盖土拉河、托博尔河、额尔齐斯河、克季河、丘雷姆河和托木河，其中托木河的货流量最大。

叶尼塞河为俄国水量最大的河流，主要支流为安加拉河、中通古斯卡河、下通古斯卡河、库列依卡河和汉泰卡河等，除上述支流外，巴尔古津河、伊尔库特河、奥卡河、伊利姆河、乌索尔卡河也是重要的航运河流。叶尼塞河流域较大的码头为切尔脱夫赫码头、乌金斯科码头、叶尼塞斯克码头、尼科利斯克码头和伊尔库茨克码头。尼科利斯克码头为货物转运地，很多货物经由马车被运输至此，然后再被转运至其他地区。叶尼塞河受气候、水文状况影响，加上畜力运输的竞争和运费居高不下等因素，河流的货流量长期停滞不前。19世纪初，叶尼塞河流域的货流量仅为23万普特，货物价值为1000万卢布，以运输当地货物为主。[①]

---

① Истомина Э. Г. Водные пути России во второй половине ⅩⅧ-начале ⅩⅨ века. М. ，Наука，1982. С. 25.

　　勒拿河为世界第十大河流，主要支流为维季姆河、大波托姆河、奥廖克马河、阿尔丹河、钮亚河、维柳伊河和基廉加河等。除上述河流外，贝加尔湖也是西伯利亚地区重要的航运线路，但因贝加尔湖地区经济落后，水路货运量有限，主要通过陆路运输货物。18世纪，欧俄地区与西伯利亚地区经济联系主要依靠陆路，用畜力将货物运至首都和伏尔加河沿岸各码头。

　　西伯利亚地区河流货流方向单一，货物结构复杂。当地货物多使用陆路和水路经乌拉尔地区、沿卡马河和伏尔加河支流运至俄国中部和西北部地区，欧俄地区货物也沿该线路运至西伯利亚地区。西伯利亚河流运输的主要货物为毛皮、茶叶、木材、矿石、黄油和鱼畜产品，货物大多被运至欧俄地区。一般而言，货物多用马车运至各码头，由各码头转运至伏尔加河流域各港口，再被转运至欧俄地区。

　　因资料有限，仅举一二例子加以说明，19世纪初，叶尼塞河和贝加尔湖流域航行着40艘平底大木船和25艘大型船只、65艘小船、15艘驳船和80只木筏。[①] 勒拿河货流量也不容忽视，18世纪末，运输货物价值达300万卢布；19世纪初，该河流货运量达10万普特，货物价值为400万卢布。[②]

　　19世纪上半叶，西伯利亚地区各码头中韦尔霍图里耶码头货流量最大。1812年，韦尔霍图里耶码头向土拉河运输石灰的数量为26万普特，向下游运输面粉和生铁的数量分别为5000普特和1万普特。19世纪下半叶，西伯利亚地区托木斯克码头的货流量最大，1897年，该码头向上游运输的货物数量为99.9万普特，向下游运输货物数量为70.4万普特。19世纪末，随着西伯利亚地区社会经济的快速发展，河运更加繁忙。[③]

　　俄国河流众多，对社会经济的作用不容小觑，因掌握的材料有限，不能对各地区河流逐一阐释，只能择其重点进行分析，仅以伏尔加河流域为例探究内河运输对俄国社会经济发展的影响。

---

① Болышаков В. Н. Очерки истории речного транспорта Сибири XIX век. Новосибирск. , Наука，1991. С. 43 – 44.

② Болышаков В. Н. Очерки истории речного транспорта Сибири XIX век. Новосибирск. , Наука，1991. С. 44 – 45.

③ Болышаков В. Н. Очерки истории речного транспорта Сибири XIX век. Новосибирск. , Наука，1991. С. 13，143，162

第三节 俄国主要内河线路的货流规模

1861 年农奴制改革前，水运的货运量一家独大，凭借其优势成为刺激全俄市场逐步形成的有力保障，各地区水路的货运量差异较大，商品种类也各不相同，伏尔加河流域的货运量一直独占鳌头。伏尔加河水路的货物种类众多，其中粮食、木材和石油产品等货物为大宗，西北部地区各河流的货运量也不容小觑。

一 伏尔加河—卡马河流域的商品运输规模

伏尔加河—卡马河流域的主要货物为粮食、农产品、木材和金属制品等。随着俄国经济的发展，河运已不能满足经济发展的需求，伏尔加河流域也掀起了铁路修建热潮，河运的主导地位受到冲击。铁路与水路既相互竞争，又相互补充，共同推动了伏尔加河流域经济的发展。1876～1895 年，水路运输货物量增长 44%，铁路运输货物量增长 115%，65% 的货物经由铁路运输，35% 的货物经由水路运输。① 伏尔加河—卡马河流域货物种类繁多，将铁路与水路相结合可更好地探究伏尔加河流域商品运输规模，水路为本部分重点关注内容，铁路的货运量将在下文阐述。

（一）伏尔加河—卡马河流域为俄国粮食运输的主力

伏尔加河流域为俄国重要的商品粮生产基地，所以伏尔加河水路为俄国粮食运输的主力。虽然 19 世纪下半叶铁路得到了大规模的修建，但水路的运量大、运费低，部分地区的粮食运输仍以水路为主。

粮食一般由产粮省份被运至短缺省份，伏尔加河流域的主要产粮省份是萨马拉、萨拉托夫、辛比尔斯克、奔萨、梁赞、土拉、坦波夫、沃罗涅日、维亚特卡、喀山和乌法，缺粮省份为阿斯特拉罕、彼尔姆、科斯特罗马、特维尔、奥廖尔、下诺夫哥罗德和圣彼得堡。伏尔加河水路粮食主要来自中部黑土区和伏尔加河中下游地区，随着粮食生产中心南移，南部草原地带成为新的粮食生产中心。19 世纪，伏尔加河商品流通区域不断扩大，萨拉托夫、萨马拉、辛比尔斯克和喀山分别向 35 个、32 个、12 个和 3 个省份输送粮食；20 世纪初，上

① Соловьева А. М. Железнодорожный транспорт России во второй половине XIX в. М. , Наука, 1975. С. 207.

述省份分别向 36 个、38 个、23 个和 7 个省份输送粮食。[①]

伏尔加河水路有四条粮食运输路线：一是西北部地区，粮食向上游经雷宾斯克被转运至圣彼得堡，一部分粮食供圣彼得堡军民消费，一部分出口国外，在运至圣彼得堡港口的各类粮食中，小麦数量最多；二是莫斯科，伏尔加河下游和卡马河流域的粮食先被运至奥卡河的奥廖尔、祖什河的姆增，后被转运至莫斯科；三是乌拉尔哥萨克军区、阿斯特拉罕、哈萨克斯坦等地，上述地区所需的粮食大多源于卡马河流域和伏尔加河中下游地区，粮食的主要需求者是乌拉尔哥萨克军区、吉尔吉斯人和卡尔梅克人；四是东部地区，卡马河流域的粮食不能满足乌拉尔地区居民需求，萨马拉等省份的粮食也被运至卡马河流域，部分粮食也被转运至西伯利亚地区。

因掌握数据有限，不能详细考证 19 世纪中叶之前伏尔加河流域粮食运输量。19 世纪中叶，伏尔加河年均运输货物为 1 亿普特，其中农产品为 5520 万普特。19 世纪下半叶数据较为完整，1884～1891 年、1892～1899 年、1901～1907 年和 1909 年伏尔加河水路年均粮食运输量分别为 9810 万普特、1.4 亿普特、2.1 亿普特和 2.5 亿普特，19 世纪 60 年代至 20 世纪初，伏尔加河水路运粮量增长了 4 倍。[②] 因材料有限，仅以辛比尔斯克、萨马拉、萨拉托夫、喀山和奔萨诸省为例探究运粮大省的粮食运送方向、粮食种类和货运量。

辛比尔斯克粮食输出规模。辛比尔斯克历史悠久，距离莫斯科 893 公里，1796 年建省，位于伏尔加河西岸，18～19 世纪，已成为俄国大型商业中心之一。辛比尔斯克为伏尔加河流域的产粮大省。该省粮食运输方向有三：一是运至雷宾斯克；二是运至喀山码头；三是运至莫斯科。1802 年，俄国粮食虽然歉收，但该省运往苏拉河的船只数量为 170 艘，运粮 34 万袋，粮食主要被运往雷宾斯克和莫斯科。[③] 19 世纪下半叶，该省粮食外运量逐年增加，1857～1861 年

① Тагирова Н. Ф. Рынок Поволжья（вторая половина XIX-начало XX вв.）. М., ООО 《издательский центр научных и учебных программ》, 1999. С. 98, 194；张广翔：《伏尔加河大宗商品运输与近代俄国经济发展（1850—1913）》，《历史研究》2017 年第 3 期。

② Тагирова Н. Ф. Рынок Поволжья（вторая половина XIX-начало XX вв.）. М., ООО 《издательский центр научных и учебных программ》, 1999. С. 190；Россия 1913 год. Статистико-документальный справочник. Статистико-документальный справочник. СПб., Блиц, 1995. С. 100；张广翔：《伏尔加河大宗商品运输与近代俄国经济发展（1850—1913）》，《历史研究》2017 年第 3 期。

③ Истомина Э. Г. Водные пути России во второй половине XVIII-начале XIX века. М., Наука, 1982. С. 106.

年均运往伏尔加河流域的粮食数量为 434.9 万普特，运至苏拉河的粮食数量为 385.9 万普特；1909 年，粮食外运量为 1094.9 万普特，其中，水路运输占比为 86.9%。① 由此可知，辛比尔斯克运至伏尔加河流域的粮食数量巨大，该省粮食外运以水路为主，20 世纪初也是如此。

萨拉托夫位于东欧平原东南部，伏尔加河横穿该省，萨拉托夫土壤肥沃、雨水充沛、气候宜人，所以农业发达。萨拉托夫粮食输出方向如下：一是伏尔加河下游和里海地区；二是雷宾斯克；三是顿河流域；四是卡马河流域。萨拉托夫码头因粮食贸易而繁荣，19 世纪初，该码头的年均货流价值达 500 万卢布②；1811 年，共运出粮食 13.8 万俄石③，大部分粮食被运至伏尔加河下游的阿斯特拉罕和杜博夫卡。20 世纪初，萨拉托夫的粮食外运量更大，1909～1913 年，年均粮食外运量为 1120 万普特。④

萨马拉粮食输出量最高。萨马拉位于伏尔加河下游，东欧平原东南部，与萨拉托夫、辛比尔斯克和奥伦堡等省相邻，农业发达。萨马拉粮食运输方向与萨拉托夫大体相同，外运粮食以小麦为主，该省不但能生产大量的高质量小麦，每年还从奥伦堡和乌拉尔地区运进大量的小麦，小麦主要被运往圣彼得堡。19 世纪下半叶至 20 世纪初萨马拉的粮食运输数据较为完整，1857 年，萨马拉全省和萨马拉码头小麦的输出量分别为 1200 万普特和 753 万普特⑤；1870 年，萨马拉仅向伏尔加河上游就输送 2000 万普特小麦；1909～1913 年，萨马拉年均粮食外运量为 3840 万普特⑥，其中小麦的运量最大；1913 年，萨马拉码头的货运量为 7311 万普特⑦，其中粮食货物占比最大。

---

① Тагирова Н. Ф. Рынок Поволжья（вторая половина XIX-начало XX вв.）. М.，ООО 《издательский центр научных и учебных программ》，1999. С. 72.

② Истомина Э. Г. Водные пути России во второй половине XVIII-начале XIX века. М.，Наука，1982. С. 116.

③ Истомина Э. Г. Водные пути России во второй половине XVIII-начале XIX века. М.，Наука，1982. С. 106.

④ Тагирова Н. Ф. Рынок Поволжья（вторая половина XIX-начало XX вв.）. М.，ООО 《издательский центр научных и учебных программ》，1999. С. 190；张广翔：《伏尔加河大宗商品运输与近代俄国经济发展（1850—1913）》，《历史研究》2017 年第 3 期。

⑤ Марухин В. Ф. История речного судоходства в России. М.，Орехово-Зуевский педагогический институт，1996. С. 253，254.

⑥ Тагирова Н. Ф. Рынок Поволжья（вторая половина XIX-начало XX вв.）. М.，ООО 《издательский центр научных и учебных программ》，1999. С. 190.

⑦ Россия 1913 год. Статистико-документальный справочник. СПб.，Блиц，1995. С. 133.

20 世纪初，萨马拉共有 9 个码头，每个码头的粮食外运量均超百万普特。[①]
萨马拉铁路通行后，粮食的运量逐年增加，以 1901 年为例，铁路车站和水路码
头的粮食外运量分别为 1860 万普特和 2987 万普特，两种运输方式相互配合带
动该省粮食生产。[②] 20 世纪初，俄国主要粮食出口基地为顿河流域、萨马拉、萨
拉托夫等，而国内粮食市场中萨马拉的粮食交易量独占鳌头，1901～1903 年和
1908～1911 年，萨马拉的粮食外运量分别占国内市场粮食交易总量的 28.2% 和
29.3%，萨拉托夫紧随其后，其比例分别为 12.9% 和 9.3%。[③] 在伏尔加河流域
各码头中，萨马拉的粮食外运量居首位，20 世纪初，该省粮食外运量整体上减
少，面粉外运量却不断增加。

喀山是卡马河流域最大的粮食输出港口。喀山是乌拉尔地区和卡马河流域
重要的商品粮生产基地。从 18 世纪上半叶起，卡马河流域就向马卡里耶夫展销
会运输粮食，粮食经由下诺夫哥罗德码头运至圣彼得堡、阿尔汉格尔斯克和伏
尔加河下游地区。喀山码头是卡马河流域最大的运粮码头。喀山粮食运输方向
有三：一是沿伏尔加河水路向上被运至下诺夫哥罗德、雷宾斯克和圣彼得堡；
二是沿卡马河被运至乌拉尔地区，为冶金企业工人和哥萨克军人供应粮食；三
是部分粮食被运至伏尔加河下游诸码头。喀山码头运出的主要粮食是黑麦，其
次是燕麦、小麦、荞麦米和大麦。1811 年，喀山码头运往伏尔加河上游的粮食
价值 189 万卢布，此后粮食的运出量逐年增加。[④] 喀山码头的粮食一部分由喀山
自产，另一部分从辛比尔斯克、奥伦堡和维亚茨基运进。一战前夕，喀山水路
货运量为 1.6 亿普特，粮食运量所占比例超过 50%。[⑤]

19 世纪四五十年代，下诺夫哥罗德各码头粮食输出量大增，该省主要粮食
输出码头有二。一是雷斯科沃码头，外运粮食主要为黑麦、小麦和其他粮食。
1849 年，从雷斯科沃码头出发的船只数量为 279 艘，货物价值为 74.1 万卢布；

① Тагирова Н. Ф. Рынок Поволжья（ вторая половина XIX-начало XX вв. ）. М. ， ООО
《издательский центр научных и учебных программ》, 1999. C. 73.

② Давыдов М. А. Всероссийский рынок в конце XIX-начале XX вв. и железнодорожная
статистика. СПб. ， Алетейя, 2010. C. 50.

③ Давыдов М. А. Всероссийский рынок в конце XIX-начале XX вв. и железнодорожная
статистика. СПб. ， Алетейя, 2010. C. 193.

④ Истомина Э. Г. Водные пути России во второй половине XVIII-начале XIX века. М. ， Наука,
1982. C. 103.

⑤ Тагирова Н. Ф. Рынок Поволжья（ вторая половина XIX-начало XX вв. ）. М. ， ООО
《издательский центр научных и учебных программ》, 1999. C. 73.

1850年，船只数量和货物价值分别为466艘和94.4万卢布；1862年分别为259艘和100万卢布。[①] 二是下诺夫哥罗德码头，19世纪下半叶，因下诺夫哥罗德码头的粮食输出量增加迅速，雷斯科沃码头的粮食输出量逐渐下滑。对于下诺夫哥罗德码头的粮食运输量下文将有详细分析，此处不再多说。除上述省份外，奔萨也是产粮大省，该省粮食运输方向有三：一是俄国中部和西北部地区，如莫斯科和圣彼得堡等地；二是萨拉托夫和阿斯特拉罕；三是沿顿河等河流将粮食运往南部地区，主要供给顿河哥萨克军区。

虽然铁路参与粮食运输，但19世纪下半叶，大部分省份粮食运输仍以水路为主。铁路保障无水路地区的粮食供给。从19世纪70年代起，铁路的影响力逐渐增强，70年代末铁路运输重工业产品的比重低于12%，但运输粮食的比重已达32%，个别铁路线路的运送比例更高。[②]

19世纪末20世纪初，伏尔加河水路的粮食输出量和输入量迅速增加，伏尔加河运送的粮食货物以皮粮为主，在所有粮食货物中，小麦、黑麦、燕麦和大麦所占比例较高。具体而言，1909～1913年，伏尔加河水路年均输出皮粮和面粉为1.1亿普特，其中小麦、黑麦、燕麦和大麦分别占44.9%、11.4%、13%和0.5%，年均输入粮食为3606万普特，其中小麦、黑麦、燕麦和大麦分别占59.4%、8.4%、3.2%和0.8%。[③] 上述产粮大省粮食外运种类如下：萨马拉以输出小麦为主，萨拉托夫以输出面粉为主，喀山和萨马拉输出的黑麦和黑麦粉居多，辛比尔斯克和喀山主要输出燕麦。

伏尔加河水路的粮食运输比重最高，但其他内河线路的粮食运输量亦不容忽视，1905年和1911年俄国国内水路的粮食和面粉运输量见表1－5。

（二）伏尔加河流域木材运输量巨大

十月革命前木材运输一直以水路为主，为更好探究伏尔加河水路的木材运

① Марухин В. Ф. История речного судоходства в России. М., Орехово-Зуевский педагогический институт, 1996. С. 282.

② Соловьева А. М. Промышленная революция в России в XIX в. М., Наука, 1991. С. 144 – 145.

③ Лященко П. И. Хлебная торговля на внутренних рынках Европейской России: Описательно-статистическое исследование. СПб., Издание Министерства Торговли и Промышленности. 1912. С. 19；Тагирова Н. Ф. Рынок Поволжья (вторая половина XIX-начало XX вв.). М., ООО 《издательский центр научных и учебных программ》, 1999. С. 191；Авакова Л. А. Новые материалы о развитии торгового земледелия в Европейской России в конце XIX-начале XX века// История СССР. 1982. № 6. С. 100 – 110.

表 1 – 5　1905 年和 1911 年俄国国内水路的粮食和面粉运输量

单位：千普特

货物	1905 年	1911 年
欧俄部分		
小麦	127447	121161
黑麦	62998	42977
燕麦	72955	46183
大麦	26276	52647
小麦面粉	38176	40728
黑麦面粉	38594	24428
总计	366446	328124
亚洲部分		
小麦	2400	10529
黑麦	247	4168
燕麦	2587	4892
小麦面粉	5724	12557
总计	10958	32146
全俄总计	377404	360270

资料来源：Россия 1913 год. Статистико-документальный справочник. Статистико-документальный справочник. СПб. , Блиц, 1995. С. 130。

输状况，本部分以木材采用水路运输的原因为切入点，以伏尔加河流域木材采用地和接收地为线索，梳理该流域木材运输的方向，探究不同河流的木材运输量和规模。

　　木材在伏尔加河商品结构中作用独特。除造船业、建筑业广泛使用木材外，木材还可作为燃料，因此需求量较大。19 世纪，俄国木材运输多使用水路，究其原因如下：一是河流附近一般森林资源丰富，伏尔加河流域就是俄国重要的林区，部分省份森林覆盖率高，伏尔加河上游和卡马河流域最具代表性；二是木材一般体积大、难以装卸，一般伐木场会将木材浮运至目的地，可大大节约成本；三是水路运输木材最大的优势是运费低，浮运木材成本甚至可忽略不计；四是木材采伐的季节性和河流的季节性几乎一致，因此可更好地利用这一天然优势。

　　伏尔加河流域主要木材产地为伏尔加河上游和卡马河流域，如沃洛格达、阿尔汉格尔斯克、维亚特卡森林覆盖率分别为 86%、63% 和 52%，下游省份森林覆盖率较低，如沃罗涅日、库尔斯克、土拉和坦波夫森林覆盖率分别仅为8%、9%、9%和17%。① 伏尔加河水路木材运输方向有三：一是伏尔加河上游各省的木材向南被运至萨拉托夫、阿斯特拉罕和顿河流域；二是向西北部被运至圣彼得堡，部分留做圣彼得堡自用，也有一部分出口国外；三是卡马河流域部分木材也从东向西沿奥卡河被运至莫斯科等地。莫斯科森林覆盖率较低，木材需求量较高，伏尔加河上游和卡马河流域部分木材也被运至此处。

伏尔加河流域上游各省，如北部工业区的阿尔汉格尔斯克，中部工业区的卡卢加为上游最大木材输出地；卡马河流域也盛产木材，木材采伐大省为维亚特卡，彼尔姆和喀山。具体而言，雅罗斯拉夫尔、卡卢加等的木材多被运至莫斯科，阿尔汉格尔斯克等省的木材多被运至圣彼得堡；伏尔加河中游木材供应地为喀山，树种以橡木和松木居多，维亚特卡木材经卡马河流域被运至喀山、下诺夫哥罗德和伏尔加河下游地区；奥卡河木材源自奥尔洛夫斯克和卡卢加。伏尔加河流域的喀山、坦波夫、平扎、科斯特罗马、特维尔、彼尔姆和维亚特卡码头，以及奥廖尔和卡卢加的部分县城木材加工业集中。伏尔加河下游省份木材资源匮乏，木材大多被用于本省消费，很少被外运，只有辛比尔斯克的木材沿伏尔加河被运往杜博夫卡。19世纪，每年都有大量木材由伏尔加河中上游被运至下游沿岸各省，19世纪90年代，从伏尔加河上游水路运至察里津、喀山、萨拉托夫、阿斯特拉罕、萨马拉码头的木材的年均运量（包括薪柴）分别为4780万普特、2450万普特、2390万普特、2070万普特和700万普特。②

因材料有限，本部分仅以乌拉尔地区木材运输为例探究木材运输规模。乌拉尔地区是俄国重要的木材产区，18世纪末，乌拉尔冶金企业年均木材消耗量就达400万立方米③，但只有一小部分木材用于冶金企业燃料，大部分木材被运至伏尔加河流域。喀山为该流域最重要的木材输出地，木材不但被运往上游区域，还被运往南部的杜博夫卡和阿斯特拉罕。1811年，喀山向伏尔加河下游和

---

① Водарский Я. Е., ИстоминаЭ. Г. Сельские промыслы Европейской России на рубеже XIX – XX столетий. М., Институт российской истории РАН, 2004. С. 30, 31, 32, 36, 80, 82, 91, 95；张广翔、范璐祎：《19世纪上半期欧俄河运、商品流通和经济发展》，《俄罗斯中亚东欧研究》2012年第2期。

② Тагирова Н. Ф. Рынок Поволжья（вторая половина XIX-начало XX вв.）. М., ООО 《издательский центр научных и учебных программ》，1999. С. 73；张广翔：《19世纪至20世纪初俄国的交通运输与经济发展》，《社会科学战线》2014年第12期。

③ Кафенгауз Б. Б. История хозяйства Демидовых в XVIII – XIX вв. М-Л., АН СССР. 1949. С. 485.

卡马河上游运输的橡树和松树木材价值为 5.8 万卢布。① 1836 年 9 月，卡马河流域经下诺夫哥罗德、梁赞、穆罗姆和莫克沙河运至莫斯科的松木和方木有 2 万根、木板有 2.69 万块。② 19 世纪末乌拉尔地区仍是俄国重要的木材输出地。③ 19 世纪 90 年代，卡马河年均向伏尔加河运送原木 85 万根，还有满载木板、各种木制品的数百艘大型平底白木船，大部分被运往下诺夫哥罗德码头；20 世纪初，卡马河流域向喀山运送 6000 万普特木材。④

19 世纪下半叶，铁路开始参与木材运输。1880 年、1890 年和 1897 年铁路运输建筑用材的运量分别为 1.5 亿普特、1.4 亿普特和 1.6 亿普特，薪柴数量分别为 9400 万普特、1.5 亿普特和 2.1 亿普特。1891 年和 1896 年，经水路运输的薪柴和木材分别为 2.3 亿普特和 2.4 亿普特；1911 年和 1913 年，欧俄地区水路的木材运输量就分别达 15 亿普特和 16.6 亿普特。⑤ 铁路参与木材运输后木材运送量逐年提高，1902～1912 年，铁路的木材运输量年均增长 7.5%；1911 年，铁路的木材运输量达 6.2 亿普特⑥，远逊于水路。

（三）伏尔加河为俄国最主要输油线路

巴库石油产品运输主要依靠水运，最初使用帆船运油，19 世纪末，开始使用蒸汽轮船运油，早期因运输工具简陋，造成货物大量损失，货物损失率为 10%～12%。⑦ 为减少损失和提高产品运输量，俄国石油运输业主不断改善运输工具，伏尔加河先后出现载油帆船、大金属箱平底船、油罐船、石油发动机

---

① Истомина Э. Г. Водные пути России во второй половине XVIII-начале XIX века. М. , Наука, 1982. С. 108.

② 张广翔、范璐祎：《19 世纪上半期欧俄河运、商品流通和经济发展》，《俄罗斯中亚东欧研究》2012 年第 2 期，第 63 页。

③ Тагирова Н. Ф. Рынок Поволжья（вторая половина XIX-начало XX вв.）. М. , ООО 《издательский центр научных и учебных программ》, 1999. С. 73.

④ Водарский Я. Е. , Истомина Э. Г. Сельские промыслы Европейской России на рубеже XIX - XX столетий. М. , Институт российской истории РАН, 2004. С. 123；张广翔、范璐祎：《19 世纪上半期欧俄河运、商品流通和经济发展》，《俄罗斯中亚东欧研究》2012 年第 2 期，第 64 页。

⑤ Россия 1913 год. Статистико-документальный справочник. СПб. , Блиц, 1995. С. 131；张广翔：《19 世纪至 20 世纪初俄国的交通运输与经济发展》，《社会科学战线》2014 年第 12 期，第 234 页。

⑥ Россия 1913 год. Статистико-документальный справочник. СПб. , Блиц, 1995. С. 131.

⑦ Лисичкин С. М. Очерки по истории развития отечественной нефтяной промышленности（дореволюционный период）. М. , Государственное научно-техническое издательство, 1954. С. 310.

船和煤油发动机船等类型船只。

为更好地探究伏尔加河流域的石油产品运输状况，本部分从伏尔加河水路的输油方向、主要石油消费区和主要输油舰队等内容进行分析。

伏尔加河水路的输油方向。伏尔加河流域的石油产品除少量被运至下游几处港口外，大多数被运至下诺夫哥罗德码头和雷宾斯克码头，下诺夫哥罗德石油产品多沿奥卡河和卡马河被运至中部工业区与乌拉尔地区。雷宾斯克石油产品运输方向有三：一是沿马林斯基运河被运至圣彼得堡、别洛泽尔斯克、沃兹涅谢尼耶和切列波韦茨等地；二是沿伏尔加河向上被运至莫洛加、卡利亚津、乌格利奇和特维尔等地；三是被运往沃洛格达、大乌斯秋格、北德维纳河诸码头和阿尔汉格尔斯克等地。伏尔加河流域石油产品的主要接收地是阿斯特拉罕、察里津、萨拉托夫、萨马拉、喀山、下诺夫哥罗德、雅罗斯拉夫尔和雷宾斯克。

具体而言，俄国石油产品主要需求地为中部工业区和欧俄诸省，1900年，莫斯科、弗拉基米尔、圣彼得堡、萨拉托夫、科斯特罗马、奥廖尔、雅罗斯拉夫尔、梁赞、瓦亚特斯克、萨马拉、喀山、彼尔姆、坦波夫、阿斯特拉罕、特维尔、土拉、乌法和巴库地区的石油需求量分别为3040万普特、1320万普特、830万普特、720万普特、420万普特、280万普特、230万普特、210万普特、190万普特、30万普特、190万普特、50万普特、120万普特、110万普特、50万普特、70万普特、70万普特和250万普特。就具体工业区而言，1910年中部工业区（莫斯科、弗拉基米尔、卡卢加、科斯特罗马、下诺夫哥罗德、斯摩棱斯克、特维尔、土拉和雅罗斯拉夫尔）的石油需求量最大，原油需求量为220万普特，重油和煤油需求量分别为4420万普特和2.2万普特；中部黑土区（沃罗涅日、库尔斯克、奥廖尔、奔萨、坦波夫和顿河哥萨克军区）的原油、重油和煤油需求量分别为3.7万普特、250万普特和2.3万普特；乌拉尔地区（奥伦堡、彼尔姆和乌法）原油、重油和煤油需求量分别为5.9万普特、160万普特和0.2万普特。因为石油产品主要需求地为缺少石油矿区的工业区，石油产品需要经过数千公里才能被运至目的地，1913年，巴库地区共运出1.7亿普特重油，其中1.4亿普特重油经伏尔加河流域被运至俄国中部地区。[①] 上述港口中察

---

① Дьяконова И. А. Нефть и уголь в энергетике царской России в международных сопоставлениях. М., РОССПЭН, 1999. С. 102；Лисичкин С. М. Очерки по истории развития отечественной нефтяной промышленности（дореволюционный период）. М., Государственное научно-техническое издательство, 1954. С. 349.

里津、下诺夫哥罗德和雷宾斯克石油交易量较大。

19 世纪末，各水路的石油产品运输量不断提高。19 世纪 70 年代末期，在里海海域只有 296 艘运油船；1880 年，为提高石油产品的运输量，石油公司新建 11 艘油轮和 40 艘纵帆船，石油运输量可达 1500 万普特。[①] 19 世纪 80 年代，里海输油船以帆船为主；19 世纪末，油轮已成为运油主力。随着船只数量增加和船只种类变化，从里海运往伏尔加河流域的石油产品数量大增，石油产品沿伏尔加河水路被运至下诺夫哥罗德港口时，货物发生分流，一部分使用铁路被运至莫斯科，另一部分经水路被运至圣彼得堡。19 世纪 80 年代，莫斯科—下诺夫哥罗德铁路的输油量迅速增加，1876 年，下诺夫哥罗德铁路货物中石油产品的比例仅为 1.5%，1890 年则增至 18.4%，达 1891.4 万普特，莫斯科—下诺夫哥罗德铁路供油量占莫斯科石油产品需求量的 65%。[②]

随着石油工业发展，大量石油产品经里海被运至伏尔加河流域，1894 ～ 1899 年，伏尔加河水路年均商品运输量约为 6.0 亿普特，其中石油产品的数量为 1.8 亿普特，占比为 30%[③]；1901 年，伏尔加河流域的货运总量为 5.7 亿普特，石油产品达 2.7 亿普特[④]，其占比已近 50%，如此庞大的货流量催生了伏尔加河流域运油船队。

伏尔加河流域运油船最初以运油帆船、木制和铁制平底船为主，19 世纪末，该类船只的运油量占伏尔加河流域石油运送量的 1/3[⑤]，随着蒸汽轮船的快

①　Нанаташвили Н. Л. Экспансия иностранного капитала в Закавказье（конец XIX-начало XX вв.）. Тбилисск., Издательство Тбилисского университета, 1988. С. 82.

②　Халин. А. А. Система путей сообщения нижегородского поволжья и ее роль в социально-экономическом развитим региона（30 – 90 гг. XIX в.）. Нижний Новгород., Изд-во Волго-вятекой академии государственной службы, 2011. С. 217.

③　Мавейчук А. А., Фукс И. Г. Истоки российской нефти: Исторические очерки. М., Древлехранилище, 2008. С. 231.

④　Соловьева А. М. Железнодорожный транспорт России во второй половине XIX в. М., Наука, 1975；С. 208；Клейн Н. Л. Факторы развития хозяйства Поволжья на рубеже XIX – XX веков//НИИ проблем экономической истории России XX века волгоградского государственного университеиа. Экономическая история России: проблемы, пойски, решения：Ежегодник. Вып. 2. Волгоград., Изд-во Вол ГУ, 2000. С. 108；Бессолицын А. А. Поволжский региона на рубеже XIX – XX вв（основны тенденции и особенности экономического развития）// Экономическая история России: проблемы, поиск, решения: Ежегодник. Вып5. С. 197.

⑤　Самедов В. А. Нефть и экономика России（80 – 90-е годы XIX века）. Баку., Элм, 1988. С. 60.

速普及，蒸汽油轮成为运输石油产品的主力。

伏尔加河流域运油船队使用拖轮运输原油和重油后运输成本大大降低，巴库至下诺夫哥罗德石油产品运输成本由 45 戈比/普特降至 12 戈比/普特。1884年，每普特石油从阿斯特拉罕运至察里津、萨拉托夫、萨马拉和喀山的运费分别为 2.9 戈比、4.8 戈比、6.1 戈比和 6.5 戈比。运费降低后煤油价格也大幅下降，由 1880 年的 1 卢布 36 戈比降至 1882 年的 33 戈比。[①]

伏尔加河流域运油船队中诺贝尔兄弟集团的运油船队规模最大，1913年，伏尔加河流域铁制油罐船数量为 160 艘，72 艘属于诺贝尔—马祖特公司，其中诺贝尔兄弟集团船只数量为 46 艘，马祖特公司船只数量为 26 艘。19 世纪末，诺贝尔兄弟集团和罗斯柴尔德家族的里海—黑海石油工商业公司控制了俄国70% 的国内石油贸易。[②] 随着石油运输业务发展，大公司开始关注石油存储业务，巴库油田以及里海、伏尔加河沿岸港口的仓储设施逐步完善。

巴库石油产品外运多使用水路，铁路运输量占比仅为 20%。[③] 虽然石油运输量巨大，但却只占河运货物运输总量的 14.5%，伏尔加河流域石油产品的运量最大，1880 年、1890 年和 1902 年伏尔加河流域的输油量分别为 1000 万普特、6100 万普特和 3.5 亿普特；1913 年，石油产品运输量占伏尔加河流域水运货流量的 22%。[④]

因此，巴库石油产品运输以水路为主，主要经由伏尔加河被运至内地各地区。伏尔加河作为俄国最主要的内河航线，其发挥的作用是其他水路无法匹敌的，但西北部地区三条水路的货运量也不容忽视，以上沃洛乔克运河、季赫温

---

① Лисичкин С. М. Очерки по истории развития отечественной нефтяной промышленности（дореволюционный период）. М., Государственное научно-техническое издательство, 1954. С. 322.

② Мир-Бабаев М. Ф. Краткая история Азербайджанской нефти. Баку., Азернешр, 2009. С. 45.

③ Лисичкин С. М. Очерки по истории развития отечественной нефтяной промышленности（дореволюционный период）. М., Государственное научно-техническое издательство, 1954. С. 325.

④ Лисичкин С. М. Очерки по истории развития отечественной нефтяной промышленности（дореволюционный период）. М., Государственное научно-техническое издательство, 1954. С. 324; Соловьева А. М. Железнодорожный транспорт России во второй половине XIX в. М., Наука, 1975. С. 208; Бессолицын А. А. Поволжский региона на рубеже XIX – XX вв.（основны тенденции и особенности экономического развития）//Экономическая история России: проблемы, поиск, решения: Ежегодник. Вып5. С. 197.

运河和马林斯基运河的货流量最大。

二　西北部地区航运线路的货流量

西北部地区水路的货物运输状况上文已有所涉及，因货物种类特殊，必须与伏尔加河水路作为一个整体加以研究，上文仅对粮食等商品的运输量进行简单分析。西北部三条运河中上沃洛乔克运河的货流量相对较大，但货物以单向输出为主，主要由伏尔加河流域运至圣彼得堡，因此仅对单一方向的货流量进行分析。

（一）　西北部三条运河的货流量

上沃洛乔克运河可加强波罗的海和俄国内陆地区的联系，18 世纪 60 年代，每年沿上沃洛乔克运河驶入圣彼得堡的船只数量约为 3500 艘，部分年份达 4000 艘；18 世纪 70 年代末约达 5500 艘。此外，每年还有约 3000 个木筏驶入圣彼得堡。[①] 18 世纪 70 年代，从上沃洛乔克运河驶入圣彼得堡的船只数量如下：1777 年经施吕瑟尔堡至涅瓦河的船只共 5997 艘，其中 428 艘由姆斯特河、445 艘由特维尔察河、710 艘由伏尔加河上游、926 艘由特维尔的雷宾斯克河段、345 艘由卡马河流域、1305 艘由伊尔门湖和拉多加湖驶入涅瓦河，其余 1838 艘船从拉多加湖和夏西河等驶入。[②] 1800～1814 年，上沃洛乔克运河的货物价值由 1100 万卢布增加到 2300 万卢布。[③]

19 世纪 50 年代，尼古拉耶夫铁路开始运行，加上马林斯基运河和季赫温运河全线通航，上沃洛乔克运河的运输意义下降，年均货物运输价值约为 500 万卢布。1854 年，从伏尔加河运进的商品价值仅为 110 万卢布，从姆斯特河运进的商品价值为 90 万卢布，从外伊尔门河运进的货物价值为 90 万卢布，从沃尔霍夫河运进的货物价值为 110 万卢布。[④] 即便如此，上沃洛乔克运河对沿岸居民社会经济生活仍具有重大影响，重要河段周边村庄都转变为城市，上沃洛乔克

---

①　Прокофьев М. Наше судоходство. СПб. , Типография П. И. Глазунова. Выпуск 2. 1870. С. 43.

②　Босков Л. С. По петровскому указу-канал на древнем волоке. М. , Транспорт, 1994. С. 207；范璐祎：《18 世纪下半期—19 世纪上半期的俄国水路运输》，吉林大学博士学位论文，2014，第 80 页。

③　Истомина Э. Г. Водный транспорт России в дореформенный период（Историко-географическое）. М. , Наука, 1991. С. 180.

④　Босков Л. С. По петровскому указу-канал на древнем волоке. М. , Транспорт, 1994. С. 203.

和博洛维奇等城市都是如此。

上沃洛乔克运河的主要货物为粮食、食品、生铁、铸铁、木材、建材、工业燃料和饲料等。1779 年，向圣彼得堡运送 44 万俄尺麻布；1804 年，向圣彼得堡运送 26 万普特大麻纤维；1809 年，麻布的运输量达 332.7 万俄尺。[①]

季赫温运河货流量相对较小，但货物价值较高。季赫温运河的货物多经圣彼得堡运至伏尔加河流域，主要货物如下。一是糖类制品，包括冰糖、白糖和砂糖，如 1804 年，糖类产品的运输数量为 4.1 万普特。二是进口产品，首先是食品，如 1804 年，从圣彼得堡运至伏尔加河流域的咖啡和巧克力为 1613 普特；其次是进口水果、水果制品及其他食物，包括柠檬、橙子、果汁、柠檬片、各种果酱和黑加仑干等，如 1804 年，运至伏尔加河流域的香槟酒为 628 桶、温戈尔伏特加为 10 箱、朗姆酒为 10 桶、乳酪为 358 普特、大麻油为 415 普特、食用橄榄油为 33 箱、茶叶为 6 箱、莱茵河醋为 15 桶、苹果和酸黄瓜为 15 桶；再次是鱼类产品，1804 年从季赫温运河运至伏尔加河流域的进口鱼类产品数量为鲱鱼和腌白鲑 62 大桶、胡瓜鱼干 305 俄石、鱼子 42 普特、香肠 12 普特。[②] 三是工业品，1804 年，季赫温运河运输金属和金属制品的数量如下：1804 年，铁、钢、白铁、锡和铅制品的运量为 8392 普特；英国机器设备也经季赫温运河运至伏尔加河流域。四是纺织品，1804 年，运至伏尔加河流域的布匹数量为 614 捆，牛皮革、海狸皮和水獭皮数量为 3826 件，棉纱和棉花的数量为 6454 普特，颜料数量为 9570 普特。五是日用品，具体数量如下：1804 年，办公用品 2035 普特、建筑石膏 3 桶、浮石和白色颜料 55 箱、家具 40 箱、镜子和玻璃 12 箱、陶瓷餐具 216 桶、木柴 900 普特等。[③]

季赫温运河上最大的码头是索米诺贸和季赫温，部分货物还于韦西耶贡斯克和乌斯秋—热列兹波尔斯克码头转运。伏尔加河流域的货物也经季赫温运河向圣彼得堡运输，发往圣彼得堡的主要货物为粮食、酒、动物油脂、毛线、皮革和毛皮等，多以原材料为主，下文将简要分析粮食和木材运输量，此处仅对其他货物进行简单分析。19 世纪四五十年代，由圣彼得堡返回伏尔加河流域的

① Истомина Э. Г. Водные пути России во второй половине XVIII-начале XIX века. М. , Наука, 1982. С. 144.

② Истомина Э. Г. Водные пути России во второй половине XVIII-начале XIX века. М. , Наука, 1982. С. 161.

③ Истомина Э. Г. Водные пути России во второй половине XVIII-начале XIX века. М. , Наука, 1982. С. 161.

船只运输的主要货物为药品、食品、棉花、棉纱和染料等。19世纪40年代下半期至50年代初期，每年由圣彼得堡经季赫温运河运往伏尔加河流域的商品达450万普特，其价值约为1150万卢布。①

马林斯基运河的货物品种较为单一，以粮食为主，其他货物的运输量较少，仅举一二例加以说明。1810年，马林斯基运河向圣彼得堡运盐79.2万普特，但因水位较浅，船只运行较慢，部分货物只能停在港口过冬。船只上还装载其他货物，但也因天气原因不得已停港靠岸，第二年春季才被运至圣彼得堡，本年度运输鱼类产品1.2万普特，运输牛油、奶油、麦芽糖、蜂蜜和茶叶等货物3127普特。② 19世纪50年代末，从马林斯基运河运至阿尔汉格尔斯克的酒产品和各种商品约为400万普特，其价值超过200万卢布。③

伏尔加河流域的木材也沿拉多加湖、上沃洛乔克运河、马林斯基运河和季赫温运河运至圣彼得堡，部分木材于圣彼得堡留用，部分木材出口至国外。19世纪初，木材沿拉多加湖和上沃洛乔克运河运至圣彼得堡，从19世纪20年代开始，沿马林斯基运河运至圣彼得堡的木材货运量逐年增加。因数据较为零散，只能选择有代表性的数据加以分析，1762～1810年，每年经拉多加湖驶入圣彼得堡的木材和木排数量为6464个。④

季赫温运河和马林斯基运河的木材运输量也很大，1829年，从季赫温运河夏西河河段驶入圣彼得堡的木排共743个，所载木材等货物的价值为3770万卢布。⑤ 因季赫温运河中高价货物的比重逐年提升，木材的运输数量逐年下降，19世纪四五十年代，沿季赫温运河航行的木筏和木排的数量仅有250个，运输木板的数量仅为30万块；19世纪50年代末60年代初，季赫温运河共浮运原木

① Марухин В. Ф. История речного судоходства в России. М. , Орехово-Зуевский педагогический институт, 1996. C. 338；范璐祎：《18世纪下半期—19世纪上半期的俄国水路运输》，吉林大学博士学位论文，2014，第88页。

② Истомина Э. Г. Водные пути России во второй половине XVIII-начале XIX века. М. , Наука, 1982. C. 156.

③ Марухин В. Ф. История речного судоходства в России. М. , Орехово-Зуевский педагогический институт, 1996. C. 355.

④ Истомина Э. Г. Водные путиРоссии во второй половине XVIII-начале XIX века. М. , Наука, 1982. C. 145；张广翔、范璐祎：《19世纪上半期欧俄河运、商品流通和经济发展》，《俄罗斯中亚东欧研究》2012年第2期，第63页。

⑤ Истомина Э. Г. Водный транспорт России в дореформенный период（Историко-географическое）. М. , Наука, 1991. C. 185.

15 万根、木材 7 万立方俄丈。[①]

马林斯基运河的货物以粮食为主，木材运输量也较大，1829 年和 19 世纪 40 年代，该运河上木排数量分别为 305 个和 3000 个[②]，木材运送量逐年增加。20 世纪初，马林斯基运河的木材、柴薪和建筑用木材的运输量远超粮食，1913 年上述货物的运输量达 3.8 亿普特。[③]

（二）西北部运河的粮食运输量

西北部三条运河的粮食主要被运往西北部工业区，输入圣彼得堡的数量最多，究其原因：一是西北部各省耕地面积较小，农业欠发达，粮食长期不能自给；二是因临近海洋，适合远洋运输，国际贸易相对发达；三是圣彼得堡驻军的粮食需求量较大。因圣彼得堡是伏尔加河流域粮食的最大接收地，仅以其为例进行分析。圣彼得堡的粮食主要源自伏尔加河水路的雷宾斯克码头，18 世纪，圣彼得堡就仰赖雷宾斯克的粮食，运至该码头的粮食大多被运往圣彼得堡。1784 年，通过水路和土路运至雷宾斯克码头的粮食为 450 万普特。[④] 19 世纪，运至雷宾斯克码头的粮食数量更多，其中 1842 年、1845 年和 1846 年沿水路抵达该码头的粮食分别为 1630 万普特、3300 万普特和 4320 万普特，该码头的运粮量占伏尔加河运粮总量的 50.1%。[⑤] 上文已对雷宾斯克粮食运输状况有所涉及，此处仅做简要分析。雷宾斯克的粮食主要被运至圣彼得堡，一部分用于当地销售，另一部分出口至国外。20 世纪初每年沿水路运至雷宾斯克的粮食达 1 亿普特[⑥]，如此庞大的粮食接收量为圣彼得堡粮食供应的后盾，雷宾斯克码头的粮食主要通过上沃洛乔克运河、马林斯基运河和季赫温运河被运

---

① Марухин В. Ф. История речного судоходства в России. М., Орехово-Зуевский педагогический институт, 1996. С. 338.

② Истомина Э. Г. Водный транспорт России в дореформенный период (Историко-географическое). М., Наука, 1991. С. 187.

③ Россия 1913 год. Статистико-документальный справочник. СПб., Блиц, 1995. С. 132.

④ Истомина Э. Г. Водные пути России во второй половине XVIII-начале XIX века. М., Наука, 1982. С. 113.

⑤ Халин А. А. Система путей сообщения нижегородского поволжья и ее роль в социально-экономическом развитим региона (30 – 90 гг. XIX в.). Нижний Новгород., Изд-во Волго-вятекой академии государственной службы, 2011. С. 189；张广翔、范璐祎：《19 世纪上半期欧俄河运、商品流通和经济发展》，《俄罗斯中亚东欧研究》2012 年第 2 期，第 60 页。

⑥ Истомина Э. Г. Водные пути России во второй половине XVIII-начале XIX века. М., Наука, 1982. С. 129. Экономическая история России с древнейших времен до 1917 г. Том первой. М., РОССПЭН, 2009. С. 410.

往圣彼得堡。

1775～1810 年，沿上沃洛乔克运河运往圣彼得堡的粮食数量约为 1500 万普特[①]；1775～1810 年，从拉多加湖运往圣彼得堡的粮食数量也不容忽视，经拉多加湖运往圣彼得堡的粮食数量为 94.8 万普特。[②] 19 世纪上半叶，上沃洛乔克运河仍是重要的运粮路线，1844 年，上沃洛乔克运河沿线诸码头驶入圣彼得堡的船只数量为 3590 艘，货值为 3500 万卢布，其中粮食的比例最高。[③] 19 世纪中叶，因尼古拉耶夫铁路的竞争，上沃洛乔克运河的船只数量虽然无明显变化，但货值已明显减少。

19 世纪，马林斯基运河成为圣彼得堡粮食供应的主要渠道。1800～1825 年，圣彼得堡农产品主要源自上沃洛乔克运河、季赫温运河和马林斯基运河。上述运河运送的农产品价值分别约为 1 亿卢布、1600 万卢布和 1500 万卢布。[④] 19 世纪上半叶，马林斯基运河的货运量日渐增加。马林斯基运河通航的第一年，经其运往圣彼得堡的粮食数量为 112.9 万普特[⑤]；1829 年和 1844 年，沿马林斯基运河驶入圣彼得堡的船只分别为 1449 艘和 1800 艘，货值分别为 1230 万卢布和 4000 万卢布，粮食的比重逐年上升。[⑥] 1852 年、1853 年和 1866 年，从马林斯基运河输入圣彼得堡的粮食总量占供应总量的比重分别为 33.6%、33.25% 和 84%，该运河已成为圣彼得堡运粮专线。[⑦] 20 世纪初，因铁路的冲击，马林斯基运河的粮食运输量减少，即便如此，1913 年，该运河运往

---

① Экономическая история России с древнейших времен до 1917 г. Том первой. М., РОССПЭН, 2009. С. 520；Истомина Э. Г. Водные пути России во второй половине XVIII- начале XIX века. М., Наука, 1982. С. 143.

② Истомина Э. Г. Водные пути России во второй половине XVIII-начале XIX века. М., Наука, 1982. С. 129；张广翔、范璐祎：《19 世纪上半期欧俄河运、商品流通和经济发展》，《俄罗斯中亚东欧研究》2012 年第 2 期，第 61 页。

③ Истомина Э. Г. Водный транспорт России в дореформенный период（Историко-географическое）. М., Наука, 1991. С. 138.

④ 张广翔、范璐祎：《19 世纪上半期欧俄河运、商品流通和经济发展》，《俄罗斯中亚东欧研究》2012 年第 2 期，第 61 页。

⑤ Истомина Э. Г. Водные пути России во второй половине XVIII-начале XIX века. М., Наука, 1982. С. 156.

⑥ Истомина Э. Г. Водный транспорт России в дореформенный период（Историко-географическое）. М., Наука, 1991. С. 138.

⑦ Марухин В. Ф. История речного судоходства в России. М., Орехово-Зуевский педагогический институт, 1996. С. 355.

圣彼得堡的粮食数量仍有 4040 万普特。[①]

因季赫温运河和马林斯基运河修建较晚，上沃洛乔克运河运输的粮食不能满足圣彼得堡的需求，特维尔也成为圣彼得堡的重要粮食供应基地，1721 年，特维尔向圣彼得堡运输 1 万俄石军粮和 2.3 万俄石商品粮；1772 年，从特维尔码头驶向圣彼得堡的船只共 3990 艘，其中运粮船为 2236 艘。[②] 18 世纪，从特维尔码头输入圣彼得堡的粮食数量仅次于雷宾斯克码头；19 世纪初，季赫温运河和马林斯基运河通航后，雷宾斯克码头的粮食供应能力倍增，特维尔码头的作用下降。

19 世纪末，由铁路运往圣彼得堡的粮食数量逐年增加。19 世纪 90 年代，经铁路运进圣彼得堡的粮食年均为 3000 万普特，此时圣彼得堡年均输入粮食总量为 6400 万普特，铁路的运粮量占比已近 50%。[③] 20 世纪初，圣彼得堡的粮食供应以铁路为主。

三　西伯利亚内河的货物运输状况

西伯利亚地区物产丰富，但该地区开发较晚，主要货物为粮食、农畜产品、中国茶叶、动物油脂等货物，货物一般先被运至伏尔加河流域各码头，然后再被转运至国内市场。因西伯利亚地区经济滞后，货物结构相对复杂，本部分只选择最具代表性的几种货物进行分析，粮食、茶叶、毛皮、渔猎产品的运输量最大，茶叶和渔猎产品为大宗，粮食等货物次之。

（一）粮食

西伯利亚粮食大多沿各河流和铁路被运至各码头，然后再被转运至俄国内地。西伯利亚地区粮食结构较为单一，主要为大麦、燕麦和黑麦。19 世纪初，土拉河粮食运输最为繁忙。1812 年，土拉河船只运粮量为 2.5 万普特，粮食主要被运至亚卢托罗夫斯克码头，然后从该码头转运至其他城市，当年从该码头向托博尔斯克运输近 7 万普特的粮食和 7000 桶焦油，当年运进该码头的粮食数

---

① Россия 1913 год. Статистико-документальный справочник. СПб. ，Блиц，1995. С. 132.

② Истомина Э. Г. Водные пути России во второй половине XVIII-начале XIX века. М. ，Наука，1982. С. 114；范璐袆：《18 世纪下半期—19 世纪上半期的俄国水路运输》，吉林大学博士学位论文，2014，第 55 页。

③ Экономическая история России с древнейших времен до 1917 г. Том первой. М. ，РОССПЭН，2009. С. 410，411；张广翔：《伏尔加河大宗商品运输与近代俄国经济发展（1850—1913）》，《历史研究》2017 年第 3 期，第 123 页。

量为 15 万普特、盐为 20.5 万普特。① 19 世纪末，西伯利亚地区的粮食运输量
大幅增加，奇科伊河和希洛克河运粮量较大，1895 年，浮运粮食数量为 15 万普
特，其中燕麦 2 万普特，奇科伊河运盐量为 3 万普特，小河流运输量都如此之
大，总体货流量可想而知。②

西伯利亚大铁路修建后铁路成为粮食运输的主力，铁路不但促进粮食播种
面积的增加，还改变西伯利亚地区的经济结构。1902 年，西西伯利亚地区奥姆
斯克车站小麦运输量最高，占西伯利亚粮食运输总量的 24.6%，运粮量占西伯
利亚地区粮食总产量的 35.8%。1906 年，奥姆斯克粮食运输量的占比分别为
71.6% 和 60.6%。③ 因西伯利亚地区气候恶劣，不适宜农作物生长，粮食输出
量逊色于伏尔加河中下游流域和南俄地区，但移民大量涌入西伯利亚地区后，
该地粮食输出量也不容小觑。

（二）渔猎产品

西伯利亚地区捕鱼、狩猎和畜牧业也发达，为俄国主要的渔猎产品运出地。
1812 年，托博尔斯克向别列焦尔斯克县派发 15 艘平底大木船，船上装满各类货
物，其中上等鱼类，如鲟鱼、小鲟鱼、大北鲑等鱼产品数量就达近万条。铁路修
建后奥伦堡捕鱼业发展迅速，1882 年和 1885 年，该地区渔猎产品销售量如下：红
色鲜鱼的数量分别为 11.2 万普特和 6 万普特；鲜黑鱼的数量分别为 48.4 万普特和
48.5 万普特；咸鱼的数量分别为 5.9 万普特和 3.5 万普特；咸黑鱼的数量分别为 61
万普特和 13.8 万普特；鱼子分别为 6515 普特和 1 万普特；鱼脊肉、鱼筋和鱼脂分别
为 1309 普特和 1484 普特。1882 年和 1885 年，售出鱼类产品的数量分别为 127.5 万普
特和 192.7 万普特。1902 年，奥伦堡共售出 290.7 万普特黑鱼、5.7 万普特红鱼、3.8

① Болышаков В. Н. Очерки истории речного транспорта Сибири XIX век. Новосибирск. ，
Наука，1991. С. 29.

② Болышаков В. Н. Очерки истории речного транспорта Сибири XIX век. Новосибирск. ，
Наука，1991. С. 168.

③ Любимов А. А. Развити индустриального транспорта в Среднм Прииртышье 90 – е XIX –
1914 г. Омск. ，Автореферат диссертации на соискание ученой степени кандидата
исторических наук. 2000. С. 21；Кротт И. И. Влияние сибирской железной дороги процесс
формирования и развития сельскохозяйственного предпринимательства в конце XIX-
первой четверти XX. в. // Железные дороги и процесс социальной модернизации России в
XIX-первой половине XX в. ：сборник материалов Международной научной конференции，
ФГБОУВПО " Тамбовский государственный университет имени Г. Р. Державина. "
Тамбов. ，2012. С. 61.

万普特红鱼子酱和 7473 普特黑鱼子酱，货物总价值约为 690 万卢布。① 西伯利亚远东地区捕鱼业也相对发达，1881～1900 年，萨哈林群岛捕鱼收入为 82.2 万卢布②；1900～1905 年，远东和东西伯利亚地区捕鱼量为 961 万普特，价值为 2226 万卢布。③ 鱼产品冬季经陆路被运至欧俄地区，夏季经水路被运至伏尔加河流域。

中国人也在远东地区从事手工业，主要从事海带采摘和海参捕捉业。19 世纪 60 年代，海带采摘工人数量约为 1000 人；80 年代，从事此行业的人数达6000 人，个别年份达 1.5 万人，人均采摘量约达 1406 普特，单位产品的价格为1 卢布 20 戈比/普特至 1 卢布 50 戈比/普特。

西伯利亚地区一直为俄国重要的皮革供应基地，因该地自然条件优越，盛产诸多珍贵毛皮，西伯利亚毛皮在国内外市场十分畅销，为俄国政府重要的税源。俄国毛皮销售方向有二：第一，货物经西伯利亚地区运至伏尔加河流域各港口，主要运往下诺夫哥罗德展销会，然后销往莫斯科、波罗的海地区和出口国外；第二，向东运往中国，恰克图市场开市后西伯利亚毛皮的交易数量激增。1586 年，俄国每年可收获 20 万张黑貂皮、1 万张黑狐皮、50 万张松鼠皮，海狸皮和貂皮的数量更多④，1812 年毛皮和皮货价值约为 300 万卢布。⑤ 1844 年，俄国对华输出占俄国对外贸易总额的 10%⑥，销售至中国的货物中，毛皮为大宗。毛皮为俄国政府带来了巨额利润，1744～1755 年，仅西伯利亚的鄂霍次克和堪察加地区的毛皮收入已达 320 万卢布。⑦ 1803 年，俄美公司向欧俄地区市场输送 15 万张海獭

① Целиков С. А. Строительство и эксплуатация Самаро-Златоустовской железной дороги и ее влияние на развитие экономики самарской, оренбургской и уфимской губерний (вторая половина XIX в – 1917 г.). Самара., Диссертация. 2006. С. 117.

② Мандрик А. Т. История рыбной промышленности Дальнего Востока. Владивосток., Дальнаука, 1994. С36, 42.

③ Алексеев В. В., Алексеева Е. В., Зубков К. И., Побережников И. В. Азиатская Россия в геополитической и цивилизационной динамике XIX – XX века. М., Наука, 2004. С. 490.

④ 〔美〕斯塔夫里阿诺斯：《全球通史：从史前史到 21 世纪》（第 7 版修订版），吴象婴、梁赤民、董书慧、王昶译，北京大学出版社，2012，第 450 页。

⑤ Болышаков В. Н. Очерки истории речного транспорта Сибири XIX век. Новосибирск., Наука, 1991. С. 45.

⑥ 〔苏〕鲍里斯·罗曼诺夫：《俄国人在满洲（1892—1906）》，陶文钊等译，商务印书馆，1980，第 6 页。

⑦ Мандрик А. Т. История рыбной промышленности Дальнего Востока. Владивосток., Дальнаука, 1994. С. 15 – 16；Алексеев В. В., Алексеева Е. В., Зубков К. И., Побережников И. В. Азиатская Россия в геополитической и цивилизационной динамике XIX – XX века. М., Наука, 2004. С. 490.

皮和 28 万张海狗皮；1842～1862 年，输送 2.6 万张海獭皮和 37.2 万张海狗皮，获利超 2000 万卢布。[①] 1914 年，西伯利亚地区向国内外市场供应毛皮 100 万张。[②]

（三）茶叶和其他货物

因纬度较高，俄国不产茶业，茶叶传入后俄国人酷爱饮茶。1587 年和 1604 年，俄国人在征服西伯利亚的过程中相继建立托博尔斯克城和托木斯克城，此后这两个城市成为中俄两国贸易的重要场所。"据统计，仅 1653 年，赴托木斯克城与俄商进行交易的中国商队就有 5 支。俄国出口到中国的商品以毛皮为主，占俄国全部出口货物的 80% 以上。进口的中国货多为花缎、黄金、白银、丝绸、茶叶、八角茴香和各种器皿。早期茶叶多在伏尔加河中下游地区和西伯利亚等地销售，只有少量茶叶被运往下诺夫哥罗德集市。"[③]

18 世纪，运至俄国中部地区的茶叶数量大增，中国茶叶主要通过水路由奇科伊河运至俄国，然后经色楞格河、贝加尔湖、安加拉河运至叶尼塞河，再使用大货车由马科夫斯克大道运至克季河，最后沿额尔齐斯河和鄂毕河运至托博尔斯克码头和秋明码头，经此转运至伏尔加河流域。

喀山是西伯利亚商品的汇集地，也是俄国重要的茶叶仓储和转运地。1843 年，托木斯克码头的中国商品数量为 20 万普特，价值为 656.1 万卢布，其中茶叶的比重最大。[④] 1859～1862 年，喀山码头的中国货物的年均转运量为数十万普特，其中茶叶的运输量为 40 万普特。[⑤] 19 世纪末，随着恰克图市场的逐渐衰落，茶叶交易量明显减少，铁路成为运输茶叶的主要工具，不但茶叶经由铁路运输，而且动物油脂、牛油、皮革和毛皮也开始经由铁路运输。

在俄国市场上，茶叶价格差异较大，上等茶叶为花茶和白毫茶，下等茶叶多为茶砖。以 1814 年为例，花茶价格为 480 卢布/普特，白毫茶价格为 280 卢

---

① Мандрик А. Т. История рыбной промышленности Дальнего Востока. Владивосток., Дальнаука, 1994. С. 18.

② Винокуров М. А. Суходолов А. П. Экономика Сибири. 1900－1928. Новосибирск., Наука, 1996. С. 163.

③ 苏全有：《论清代中俄茶叶贸易》，《北京商学院学报》1997 年第 1 期，第 51 页。

④ Бойко В. П. Томское купечество конца 18－19 веков. Томск., Издательство "Водолей", 1996. С. 230.

⑤ Марухин В. Ф. История речного судоходства в России. М., Орехово-Зуевский педагогический институт, 1996. С. 278.

布/普特，茶砖为 80 卢布/普特。① 19 世纪末，虽然恰克图市场茶叶交易量减少，但色楞格河—贝加尔湖—安加拉河水路的主要货物仍是茶叶；1895 年，色楞格河货流量约为 100 万普特，茶叶就有 60 万普特。1898 年，恰克图市场的货物交易量仍为 100 万普特，茶叶数量已降至 40 万普特。②

西伯利亚地区畜牧业发展迅速，1913 年，该地已有牲畜 3000 万头，占全俄牲畜总量的 1/5。西伯利亚地区的肉和奶产品也被运至国内市场，莫斯科市场上西伯利亚肉产品的占比达 50%，20 世纪初，西伯利亚地区年均肉制品运出量达 300 万普特。③ 黄油也是西伯利亚地区主要的货物之一，19 世纪末，乌拉尔地区每年运出 30 万普特黄油，铁路修建后西伯利亚奶油运输量更大，1900 年、1909 年和 1913 年，西伯利亚地区的黄油运输量分别为 170 万普特、380 万普特和 510 万普特。④ 铁路修建后，西伯利亚奶油业快速发展，后贝加尔斯克和滨海地区纷纷建立奶油厂。

除农畜产品外，西伯利亚地区还向国内市场供应诸多货物，木材的运输量最高。1900～1909 年，向内地市场运输建筑用材和原木的数量为 5658.0 万普特，年均运输量为 565.8 万普特，货物主要被发往秋明造船厂，部分货物也沿伏尔加河运至阿尔汉格尔斯克和出口国外。⑤ 此外，西伯利亚地区盐产品的运输量也不容忽视，19 世纪末，西伯利亚地区已成为俄国重要的产盐基地。1812 年，仅土拉河向尼察河就运输 26 万普特盐，盐产品先用马车由克拉斯诺博尔斯克码头被运到伊尔比特码头、卡梅申洛夫码头、叶卡捷琳堡码头和韦尔霍图里耶码头，然后被装船运至内地市场。

西伯利亚地区物产丰富，但因气候等因素的制约，大批货物难以被外运，

---

① Болышаков В. Н. Очерки истории речного транспорта Сибири XIX век. Новосибирск., Наука, 1991. С. 80.

② Болышаков В. Н. Очерки истории речного транспорта Сибири XIX век. Новосибирск., Наука, 1991. С. 168.

③ Винокуров М. А. Суходолов А. П. Экономика Сибири. 1900 – 1928. Новосибирск., Наука, 1996. С. 134 – 135.

④ Алексеева В. К. Кооперативное движение в Сибири. Конец XIX-начало XX в. Новосибирск, Изд-во Новосибирского ун-та. 1993. С. 41; Алексеев В. В., Алексеева Е. В., Зубков К. И., Побережников И. В. Азиатская Россия в геополитической и цивилизационной динамике XIX – XX века. М., Наука, 2004. С. 495.

⑤ Скубневский В. А., Гончаров Ю. М. Города западной сибири во второй половине XIX-начале XX в. ЧастьI. Население. Экономика. Барнаул., Издательство Алтайского университета, 2003. С. 218.

主要供应粮食、鱼畜产品、茶叶和盐等传统货物。19世纪，西伯利亚地区的货物运输以水路为主，畜力运输为其有效的补充方式。19世纪初，西伯利亚地区50%以上的货物依靠水运，1840年，水运和畜力运输货物价值占比分别为47%和53%，畜力运输和水运的货运量分别为42.8万普特和77.3万普特。[1]19世纪末，西伯利亚大铁路修建后，铁路的作用日渐突出，水路的地位受到冲击。20世纪初，俄国各内河线路的货运量都逐步增加，具体货运状况详见附表5。

交通运输与商品流通和经济发展息息相关。俄国得天独厚的水路是欧俄地区商品流通的纽带和交通命脉，数百年间繁忙的河运构成俄国经济生活和社会生活的基础。俄国水运以运输距离长、货运量大、运行成本低而长期担当运输的主力，与畜力运输一道基本满足各地商品交换的需要。俄国大规模兴修铁路后，水运的主导地位虽然受到铁路的有力冲击，但它仍然直接推动欧俄地区市场规模和容量的持续扩大、商品性农业和农产品加工业的迅速发展，同时城市工商业和城市面貌焕然一新，人口数量也不断增加。

---

① Шахеров В. П. Экономика сибирского дореформенного города （на материалы городов Байкальской Сибири）. Иркутск. , Изд-во. Иркут. Гос. Ун-та, 2011. С. 194.

第二章　俄国铁路运输

　　铁路是第一次工业革命的产物，在人类历史上的影响巨大，推动了生产力的飞速发展。铁路在促进各国生产技术革新、国内市场扩大、国际贸易繁荣、自然资源开发和利用，以及工业化和城市化进程中具有不可替代的作用。俄国工业革命晚于西欧国家，铁路建设进程也稍显滞后，十月革命前俄国铁路建设可分为两个阶段：第一阶段是 1861 年农奴制改革前，为俄国铁路建设的开始阶段；第二阶段是 19 世纪 60 年代至 20 世纪初，是俄国铁路建设的蓬勃发展阶段，曾出现两次铁路建设热潮。

第一节　1861 年农奴制改革前俄国铁路建设初具规模

　　伴随着工业革命的进程，主要资本主义国家都开启了交通运输革命，铁路成为推动生产力快速发展的有力杠杆。俄国也被迫卷入世界工业革命的浪潮之中，铁路开始进入百姓的视野，皇村铁路由此诞生。19 世纪上半叶，俄国铁路建设速度比较缓慢，除资金和技术原因外，国内反对的呼声较高也是重要原因之一。为更好地探究 1861 年农奴制改革前俄国铁路建设状况，本节除简要分析 19 世纪上半叶俄国铁路建设规模外，还对世界铁路建设状况进行阐释，以便对比俄国的铁路建设速度和规模。

一　世界铁路时代到来

　　19 世纪初，主要资本主义国家相继开始了第一次工业革命，作为工业革命产物的铁路更是蓬勃发展，世界铁路长度增加明显。铁路建设需要大量资金和重工业品作为保障，一般而言，每公里铁路的修建成本约为 10 万金卢布，需要

100 吨铁，其他零件的需求量也很大，所以铁路推动了诸多工业部门的发展。[①]
铁路是工业发展的保障，尽管建设成本较高，各国还是十分重视铁路建设，铁路极大地刺激了生产力的发展，重工业发展最为迅速，下文将详细阐释该问题。为更好地分析农奴制改革前俄国铁路建设状况，本节先对 19 世纪上半叶主要资本主义国家的铁路建设状况进行分析，借此对比俄国的铁路建设规模。

（一）英国早期铁路建设状况

1825 年 9 月 27 日，英国第一条铁路斯托克顿—达林顿铁路通车，全长 21 公里，世界铁路时代从此开始。第一趟列车由 34 节装载面粉和煤炭的货运车厢、全体乘务人员和 450 名乘客组成，总重量为 90 吨。[②] 铁路成为推动英国资本主义工业发展的重要因素。1850 年，英国铁路网的长度达 1 万公里，大规模铁路建设推动了重工业的快速发展，金属产量提高了 3 倍。1852 年，英国生铁产量约占世界生铁总产量的 52%，此前英国金属长期依靠进口。1826 ~ 1846 年，英国煤炭和生铁的出口量增加 7.5 倍；19 世纪 40 年代初，英国的采煤量是法国的 4 倍，为比利时和普鲁士采煤量的总和。[③] 19 世纪中叶，英国铁路建设规模明显放缓，但作为世界工厂的英国开始向全世界供应钢轨和机车，英国开始参与法国、意大利、西班牙、瑞士、挪威、丹麦、德国、比利时和美国的铁路建设工作，在全球各地建立公司和投入资本。世界铁路建设推动了英国机车制造业发展，铁路机车出口量大增，其出口价值由 1851 年的 6 万英镑增加到 1860 年的 23 万英镑。[④] 世界铁路建设热潮为英国带来高额的利润，各国铁路建设所需产品占英国工业总产值的 40%。19 世纪 50 年代是世界铁路建设的繁荣时期，由此英国生铁产量增加 170 万吨，其他各国生铁总产量仅增加 90 万吨。1860 年，英国生铁产量占世界生铁总产量的 50% 以上，采煤量占比达 70%，棉纺织品产量占比也达 50%。在英国铁路的带动下，其他国家也纷纷修建铁路，具体数据见表 2 - 1。

① Соловьева А. М. Железнодорожный транспорт России во второй половине XIX в. М. , Наука，1975. С. 82.

② Виргинский В. С. История техники железнодорожного транспорта. М. , Трансжелдориздат，1938. С. 77 - 78.

③ Соловьева А. М. Железнодорожный транспорт России во второй половине XIX в. М. , Наука，1975. С. 19.

④ Мендельсон Л. А. Теория и история экономических кризисов и циклов. Т. II. М. , Издательство социально-экономической литературы，1959. С. 549.

表 2 - 1　19 世纪 30～50 年代欧美铁路线的长度

单位：公里

国家	1830 年	1835 年	1840 年	1845 年	1850 年
英国	138	251	1349	4081	10656
美国	40	1043	3630	7968	12779
法国	37	176	497	965	3083
德国	–	–	462	2226	5939
奥地利	–	255	443	747	1754
比利时	–	44	380	641	820
俄国	–	–	27	27	381

资料来源：Соловьева А. М. Железнодорожный транспорт России во второй половине XIX в. М. , Наука, 1975. C. 20；〔苏〕门德尔逊：《经济危机和周期的理论与历史》（第 1 卷），吴纪先等译，生活·读书·新知三联书店，1976，第 499 页。

19 世纪初至 19 世纪中叶，世界铁路长度由 8600 公里增长至 3.8 万公里，欧洲铁路长度由 3000 公里增长到 2.4 万公里。[1] 铁路的大规模建设需耗费大量资金，为筹集资金，世界范围内兴起建立股份公司的热潮，推动了世界金融市场的进一步繁荣。铁路还是英国的殖民手段之一，19 世纪 60 年代，英国在各殖民地大规模建设铁路，分别于印度和澳大利亚建设长 5000 公里和 1000 公里的铁路。[2]

（二）其他国家的铁路建设状况

巴尔的摩—俄亥俄铁路是美国第一条铁路线，全长 97 公里，1831 年初正式通车。早期美国铁路修建质量极差，路基不稳、铁轨质量参差不齐、临时铁路桥众多、车站设备落后，火车的时速仅约为 25 公里。

1826 年，法国第一条铁路圣埃蒂安—安泰基矿山铁路通车，全长 21.3 公里。19 世纪 50 年代末，法国成立 6 家大型铁路公司，专门负责铁路建设事宜，分别为北方、东方、巴黎—奥尔良、巴黎—里昂—地中海、南方和西方铁路公司，法国铁路长度迅速增加。

普法战争之后普鲁士的工业可谓翻天覆地。19 世纪五六十年代，普鲁士铁路建设速度和规模虽无法与英美等国家相较，但铁路仍推动了普鲁士经济的

---

[1]　Соловьева А. М. Железнодорожный транспорт России во второй половине XIX в. М. , Наука, 1975. C. 18.

[2]　Мендельсон Л. А. Теория и история экономических кризисов и циклов. Т. II. М. , Издательство социально-экономической литературы, 1959. C. 570 – 571.

发展。

二　俄国早期铁路建设状况

俄国铁路萌芽于矿山铁路，矿山铁路的修建为铁路建设提供了技术基础。俄国矿山铁路发展历经如下几个阶段：第一阶段为18世纪60年代，该阶段建成俄国最早的矿山轨道，即兹梅伊诺格尔斯克矿山铁路，该铁路属科雷沃—沃斯克列先斯克国有手工工场；第二阶段为18世纪80年代，其标志为亚历山德罗夫冶铁和炮弹手工工场建成俄国第一条马拉铁路，该线路全长173.5米；第三阶段为1806~1810年，兹梅伊诺格尔斯克矿山和科雷沃—沃斯克列先斯克国有手工工场间建成第一条全长1.9公里的铁路，还配备桥梁、高架桥、高路堤和矿山运输设施等装置，此线路造价较低，仅是同期英国马拉铁路成本的1/5；第四阶段的标志为1834年俄国第一条蒸汽动力铁路正式开通，该线路长854米，建于塔吉斯克冶金工厂，后期此线路被不断扩展，长度达2.5公里。在阐述俄国铁路建设历程之前，有必要先分析俄国铁路建设的历史背景，主要内容如下。

第一，俄国幅员辽阔，居民分布不均衡，需要引进新型交通方式来沟通各地间的联系。19世纪，俄国是世界上领土面积最大的国家。随着社会经济发展，居民数量明显增加，1801年俄国居民数量为3750万人。[①]

具体而言，俄国人口由1811年的4378.5万人增加至1863年的6996万人，增幅为59.8%。[②]俄国居民分布极不平衡，以1826年为例，俄国居民总数为5300万人，但3/4的居民集中于中西部地区。南部和东部地区，如南俄草原、中亚、乌拉尔、西伯利亚和北欧各省居民数量的占比较小。[③]

第二，俄国经济落后，需要铁路来注入新鲜血液。19世纪上半叶，俄国为落后的农业国，封建农奴制生产关系盛行，束缚了生产力发展。建立在封建农奴制基础上的俄国工业发展速度极为缓慢，工业生产缺乏资金、自由劳动力匮乏、工业品销售市场受限、农奴制长期存在等都成为工农业生产力发展的束缚，

---

① Рубакин Н. А. Россия в цифрах. СПб.，Вестник Знания，1912. С. 29.

② Рашин А. Г. Население России за 100 лет（1813 – 1913 гг）. Статистические очерки. М.，Государственное статистическое издательство，1956. С. 25.

③ Рашин А. Г. Население России за 100 лет（1813 – 1913 гг）. Статистические очерки. М.，Государственное статистическое издательство，1956. С. 98.

俄国资本主义发展缓慢。随着俄国工业城市和手工业乡村的增多，农业生产与国内外市场联系越来越紧密，世界市场上俄国充当西欧各国农产品供应者角色，开始进入世界资本主义发展轨道。因此，为拉动俄国经济进一步发展，需不断更新交通工具，更需将交通运输革命与工业革命融为一体。

第三，铁路是拉动俄国社会经济发展的动力，可缩小俄国与其他国家间的差距。从19世纪开始，俄国工商业不断发展，但远远落后于其他国家。据统计，1800年，俄国人均国民生产总值落后于比利时、法国、瑞士和英国等，上述国家在早期工业化阶段人均国民生产总值为209美元，而俄国为170美元。[①] 俄国工业已初具规模，1800年，乌拉尔地区生铁和铜的产量分别占全国总产量的80%和95%，18世纪60年代至19世纪初，俄国黑色金属产量一直居世界首位。[②] 尽管19世纪上半叶俄国经济继续发展，但与西方国家的差距还在不断扩大。1860年，俄国人均国民生产总值约为180美元，而西欧发达国家已达454美元。[③]

虽然俄国工业也取得一定成就，但远逊色于西方国家，部分生产部门出现危机，冶金工业最为严重，如果说18世纪末俄国生铁产量居世界首位，那么从19世纪初开始，世界市场上俄国生铁的比重不断下降，1830年降至12%，1860年仅为4%。[④] 1861年农奴制改革前，俄国能源工业仍处于萌芽阶段，采煤量很低，年均采煤量为2000万普特，仅占世界总采煤量的1%左右。俄国与西欧国家的差距仍很大，有识之士开始寻找将俄国带出困境的方法，铁路建设就是其中举措之一。

第四，经济发展也需交通运输方式不断革新。畜力运输运力很低，水路运输也具有诸多缺点，以伏尔加河为例，从南向北基本运输粮食和盐，从北向南运输畜产品和鱼；从西向东（秋明—托木斯克）运输工业品，从东向西运输中

---

① Pollard. S, Peaceful Conquest. The Industrialization of Europe 1760 – 1970. Oxford University Press, 1995, p. 185.

② Адамов В. В. Об оригинальном строе и некоторых особенностях развития горнозаводской промышленности Урала// Вопросы истории капиталистической России. Проблема многоукладности. Свердловск, 1972. С. 225 – 243.

③ Pollard, S., *Peaceful Conquest*: *The Industrialization of Europe 1760 – 1970* (Oxford University Press, 1995), p. 185.

④ Струмилин С. Г. Черная металлургия в России и СССР. М-Л., Изд-во Акад. наук СССР. 1935. С. 201.

国的茶、若干原料和矿石。① 伏尔加河流域水路运输特点有两个：一是季节性；二是流向为从南向北或从北向南，缺乏从西向东或者从东向西的河流。② 这些都制约着商品流通的规模和速度。此外，水路的季节性和周期性等缺点十分突出，冬季河流结冰无法运输货物，畜力运输虽可缓解一部分运输压力，但无法保证大规模的货物运输，因此需要更加便捷的运输方式，铁路建设势在必行。

俄国最早的铁路皇村铁路始建于1836年，皇村铁路通车标志俄国步入铁路时代，随后建成莫斯科—圣彼得堡铁路。铁路的修建提高了俄国生产力发展水平，改变了居民生活方式和工商业发展模式，推动了俄国社会经济的发展。19世纪上半叶，俄国最主要的铁路为皇村铁路和莫斯科—圣彼得堡铁路，这两条铁路奠定了全俄铁路网的基础。

（一）皇村铁路

皇村铁路是俄国第一条正规铁路，该铁路于1837年通行，亦是俄国铁路建设的开端。在英国大举修建铁路的同时，俄国也打算引进铁路，皇村铁路就是在尼古拉一世支持下建成的。1835年，俄国政府成立特别委员会，沙皇尼古拉一世亲自担任委员会主席，该委员会举行多次会议，研究铁路修建的可行性，决定于次年正式开始修建皇村铁路。

1836年5月1日，皇村至巴甫洛夫段铁路开始施工，1836年末该铁路段的路基铺设工作已基本完成。路基铺设过程中共建成42座桥，包括40座木桥，长度大多为2~4米；两座石桥，长度分别为26.5米和15米。铁路两侧的路基宽度约为5.5米，轨道间距约为0.9米。因无经验可循，铁轨规格各异，原材料耗费较大，皇村铁路所需的铁轨多从英国或比利时进口。铁路路基铺设时共分为三层，最底层为砂土，厚度约为46厘米，最上层为石头，厚度也为46厘米，中间层为土堤，厚度不一，为1.4~2.9米不等。1837年10月30日，首班列车通车仪式于皇村举行，列车由八节客运车厢组成，尼古拉一世及部分皇族成员也亲自乘坐该次列车，车速为60俄里/时，耗时35分钟。1838年，圣彼得堡至巴甫洛夫段铁路也正式通车，皇村铁路全线通行，该线路共设四个站点，

① Истомина Э. Г. Водный транспорт России в дореформенный период (Историко-географическое). М. , Наука, 1991. С. 136. Экономическая история России с древнейших времен до 1917 г. Энциклопедия. Том первой. М. , РОССПЭН, 2009. С. 520.

② История грузовых железнодорожных перевозок в России XIX - XX века. М. , Кника-Пента, 2008. С. 18.

分别为圣彼得堡站、巴甫洛夫站、皇村站和莫斯科站。①

自 1838 年 1 月 31 日开始，皇村铁路每日开设两趟列车，第一趟列车于上午 10 时由圣彼得堡发出，第二趟列车于傍晚 7 点由圣彼得堡发出，返回时间分别为早上 8 点和下午 5 点。1838 年 4 月 4 日～30 日，该线路运载旅客的数量就达 1.4 万人，日旅客运送量超 500 人。② 皇村铁路的修建足以证明俄国修建铁路的可行性，虽然社会各界的反对呼声仍然较高，但俄国政府仍决定修建圣彼得堡—莫斯科铁路。

（二） 圣彼得堡—莫斯科铁路

皇村铁路修建后，尼古拉一世考虑修建圣彼得堡—莫斯科铁路，但沙皇支持该铁路建设主要出于军事考量，连接两大城市间的铁路可巩固国防安全和维系专制统治。1842 年 2 月，在沙皇的支持下圣彼得堡—莫斯科铁路建设特别委员会成立，其成员包括财政大臣坎克林、国有资产部大臣基谢廖夫、内务大臣别洛夫斯基和交通与公建管理局局长托尔等，该委员会主要研究铁路建设方案和负责前期相关工作。

圣彼得堡—莫斯科铁路于 1843 年 3 月同时从两个方向修建，北段为圣彼得堡至丘多沃段，南段为维什尼沃罗丘克至特维尔段。圣彼得堡—莫斯科铁路是俄国第一条复线铁路，该铁路上建成俄国第一座开合铁路桥，根据站点间距离的远近，共设四等级车站：一级车站间距离为 176 俄里；二、三、四级车站间距离分别为 88 俄里、44 俄里和 22 俄里。③ 圣彼得堡—莫斯科铁路建设历时 9 年，于 1851 年竣工，全长 656 俄里。圣彼得堡—莫斯科铁路第一列火车由 15 节车厢组成，各节车厢的载重量为 50.1 万普特，平均速度为 18 俄里/时。④

圣彼得堡—莫斯科铁路的施工十分困难，施工过程中时常遇见沼泽，只能使用独轮车和马匹运输材料，路基分层铺设，下层铺砂土，上层铺碎砖和砾石，为加固路基，还在道砟上铺设木板，对木板进行防腐处理后再填满碎石。每 6

---

① https：//tsarselo.ru/yenciklopedija-carskogo-sela/nauka-i-tehnika-v-carskom-sele/carskoselskaja-zheleznaja-doroga.html.

② История железнодорожного транспорта России. Т. 1. 1836 – 1917 гг. СПб., Ао 《 Иван Федоров》，1994. С. 39.

③ История железнодорожного транспорта России. Т. 1. 1836 – 1917 гг. СПб., Ао 《 Иван Федоров》，1994. С. 62 - 63；逯红梅：《1836—1917 年俄国铁路修建及其影响》，吉林大学博士学位论文，2017，第 31 页。

④ История грузовых железнодорожных перевозок в россии XIX – XX века. М.，Кника-Пента，2008. С. 23.

块枕木上放一组 18 英寸长的铁轨，对铁轨接合处进行加固。因该铁路穿过森林和沼泽区域，为便于通行，在铁路沿线设置了 184 个石墩铁路桥和 19 条管道，还建成了维列彼因斯克大桥，该桥体由 9 个长度为 61 米跨距的石墩组成。

圣彼得堡—莫斯科铁路为俄国现代铁路建设的开端，铁路的政治、经济和军事意义突出。就经济效益而言，圣彼得堡—莫斯科铁路运营之初，单位俄里铁路的收益就由 1852 年的 6575 卢布增加至 1857 年的 1.4 万卢布。[①] 铁路的货物运输量持续增加，货物运输利润是客运收入的 8 倍。[②] 虽然铁路的经济意义日渐突出，其作用也毋庸置疑，但其耗资巨大，政府财政负担沉重。圣彼得堡—莫斯科铁路是俄国历史上第一条真正意义上的铁路，全年通行，带动了俄国第一次铁路建设热潮的出现。尽管圣彼得堡—莫斯科铁路成效突出，但因政府财政赤字居高不下，加上国内反对呼声日强，19 世纪 50 年代之前，俄国并没有建成其他大型铁路。

1835 年，俄国修建铁路时，英国铁路的总长度仅为 894 俄里，法国和比利时的铁路长度分别为 64 俄里和 23 俄里，此时奥地利还未修建铁路。1845 年，欧洲的铁路长度已达 9900 俄里，但俄国铁路长度仅为 144 俄里。克里米亚战争结束之时，欧洲各国铁路的总长度已达 3.7 万俄里，俄国铁路长度仅为 1100 俄里，约为欧洲铁路总长度的 3%。[③] 19 世纪上半叶，虽然俄国的铁路长度远落后于西欧各国，但铁路已逐渐步入国人视野，为工业化开启后的交通运输革命奠定了基础。除皇村铁路和莫斯科—圣彼得堡铁路外，19 世纪上半叶，俄国还修建了其他铁路，如 1834 年在乌拉尔地区修建的矿山铁路以及 1848 年修建的华沙—维也纳铁路等，1838 ~ 1860 年俄国铁路建设情况见表 2 - 2。

早期铁路不仅具有经济意义，还具有战略意义，其中圣彼得堡—华沙铁路最具代表性。因政府资金有限，部分铁路由私人投资建设，国有铁路和私人铁路的具体长度见下表 2 - 3。

---

① Чупров А. И. Железнодорожное хозяйство. Т. 1. М. ， Тпи. императ. Моск. университета，1901. С. 333 – 334；逯红梅：《1836—1917 年俄国铁路修建及其影响》，吉林大学博士学位论文，2017，第 31 页。

② История грузовых железнодорожных перевозок в россии XIX – XX века. 1836 – 1917 гг. СПб. ， Ао《Иван Федоров》，1994. С. 23.

③ Сучков Н. Н. Внутрение пути сообщения России. // Федоров В. П. Россия в ее прошлом и настоящем（1613 –1913）. М. ，Типография В. М. Саблина，1914. С. 15.

表 2 - 2　1838～1860 年俄国铁路建设状况（除芬兰外）

单位：俄里

年份	本年度铁路建设长度	本年度俄国铁路总长度	年份	本年度铁路建设长度	本年度俄国铁路总长度
1838	27	27	1853	45	1049
1845	117	144	1854	—	—
1846	134	278	1855	—	—
1847	90	368	1856	—	—
1848	14	382	1857	121	1170
1849	—		1858	—	
1850	119	501	1859	166	1336
1851	503	1004	1860	290	1626
1852	—	—			

资料来源：Хромов П. А. Экономика России периода промышленного капитализма. М.，Издательство ВПШ и АОН при ЦК КПСС，1963. С. 164。

表 2 - 3　19 世纪四五十年代国有和私人铁路建设长度

单位：公里

时间	铁路建设长度	
	国有铁路	私人铁路
1840 年及以前	—	27
1841～1850 年	473	—
1851～1860 年	545	547

资料来源：Хромов П. А. Экономика России периода промышленного капитализма. М.，Издательство ВПШ и АОН при ЦК КПСС，1963. С. 165。

第二节　1861 年农奴制改革后俄国铁路建设高潮迭起

俄国铁路建设并非一帆风顺，因为生产力水平低下、技术落后、资金和劳动力匮乏，所以 1861 年农奴制改革前除皇村铁路和圣彼得堡—莫斯科铁路外，铁路建设规模有限。克里米亚战争结束后俄国政府意识到铁路的重要性，因国库空虚，政府引进外资和利用私人资本修建铁路，并在国内外大量销售国债、股票为铁路建设筹集资金。19 世纪下半叶，俄国出现两次铁路建设热潮：第一次是 19 世纪六七十年代；第二次是 19 世纪 90 年代。第一次铁路建设热潮的直接影响是以莫斯科为中心的欧俄铁路网建成；第二次铁路建设热潮之后覆盖欧俄、俄国北部、乌拉尔、高加索和中亚等地区的铁路网最终建成。为更好地探究俄国铁路建设状况，本节分别对两次铁路建设热潮进行分析。

一　第一次铁路建设热潮

从 19 世纪 60 年代开始，俄国政界、军界、工商业资产阶级和地主都认为俄国铁路建设迫在眉睫。在阐述俄国铁路建设热潮之前，有必要先分析 19 世纪下半叶俄国出现铁路建设热潮的原因，具体内容如下。

一是外资和国内资本关注铁路。俄国国库空虚，很难筹措铁路建设资金，政府为建设铁路，通过在国内外金融市场上发行债券和股票等方式筹集资金，在政府的倡导下，外资和国内资本迅速流入铁路部门。在国际金融市场上发行债券是俄国铁路建设的主要资金来源，1842～1851 年，俄国在国际金融市场上共发行 5 次国债，年利率为 4%，每次发行的国债金额都达数千万卢布。[①] 19 世纪六七十年代，俄国绝大部分铁路都由私人公司修建，但因公司经营不善，黑幕重重，政府财政不堪重负。为缓解危机，俄国政府只有加大对私营铁路公司的监管，同时开展铁路国有化工作，但铁路国有化需大量的资金，只能又在国际金融市场上发行债券。

1870 年，俄国第一次发行金额为 1200 万英镑、年利率为 5% 的铁路债券，1871 年开始偿还国债，偿还期限为 81 年；1871 年，俄国政府通过罗斯柴尔德家族在境外发行 1200 万英镑铁路债券，年利率为 5%，偿还期为 81 年；1872 年，发行第三批 1500 万英镑的铁路债券，年利率为 5%，偿还期为 81 年；1873 年，发行第四批 1500 万英镑的铁路债券，年利率为 5%，偿还期为 81 年；1875 年，发行第五批 1500 万英镑的铁路债券，年利率为 4.5%，偿还期为 81 年；1880 年，发行第六批 1.5 亿卢布的铁路债券，年利率为 4%，偿还期为 81 年。19 世纪末，俄国政府为延长债券偿还期限，委托国外银行和金融家发行了三期铁路债券，用于债券转期。至 1900 年，俄国政府为修建铁路共在国际金融市场

---

① Денисов А. Е. Государственные займы российской империи 1798 – 1917 годов. М. , ИД 《Финансы и кредит》, 2005. С. 19；Уродков С. А. Петербурго-Московская железная дорога. История строительства（1842 – 1851）. Л. , Изд-во Ленинградского университета, 1951. С. 93.

上举债 15 亿金卢布。[①]

除在国际金融市场上获取资金外，俄国政府还在国内发行铁路公司债券进行集资，与普通股份公司债券不同的是，铁路公司债券由政府担保。为筹措资金，铁路总公司开始发行债券和股票，政府担保其收益率为 4%～4.5%，私人铁路公司犹如雨后春笋般涌现。1868～1873 年，俄国新建 29 家私人铁路公司，大多数铁路公司的证券都由政府提供担保。因铁路公司的恶性竞争和债券销售业务的停滞，俄国政府不堪重负，为维持铁路修建所需资金，只能在国际金融市场上发行债券或引进外资，外资更加关注俄国铁路建设情况。19 世纪末，大量外资投入俄国铁路部门，外国资本家持有 2/3 的政府担保的铁路债券。国内外金融市场上资金大量涌入为俄国铁路建设提供了资金保障，农业、工商业不断发展也是大规模建设铁路的主要原因之一。

二是农业和工商业不断发展。19 世纪下半叶，俄国农业发展迅速，农产品大量盈余，商品率大幅提高。粮食一般都于秋冬季节销售，但此时河流结冰，水路不能充当粮食运输的主力，畜力运输又不能满足粮食运输的规模需求，铁路建设迫在眉睫。工商业对铁路的需求程度更高，工厂需要输入原料和输出商品，水路虽然运量大，成本低，但其季节性和周期性特点突出，很多工业品也不适合通过水路运输，因此工商业对铁路的需求最为迫切。

就农业而言，19 世纪中叶前，中部黑土区粮食产量最高，1802～1804 年，欧俄地区 50 省年均粮食净产量为 1.2 亿俄石；1864～1866 年，欧俄地区 50 省年均粮食净产量为 1.5 亿俄石。[②] 1861 年农奴制改革后，俄国农作物播种面积大幅增加，1881 年，欧俄地区 50 省农作物播种面积达 6220 万俄亩；1861～1891 年，各省平均播种面积增加了 25%；19 世纪末 20 世纪初，随着俄国移民数量的增长，农作物播种面积迅速扩大。1896～1900 年，欧俄粮食播种面积达 6410 万俄亩，一战前达 7200 万俄亩。[③] 商品性农业发展后粮食大

---

① Ляндау Л. Г. Иностранный капитал в дореволюционной России и в СССР. М., Госизд, 1925. С. 6；Денисов А. Е. Государственные займы российской империи 1798 - 1917 годов. М., ИД《Финансы и кредит》, 2005. С. 25, 28 - 32.

② История крестьянства России с древнейших времен до 1917 г. Т. 3. М., Наука, 1993. С. 333.

③ Сборник статистико-экономических сведений по сельскому хозяйству России и иностранных государств. Пг., М-во земледелия. Отд. Сел. экономии и с. -х. Статистики, 1917. С. 2；孙成木、刘祖熙、李建主编《俄国通史简编》，人民出版社，1986，第 128 页。

量盈余，修建铁路势在必行。

就工业而言，19 世纪下半叶至 20 世纪初，俄国工业化成就显著。1869～1913 年，俄国工业品数量增加了 7.5 倍，劳动生产率提高了 1.2 倍，美国相应的数据分别为 6.5 倍和 0.8 倍[1]；1912 年，俄国工业品总产值已达 56 亿卢布。[2]虽然俄国经济发展受诸多因素限制，但其工业仍取得巨大成绩，俄国工业产值占世界工业总产值的比重已由 1881～1885 年的 3.4% 增长到 1896～1900 年的5%，1913 年，其比重已达 5.3%。1883～1913 年，俄国国民生产总值年均增长率为 3.4%，已超过西欧国家（2.7%），俄国与西方国家差距明显缩小。[3]1900 年，俄国企业数量达 2.5 万家，企业总产值约为 32 亿卢布，工人近 205 万人；1913 年，其数量分别为 2.9 万家、74 亿卢布和 311 万人。20 世纪初，俄国工业取得骄人成就。[4] 工业品需要远距离运输，且对运速的要求不断提升，只有铁路才能完成该任务。

三是社会各界逐渐认可铁路。资产阶级认为，19 世纪下半叶，俄国粮食出口量增速缓慢的主要原因是铁路建设规模远远滞后于其他国家。商人们曾指出："英国市场上美国、奥地利和匈牙利粮食比重增加的同时，俄国粮食的占比呈下降趋势。英国市场上俄国小麦的比例已从 1859 年的 22% 降到 1861 年的 15%，而同期美国小麦的比例由 1% 增加到 36%。""俄国应像匈牙利一样，建成 2000俄里铁路，目前国内各港口仅能运出 400 万俄石粮食，铁路建成后可运出 1000万俄石粮食……我们越是把铁路建设往后拖，越会失去更多的农产品市场。"[5]

部分学者还指出，俄国应建成 4 条主要的铁路干线：一是在俄国东南部、南部、西南部农业和畜牧业区建设通向波罗的海、黑海和亚速海主要港口的铁路线路，主要站点为圣彼得堡、里加、利巴瓦、敖德萨和塞瓦斯托波尔，以及

① Лященко П. И. История народного хозяйства СССР. Т. 1. М. , Государственное издательство политичесчкоой литературы, 1952. С. 531. ; Кендрик Д. Тенденции производительности в США. М. , Статистика, 1967. С. 278 - 279.

② Сарабьянов В. История русской промышленности. Харьков. , Пролетарий, 1926. С. 182.

③ Петров Ю. А. Российская экономика в начале XX в. //Россия в начале XX в. М. , РОССПЭН, 1997. С. 168 - 223; Предпринимательство и предприниматели России от истоков до начала XX века. М. , РОССПЭН, 1997. С. 140, 142

④ Динамика российской и советской промышленности в связи с развитием народного хозяйства за 40 лет (1887 - 1926). М-Л. , Государственное издательство, 1929. Т. I. Ч. I. С. 96 - 97; Ч. II. С. 108; Ч. III. С. 176 - 177.

⑤ Соловьева А. М. Железнодорожный транспорт России во второй половине XIX. М. , Наука, 1975. С. 89.

亚速海上的塔甘罗格或顿河流域的罗斯托夫；二是修建铁路将东南部、南部、西南部等产粮省份与西北部地区连为一体；三是修建连接国内主要居民区的铁路；四是为保障铁路燃料，把以上线路同顿涅茨克煤田连为一体。各条铁路的预计长度如下：南部铁路长度为1439俄里，即莫斯科—土拉—奥廖尔—库尔斯克—哈尔科夫—叶卡捷琳娜—塞瓦斯托波尔铁路；西南部铁路长度为1067俄里，即敖德萨—基辅—契尔尼戈夫—布良斯克铁路；东部铁路长度为680俄里，即奥廖尔—坦波夫—萨拉托夫铁路；西部铁路长度为945俄里，即奥廖尔—斯摩棱斯克—维捷布斯克—迪纳堡和波罗的海的利巴瓦铁路；东南部铁路长度为380俄里，即叶卡捷琳诺斯拉夫—格鲁舍夫斯基煤田铁路。[①] 虽然此时俄国铁路建设方案仅处于讨论阶段，但可证明俄国居民对铁路的认识不断增强，大规模修建铁路的趋势不可逆转。

四是铁路的优越性凸显。因俄国自然地理条件优越，大修铁路之前，水路运输长期唱主角，大致满足国内贸易和经济发展需求。随着工业革命兴起，水路运输和畜力运输的局限性彰显无遗，无力保证日益扩大的工业生产和商品交换的迫切需求。大力兴修铁路成为俄国工业化的强有力杠杆，铁路网不断扩大，铁路运输能力不断得到提升。19世纪下半叶，俄国开始工业化进程，水路的季节性和周期性阻碍各地工商业和农业的深入发展，铁路作用日益突出。19世纪下半叶，铁路逐渐成为商品运输的主要方式，水路受到严重冲击。与此同时，俄国开始大规模修建铁路，铁路建设不但促进了全俄市场规模的进一步扩大、商品性农业的发展，而且带动冶金、机器制造及燃料等重工业部门的崛起，其社会影响主要体现在促进城市及交通枢纽繁荣及运输工人队伍壮大上。铁路在带动国家经济发展的同时，使得俄国对进口产品的依赖度降低，巩固了俄国商品在世界市场上的地位，形成了本国的重工业体系，同时也促进了生产规模的扩大，提供了大量就业岗位。

五是全俄市场规模和容量不断扩大的要求。19世纪50年代，俄国工业革命之初，客观上迫切呼唤兴修铁路。大力兴修铁路成为工业革命的强大杠杆，到1898年，俄国铁路网已覆盖欧俄64省、芬兰8省和俄国亚洲部分7省，20世纪

---

① Соловьева А. М. Железнодорожный транспорт России во второй половине XIX. М. , Наука，1975. С. 89.

初俄国的 949 个城市中已有 418 个城市通铁路。① 铁路逐渐成为商品运输的主要方式，铁路运输与水路运输有力地保障了经济发达地区与落后地区、工业中心与粮食和原料产地以及能源产地的密切往来，切实减少了交通滞后对商品流通和经济发展的掣肘，极大地扩大了国内市场的规模及容量。

铁路货物运量的增加适应了俄国国内市场不断扩张的需求。1893 ~ 1900 年，俄国铁路货物运量增加了 1 倍多，以石油工业为例，1900 年，俄国输油铁路的行车里程达 55.5 亿俄里。② 就奥伦堡—塔什干铁路而言，该铁路修建后俄国中部地区与中亚的经济联系逐渐加强，以棉花为例，铁路修建后奥伦堡成为中亚棉花中转站，中亚棉花可通过铁路直接运往内地工业中心。1909 ~ 1913 年，奥伦堡—塔什干铁路棉花运输数量为 2900 万普特③，棉花通过伏尔加河流域被转运至欧俄地区，中亚与俄国内地市场联系更加紧密。铁路对全俄市场规模和容量的影响最大，俄国水路四通八达，流经范围广，但其影响范围、市场规模及容量仍无法与铁路相比，货流速度更是望尘莫及。铁路对全俄市场的影响虽远大于水路，但这两种运输方式相互补充、相互协调共同促进全俄市场范围、规模和容量的同步扩大。

六是克里米亚战争后俄国政府意识到铁路的重要性。1853 ~ 1856 年，俄国与英、法、土耳其等为争夺黑海霸权，夺取巴尔干半岛，发动克里米亚战争，战争以俄国失败而告终。战争中俄国经济、军事和政治的落后性暴露无遗，俄国政治腐败，军队武器装备落后，远远落后于欧洲国家。就辎重运输而言，俄国虽然也开始铁路建设，但仅建成皇村和圣彼得堡—莫斯科铁路，军备辎重供应仅靠人力和畜力，在黑海作战的船只也十分落后，以木制帆船为主。克里米亚战争之后，俄国政府已意识到铁路的重要军事和经济意义，大规模的铁路建设势在必行。

19 世纪下半叶，在工业革命的带动下，世界范围内掀起了铁路建设的热潮。1860 ~ 1875 年，世界主要国家的铁路建设状况见表 2 - 4。

---

① Соловьева А. М. Железнодорожный транспорт России во второй половине XIX в. М. , Наука，1975. С. 272，275.

② Самедов В. А. Нефть и экономика России（80 - 90-е годы XIX века）. Баку. ，Элм，1988. С. 75，285.

③ Горюнов Ю. А. Воздействие ташкентской железной дороги на экономическую жизнь оренбуржья. Диссертация на соискание ученой степени кандидата исторических наук. Оренбург. ，2010. С. 146.

表 2 - 4　1860～1875 年世界主要国家的铁路建设规模

单位：千公里

国家	1860 年	1865 年	1870 年	1875 年
美国	49.3	56.5	85.2	119.7
英国	16.8	21.4	25.0	26.8
法国	9.5	13.7	17.9	21.6
德国	11.1	13.9	18.7	28.0
奥地利	4.5	6.4	9.6	16.8
俄国	1.6	3.8	10.7	18.9

资料来源：Соловьева А. М. Железнодорожный транспорт России во второй половине XIX в. М.，Наука，1975. С. 83。

19 世纪下半叶，俄国政府将大力兴修铁路作为基本国策之一。19 世纪六七十年代，俄国出现第一次铁路建设热潮。亚历山大二世继位后逐渐意识到铁路的重要性，为加快俄国的铁路建设速度，开始大量引进外资，同时也引进国外的工程技术。1857 年，俄国铁路总公司成立，由男爵施季戈利岑管理。铁路总公司的职权范围非常大，1850～1860 年，圣彼得堡—华沙的铁路线由铁路总公司承建，该线路的军事意义非常重要，莫斯科—下诺夫哥罗德铁路线也由该公司负责修建，但质量较差。1862～1866 年，俄国铁路总公司相继建成莫斯科—谢尔吉耶夫—雅罗斯拉夫尔铁路和莫斯科—科洛姆纳—梁赞—科兹洛沃铁路。梁赞—科兹洛沃铁路为重要的输粮线路，科兹洛沃（亦称米丘林斯克）也因此成为当时俄国最大的粮食市场之一。亚历山大二世执政时期，西欧铁路长度增加 2.5 倍，俄国铁路长度增加 21 倍。1880 年俄国铁路总长度已达 2.2 万俄里，占欧洲铁路总长的 13.5%。[①]

亚历山大二世大规模修建铁路之前，部分铁路已相继运营，具体线路如下：圣彼得堡—皇村—巴甫洛夫（1837 年），长度为 25 俄里；华沙—斯凯尔涅维采（1845 年）、洛维奇—琴斯托霍夫—格拉尼查（1848 年）和左姆博科维采—索斯诺维茨（1859 年），其长度分别为 52 俄里、247 俄里和 16 俄里；圣彼得堡—莫斯科（1851 年），长度为 608 俄里；圣彼得堡—加特齐纳—卢卡（1857 年）、圣彼得堡—别杰尔戈夫（1857 年）、卢卡—普斯科夫（1859 年）、利戈沃—红

---

① Сучков Н. Н. Внутрение пути сообщения России//Федоров В. П. Россия в ее прошлом и настоящем（1613 - 1913）. М.，Типография В. М. Саблина，1914. С. 20.

村（1859 年）、普斯科夫—迪那堡（1860 年）、维尔诺—维尔日波罗沃（1862年）、迪那堡—华沙（1862 年）、别杰尔戈夫—奥兰尼茵堡（1864 年），其长度分别为 129 俄里、27 俄里、16 俄里、13 俄里、243 俄里、161 俄里、545 俄里和10 俄里；科舍达雷—新维列伊斯克（1862 年），长度为 67 俄里；莫斯科—下诺夫哥罗德（1862 年），长度为 417 俄里；沃尔斯卡亚—顿斯卡亚（1862 年）和格鲁舍夫卡—阿克塞（1863 年），其长度分别为 74 俄里和 61 俄里；莫斯科—梁赞（1864 年），长度为 187 俄里。克里米亚战争失败后，俄国政府已意识到铁路的重要经济和军事意义，但因俄国国内局势恶化，只能依靠外资和私人资本修建铁路，成立众多的铁路股份公司，为此 19 世纪六七十年代，俄国迎来了第一次铁路建设热潮，形成以莫斯科为中心的铁路网。

俄国政府希望通过租让体系和利用外资修建铁路，制定了由政府担保的租让体系，国家担保收益率为 4.5% ～5%。[①] 1866～1868 年，俄国政府签署 19 份铁路租让合同，修建铁路总长度为 4634 俄里。[②] 此时修建的主要铁路为里亚日斯克—莫尔尚斯克、科兹洛沃—沃罗涅日、库尔斯克—基辅、叶里茨—格鲁吉亚、舒伊—伊万诺沃、里加—米塔瓦、库尔斯克—塔甘罗格、格鲁吉亚—鲍里索格列布斯克、塔甘罗格—罗斯托夫、坦波夫—科兹洛沃、叶里茨—奥廖尔、雷宾斯克—博洛戈耶、坦波夫—萨拉托夫等。其间，租让合同都被提供给沃罗涅日、鲍里索格列布斯克、科兹洛沃和坦波夫等地的地方自治机构，这些机构再将铁路修建权转给承包商。私人铁路公司也承包铁路，以南方铁路为例，伊丽莎白格勒—克列缅丘格铁路、蒂拉斯博尔—基什涅夫铁路和基辅—波罗斯克铁路都由乌恩格尔—施特尔别尔科公司修建。

1868～1870 年，铁路建设以私有铁路建设为主，只建成一条国有窄轨铁路，即利夫内铁路，长度仅为 57 俄里。在此期间，俄国政府共签署 15 份铁路建设租让合同，铁路建设长度为 3406 俄里。为规范铁路建设事宜，从 1870 年开始，俄国政府禁止私人铁路公司在国际金融市场上发行债券，由政府专门在伦敦金融市场上发行铁路综合债券。19 世纪 70 年代，俄国建成的铁路几乎全部

① Горюнов Ю. А. Воздействие ташкентской железной дороги на экономическую жизнь оренбуржья. Диссертация на соискание ученой степени кандидата исторических наук. Оренбург., 2010. С. 78 – 80.

② Соловьева А. М. Железнодорожный транспорт России во второй половине XIX в. М., Наука, 1975. С. 106.

为私人铁路，1871～1873 年，沙皇政府共签署 12 份铁路建设租让合同，3780 俄里的铁路得以投入运营。[①] 因私人铁路建设规模巨大，政府加大对铁路的监管力度。19 世纪 70 年代初，下洛佐瓦亚—塞瓦斯托波尔、兹纳缅卡—尼古拉耶夫、塞兹兰—莫尔尚斯克、罗斯托夫—弗拉季高加索等铁路都由政府监管。1873～1875 年，世界经济危机迫使俄国政府改革铁路政策，政府只签署 4 条铁路租让合同，仅建成奥伦堡、乌拉尔、法斯托夫和普李维斯林铁路。值得一提的是，俄国政府为加快铁路建设步伐，欠下高额债务，1880 年，铁路建设共耗资 18 亿卢布，国家直接参与铁路建设资本为 14 亿卢布，占建设总资本的 78%；1879 年铁路部门的国库欠款高达 1.8 亿卢布。[②] 尼古拉一世时期所有铁路都由政府出资建设；亚历山大二世时期约 90% 的铁路由私人公司承建；亚历山大三世统治期间，私人和政府修建的铁路各占一半。

1865 年，俄国铁路长度为 3500 俄里，1880 年达 2.1 万俄里。19 世纪 70 年代中期，因世界经济危机，俄国铁路建设陷入低谷，1876～1880 年，仅建成两条铁路，即顿涅茨克铁路和宾杰罗—加拉茨战略铁路，总长度不足 400 俄里。第一次铁路建设热潮时期的铁路基本上于 1875 年之前建成。1866～1880 年，俄国建设的主要铁路线路如下：亚历山德罗夫铁路，具体线路为莫斯科—斯摩棱斯克—布列斯特（1871 年），其长度为 1038 俄里；比萨拉比亚铁路，具体线路为基什尼奥夫—科尔尼什德—温格内（1875 年）和宾杰罗—列尼（1879 年），其长度分别为 101 俄里和 271 俄里；华沙—维也纳铁路，具体线路为洛维奇—采哈钦科（1867 年），长度为 139 俄里；弗拉季高加索铁路，具体线路为罗斯托夫—科特里亚列夫斯卡亚—弗拉季高加索（1875 年），长度为 658 俄里；叶卡捷琳诺铁路，具体线路为罗斯托夫—塔甘罗格—尼基托夫卡（1869 年）、雅西诺瓦塔亚—尤左沃—叶列诺夫卡（1872 年）、西涅尔尼科沃—第聂伯罗彼得罗夫斯克（1873 年）、兹维列沃—哈采别托夫科—采里山谷（1878 年）、杰巴里采沃—卢甘斯克（1878 年）、博巴斯那亚—利西昌斯克（1879 年）和哈采别托夫科—雅西诺瓦塔亚（1879 年），其长度分别为 223 俄里、38 俄里、36 俄里、175 俄里、73 俄里、40 俄里和 49 俄里；外高加索铁路，具体线路为波季—

① Соловьева А. М. Железнодорожный транспорт России во второй половине XIX в. М. , Наука, 1975. С. 110.

② Соловьева А. М. Железнодорожный транспорт России во второй половине XIX в. М. , Наука, 1975. С. 111.

科维利雷—梯弗里斯（1872 年）和巴库—萨本齐—素拉哈内（1880 年），其长度分别为 292 俄里和 19 俄里；利巴瓦—罗缅斯克铁路，具体线路为利巴瓦—戈舍达雷（1871 年）、新维列伊斯克—明斯克—戈梅里（1873 年）和戈梅里—罗姆内（1874 年），其长度分别为 296 俄里、458 俄里和 259 俄里；莫斯科—温道—雷宾斯克铁路，具体线路为雷宾斯克—萨维力诺—雷宾斯克（1870 年）和丘多沃—诺夫哥罗德—旧卢萨（1878 年），其长度分别为 281 俄里和 158 俄里；莫斯科—基辅—沃罗涅日铁路，具体线路为库尔斯克—沃罗日巴—博罗瓦雷（1858 年）、博罗瓦雷—基辅（1870 年）、维尔霍维耶—里夫内（1871 年）和扎拉托诺莎—切尔卡西（1876 年），其长度分别为 437 俄里、25 俄里、61 俄里和 28 俄里；莫斯科—库尔斯克铁路（1868 年），其长度为 507 俄里；莫斯科—下诺夫哥罗德和穆罗姆铁路，具体线路为科夫罗夫—穆罗姆（1880 年），其长度为 105 俄里；尼古拉耶夫铁路，具体线路为奥斯塔什科沃—托尔若克—勒热夫（1874 年）和乌戈洛夫卡—波洛维奇（1877 年），其长度分别为 129 俄里和 28 俄里；彼尔姆铁路，具体线路为彼尔姆—丘索夫斯卡亚—叶卡捷琳堡（1878 年）和丘索夫斯卡亚—别列兹尼基（1879 年），其长度分别为 486 俄里和 194 俄里；普李维斯林铁路，具体线路分别为华沙—罗巴切夫（1867 年）、罗巴切夫—布列斯特—戈维里（1873 年）、布列斯特—格拉耶沃（1873 年）、卢戈夫—伊万哥罗德（1876 年）和穆拉瓦—戈维里（1877 年），具体长度分别为 183 俄里、134 俄里、204 俄里、58 俄里和 433 俄里；里加—奥廖尔铁路，具体线路为里加—迪那堡—维捷布斯克（1866 年）、里加—米塔瓦（1868 年）和维捷布斯克—斯摩棱斯克—奥廖尔（1868 年），其长度分别为 452 俄里、41 俄里和 504 俄里；梁赞—乌拉尔铁路，具体线路为梁赞—坦波夫—萨拉托夫（1871 年）和沃罗沃—叶列茨（1874 年），其长度分别为 625 俄里和 130 俄里；萨马拉—兹拉托乌斯托夫斯特铁路，具体线路为巴特拉基—萨马拉（1877 年），其长度为 110 俄里；北方铁路，具体线路为诺夫基—伊万诺沃（1868 年）、莫斯科—谢尔吉耶夫—雅罗斯拉夫尔（1870 年）、伊万诺沃—基涅什马（1871 年）、亚历山德罗夫—卡拉巴诺沃（1871 年）和雅罗斯拉夫尔—沃洛格达（1872 年），具体长度分别为 83 俄里、266 俄里、90 俄里、15 俄里和 202 俄里；西北铁路，具体线路为波罗的海港口—纳尔瓦—妥思诺（1870 年）、红村—加特齐纳（1872 年）和塔普斯—杰尔普特（1876 年），其长度分别为 396 俄里、21 俄里和 107 俄里；塞兹兰—维亚济马铁路，具体线路为里亚日斯克—莫尔尚斯克

（1867 年）、里亚日斯克—斯科平—巴维列茨（1872 年）、巴维列茨—维亚济马（1874 年）、乌兹洛瓦亚—叶列茨（1874 年）、莫尔尚斯克—塞兹兰（1874 年）和塞兹兰—巴特拉基（1877 年），其长度分别为 122 俄里、66 俄里、418 俄里、188 俄里、492 俄里和 18 俄里；芬兰铁路，具体线路为圣彼得堡—维堡（1870年），其长度为 122 俄里；东南铁路，具体线路为叶列茨—格里亚季（1868年）、科兹洛沃—沃罗涅日（1868 年）、奥廖尔—叶列茨（1870 年）、格里亚季—波沃力诺—察里津（1871 年）和阿克塞—顿河畔罗斯托夫（1876 年），其长度分别为 108 俄里、166 俄里、184 俄里、570 俄里和 25 俄里；西南铁路，具体线路为敖德萨—波尔塔瓦—奥利维奥波尔（1867 年）、拉兹杰里那亚—吉拉斯波尔（1867 年）、奥利维奥波尔—兹纳缅卡（1869 年）、基辅—日梅林卡—沃罗奇斯克（1871 年）、日梅林卡—比尔祖拉（1871 年）、吉拉斯波尔—基什尼奥夫（1871 年）、卡扎金—别尔季切夫（1871 年）、别尔季切夫—拉吉维洛夫（1873 年）、茨维特科沃—什波拉（1876 年）和法斯托夫—兹纳缅卡（1876年），其长度分别为 308 俄里、42 俄里、192 俄里、405 俄里、188 俄里、69 俄里、25 俄里、269 俄里、21 俄里和 287 俄里；南方铁路，具体线路为库尔斯克—哈尔科夫—尼基托夫卡（1869 年）、科柳戈夫—兹纳缅卡（1869 年）、克列缅丘格—波尔塔瓦—哈尔科夫（1871 年）、康斯坦丁—雅西诺瓦塔亚（1872年）、兹纳缅卡—尼古拉耶夫（1873 年）、罗左沃—塞瓦斯托波尔（1875 年）和沃罗日巴—梅列法（1878 年），其长度分别为 538 俄里、82 俄里、244 俄里、50 俄里、226 俄里、578 俄里和 228 俄里。

亚历山大三世登基后继续加强铁路建设，在位期间年均修筑铁路长度超过900 俄里，至 1894 年俄国已建成铁路 3.5 万俄里，占欧洲铁路总长度的14.5%。[1] 19 世纪 90 年代俄国兴起第二次铁路建设热潮，除西伯利亚大铁路外，此次铁路建设多以支线为主，深入农村地区，俄国铁路网的密度更高。1910 年，俄国铁路长度达 6.2 万俄里，约占欧洲铁路总长度的 18%。[2]

二 第二次铁路建设热潮

19 世纪末主要资本主义国家开始从自由资本主义向垄断资本主义阶段过

---

[1] Сучков Н. Н. Внутрение пути сообщения России. // Федоров В. П. Россия в ее прошлом и настоящем (1613 – 1913). М., Типография В. М. Саблина, 1914. С. 22.

[2] Сучков Н. Н. Внутрение пути сообщения России. // Федоров В. П. Россия в ее прошлом и настоящем (1613 – 1913). М., Типография В. М. Саблина, 1914. С. 27.

渡，俄国经济虽然遭受两次经济危机重创，但资本主义经济仍迅速发展。在俄国资本主义发展过程中铁路缩短了商品交换距离，拓宽了产品销售市场，推动了全俄市场的最终形成。19 世纪末俄国铁路建设热潮与经济发展同步，铁路由消费部门转变为拉动经济增长的杠杆，在铁路影响下，重工业蓬勃发展，冶金业和机器制造业迅速崛起，能源工业也取得佳绩。

（一）19 世纪 90 年代世界铁路建设状况

从 19 世纪下半叶开始，主要西方国家陆续开启第二次工业革命，蒸汽机已不能完全适应生产力发展要求，电力开始得到大规模使用。生产力发展、生产集中化程度逐渐突出并导致垄断组织形成，同时世界工业布局也发生了变化。19 世纪末，美国的工业总产值超过英国，英国的工业垄断地位最终被打破。德国经济快速发展，其重工业发展速度更是惊人。大规模铁路建设仍是刺激经济发展的重要因素，1880～1890 年，世界铁路网增加 24.49 万公里，达 61.73 万公里[①]，在此期间各主要国家的铁路建设情况见表 2－5。

表 2－5　19 世纪 80～90 年代世界主要国家的铁路建设情况

单位：千公里

	1880 年	1890 年	增长		1880 年	1890 年	增长
美国	150.2	251.7	101.5	中南美洲	12.9	58.5	45.6
英国	28.9	32.3	3.4	印度	14.7	26.4	11.7
德国	33.9	41.8	7.9	澳大利亚和大洋洲	7.8	18.9	11.1
法国	26.2	36.9	10.7	非洲	4.6	9.4	4.8
俄国	22.9	30.6	7.7	中国	—	0.2	0.2
加拿大	11.6	21.2	9.6	全世界	372.4	617.3	244.9

资料来源：Соловьева А. М. Железнодорожный транспорт России во второй половине XIX в. М.，Наука，1975. С. 149。

铁路网不断扩展的同时，各主要国家也加紧对旧铁路的改造进程。19 世纪 80 年代，英国主要铁路线都重新铺设钢轨、建立新铁路桥、重新翻建路基和车站，总投资达 600 多万英镑。美国也加大铁路的改造工作，除扩充西部地区铁路网外，还改进铁路基础设施，增大机车功率和车厢载重量，19 世纪 60 年代，

[①]　Соловьева А. М. Железнодорожный транспорт России во второй половине XIX в. М.，Наука，1975. С. 148.

美国铁路货运机车的最大载重量为 35 吨，70 年代已超 70 吨。[①]

随着铁路建设规模的扩大，大型铁路垄断公司形成。19 世纪 80 年代，经济危机初期，因铁路资本迅速贬值，美国数百家铁路公司破产，数千条铁路被几个大财团掌控，美国 2/3 以上的铁路属于 6 家大型铁路垄断公司。汪德维尔比尔特铁路垄断集团形成于 19 世纪 80 年代初，该集团共掌握 3.9 万公里铁路，之前这些铁路分属于 10 家独立的铁路公司。密苏里—帕西菲克铁路集团控制美国 1.9 万公里的重要铁路。[②] 铁路集团与大型工业垄断组织关系密切，如洛克菲勒的标准石油公司与铁路公司签署垄断协议，专门负责该公司石油产品运输。19 世纪八九十年代，洛克菲勒集团掌控美国 9/10 的采油量，石油运输量加大，垄断组织联合虽损害了消费者利益，但却获取了高额利润。[③] 英国铁路状况也如出一辙，19 世纪 80 年代初，英国 200 多家小型铁路公司倒闭，83% 的铁路由 11 家大型铁路垄断公司掌控，其中 4 家公司掌握整个英国铁路网的半壁江山。法国也是如此，19 世纪 70 年代初，巴黎—里昂—地中海公司、北方公司、南方公司、奥尔良公司和东方公司控制了法国 3.1 万公里的铁路。[④]

大型铁路垄断公司的恶性竞争、经营不善给国库带来巨大损失，各国纷纷开始铁路国有化工作。1888 年，英国议会批准《铁路和运河运输法令》，建立调节国内运费的常设机构。1879～1880 年，美国纽约州议会倡导政府监督铁路。19 世纪 80 年代，西欧各国也展开大规模铁路国有化工作，主要手段是推行私有铁路国有化和广建国有铁路。比利时率先开始铁路国有化工作，19 世纪 80 年代中期比利时 70% 以上的铁路属国家所有。1878 年，法国政府开始收购铁路，10 年间法国 20% 的铁路实现国有化；1890 年，奥匈帝国 4.5% 的铁路收归国有。德国铁路国有化成效最大，1872 年，德国开始铁路国有化工作，1891 年，93% 的铁路收归国有。[⑤] 随着资本主义经济快速发展，19 世纪末，世界铁

① Виргинский В. С. История техники железнодорожного транспорта. М.，Трансжелдориздат，1938. С. 156；Соловьева А. М.，Железнодорожный транспорт России во второй половине XIX в. М.，Наука，1975. С. 150.

② Соловьева А. М. Железнодорожный транспорт России во второй половине XIX в. М.，Наука，1975. С. 150.

③ Фурсенко В. А. Нефтяные тресты и мировая политика. М.，Наука，1965. С. 19.

④ Соловьева А. М. Железнодорожный транспорт России во второй половине XIX в. М.，Наука，1975. С. 151.

⑤ Соловьева А. М. Железнодорожный транспорт России во второй половине XIX в. М.，Наука，1975. С. 183－185.

路建设长度迅速增加，具体数据见表 2 - 6。

表 2 - 6 19 世纪末世界主要国家的铁路建设规模

单位：千公里

	1880 年	1890 年	1900 年	10 年间铁路网的增长	
				1880 ~ 1890 年	1890 ~ 1900 年
美国	150. 2	251. 7	309. 9	101. 5	58. 2
英国	28. 9	32. 3	35. 2	3. 4	2. 9
德国	33. 9	41. 8	49. 9	7. 9	8. 1
法国	26. 2	36. 9	43. 1	10. 7	6. 2
俄国	22. 9	30. 6	53. 2	7. 7	22. 6
加拿大	11. 6	21. 2	28. 4	9. 6	7. 2
中南美洲	12. 9	58. 5	63. 9	45. 6	5. 4
印度	14. 7	26. 4	39. 8	11. 7	13. 4
澳大利亚和大洋洲	7. 8	18. 9	24. 0	11. 1	5. 1
非洲	4. 6	9. 4	20. 1	4. 8	10. 7
中国	—	0. 2	0. 6	0. 2	0. 4
全世界	372. 4	617. 3	790. 1	244. 9	172. 8

资料来源：Соловьева А. М. Железнодорожный транспорт России во второй половине XIX в. М.，Наука，1975. С. 231。

19 世纪 90 年代，世界铁路建设速度变缓，主要资本主义国家都是如此，与 80 年代相比，90 年代新建铁路的增速下降 30%。尽管世界各国铁路建设速度放慢，但仍有大量资本投入铁路部门，1890 ~ 1900 年，世界各国投入铁路部门的资金约为 400 亿马克。[①] 与 19 世纪 80 年代相比，1900 年美国铁路机车的功率增长了 1.5 倍。1890 ~ 1900 年，德国铁路机车总量增加了近 40%，车厢数量增加了近 47%，投入铁路部门的资金约为 30 亿马克。铁路的大规模建设推动了重工业的发展，19 世纪 90 年代，世界采煤量增加 64%，生铁产量增加 70%，钢产量增加 173%。就美国而言，1890 ~ 1900 年，美国钢轨产量增长 43%，1900 年，

---

① Мендельсон Л. А. Теория и история экономических кризисов и циклов. М.，Издательство социально-экономической литературы，1959. С. 405.

达 300 万吨，机车产量增加 1 倍多，由 2300 台增加到 5152 台。[①] 1910 年和 1913 年部分国家和地区的铁路运营状况见附表 7。

（二）19 世纪 90 年代俄国第二次铁路建设热潮

19 世纪 80 年代，俄国铁路也开始国有化进程。俄国铁路国有化分为三个阶段。第一阶段为 1881～1886 年，在此期间，政府共收购哈尔科夫—尼古拉耶夫、坦波夫—萨拉托夫、摩尔曼斯克和普吉洛夫四条铁路，总长度 1324 俄里。[②] 第二阶段为 1887～1892 年，政府将长度 5500 俄里的乌拉尔、里亚日斯克—莫尔尚斯克、里亚日斯克—维亚济马、莫尔尚斯克—塞兹兰和外高加索等 10 条私有铁路赎归国有。第三阶段为 1893～1900 年，在此期间，政府共收购 23 家私有铁路公司所属铁路[③]，主要收购铁路为莫斯科—库尔斯克、奥伦堡、波罗的海沿岸、顿涅茨克、尼古拉耶夫、圣彼得堡—华沙、奥廖尔—维杰布斯克、辛比尔斯克、德文斯克—维捷布斯克、罗左沃—塞瓦斯托波尔、莫斯科—布列斯特、普李维斯林铁路和西南地区部分铁路，总长度超过 1.4 万俄里。1881～1900 年，俄国 37 家私有铁路公司的 2.1 万俄里铁路被收归国有。

19 世纪 90 年代初，俄国铁路密度远逊色于其他国家，欧俄地区每 100 平方俄里有 0.54 俄里铁路，是英国的 1/20、德国的 1/15、美国的 1/8。[④] 1892 年末，俄国已有 3.1 万俄里铁路，其中欧洲部分为 2.8 万俄里，集中了 90% 以上的铁路网，亚洲部分（主要在中亚）为 3000 俄里。俄国有 75% 以上的土地不在铁路运行范围，这极大地制约了俄国资本主义经济的发展。[⑤] 19 世纪 90 年代中期，俄国政府将欧俄地区划分为几大交通区域，由各大铁路公司负责各区的铁路修建工作。负责承建铁路的主要公司为北高加索地区的弗拉季高加索铁路公司、西北地区和伏尔加河上游地区的莫斯科—温道—雷宾斯克铁路公司、伏尔加河

---

① Соловьева А. М. Железнодорожный транспорт России во второй половине XIX в. М. , Наука, 1975. C. 233.

② Хромов П. А. Экономика России периода промышленного капитализма. М. , Изд-во ВПШ и АОН при ЦК КПСС, 1963. C. 142.

③ Мигулин П. П. Русский государственный кредит. Т. Ⅲ. Харьков. , Типо-литография《Печатное Дело》, 1901. C. 712 – 713；Соловьева А. М. Железнодорожный транспорт России во второй половине XIX в. М. , Наука, 1975. C. 181, 191.

④ Соловьева А. М. Железнодорожный транспорт России во второй половине XIX в. М. , Наука, 1975. C. 226.

⑤ Соловьева А. М. Железнодорожный транспорт России во второй половине XIX в. М. , Наука, 1975. C. 206.

中下游地区的莫斯科—喀山铁路公司和梁赞—乌拉尔铁路公司、俄国南部和东南部地区的莫斯科—基辅—沃罗涅日和东南铁路公司、波兰矿业区的华沙—维也纳铁路公司，以及俄国北方地区的莫斯科—雅罗斯拉夫尔—阿尔汉格尔斯克铁路公司。上述铁路公司垄断了19世纪90年代俄国的铁路建设工作，本部分仅通过梳理上述大型铁路公司的铁路建设情况来探究19世纪90年代的铁路建设规模。

弗拉季高加索铁路公司为俄国最大的铁路垄断公司之一，该公司在北高加索、黑海、里海和伏尔加河沿岸部分地区拥有密集的铁路网。19世纪90年代，弗拉季高加索铁路公司于北高加索和里海沿岸建成1400俄里铁路，如季霍列茨克—察里津铁路、彼得罗夫斯克—巴拉贾雷铁路、高加索—叶卡捷琳诺达尔—斯塔夫罗波尔铁路和比斯兰—矿水城铁路。19世纪90年代，弗拉季高加索铁路公司所属铁路长度增加1.5倍，1900年其控制的铁路长度达2300俄里。

19世纪末，弗拉季高加索铁路公司所属铁路货流量大增，1885～1905年该公司铁路的货流总量增加近9倍，粮食运输量增加4倍。弗拉季高加索铁路公司还在新罗西斯克建成数个储量为700万普特的大谷仓和5个海运码头，还有5条输油管和容积为500万普特的石油仓库。[①] 1894年，彼得罗夫斯克铁路建成后，该公司可直接向黑海沿岸港口输出巴库石油。随着货流量增加，弗拉季高加索铁路公司的收入迅速增加，1887～1900年，公司纯收入由200万卢布增加到1100万卢布，增长4.5倍。[②]

梁赞—乌拉尔铁路公司也是大型铁路企业。19世纪90年代，梁赞—乌拉尔铁路公司铁路长度增长9倍，1900年末，该公司所属铁路长达3600俄里。梁赞—乌拉尔铁路公司铁路主要集中于伏尔加河中下游流域，如勒季谢沃—奔萨—塔沃热尼卡、坦波夫—卡梅申、阿特卡尔斯克—沃利斯克、波克罗夫斯卡亚和乌拉斯克—亚历山德罗夫等铁路，上述铁路将伏尔加河中下游东部地区与西部工业省份和莫斯科（丹科夫—斯摩棱斯克和莫斯科—帕韦列茨线）连为一体。该公司所属的阿斯特拉罕铁路将中部工业区与伏尔加河中下游农业区和里海地区连为一体。梁赞—乌拉尔铁路公司下属铁路也成为俄国粮食出口的大

① Куприянова Л. В. Новороссийский порт и Владикавказская железная дорога в пореформенный период//Исторические записки, Т. 78. М., Изд-во. АН СССР. 1963. С. 297.

② Соловьева А. М. Железнодорожный транспорт России во второй половине XIX в. М., Наука, 1975. С. 239.

动脉。1898 年，梁赞—乌拉尔铁路共有 26 个容量为 680 万普特的谷仓和 10 个容量为 600 万普特的粮仓。①

19 世纪 90 年代，莫斯科—喀山铁路公司所属铁路线路不断增加，该公司掌控的铁路线路由 232 俄里扩大到 2100 俄里。莫斯科—喀山铁路公司于伏尔加河中游地区建成梁赞—喀山铁路、鲁扎耶夫卡—奔萨—塞兹兰—巴特拉基铁路、因扎—辛比尔斯克铁路和季米利亚泽夫—下诺夫哥罗德铁路。莫斯科—喀山铁路公司铁路网覆盖欧俄中部人口稠密的工业区，为开展粮食贸易，于莫斯科、梁赞、科洛姆纳和扎莱斯克等地建立 4 个大型机械化粮仓，还在奔萨、喀山、坦波夫和辛比尔斯克建立诸多粮库。

19 世纪 90 年代，莫斯科—基辅—沃罗涅日铁路公司所属铁路网增加 4 倍，达 2400 俄里，建成的主要铁路为库尔斯克—沃罗涅日铁路、莫斯科—布良斯克铁路和契尔尼戈夫—基辅—波尔塔瓦铁路等。莫斯科—基辅—沃罗涅日铁路公司建成横穿乌克兰的罗左沃—波尔塔瓦—基辅—科韦利大铁路，全长 900 俄里，该铁路将欧俄东南部地区、顿涅茨克煤田与西南边疆连为一体。

东南铁路公司由两家大铁路公司，即格里亚季—察里津铁路公司和科兹洛沃—沃罗涅日—罗斯托夫铁路公司合并而成。19 世纪 90 年代，该公司所属的东顿涅茨克铁路、哈尔科夫—巴拉绍夫铁路和耶列茨—瓦卢伊基铁路建设工作全面展开，全长 1500 俄里。铁路建成后南俄煤炭和铁制品迅速占领国内市场。

19 世纪 90 年代，莫斯科—温道—雷宾斯克铁路公司建成的铁路线路最长，总长达 2000 俄里，具体线路如下：莫斯科—温道铁路、雷宾斯克—普斯科夫铁路和圣彼得堡—维捷布斯克铁路。莫斯科—温道—雷宾斯克铁路公司的铁路将中部工业区、西北部工业区，包括莫斯科、圣彼得堡、雷宾斯克和温道在内的广大铁路网连为一体。该公司铁路线由两个相互独立的管理局管辖，圣彼得堡管理局掌控雷宾斯克—普斯科夫铁路、圣彼得堡—维捷布斯克铁路和诺夫哥罗德铁路，线路总长度为 1400 俄里；莫斯科管理局管理长度为 1000 俄里的莫斯科—温道铁路，该铁路跨越欧俄地区 7 省 23 县，将俄国中部工业区的莫斯科、西伯利亚、伏尔加河流域的产粮区与波罗的海不冻港温道连为一体。②

① Соловьева А. М. Железнодорожный транспорт России во второй половине XIX в. М.，Наука，1975. С. 240.

② Соловьева А. М. Железнодорожный транспорт России во второй половине XIX в. М.，Наука，1975. С. 247.

　　1900 年末，俄国铁路长度达 5.1 万俄里，私有铁路占 1/3，上述 7 家铁路垄断公司所属铁路长度（除上述铁路外还有很多地方性铁路）为 1.6 万俄里，占俄国私有铁路长度的 94%。在 19 世纪 90 年代的铁路建设热潮期间俄国铁路长度增加了 3 倍。1893～1910 年，俄国共建成 9500 俄里的国有铁路，国有铁路建设主要集中于西伯利亚、远东和中亚地区，欧俄地区国有铁路建设速度放缓，俄国的亚洲部分国有铁路建设规模扩大，在此期间共建成 6500 俄里铁路，约占新建国有铁路总长度的 68%，欧俄部分共建成 3000 俄里铁路，约占新建国有铁路总长度的 32%。[1] 19 世纪 80 年代俄国修建的铁路如下。

　　巴斯坤恰克铁路，具体线路为弗拉基米罗夫卡—巴斯坤恰克（1882 年），其长度为 51 俄里；弗拉季高加索铁路，具体线路为新罗西斯克—叶卡捷琳诺—季霍列茨卡亚，其长度为 256 俄里；叶卡捷琳诺铁路，具体线路为叶列诺夫卡—马里乌波尔（1882 年）、阿芙杰耶夫卡—尤左沃（1884 年）、雅西诺瓦塔亚—西涅尔尼科沃（1884 年）、下第聂伯罗彼得罗夫斯克—多林斯卡亚（1884 年）和雅西诺瓦塔亚—穆什戈托沃（1888 年），其长度分别为 99 俄里、12 俄里、202 俄里、233 俄里和 19 俄里；外高加索铁路，具体线路为萨姆特列基—巴统（1883 年）、梯弗里斯—巴库（1883 年）和廖恩—库塔伊斯—特克维布里（1887 年），其长度分别为 100 俄里、518 俄里和 46 俄里；尼古拉耶夫铁路，具体线路为勒热夫—维亚济马（1888 年），其长度为 116 俄里；鄂木斯克铁路，具体线路为叶卡捷琳堡—秋明（1885 年），其长度为 308 俄里；彼尔姆铁路，具体线路为叶卡捷琳堡—博格丹诺维奇—锡纳腊（1885 年），其长度为 133 俄里；普李维斯林铁路，具体线路为布列斯特—霍尔姆（1887 年）和谢德列茨—马尔金（1887 年），其长度分别为 107 俄里和 62 俄里；北方铁路，具体线路为雅罗斯拉夫尔—科斯特罗马（1888 年），其长度为 91 俄里；西北铁路，具体线路为里加—瓦尔克—普斯科夫（1889 年）和瓦尔克—杰尔普特（1889 年），其长度分别为 292 俄里和 78 俄里；西南铁路，具体线路为萨尔内—罗夫诺（1885 年），其长度为 82 俄里；南方铁路，具体线路为罗姆内—克列缅丘格（1888 年），其长度为 210 俄里。

　　19 世纪 90 年代，修建的主要铁路线路如下。比萨拉比亚铁路，具体线路为斯罗伯特卡—雷布尼察（1892 年）、奥格尼察—莫吉廖夫（1892 年）、别利

---

① Соловьева А. М. Железнодорожный транспорт России во второй половине XIX в. М.，Наука，1975. С. 247，249，254.

齐—利普卡内（1893 年）和雷布尼察—别利齐（1894 年），其长度分别为 45 俄里、38 俄里、175 俄里和 116 俄里；弗拉季高加索铁路，具体线路为矿水城—酸水城（1894 年）、别斯兰—彼得罗夫斯克（1894 年）、卡夫卡斯卡亚—斯塔夫罗波尔（1897 年）和季霍列茨卡亚—察里津（1899 年），其长度分别为 60 俄里、250 俄里、145 俄里和 504 俄里；叶卡捷琳诺铁路，具体线路为洛格瓦塔亚—卡尔纳瓦特卡—多尔金（1893 年）、利西昌斯克—古比扬斯克（1895 年）、卢甘斯克—米列罗沃（1898 年）、恰普力诺—别尔江斯克（1898 年）、穆什戈托沃—多利亚（1899 年）和博巴斯那亚—尼基托夫卡（1899 年），其长度分别为 50 俄里、118 俄里、106 俄里、194 俄里、32 俄里和 50 俄里；外高加索铁路，具体线路为米哈伊罗沃—波尔热木（1899 年）和梯弗里斯—卡尔斯（1899 年），其长度分别为 28 俄里和 283 俄里；莫斯科—温道—雷宾斯克铁路，具体线路为雷宾斯克—普斯科夫（1897 年）和卡什诺—萨维力诺—红岗（1899 年），其长度分别为 336 俄里和 83 俄里；莫斯科—喀山铁路，具体线路为莫斯科—斯维亚日斯克—喀山（1894 年）、因扎—辛比尔斯克（1898 年）和柳别尔齐—库洛夫斯卡亚（1899 年），其长度分别为 782 俄里、156 俄里和 63 俄里；莫斯科—基辅—沃罗涅日铁路，具体线路为科诺托普—杰列斯卡亚—彼洛格夫（1893 年）、契尔尼戈夫—克鲁基（1893 年）、库尔斯克—马尔马热—沃罗涅日（1894 年）、谢力额济纳—沃罗日巴（1895 年）、布良斯克—利戈夫（1897 年）、克鲁达比利亚金—第聂伯克拉斯诺耶（1897 年）、马尔梅日—利夫内（1898 年）和布良斯克—莫斯科（1899 年），其长度分别为 85 俄里、75 俄里、232 俄里、142 俄里、196 俄里、194 俄里、65 俄里和 354 俄里；鄂毕斯克铁路，具体线路为叶卡捷琳堡—车里雅宾斯克—鄂毕斯克（1896 年），其长度为 1592 俄里；彼尔姆铁路，具体线路为彼尔姆—科特拉斯（1899 年），其长度为 817 俄里；波列斯克铁路，具体线路为扎宾卡—布列斯特（1896 年），其长度为 25 俄里；普李维斯林铁路，具体线路为马尔金—拉贝（1893 年）、奥斯特罗连卡—比利亚瓦（1897 年）、别利斯克—别列维日（1897 年）和鲁戈夫—卢布林（1899 年），其长度分别为 134 俄里、125 俄里、49 俄里和 104 俄里；梁赞—乌拉尔铁路，具体线路为列别江—伯格亚福林斯克（1890 年）、勒季谢沃—谢尔多布斯克（1894 年）、乌尔巴赫—亚历山德罗夫（1895 年）、阿特卡尔斯克—沃利斯克（1895 年）、叶尔绍夫—尼古拉耶夫（乌拉尔）（1895 年）、塔沃热尼卡—勒季谢沃（1896 年）、谢尔多布斯克—奔萨（1896 年）、阿斯塔波沃—特洛耶库洛沃（1898 年）、拉年堡—巴维列茨（1898 年）和斯摩棱斯克—沃罗沃（1899 年），其长度分别为 85 俄里、44 俄里、174 俄里、222 俄里、89 俄里、114 俄里、106 俄里、28 俄里、75 俄里和 419 俄里。萨马拉—兹拉托乌斯托夫斯克铁路，具体线路为萨马拉—乌法—车里雅宾斯克（1892 年），其长度为 947 俄里；北方铁路，具体线路为耶尔莫林诺—谢列达（1893 年）、卡拉巴诺沃—基尔扎齐（1893 年）、梅季西—希尔科沃（1896 年）、伊万诺沃—杰伊科沃（1896 年）、沃洛格达—阿尔汉格尔斯克（1898 年）、雅罗斯拉夫尔—雷宾斯克（1898 年）、涅列赫塔—谢列达（1898 年）和别尔科沃—杰伊科沃（1899 年），其长度分别为 18 俄里、20 俄里、20 俄里、31 俄里、603 俄里、75 俄里、45 俄里和 144 俄里；西北铁路，具体线路为奥拉内—巴塔兰奇（1895 年），其长度为 36 俄里；中亚铁路，具体线路为克拉斯诺沃茨克—撒马尔罕（1896 年）、撒马尔罕—塔什干（1899 年）和切尔尼亚耶沃—安集延（1899 年），其长度分别为 1425 俄里、334 俄里和 318 俄里；塞兹兰—维亚济马铁路，具体线路为维尔纳多夫卡—杰梅奇诺（1893 年），其长度为 25 俄里；托木斯克铁路，具体线路为托木斯克—泰加林（1897 年）和鄂毕斯克—克拉斯诺亚尔斯克—伊尔库茨克（1899 年），其长度分别为 75 俄里和 1743 俄里；乌苏里斯克铁路，具体线路为符拉迪沃斯托克—哈巴罗夫斯克（1897 年），其长度为 723 俄里；芬兰铁路，具体线路为维堡—安特列阿—希尔多波尔（1892 年），其长度为 170 俄里；东南铁路，具体线路为哈尔科夫—巴拉绍夫（1895 年）、塔罗瓦亚—卡拉奇斯洛博达（1896 年）、格拉芙斯卡亚—安娜（1897 年）和叶列茨—瓦卢伊基（1897 年），其长度分别为 631 俄里、89 俄里、83 俄里和 312 俄里；西南铁路，具体线路为瓦普尼亚尔卡—特洛斯江耶茨（1890 年）、卡扎金—乌曼（1890 年）、杰姆戈夫卡—赫里斯基诺夫卡（1890 年）、赫里斯基诺夫卡—什波拉（1891 年）、日梅林卡—莫吉廖夫（1892 年）和卡梅尼齐—科列梅涅茨（1896 年），其长度分别为 40 俄里、184 俄里、87 俄里、119 俄里、108 俄里和 30 俄里；南方铁路，具体线路为占科伊—菲奥多西（1892 年）、波尔塔瓦—康斯坦丁（1897 年）和别尔哥罗德—沃尔昌斯克（1897 年），其长度分别为 111 俄里、76 俄里和 43 俄里。

20 世纪初，因世界经济危机所致，俄国铁路建设速度放缓，但也建成诸多铁路线路，1900～1917 年建成的铁路线路如下：阿尔泰铁路，具体线路为新尼古拉耶夫斯克—塞米巴拉金斯克（1915 年）和巴尔瑙尔—比斯克（1915 年），长度分别为 617 俄里和 153 俄里；阿穆尔铁路，具体线路为布列亚—哈巴罗夫斯克（1916 年），其长度为 1886 俄里；阿尔马维尔—图阿普谢铁路，具体线路为阿尔马维尔—图阿普谢（1915 年）、别洛列琴斯克—迈科普（1915 年）和库尔干那亚—拉宾斯卡亚（1915 年），其长度分别为 223 俄里、23 俄里和 30 俄里；别尔哥罗德—苏穆斯卡亚铁路，具体线路为巴塞—别尔哥罗德（1901 年），长度为 140 俄里；比萨拉比亚铁路，具体线路为阿克尔曼—比萨拉普斯卡亚—格拉尼查（1916 年）和别利齐—温格内（1916 年），其长度分别为 209 俄里和 74 俄里；博格斯罗夫铁路，具体线路为纳杰日金工厂—果洛布拉格达茨卡亚（1916 年），其长度为 183 俄里；布哈拉铁路，具体线路为卡尔希—基塔布（1915 年）和卡干—铁尔梅兹（1916 年），其长度分别为 115 俄里和 462 俄里；弗拉季高加索铁路，具体线路为彼得罗夫斯克—巴拉贾雷（1900 年）、叶卡捷琳诺—卡夫卡斯卡亚（1901 年）、巴塔伊斯克—亚速夫（1911 年）、巴塔伊斯克—多尔戈瓦亚（1915 年）、普拉赫拉德纳亚—莫兹多克—古德尔梅斯（1915 年）和巴拉季亚达—彼得罗夫斯克（1916 年），其长度分别为 341 俄里、128 俄里、28 俄里、177 俄里、171 俄里和 79 俄里；伏尔加河—布古利马铁路，具体线路为恰索夫尼亚—布古利马—契什梅（1914 年）和上恰索夫尼亚—第二辛比尔斯克（1916 年），其长度分别为 544 俄里和 17 俄里；格尔贝—科列茨铁路，具体线路为格尔贝—琴斯托霍夫—科尔翠（1911 年），其长度为 125 俄里；叶伊斯克铁路，具体线路为索西卡—叶伊斯克（1911 年），其长度为 132 俄里；叶卡捷琳诺铁路，具体线路为科里沃伊罗格—尼古拉戈杰尔斯克（1901 年）、多尔金采沃—阿波斯托洛沃（1904 年）、多尔金采沃—沃尔诺瓦哈（1908 年）和格里什诺—鲁特琴科沃（1917 年），其长度分别为 29 俄里、37 俄里、410 俄里和 80 俄里；外贝加尔湖铁路，具体线路为伊尔库茨克—贝加尔湖和梅索瓦亚—斯列坚斯克（1900 年）、西伯利亚铁路中国延长线—满洲里（1901 年）和利斯特文尼齐纳亚—梅索瓦亚（1905 年），其长度分别为 1104 俄里、353 俄里和 245 俄里；外高加索铁路，具体线路为巴拉贾雷—巴库（1900 年）、亚历山德罗夫—乌鲁汗鲁—埃里瓦尼（1902 年）、波尔热木—巴库利亚尼（1902 年）、硕拉巴尼—萨奇赫雷（1904 年）、乌鲁汗鲁—朱尔法（1908 年）、卡尔斯—萨雷卡梅申（1915 年）、那弗特鲁克—古尔扎尼—杰拉夫（1915 年）、萨拉卡梅申—埃尔祖鲁姆—玛玛哈顿（1916 年）、索菲亚恩—舍列夫哈涅（1916 年）和沙赫塔赫特—塔拉吉利斯（1916 年），其长度分别为 13 俄里、145 俄里、35 俄里、46 俄里、178 俄里、53 俄里、141 俄里、255 俄里、50 俄里和 192 俄里；西乌拉尔铁路，具体线路为别尔嘉乌什—卡利诺（1916 年），其长度为 477 俄里；中东铁路，具体线路为满洲里—哈尔滨—尼科利斯科耶（1903 年），其长度为 1434 俄里；科韦利—弗拉基米尔—沃伦斯基铁路，具体线路为科韦利—弗拉基米尔—沃伦斯基（1908 年），其长度为 55 俄里；科利丘吉诺铁路，具体线路为尤尔卡—科利丘吉诺（1915 年）和托普基—克麦罗沃（1915 年），其长度分别为 149 俄里和 37 俄里；库伦达铁路，具体线路为鞑靼斯卡亚—斯拉夫哥罗德（1917 年），其长度为 296 俄里；利巴瓦—罗缅斯克铁路，具体线路为奥希波维奇—乌列奇耶（1907 年）和乌列奇耶—涅克拉什（1916 年），其长度分别为 80 俄里和 10 俄里；莫斯科—温道—雷宾斯克铁路，具体线路为温道—莫斯科（1904 年）和皇村—维捷布斯克（1904 年），其长度分别为 1041 俄里和 515 俄里；莫斯科—喀山铁路，具体线路为鲁扎耶夫卡—塞兹兰（1900 年）、下诺夫哥罗德—阿尔扎马斯（1903 年）和阿尔扎马斯—库洛夫斯卡亚（1912 年），其长度分别为 290 俄里、116 俄里和 305 俄里；莫斯科—基辅—沃罗涅日铁路，具体线路为基辅—波尔塔瓦（1901 年）和纳夫利亚—基尔诺沃（1907 年），其长度分别为 314 俄里和 75 俄里；摩尔曼斯克铁路，具体线路为圣彼得堡—摩尔曼斯克（1917 年），其长度为 1363 俄里；尼古拉耶夫铁路，具体线路为雷宾斯克—博罗茨克（1907 年），其长度为 439 俄里；新济布科夫支线铁路，具体线路为新济布科夫—北诺夫哥罗德（1902 年），其长度为 113 俄里；奥姆斯克铁路，具体线路为秋明—奥姆斯克（1913 年）和锡纳腊—沙德林斯克（1913 年），其长度分别为 540 俄里和 149 俄里；彼尔姆铁路，具体线路为彼尔姆—昆古尔—叶卡捷琳堡（1911 年）和下塔基尔—阿拉巴耶夫斯克（1912 年），其长度分别为 359 俄里和 118 俄里；波多利斯克铁路，具体线路为日罗宾—卡梅涅茨—波多利斯克（1915 年）和雅尔莫林茨—古夏京（1916 年），其长度分别为 595 俄里和 59 俄里；波列斯克铁路，具体线路为沃尔克威斯克—利达—博罗茨克（1907 年），其长度为 417 俄里；普李维斯林铁路，具体线路为沃尔克威斯克—安德烈耶夫茨—谢德列茨（1907 年），其长度为 170 俄里；里加—奥廖尔铁路，具体线路为维捷布斯克—日罗宾（1902 年），其长度为 273 俄里；梁赞—乌拉尔铁路，具体线路为喀什拉—维涅夫（1900 年）、巴维列茨—莫斯科（1900 年）和红库特—阿斯特拉罕（1909 年），其长度分别为 82 俄里、242 俄里和 521 俄里；萨马拉—兹拉托乌斯托夫斯克铁路，具体线路为别尔嘉乌什—

巴卡尔（1900年），其长度为49俄里；北方铁路，具体线路为莫斯科—萨维罗沃（1902年）和圣彼得堡—沃洛格达—维亚特卡（1906年），其长度分别为123俄里和1166俄里；东北乌拉尔铁路，具体线路为叶卡捷琳堡—塔夫达（1916年）和阿拉巴耶夫斯克—博格丹诺维奇（1916年），其长度分别为339俄里和122俄里；北顿涅茨克铁路，具体线路为利戈夫—哈尔科夫—罗达科沃（1911年）、利曼—克拉马托尔斯卡亚（1911年）和尼基托夫卡—亚马（1913年），其长度分别为515俄里、35俄里和61俄里；西北铁路，具体线路为格格里—卡普萨利（1905年）和魏玛—戈多夫—普斯科夫（1916年），其长度分别为75俄里和71俄里；塞米列钦斯克铁路，具体线路为阿雷西—阿巴伊尔铁路（1916年），其长度为198俄里；中亚铁路，具体线路为梅尔夫—库什卡（1900年）和浩罕—贾拉拉巴德（1915年），其长度分别为297俄里和211俄里；塔什干铁路，具体线路为奥伦堡—塔什干（1906年），其长度为1747俄里；托木斯克铁路，具体线路为阿钦斯克—阿巴坎（1917年），其长度为433俄里；特洛伊茨铁路，具体线路为巴列塔耶沃—金索普卡—古斯塔纳（1915年），其长度为265俄里；乌苏里斯克铁路，具体线路为乌苏里江尼格尔斯克—巴格拉尼齐纳亚（1903年），其长度为117俄里；芬兰铁路，具体线路为彼得格勒—拉苏里—席多拉（1917），其长度为169俄里；黑海—库班铁路，具体线路为叶卡捷琳诺—阿赫塔里（1914年）和克里米亚—古谢夫卡（1915年），其长度分别为142俄里和255俄里；东南铁路，具体线路为利哈亚—科里沃木岑斯克（1900年）和利哈亚—伊兹瓦力诺（1916年），其长度分别为308俄里和30俄里；西南铁路，具体线路为戈维里—基辅（1902年），其长度为421俄里；南方铁路，具体线路为弗拉基斯拉沃夫卡—刻赤（1900年）、沃尔昌斯克—古比扬斯克（1900年）、康斯坦丁—罗左沃（1900年）、格里斯托夫卡—皮亚季哈特基（1901年）、尼古拉耶夫—赫尔松（1907年）和萨拉普斯—耶夫巴托利亚（1916年），其长度分别为85俄里、80俄里、90俄里、70俄里、58俄里和58俄里。整体而言，19世纪下半叶至20世纪初俄国铁路建设取得非凡成就，具体铁路建设状况见表2-7。

由表2-7可知，至1913年，俄国铁路的总长度已超6.3万俄里，铁路对社会经济发展的助推作用毋庸置疑。1861年农奴制改革之后，俄国开启工业化进程，水路已不能满足日益增长的货运需求，铁路的经济意义不断增强。19世纪七八十年代之后，铁路的货流量不断增加，铁路成为运输诸多货物的主力，即使一些货物仍以水路运输为主，但铁路的货运量也不容忽视，如木材、石油和粮食等货物。

表 2 − 7　19 世纪下半叶至 20 世纪初俄国铁路建设状况一览

单位：俄里

时间（年）	铁路长度		
	国有铁路	私人建设公司铁路	总计
1840 年之前	—	25	25
1841 ~ 1850	443	—	443
1851 ~ 1860	511	513	1024
1861 ~ 1870	1147	7451	8598
1871 ~ 1880	57	11089	11146
1881 ~ 1890	5023	2349	7372
1891 ~ 1900	7750	11272	19022
1901 ~ 1909	7542	3678	11220
1910	1177	468	1645
1911	193	1386	1579
1912	164	586	750
1913	733	248	981
总计	24740	39065	63805

资料来源：Россия 1913 год. Статистико-документальный справочник. СПб. ， Блиц, 1995. С. 109。

第三节　铁路的货运规模概述

为更好地探究 19 世纪下半叶俄国铁路的货运规模，本部分以具体货物为线索，借此突出铁路在国内贸易和商品交流中的重要作用。铁路运送的货物种类众多，其中以粮食、石油和金属产品等货物为大宗，19 世纪末，铁路逐渐替代水路成为商品运输的主力，又因材料有限，仅能以具体线路为例，探究其货物种类及其货运量。

一　粮食

俄国主要粮食生产区为西南部农业区、南部农业区、东南部农业区、小俄罗斯农业区、中部农业区、伏尔加河下游农业区、东北农业区和乌拉尔农业区。

西南部农业区包括的省份为基辅、波多利斯克和沃伦，此处粮食有大量盈余，粮食外运以铁路为主。南部农业区主要包括比萨拉比亚、赫尔松、塔夫里达和叶卡捷琳诺斯拉夫，此处粮食以出口为主，主要运往南部的敖德萨、尼古拉耶夫和赫尔松等港口，运往第聂伯河流域的粮食主要依靠河运，运至港口的粮食主要依靠铁路。东南部农业区主要包括顿河哥萨克军区、库班、捷列克和斯塔夫罗波尔，此处粮食一部分被运至内陆地区，一部分被运至南部港口，粮食运输以铁路为主。小俄罗斯农业区包括波尔塔瓦、哈尔科夫和契尔尼戈夫，此处粮食生产规模有限，但面粉加工业相对发达，面粉部分出口至国外，部分被运至国内市场，以铁路运输为主。中部农业区包括沃罗涅日、库尔斯克、奥廖尔、梁赞和奔萨等省份，19世纪下半叶，此处粮食运输以铁路为主。伏尔加河下游农业区包括阿斯特拉罕、萨拉托夫、萨马拉、辛比尔斯克和奥伦堡等省份，此处的粮食供应至国内各地区，早期粮食运输以水路为主。19世纪末，俄国的铁路和水路两种运输方式可谓平分秋色，而20世纪初，铁路的粮食运输量已超过水路。东北部农业区包括喀山、辛比尔斯克部分地区、乌法、维亚特卡和彼尔姆部分地区，盛产小麦、黑麦和燕麦，粮食被大量外运，粮食以多种运输方式运至国内市场。乌拉尔农业区包括彼尔姆、奥伦堡和乌法部分地区，为便于梳理，西伯利亚地区也可纳入本区域。

俄国主要的粮食消费区为中部工业区、西北部工业区、沿湖地区、北部工业区和波罗的海沿岸地区。中部工业区主要包括莫斯科、弗拉基米尔、下诺夫哥罗德、特维尔、雅罗斯拉夫尔、科斯特罗马和卡卢加，以及梁赞和土拉部分地区。西北部工业区主要包括斯摩棱斯克、明斯克、捷布斯克、莫吉廖夫、维尔诺、格罗德诺和科夫诺、沃伦部分地区和契尔尼戈夫。沿湖地区主要包括普斯科夫、诺夫哥罗德、沃洛格达、圣彼得堡和奥洛涅茨等。北部工业区包括阿尔汉格尔斯克、沃洛格达和奥洛涅茨部分地区，此工业区与沿湖工业区一样，粮食严重短缺。波罗的海沿岸地区主要包括爱斯特兰、克利夫兰和库尔兰，此处仅燕麦和大麦可满足本地需求，其他粮食主要从国内其他地区运入。

俄国大多数粮食有盈余的省份集中于欧俄地区，即涵盖除阿斯特拉罕和下诺夫哥罗德以外的黑土区各省，以及非黑土区的维亚特卡、斯塔夫罗波尔、库班和捷列克等。粮食短缺地区主要集中于欧俄西北部地区以及黑土区的阿斯特拉罕、下诺夫哥罗德、西伯利亚地区、高加索地区和南部草原部分省份。俄国粮食大多都由粮食盈余地区运至短缺各省份。总体而言，粮食是铁路运输主要的商品之一，1878 年、1883～1893 年和 1910 年，铁路运输的货物中粮食的占比分别为 31.8%、27.6% 和 21%。[①]

欧俄地区粮食的铁路运输方向如下：一是西南铁路将比萨拉比亚、赫尔松、基辅和波多利斯克等省份的粮食运至西北部各省，如华沙、布列斯特和柯尼斯堡等地，部分粮食也被运往黑海沿岸各口岸，如敖德萨和尼古拉耶夫等港口；二是南部各省（如波尔塔瓦、哈尔科夫和契尔尼戈夫）的粮食经利巴瓦—罗姆内铁路被运至西部和波罗的海沿岸各省；三是奥廖尔、库尔斯克、沃罗涅日和哈尔科夫等省份的粮食经由奥廖尔—里加铁路被运至波罗的海沿岸地区；四是喀山铁路、库尔斯克铁路，以及基辅—沃罗涅日和梁赞—乌拉尔等铁路将粮食转运至中部工业区，部分粮食留做莫斯科等省份自用，另一部分粮食被转运至其他省份，如波罗的海沿岸地区和北部工业区等；五是伏尔加河下游产粮大省的粮食经伏尔加河水路被运至雷宾斯克，后经尼古拉耶夫和温达瓦—雷宾斯克等铁路被运至西北部工业区。

伏尔加河流域是俄国最主要的产粮区，本部分仅以该地区的铁路的粮食运输为例，探究铁路的粮食运输状况。在阐释伏尔加河流域铁路运输状况之前，有必要明确该地区的铁路建设状况，19 世纪下半叶至 20 世纪初伏尔加河流域铁路建设状况见表 2–8。

表 2–8　19 世纪下半叶至 20 世纪初伏尔加河流域铁路建设状况

序号	铁路及其支线名称	正式施工时间（年）	长度（公里）
1	伏尔加河—布古利马		
	恰索夫尼亚—普里斯塔—布古利马—契什梅	1914	577
	恰索夫尼亚—维尔诺—第二辛比尔斯克	1916	18
2	莫斯科—喀山		
	莫斯科—斯维亚日斯克—喀山	1894	782
	因扎—辛比尔斯克	1998	165
	鲁扎耶夫卡—塞兹兰	1900	290
	下诺夫哥罗德—阿尔扎马斯	1903	116
3	梁赞—乌拉尔		

① Китанина Т. М. Хлебная торговля России в конце XIX-начале XX веков. СПб., Дмитрий Буланин, 2001. С. 69.

续表

序号	铁路及其支线名称	正式施工时间（年）	长度（公里）
	梁赞—坦波夫—萨拉托夫	1871	625
	勒季谢沃—谢尔多布斯克	1894	44
	乌尔巴赫—亚历山德罗夫	1895	174
	阿特卡尔斯克—沃利斯克	1895	222
	叶尔绍夫—尼古拉耶夫（乌拉尔）	1895	89
	塔沃热尼卡—勒季谢沃	1896	114
	谢尔多布斯克—奔萨	1896	106
	红库特—阿斯特拉罕	1909	521
4	萨马拉—兹拉托乌斯托夫斯克		
	巴特拉基—萨马拉	1877	110
	萨马拉—乌法—车里雅宾斯克	1892	947
5	塞兹兰—维亚济马		
	里亚日斯克—莫尔尚斯克	1867	122
	莫尔尚斯克—塞兹兰	1874	492
	塞兹兰—巴特拉基	1877	18
	韦尔纳多夫卡—泽梅奇诺	1893	27
6	塔什干		
	基涅利—奥伦堡	1877	377
7	东南铁路		
	伏尔加河—顿河	1862	78
	哈尔科夫—巴拉绍夫	1895	631
	格里亚季—波沃力诺—察里津	1871	570

资料来源：История железнодорожного транспорта России. Т. 1. 1836 - 1917 гг. СПб. , Ао 《Иван Федоров》, 1994. С. 313 - 320。

伏尔加河流域众多铁路线路中萨马拉—兹拉托乌斯托夫斯克铁路的货流量最高，该铁路将俄国各地区连为一体，可将伏尔加河流域的粮食运至全国各地。19世纪末，伏尔加河流域的货物中粮食所占比例最高，其货物的运输方向有二：一是全国市场，在全国粮食货物中其比例为12%，运至首都的粮食中，伏尔加河流域粮食的占比为31%；二是地方市场和省内运输，萨马拉、萨拉托夫和乌法是伏尔加河流域主要的粮食运出省份，运出粮食占本省粮食产量的比例分别为 41.3%、14.1% 和 31.9%。[①] 在所有站点中，萨马拉的意义特殊，它不但是粮食输出大省，还是粮食接收大省，因为该省粮食加工业发达。

伏尔加河流域各省的粮食输出量都不容忽视，喀山、萨马拉、奥伦堡、萨拉托夫、辛比尔斯克分别向国内 3 个、35 个、29 个、32 个和 12 个省运输粮食。伏尔加河流域铁路建设大致可划分为如下几个阶段。第一阶段为 1880 年之前，此时铁路主要集中于伏尔加河右岸地区，这些铁路将国内粮食产区和内部市场以及粮食出口港口连为一体。铁路推动了地方市场的发展，很多城市成为县城和省城中心，在此期间建成的线路中，格里亚季—察里津铁路最具代表性，为以后梁赞—乌拉尔和萨马拉—乌法等铁路的建设奠定了基础。第二阶段为 19 世纪 90 年代建设了众多经过伏尔加河流域的铁路，这些铁路促进了西伯利亚和中亚等地区的经济开发，推动了地方市场的进一步完善，为本地经济发展提供了有力保障。第三阶段为 20 世纪初建成的众多铁路，在此期间全俄市场的范围不断拓展，伏尔加河流域的铁路密度更高，伏尔加河流域各省都可与首都直接相通。

就具体粮食运输数量而言，1898~1902 年，伏尔加河流域铁路的年均粮食运输量为 9490 万普特，其中 6770 万普特为皮粮，其比例为 71.3%，面粉的运输量为 2720 万普特，其比例为 28.7%。皮粮中小麦、黑麦、燕麦和大麦所占的比例分别为 31.6%、22.7%、16.6% 和 0.4%。精粮中小麦粉和黑麦粉的比例分别为 17.7% 和 11%。[②] 在伏尔加河流域各省中萨马拉、坦波夫和梁赞等的粮食运输量最具代表性，具体数据见附表 9 和附表 10。

19 世纪下半叶至 20 世纪初，伏尔加河流域诸多省份的粮食产量提高，具体而言，播种面积增长最快的省份为萨马拉，增长比率为 86.1%；阿斯特拉罕、塔夫里达、叶卡捷琳诺斯拉夫、比萨拉比亚、赫尔松、顿河流域、乌法、摩尔多瓦、沃伦和维捷布斯克、波多利斯克、伏尔加格勒（察里津）、彼尔姆和萨拉托夫的粮食播种面积增长率分别为 80.3%、76.7%、76.4%、72.8%、63.3%、58.9%、41.8%、38.8%、30%、28.9%、28.3%、27.7% 和 26.5%。[③]

---

① Тагирова Н. Ф. Рынок Поволжья（вторая половина XIX-начало XX вв.）. М.，ООО 《издательский центр научных и учебных программ》，1999. С. 98.

② Тагирова Н. Ф. Рынок Поволжья（вторая половина XIX-начало XX вв.）. М.，ООО 《издательский центр научных и учебных программ》，1999. С. 191 – 192.

③ Давыдов М. А. Всероссийский рынок в конце XIX-начале XX вв. и железнодорожная статистика. СПб.，Алетейя，2010. С. 180.

20 世纪初，铁路运输的所有货物中，农产品的运输量仅次于工业品，占第二位。1902～1910 年，农产品运输量占铁路货运总量的 21.7%。与 1902 年相比，1910 年，铁路的粮食运输量增加 3.8 亿普特，增长 37.8%。[1] 1905 年和 1911 年俄国铁路的粮食和面粉运输量见表 2－10；1913 年，俄国铁路的粮食运输量见附表 11。

表 2－10　1905 年和 1911 年俄国铁路的粮食和面粉运输量

单位：千普特

粮食和面粉的名称	1905 年	1911 年
粮食：		
黑麦	99935	99843
小麦	263346	301075
燕麦	161178	168849
黍	4068	8271
荞麦	3497	8597
大麦	73970	149871
玉米	12280	72937
豌豆	9182	16928
粮食运输量总计	627456	826371
面粉：		
小麦粉	138950	180129
黑麦粉	68464	65757
淀粉（包括土豆淀粉）	3883	6894
面粉运输量总计	211297	252780
粮食和面粉运输量总计	838753	1079151

资料来源：Россия 1913 год. Статистико-документальный справочник. СПб., Блиц, 1995. С. 118。

20 世纪初，因伏尔加河流域铁路建设规模的不断扩大，水路的粮食运输量明显逊色于铁路，因材料有限，不能详细阐述，只能大致分析。如 1913 年，水路的粮食运出量仅为 1901 年的 87.5%，同期粮食输入量增加了 13%[2]，此时农

---

① Россия 1913 год. Статистико-документальный справочник. СПб., Блиц, 1995. С. 100.

② Тагирова Н. Ф. Рынок Поволжья（вторая половина XIX – начало XX вв.）. М., ООО《издательский центр научных и учебных программ》, 1999. С. 191；张广翔：《伏尔加河大宗商品运输与近代俄国经济发展（1850—1913）》，《历史研究》2017 年第 3 期，第 121 页。

产品在铁路运输货物中的占比为 21.7% ；1902 ~ 1910 年，铁路的粮食运输量的年均增长率为 4%。[1] 1905 和 1911 年，铁路运输的粮食和面粉的总量分别为 8.4 亿普特和 10.8 亿普特，水路运输的皮粮和面粉的总量分别为 3.7 亿普特和 3.6 亿普特，铁路的运粮量明显高于水路。[2] 20 世纪初，铁路的粮食运输量已超过水路，二者的配合度也逐年加强，相比而言，水路运输更加适应地方市场需要，而铁路运输更多服务于全俄市场，二者的分工趋于明朗。

二　石油产品

在俄国众多的铁路线路中，高加索铁路的石油产品运输量最大，此处仅以其为例进行分析。在巴库石油产品的运输方式中，水路占绝对优势，但铁路的货运量也不容小觑。19 世纪下半叶，俄国铁路建设规模巨大，但高加索地区的铁路建设严重滞后，从 19 世纪 70 年代起，巴库油田就开始修建铁路，但多为矿区内铁路，货运量有限。20 世纪初，高加索铁路已与国内主要铁路线路相通，铁路的输油量大增。

虽然俄国铁路建设如火如荼，但政府却迟迟不批准连接巴库油田和各港口的铁路建设方案。1873 年，巴库成立阿普歇伦铁路公司，该公司申请修建连接巴库油田主要矿区的长达 45 俄里的铁路，随后提出运输每普特石油收取 1 戈比费用用于充当铁路建设资金，但政府并未批准该方案。1878 年，巴库油田才开始修建巴库—巴拉罕铁路，该铁路于 1879 年通行，为第一条连接巴库油田主要矿区的铁路。1883 年，高加索铁路竣工，该铁路连接巴库和巴统，是将巴库石油运往黑海港口的主要线路。1884 年，察里津—格里亚季铁路竣工；1887 年，巴库地区又修建季霍列茨卡亚—叶卡捷琳诺铁路；1888 年，别斯兰—彼得罗夫斯克—米尼沃达铁路竣工；1897 年，斯塔夫波尔铁路通行；1889 年，罗斯托夫铁路与察里津铁路汇合；1900 年，彼得罗夫斯克铁路和杰尔普特铁路汇合；1901 年，俄国又开始修建连接高加索和叶卡捷琳诺铁路支线，至此巴库地区铁路轮廓基本形成。

19 世纪七八十年代，铁路只用于油田内的货物运输，在此期间，铁路的石油产品运输量很难统计。19 世纪末，高加索铁路与国内铁路和港口连为一体后，输油量明显增加。石油产品一般先由巴库运至里海各港口，高加索和弗拉季高加索铁路的输油量最高。高加索铁路巴库至巴统段的石油产品运输量逐年

---

①　Россия 1913 год. Статистико-документальный справочник. СПб. , Блиц, 1995. С. 100.

②　Россия 1913 год. Статистико-документальный справочник. СПб. , Блиц, 1995. С. 130.

增加，与 1888 年相比，1889 年巴库—巴统铁路的货运量增加了 134.7%，1890
年与 1889 年相比又增加了 120.7%，此后石油产品运输量仍逐年增加，但 1887
年和 1892 年铁路运输的货物总量中石油产品的占比分别只为 4.1% 和 6.9%。①
1896 年和 1899 年，铁路的运油量分别为 5900 万普特和 8000 万普特，运输能力
严重不足。② 高加索铁路与国内铁路连接为一体后石油产品运输量迅速增加，
1911～1913 年，铁路年均石油产品运输量为 2.8 亿普特，重油、煤油和其他石
油产品所占的比例分别为 50%、30% 和 20%，虽然铁路输油量不断增加，但水
路的输油量仍占主导。③

虽然高加索铁路建设蓬勃发展，输油量也逐年提高，但车厢数量问题一直
困扰石油业主，车厢数量供应不足也是铁路输油量停滞不前的重要原因之一。
1883 年，高加索铁路只具有 250 节运油车厢；1884 年，增加至 500 节；1885
年，运油车厢数量增至 900 节，年均石油运输量达 850 万普特。1884 年，察里
津—格里亚季铁路煤油油罐车厢数量为 600 节，重油油罐车厢数量为 200 节，
此时油罐车厢运输巴库石油产品的比重低于 10%。④

1900 年，高加索铁路年均输油量为 1.3 亿普特，每昼夜需 600 节运油车厢，
但实际供应量仅约为 250 节，铁路运油车厢数量严重不足，铁路输油量有限，
但水路运输异常活跃。1905 年，巴库地区共有 2.5 万节油罐车厢，至 1913 年，
油罐车厢数量只增加了 2500 节。⑤ 因油罐车厢数量有限，铁路输油量长期停滞
不前，所以石油运输方式中水路占绝对优势。

---

① Наниташвили Н. Л. Экспансия иностранного капитала в Закавказье（конец XIX-начало XX
вв.）. Тбилисск., Издательство Тбилисского университета，1988. C. 188. C. 188；Соловьева
А. М. Железнодорожный транспорт России во второй половине XIX в. М.，Наука，
1975. C. 209.

② Наниташвили Н. Л. Экспансия иностранного капитала в Закавказье（конец XIX – начало XX
вв.）. Тбилисск., Издательство Тбилисского университета，1988. C. 188. C. 133.

③ Лисичкин С. М. Очерки по истории развития отечественной нефтяной промышленности
（дореволюционный период）. М.，Государственное научно-техническое издательство，
1954. C. 329.

④ Лисичкин С. М. Очерки по истории развития отечественной нефтяной промышленности
（дореволюционный период）. М.，Государственное научно-техническое издательство，
1954. C. 328.

⑤ Лисичкин С. М. Очерки по истории развития отечественной нефтяной промышленности
（дореволюционный период）. М.，Государственное научно-техническое издательство，
1954. C. 329.

三　金属制品

铁路直接推动乌拉尔工业区和南俄地区冶金工业的发展，可将金属产品直接运至国内市场。19世纪末之前，在乌拉尔金属产品外运方式中，水路运输占主导；20世纪初，随着铁路密度的不断增加，铁路的金属运送量已超过水路；铁路是刺激南俄冶金业蓬勃发展的重要因素之一，也是运输其金属制品的主力。

（一）乌拉尔铁路的金属运输状况

乌拉尔地区相对闭塞，本地产品很难运至国内外市场，加上资本流通速度较慢，产品生产成本较高，交通运输制约了乌拉尔地区社会经济发展。19世纪中叶之前，乌拉尔冶金产品多通过水路运至国内市场，因国内经济发展水平较低，水运大抵能满足乌拉尔冶金工业的市场需求。19世纪下半叶，因机械化水平较低和农奴制残余的大量存在，乌拉尔冶金业开始衰落，交通运输成为乌拉尔冶金工业发展的桎梏，社会各界对兴建铁路的呼声越来越高。

1860年，当地政府就制定了乌拉尔铁路修建方案，打算修建彼尔姆—叶卡捷琳堡—秋明铁路和萨拉普尔—奥萨—叶卡捷琳堡—秋明铁路。交通部对该方案进行研究并指出，铁路的修建应尽可能连接乌拉尔冶金工厂，以满足冶金工厂的燃料供应和物资供应需求。1878年，当地政府开始修建彼尔姆—库什瓦—下塔克尔—叶卡捷琳堡铁路，铁路预计长度670俄里。[1] 铁路建成后货流量快速增加，最初两年货流量就增长了1倍，由570万普特增至1140万普特，其中乌拉尔金属制品的运输量增长2倍，由200万普特增至600万普特[2]，至1888年，该线路货流量增至4280万普特，冶金制品的货流量的占比为44%。[3] 彼尔姆—叶卡捷琳堡铁路连接乌拉尔中部和北部地区，对该地区农业和工商业的发展起到了重要作用。

1885年，叶卡捷琳堡—秋明铁路修建后，乌拉尔铁路的经济意义更加突出，乌拉尔铁路不仅推动了该地区社会经济发展，还加强了乌拉尔地区与全俄

---

① Экономическая история России с древнейших времен до 1917 г. Энциклопедия. Том второй. Т. 2. М.， РОССПЭН，2009. С101；В. В. Алексеев，Д. В. Гаврилов. Металлургия Урала с древнейших времен до наших дней. М.，Наука，2008. С. 439.

② Сутырин Б. А. Транспорт Урала в период промышленного переворота. 1840 – 1880// Вопросы истории Урала，Свердловск，1970. Вып. 10. С. 90.

③ Мильман Э. М. История первой железнодорожной магистрали Урала. 70 – 90 – е годы XIX в. Пермь. ，Перм. кн. изд-во，1975. С. 144.

市场的联系。1876 年，修建的萨马拉—奥伦堡铁路将乌拉尔地区与伏尔加河中游和俄国中部工业区连为一体；1888 年，萨马拉—兹拉托乌斯托夫斯克铁路延伸至乌法，1892 年延伸至车里雅宾斯克。[1] 1876～1905 年，乌拉尔铁路长度由1061 俄里增至 2507 俄里，增长了 1.4 倍。

20 世纪初，乌拉尔地区铁路长度迅速增加。1906～1914 年，乌拉尔地区共修建 3160 俄里铁路，其中西乌拉尔铁路长度为 350 俄里，乌拉尔东北部地区铁路长度为 212 俄里，下塔吉尔铁路长度为 245 俄里，彼尔姆—叶卡捷琳堡铁路长度达 356 俄里。[2]

乌拉尔铁路蓬勃发展促进了卡马河流域货流量的迅速增加，1878～1880年，货流量增长 80%[3]，但因铁路规模有限，加上并未与中部地区铁路相连，大部分地区货物运输仍以水路为主。1897 年，乌拉尔与全俄铁路连为一体后，彼尔姆—秋明铁路的货运量为 3860 万普特、萨马拉—兹拉托乌斯托夫斯克铁路货运量为 310 万普特，总计 4170 万普特，其中矿石、木炭、石煤和煤炭的运量分别为 810 万普特、180 万普特、1280 万普特和 190 万普特。20 世纪初，彼尔姆铁路矿石的年均运量为 4000 万普特，萨马拉—兹拉托乌斯托夫斯克铁路矿石的年均运量为 1500 万普特，共计 5500 万普特。[4] 乌拉尔地区铁路修建后货物运输方式发生变化，铁路成为冶金产品最主要的运输形式，形成以铁路为主、水路和陆路为辅的运输方式。

20 世纪初，乌拉尔铁路的货运量大增，乌拉尔采矿厂的年均货运量为 3.6 亿普特，其中铁矿石为 1 亿普特、木柴为 1.2 亿普特、木炭为 6000 万普特、石煤为 2000 万普特、黑色冶金制品为 2000 万普特，金属制成品为 3500 万普特，其他货物为 500 万普特，上述货物运输大多由铁路完成。[5] 在乌拉尔铁路大规模建设的同时，矿区铁路线路迅速增加，它们除将冶金产品运出外，还为冶金工厂运送煤炭。乌拉尔铁路运输冲击其他运输方式，1880～1886 年，彼尔姆从事

---

① Гаврилов Д. В. Горнозаводский Урал XVII – XX вв. Избранные труды. Екатеринбург. ，УрО РАН，2005. С. 208.

② Сигов С. П. Очерки по истории горнозаводской промышленности Урала. Свердловск. ，Свердлгиз, 1936. С. 149.

③ Соловьева А. М. Промышленная революция в России в XIX в. М. ，Наука, 1991. С. 142.

④ Вяткин М. П. Горнозаводский Урал 1900 – 1917 гг. Л. ，Наука. 1965. С. 17.

⑤ Рагозин Е. И. Железо и уголь на урале. СПб. ，Типография Исидора Гольдберга, 1902. С. 15.

畜力运输的工人数量减少 1/3，丘索瓦亚河的货流量仅为铁路修建前的 50% 。

（二）　南俄铁路的煤炭和金属运输量

铁路是推动南俄煤炭工业发展的主要杠杆。南俄地区采煤量巨大，需要大规模的消费市场，交通运输则是连接煤炭产地和市场的最重要环节。因顿巴斯地区河运状况较差，铁路修建之前运输问题严重制约该地煤炭工业发展。虽然南部地区经济开发为顿巴斯煤炭开拓了新的市场，但因进口煤炭的竞争，顿巴斯煤炭工业举步维艰，此状况一直持续至 19 世纪 60 年代。以铁路建设为界，顿巴斯煤炭工业可划分为两个阶段。第一阶段从顿巴斯煤炭工业诞生至 19 世纪 60 年代，此时期南俄地区没有铁路，煤炭开采量有限。1855 年，俄国采煤量为951 万普特，此时英国、德国、美国和法国的煤炭开采量分别为 38 亿普特、7.7亿普特、7.1 亿普特和 4.4 亿普特，分别约为俄国煤炭开采量的 400 倍、81 倍、75 倍和 46 倍。[①] 第二阶段为顿巴斯煤炭工业快速发展时期，因铁路大规模修建、煤炭运输距离明显加长，煤炭价格也随之降低，顿巴斯煤炭市场规模和范围明显扩大。为了更好地梳理南俄地区铁路建设状况，本节分别对 19 世纪 60 ~80 年代、80 年代之后南俄铁路建设状况、矿区内部铁路支线和铁路国有化等问题进行分析。

19 世纪 60 ~ 80 年代南俄铁路蓬勃发展。从 1868 年开始，南俄地区先后建成科兹洛沃—沃罗涅日—罗斯托夫（1871 年）、顿涅茨克（1871 年）、库尔斯克—哈尔科夫—亚速夫（1872 年）、康斯坦丁（1872 年）、哈尔科夫—尼古拉耶夫（1873 年）、洛佐沃—谢瓦斯托波里（1873 年）、罗斯托夫—弗拉基米尔（1875 年）和马里乌波尔（1882 年）等铁路。铁路修建之初采煤量就迅速提高，1870 ~ 1874 年和 1875 ~ 1879 年年均采煤量分别为 2901 万普特和 6087 万普特，1860 ~ 1900 年南俄采煤量增长了 37 倍，由 1769 万普特增至 6.7 亿普特。[②]19 世纪 80 年代，南俄地区铁路建设速度明显高于其他地区，与 1861 年相比，1879 年，俄国铁路总长度增长了 9.8 倍，而南俄地区铁路长度增长 14.6 倍。随着铁路大规模修建，南俄煤炭价格迅速降低，由 1870 年的 18 戈比/普特降至

---

①　Братченко Б. Ф. История угледобычи в России. М. ，ФГУП《Производственно-издательский комбинат ВИНИТИ》，2003. С. 125.

②　Баканов С. А. Угольная промышленность Урала：жизненный цикл отрасли от зарождения до упадка. Челябинск. ，Издательство ООО《Энциклопедия》，2012. С. 43；Фомин П. И. Горная и горнозаводская промышленность Юга России. Том I. Харьков. ，Типография Б. Сумская，1915. С. 180.

1872 年的 12 戈比/普特、1874 年的 9.5 戈比/普特和 1876 年的 9 戈比/普特。[①]
随着铁路大规模建设，顿涅茨克煤田产品结构也发生变化，19 世纪 40～70 年
代，无烟煤生产占据主导地位，如 1870 年，无烟煤开采量占总采煤量的 70%，
石煤比例为 30%[②]，铁路大规模通行后无烟煤的主导地位被石煤取代。

具体而言，库尔斯克—哈尔科夫—亚速夫铁路建设方案提出由来已久，最
初建设铁路的主要目的是解决哈尔科夫酒制品外运问题，1862 年，该地已拥有
188 家酿酒厂，为将酒类产品运至亚速海各港口，该铁路方案被提出。1865 年，
巴拉诺夫伯爵提出修建库尔斯克—哈尔科夫—塔甘罗格铁路方案；1867 年 3 月，
国务会议颁布决议答应建设该铁路。库尔斯克—哈尔科夫铁路促进了顿巴斯煤
田采煤量的迅速提高，为顿巴斯煤炭开拓了更广阔市场。沃罗涅日—罗斯托夫
铁路最初的建设目的是便于沃罗涅日政府向南部港口和顿河哥萨克军区运输军
粮，该铁路由沃罗涅日—格鲁什夫和格鲁什夫—罗斯托夫两部分组成。康斯坦
丁铁路方案由南俄大型冶金企业尤兹公司提出，该铁路建成后顿巴斯煤炭可运
至亚速海诸港口，1882 年，该铁路延伸至马里乌波尔港口，顿巴斯煤炭可运至
马里乌波尔海港，南部市场中英国煤炭比例逐年降低。南俄铁路中叶卡捷琳娜
铁路的货运量最大，矿物燃料占其货运量的 50% 以上，但该铁路主要为地方工
业企业服务。

顿涅茨克铁路最初被称为石煤线路。顿涅茨克煤田煤炭运输线路有二：一
是环形的克拉托洛夫—德鲁热卡夫卡—康斯坦丁—尼克托夫科—哈采别托夫
科—杰巴利采沃—阿尔马兹纳亚—格鲁巴夫卡—马里耶夫科—波巴斯纳亚—克
拉托洛夫铁路；二是椭圆形的哈采别托夫科—萨德克—克里尼奇纳亚—亚西诺
瓦塔亚、杰巴利采沃—鲁卡尼斯克、波巴斯纳亚—里西恰尼克和斯杜普克—巴
统铁路。矿区铁路的大规模修建是采煤量快速提高的动力。

为加强顿涅茨克煤田（亦称顿巴斯煤田）与伏尔加河流域之间的联系，俄
国政府打算建设哈尔科夫—奔萨—辛比尔斯克、斯洛文尼斯克—萨拉托夫和亚
速夫—萨拉托夫等铁路。19 世纪 80 年代之后，南俄地区铁路建设规模逊色于其

① Фомин П. И. Горная и горнозаводская промышленность Юга России. Том II. Харьков.，
Хозяйство Донбасса，1924. С. 42；Фомин П. И. Горная и горнозаводская промышленность
Юга России. Том I. Харьков.，Типография Б. Сумская，1915. С. 176，231.

② Братченко Б. Ф. История угледобычи в России. М.，ФГУП《Производственно-издательский
комбинат ВИНИТИ》，2003. С. 128.

他地区，与 1885 年相比，1910 年全俄铁路长度增长近 1.5 倍，而南俄铁路长度只增长 1.1 倍，但煤炭和铸铁产量分别增加了 887% 和 5300%。[①] 19 世纪 80 年代末，南俄地区最著名的铁路为叶卡捷琳娜铁路，虽然此线路在 19 世纪 80 年代初就已建成，又有西顿涅茨克和克里沃洛热斯克铁路之称，但最初线路长度仅为 470 俄里，只能将煤炭运至西部地区，货运规模有限。随着铁路线路不断完善，该铁路又与顿涅茨克和库尔斯克—哈尔科夫—亚速夫铁路相连，顿涅茨克矿区铁路与东南铁路连为一体，一战前夕该铁路长达 2810 俄里，年均货物运量达 17 亿普特，客运量达 800 万人次。[②] 19 世纪末，南俄地区又开始建设与叶卡捷琳娜铁路平行的铁路，1904 年 5 月正式通车，总长度达 557 俄里。顿涅茨克通往圣彼得堡的线路为哈尔科夫—库尔斯克—莫斯科、波巴斯卡—白城、尼吉托夫卡—康斯坦丁和克拉马托尔—斯拉瓦尼斯克铁路，因圣彼得堡所需煤炭以进口煤炭为主，该铁路运煤量有限。

南俄地区铁路国有化。为降低运输成本和统一运输税率，19 世纪 80 年代，南俄地区铁路也开始国有化进程。1881 年，哈尔科夫—尼古拉耶夫铁路收归国有；1891 年 1 月，库尔斯克—哈尔科夫—亚速夫铁路收归国有；1893 年，国家开始赎买顿涅茨克铁路；至 19 世纪末，南俄地区大部分铁路已收归国有。即便如此，南俄地区私人铁路的占比仍较高，1893 年，南俄地区成立东南铁路公司，该公司主要经营格里亚季—察里津和科兹洛沃—沃罗涅日—罗斯托夫铁路；1897 年，该公司又修建鲁卡尼斯克—米列洛夫和杰巴里采沃—兹维列夫斯克铁路。19 世纪末，南俄煤炭大多依靠国有铁路运输，1911 年，私人铁路北顿涅茨克铁路通车，此条线路对南俄采矿工业意义重大，可将顿巴斯煤炭运至西北部工业区和波罗的海地区，当地进口煤炭受到一定冲击。

除上述铁路线路外，顿涅茨克地区还有众多铁路支线，这些线路将各矿区与铁路站点连为一体。19 世纪 80 年代末，顿涅茨克煤田共有 10 条矿区线路，总长度为 59.1 俄里，在建铁路线有 3 条，总长度为 35 俄里，此时半数以上的煤炭仍使用畜力运至车站。19 世纪末 20 世纪初，主要铁路支线为谢托沃—阿特拉茨特、谢托沃—热列佐、阿尔切夫斯克—奥夫拉格、萨德克—下克雷尼科、

---

① Фомин П. И. Горная и горнозаводская промышленность Юга России. Том II. Харьков., Хозяйство Донбасса, 1924. С. 42.

② Фомин П. И. Горная и горнозаводская промышленность Юга России. Том II. Харьков., Хозяйство Донбасса, 1924. С. 44.

阿尔切夫斯克—布加列沃、阿尔切夫斯克—杜比科瓦、莫斯杰诺—马科耶夫科等。至 1910 年，叶卡捷琳娜车站附近约有 171 条私人铁路线路，总长度达 447 俄里，顿涅茨克煤田南部和东南部共有 36 条铁路支线，总长度为 114 俄里，虽然铁路支线较短，但年货运量可达数亿普特。①

19 世纪下半叶，南俄地区铁路建设风生水起，不但铁路长度明显长于其他地区，铁路密集度也遥遥领先。19 世纪 70～80 年代，南俄地区铁路长度已达 3200 俄里，19 世纪末欧俄地区铁路总长度为 4.7 万俄里，而南俄铁路长度达 1.5 万俄里，占欧俄地区铁路总长度的 30% 以上。② 此外，南俄地区铁路密集程度明显高于其他地区，南俄地区每平方俄里的土地中铁路长度为 23.5 俄里，而中部工业区、西北部地区、伏尔加河流域和乌拉尔地区该指标分别为 20.9 俄里、4.9 俄里、8.6 俄里和 5.8 俄里。③ 虽然铁路建设规模较大，但南俄铁路运输能力仍严重不足。

南俄铁路建设的主要目的是向国内市场输送顿巴斯煤炭和金属产品，最初产品主要输送方向是南俄本地，随着铁路建设规模的扩大，顿巴斯煤炭已开始输入中部工业区、伏尔加河流域和西北部地区。但因铁路运力不足，大量货物积压，无法外运。顿巴斯煤炭主要消费市场是南俄地区，煤炭多用于本地冶金工厂燃料，主要输煤线路为叶卡捷琳娜、苏姆斯克、北顿涅茨克等铁路，因南俄地区煤炭需求量巨大，且部分铁路具有过境作用，因此煤炭运送量最大。输送顿巴斯煤炭至中部工业区和伏尔加河流域的主要铁路线路为亚历山大、莫斯科—库尔斯克、塞兹兰—瓦杰姆斯克、莫斯科—高加索、莫斯科—基辅—沃罗涅日、梁赞—乌拉尔等铁路，上述铁路的送煤量虽无法与南俄内部铁路相较，但煤炭输送量也较大，20 世纪初，其煤炭输送量倍增。南俄地区煤炭运输以铁路为主，铁路建设规模的扩大是南俄煤炭和冶金业发展的动力。铁路大规模修建后，南俄煤炭产量逐年提高，1880 年，其产量已达 8600 万普特，约占全俄煤

① Фомин П. И. Горная и горнозаводская промышленность Юга России. Том Ⅱ. Харьков. , Хозяйство Донбасса, 1924. С. 50 - 51.

② Куприянова Л. В. Таможенно-промышленный протекционизм и российские предприниматели 40 - 80 - е годы XIX века. М. , Из-во РАН, 1994. С. 215；Фомин П. И. Горная и горнозаводская промышленность Юга России. Том Ⅱ. Харьков. , Хозяйство Донбасса, 1924. С. 41.

③ Фомин П. И. Горная и горнозаводская промышленность Юга России. Том Ⅱ. Харьков. , Хозяйство Донбасса, 1924. С. 41.

炭总产量的 40%，90 年代开始，其比例超过 50%。① 顿涅茨克煤田凭借丰富的煤炭资源和稠密的铁路网一度稳居采煤量榜首多年，南俄冶金业也凭借丰富的资源和原料优势超越传统的乌拉尔冶金工业，其金属产量跃居全俄首位。

四 其他货物

19 世纪下半叶，工业革命席卷全球，主要资本主义国家纷纷卷入工业革命大潮，生产力发展引起资本主义国家经济结构的深刻变革。交通运输革命推动了生产力的发展，促进主要资本主义国家经济结构的改变，生产技术的飞速变革和生产力的发展引起社会经济的巨变。铁路的货物种类众多，很难逐一归类划分，但为了更好地探究铁路的货运量，本部分仅以部分铁路线路为例，探究铁路的货物规模。

（一） 莫斯科—喀山铁路

19 世纪 60 年代，喀山官员就曾提出建设下诺夫哥罗德—喀山—莫斯科铁路；1869 年，喀山地方自治局成立铁路建设委员会专门负责铁路建设事宜。1871 年亚历山大二世视察喀山时，地方官员就曾提出兴建铁路方案，试图说服政府支持喀山铁路建设工作，但因亚历山大二世遇刺，喀山铁路修建工作一拖再拖。因资金匮乏，加上国家财政困难，最后委托私人公司修建铁路，莫斯科—喀山铁路最后由莫斯科—梁赞铁路公司承建。莫斯科—喀山铁路为私有铁路，该铁路连接伏尔加河与奥卡河流域。1894 年，梁赞—喀山铁路修建完毕②，此后该线路又与奔萨、坦波夫和辛比尔斯克等地相连，因该线路经过经济发达的莫斯科、中部黑土区的产粮大省，其线路还延长至西伯利亚地区，经济意义十分重大。

莫斯科—喀山铁路的货流主要集中于梁赞、下诺夫哥罗德、喀山、辛比尔斯克和塞兹兰等大型车站。粮食、石油产品、木材和盐等货物沿伏尔加河及其

---

① Фомин П. И. Горная и горнозаводская промышленность Юга России. Том I. Харьков. , Типография Б. Сумская, 1915. C. 168；Куприянова Л. В. Таможенно-промышленный протекционизм и российские предприниматели 40 – 80-е годы XIX века. М. , Из-во РАН, 1994. C. 216；Федоров В. А. История России 1861 – 1917. М. , Высшая школа, 1998. C. 84. Общий обзор главных отраслей горной и горнозаводской промышленности. СПБ. , Типография И. Флейстмана, 1915. C. 272, 229 – 232.

② Экономическая история России с древнейших времен до 1917 г. Энциклопедия. Том второй. М. , РОССПЭН, 2009. C. 1452.

支流运至伏尔加河沿岸各港口，然后使用铁路运往国内其他地区和出口国外。莫斯科—喀山铁路沿线各站点迅速成为大型商品集散地，其辐射区除伏尔加河流域外，还包括乌拉尔山前地带、西伯利亚、中亚和外高加索等地区。圣彼得堡国立经济大学教授贡恰连科认为，"莫斯科—喀山铁路途经地区资源丰富，又是俄国重要产粮区，水路和铁路交通发达，促进伏尔加河中下游地区与俄国其他地区的交流，为上述地区纳入俄国资本主义体系提供了便利"①。

莫斯科—喀山铁路沿线最大车站为梁赞站，该站点还是莫斯科—喀山铁路与梁赞—乌拉尔铁路的汇合处。莫斯科—喀山铁路向俄国各城市运送的主要货物为石油、铁、蜡烛、肥皂、皮革、皮毛、毡子、肉、啤酒、鱼和各种粮食。就货运量而言，塞兹兰车站的货运量仅次于梁赞站，主要货物是木材和粮食。莫斯科—喀山铁路的部分货物还被运至下诺夫哥罗德展销会，主要货物为毡子、建筑用材、劈柴、铁、钢、皮革、纺织品、葵花籽油、大麻、酒、煤炭和羊毛等。

莫斯科—喀山铁路发往莫斯科的货物占绝大多数，多以原料为主，莫斯科发往喀山的主要货物是工业产品，进口货物量占比较高。1893 年，6 条通往莫斯科的铁路中，经莫斯科—喀山铁路运至莫斯科的货运量占货运总量的 20.7%，莫斯科站发出的货物中运至喀山方向的比例为 14.8%。莫斯科—喀山铁路是莫斯科农产品的主要供应线路，1893 年，该铁路的粮食供给量占莫斯科粮食供货总量的 46.5%，同期肉产品和鱼产品的供应量占比分别为 72.5% 和 56%。② 莫斯科—喀山铁路各车站的货物种类差异较大，从梁赞发往莫斯科的主要货物是石油和煤油，从喀山站运往莫斯科的主要货物为谷物和面粉，林产品、石油、煤炭和盐等货物的运量也不容小觑，具体而言，1909 年，从莫斯科—喀山铁路发出的货物中粮食的占比为 20%，1910 年其比例增至 22%。③

（二）北方铁路

俄国北方地区经济相对落后，但在国家经济生活中的作用也毋庸置疑，是国内外市场上木材、亚麻、鱼和金属制品的主要供应地。北方地区因粮食不能

---

① Гончаренко Л. Н. Города Среднего и Нижнего Поволжья во второй половине XIX века. (Социально-экономическое исследование). Чебоксары., Диссертация. 1994. С. 21.

② Андреев В. В. Московско-Казаксая железная дорога на ребеже XIX – XX веков. М., Изд-во Политех. университета, 2010. С. 85.

③ Андреев В. В. Московско-Казаксая железная дорога на ребеже XIX – XX веков. М., Изд-во Политех. университета, 2010. С. 122.

自给，需要运进大量粮食来满足本地居民的需求，水路运输的季节性特征也十分突出，铁路修建迫在眉睫。19世纪50年代，有识之士就提出北方铁路的建设方案，70年代北方铁路才开始修建。1872年，雅罗斯拉夫尔至丹尼洛夫铁路段竣工，全长62.5俄里，随后沃洛格达—雅罗斯拉夫尔铁路通车，该铁路将北德维纳河流域与马林斯基运河连为一体。20世纪初，圣彼得堡—维亚特卡铁路、莫斯科—雅罗斯拉夫尔—阿尔汉格尔斯克铁路和北方地区诸多铁路支线统称为北方铁路。[①]

　　1900年之前，北方铁路的莫斯科和雅罗斯拉夫尔方向的货流量最大，年均货物运输量为479万普特，运往北方各省的货流量为411.6万普特。[②] 1906年，北方铁路延伸至沃洛格达，但此线路货流量较少。[③] 科斯特罗马铁路支线也是北方铁路的重要组成部分，铁路通行后科斯特罗马的粮食种植面积大幅减少，经济作物的种植面积却大幅增加，铁路将该省经济作物运往全国各地。1885年，经科斯特罗马铁路运出的木材、面粉、烟草等货物为58.1万普特，1900年增至220.2万普特。舒伊—伊万诺沃铁路虽为地方线路，但其货流量也不容忽视，以石油产品的运输量最大，1894年和1900年，该线路输油量分别为469.7万普特和3051.3万普特。[④]

　　莫斯科—德米特罗夫—撒韦洛沃线路也是北方铁路的重要支线，该铁路途经诸多工业区，以运输工业品为主，铁路沿线纺织、玻璃、皮革和机器制造厂众多，铁路将上述工厂的货物运往全俄市场。政府兴建北方铁路的目的是发展贸易和工业，铁路建成后推动了沿线地区社会经济的发展。北方铁路还带动阿尔汉格尔斯克伐木、捕鱼和捕禽业的快速发展，当地鱼产品、毛皮、禽类、鹿肉、鹿皮、焦油和松节油被运往国内诸港口。

　　北方铁路促进沿线地区工农业发展，就农业而言，莫斯科—雅罗斯拉夫尔等铁路通车后，莫斯科粮食种植面积逐渐减少，雅罗斯拉夫尔等省份的粮食种

① 逯红梅：《1836—1917年俄国铁路修建及其影响》，吉林大学博士学位论文，2017，第163页。

② Гудкова О. В. Строительство северной железной дороги и ее роль в развитии северного региона (1858 – 1917). Вологда., Древности Севера, 2002. С. 123, 124.

③ Экономическая история России с древнейших времен до 1917г. Энциклопедия. Том второй. Т. 2. М., РОССПЭН, 2009. С. 629, 630.

④ Гудкова О. В. Строительство северной железной дороги и ее роль в развитии северного региона (1858 – 1917). Вологда., Древности Севера, 2002. С. 125.

植面积大幅度增加，大量粮食运至国内市场。就工商业而言，铁路修建后雅罗斯拉夫尔的工业快速发展，纺织工业迅速崛起，纺织工厂所需原材料和纺织品都通过铁路运输。北方铁路除扩大粮食贸易、推动沿线地区社会经济发展外，其军事意义突出，该线路与阿尔汉格尔斯克连接后，可在最短时间内完成军事动员。

（三）西伯利亚大铁路

1837 年，俄国工程师就提出修建西伯利亚大铁路的方案，19 世纪 50～70 年代，俄国专家就制定诸多西伯利亚铁路建设方案，不仅进行一系列实地勘探工作，还举行多次会议论证修建西伯利亚大铁路的重要性。随着西伯利亚地区社会经济的发展，该铁路也成为政府的重点关注对象。1880 年，国务会议批准西伯利亚大铁路第一段建设方案，主要修建为叶卡捷琳堡—秋明铁路。1882 年，萨马拉通向车里雅宾斯克和奥姆斯克的西伯利亚大铁路头段方案获批，同年叶卡捷琳堡—秋明铁路及其通向卡缅斯克铁制品加工厂和土拉河的支线铁路建设方案获批，上述铁路于 1885 年 12 月正式通车。

1891 年 5 月，俄国开始建设符拉迪沃斯托克至阿穆尔河沿岸铁路；1892 年 10 月，萨马拉至车里雅宾斯克段铁路竣工。1892 年 6 月，车里雅宾斯克至鄂毕河路段开始施工。符拉迪沃斯托克至哈巴罗夫斯克的乌苏里斯克线路于 1891 年 5 月 19 日开工，1897 年 11 月竣工；车里雅宾斯克至鄂毕河段铁路（1328 俄里）于 1892 年 7 月开建，1896 年 10 月竣工。鄂毕河河口的新尼古拉耶夫至伊尔库茨克段铁路（1715 俄里）于 1893 年 5 月开建，1899 年竣工；梅索夫斯克站至斯列坚斯克的后贝加尔斯克铁路（1036 俄里）于 1900 年竣工。1900 年，西伯利亚大铁路长度已达 5062 俄里[①]，主路和辅路总计 12 条。环贝加尔湖铁路（246 俄里）是建设西伯利亚大铁路最艰难的路段，1899 年，沿贝加尔湖开始施工，1904 年竣工。1900 年，连接欧俄和远东地区的铁路正式通车，货物先由车里雅宾斯克运至斯列坚斯克（4143 俄里），然后换乘蒸汽轮渡过贝加尔湖（60 俄里），接下来换乘轮船沿石勒喀河和阿穆尔河运至哈巴罗夫斯克（2164 俄里），最后由乌苏里斯克铁路将货物从哈巴罗夫斯克运至符拉迪沃斯托克（718

① Соловьева А. М. Железнодорожный транспорт России во второй половине XIX в. М. ，Наука，1975. С. 255.

俄里）。1904 年，环贝加尔湖铁路建成后，历时 15 年的西伯利亚大铁路完全竣工。[1]

西伯利亚大铁路是人类历史上的壮举，工人用手工挖掘 1000 万立方米的土方，运送道砟用沙 80 万普特、石头和砖瓦 1 亿普特、水泥 650 万普特，建设完成 45 俄里的桥梁，其中 9 俄里为铁桥。铁路上铺设了 2000 多万普特的轨道、900 万根枕木，砍伐 4 万多俄亩森林，铁路建筑面积超过 7 万多平方俄丈。据统计，全长 5370 俄里（截至 1901 年）的西伯利亚大铁路的建设成本为 5.3 亿卢布，即每俄里约 10 万卢布，至 1903 年末西伯利亚大铁路总花费达 10 亿卢布。[2]

西伯利亚地区主要货物为农产品和畜牧产品。1897 年，西伯利亚大铁路向西部地区运送 1370 万普特粮食；1906 年，其运量达 3110 万普特。1895 年，西伯利亚地区向国际市场输送 5000 普特黄油；1905 年，其运量超过 200 万普特。采矿产品也是西伯利亚大铁路的主要运输的货物之一，1902 年，煤炭运输量达 750 万普特；1907 年，运输各种原料的价值达 1.3 亿卢布，运入工业产品价值为 2.1 亿卢布。乘客运输量也快速增加，1897 年，西伯利亚大铁路的乘客运送量为 60.9 万人次，1900 年、1905 年和 1912 年分别为 125 万人次、185 万人次和 300 万人次。[3] 西伯利亚大铁路的经济和战略意义突出，该铁路将西伯利亚地区纳入全俄市场范畴，推动该地区农业快速发展的同时，加速了东部地区工商业发展的步伐，亦是俄国在远东地区保持经济优势的重要保障。

（四）中亚铁路

19 世纪下半叶，俄国逐步吞并中亚各个汗国。俄国对中亚诸汗国垂涎已久，克里木战争期间俄国曾一度停止军事行动，战争失败后，俄国西方扩张战略受阻，开始向东方扩张。此时英国势力已渗入中亚地区，俄英两国开始在中亚地区博弈，俄国进军中亚的政治原因之一就是保障后方稳定。1847～1875年，俄国征服中亚三个汗国；1884 年，俄国军队一直推进至阿富汗边境，整个中亚地区尽数在俄国的股掌之中。历经数十载中亚大部分地区都被纳入俄国版图，政治版图统一加强了中亚与俄国内陆的经济联系，该地区铁路建设也被提

---

[1] 逯红梅：《1836—1917 年俄国铁路修建及其影响》，吉林大学博士学位论文，2017，第 157 页。

[2] Соловьева А. М. Железнодорожный транспорт России во второй половине XIX в. М.，Наука，1975. С. 256，257.

[3] Иркутский историко-экономический ежегодник. Иркутск.，Издательство ИГЭА，2001. С. 148.

上日程。

从 1880 年起，中亚铁路建设开启。1880 年秋，乌尊—阿达港口通向里海直抵中亚沙漠腹地至克孜勒—阿尔瓦特城的外里海铁路第一段的建设方案准备完毕，长度为 217 俄里。因英俄在阿富汗边境军事冲突加剧，克孜勒—阿尔瓦特—查尔朱全长 755 俄里的外里海铁路第二段的建设于 1885 年春天紧急开工。在外里海铁路梅尔夫—查尔朱线路建设的同时，由查尔朱至撒马尔罕的长度为 346 俄里的第三段铁路勘察工作也已展开，并于 1887 年夏天开始建设，1888 年 5 月竣工。1880～1888 年建成的外里海铁路（含里海至撒马尔罕路段）全长 1343 俄里，但因工期较短，铁路质量较差。

1896 年，外里海铁路的克拉斯诺沃茨克路段竣工。该铁路终点为克拉斯诺沃茨克港口。1895 年，撒马尔罕—塔什干—安集延铁路正式开工，该铁路开通后，外里海铁路可直接与里海各港口相连，后来外里海铁路与撒马尔罕—塔什干—安集延铁路线路合并，统一称作中亚铁路，含支线在内的中亚铁路的长度为 2354 俄里。中亚铁路具有重大的经济意义，它是连接中亚和欧俄地区的经济纽带，直接促进中亚地区经济发展。19 世纪 90 年代，建成的梯弗里斯—卡尔斯、博尔若米和奇阿土拉支线，也是中亚铁路的重要组成部分。1909 年，红库特—阿斯特拉罕铁路开工，至 1915 年，中亚铁路长度达 4700 俄里。[①] 虽然俄国政府修建中亚铁路的最初目的不是出于经济考量，而是保障俄国在中亚地区的政治优势，但该铁路还是促进了中亚地区工商业快速发展，使中亚与俄国内地的联系日趋紧密。

奥伦堡—塔什干铁路为俄国内陆地区与中亚地区联系的枢纽。20 世纪之前，俄国内地只有奥伦堡一个口岸与中亚相通，随着货物和旅客运输量的增加，环里海铁路已不能满足需求。1900 年，奥伦堡—塔什干铁路勘测和建设工作开始，该铁路分为南北两段：北段为奥伦堡—库别克路段；南段为库别克—塔什干路段。其全长为 1747 俄里。奥伦堡—塔什干铁路北段于 1905 年 6 月正式运行，南段于 1906 年 1 月 1 日通行，该铁路共有 106 个车站，铁路除涵盖中亚地区外，还连接伏尔加河下游萨马拉和乌拉尔地区的奥伦堡等地，军事和经济意义非凡。奥伦堡—塔什干铁路使中亚市场与俄国国内市场联系日趋紧密，中亚经济开发速度加快，中亚成为俄国的原材料供应基地和产品销售市场。

---

① История железнодорожного транспорта России. Т. 1. 1836 – 1917. . СПб., М., Изд-во Иван Федоров, 1994. C. 183.

奥伦堡—塔什干铁路促进了中亚地区的经济开发。1885～1904 年，奥伦堡—塔什干铁路沿线各省粮食播种面积增加了 93%，由 100 万俄亩增加到 193 万俄亩①；1906～1910 年，铁路运粮量达 4120 万普特，其中小麦为 3240 万普特。据统计，1901～1903 年，奥伦堡—塔什干铁路的小麦和小麦面粉的年均运量分别是 1080 万普特和 290 万普特；1908～1911 年，其年均运量分别为 1250 万普特和 930 万普特。② 奥伦堡—塔什干铁路对棉纺织工业也产生重要影响，奥伦堡为中亚棉花的中转站，中亚棉花经此处被运至伏尔加河沿岸地区和中部工业区。1909～1913 年，塔什干铁路共运输 2900 万普特棉花，年均运量为 580 万普特。1910 年，在奥伦堡交易所，棉花均价是 9 卢布/普特，棉花总价值共计 2.6 亿卢布。③ 奥伦堡—塔什干铁路在加速中亚和俄国国内市场商品流通的同时，促使该地区快速融入俄国市场。1905 年和 1911 年俄国铁路运输的货物种类不断增加，货流规模迅速扩大，具体数据见附表 12。值得一提的是，铁路除是运输货物的主力外，因其运速快、受气候因素影响较小等优势，也迅速成为客运的主力，1907～1911 年俄国铁路的客运和货运情况见附表 13。

19 世纪下半叶俄国工业化开启后出现两次铁路建设热潮：一次是 19 世纪六七十年代；另一次是 19 世纪 90 年代。20 世纪初铁路建设速度明显放缓，但建设规模也不容小觑。两次铁路建设热潮对俄国经济产生重要影响，加速了俄国商品流通速度，促进了俄国工农业的快速发展，带动了俄国冶金、机器制造和能源等重工业的发展，促进了全俄市场规模和容量的进一步扩大。此外，铁路在带动俄国经济发展的同时，降低了俄国对进口产品的依赖程度，将其工业革命由粗放式发展阶段推向集约型发展阶段。

---

① Воронов А. М., Цвирко О. В. Оренбуржье на подъёме. Челябинск., Южно-Уральское кн. изд-во, 1975. С. 81.

② Давыдов М. А. Очерки аграрной истории России в конце XIX-начале XX вв. М., РГГУ, 2003. С. 123.

③ Горюнов Ю. А. Воздействие ташкентской железной дороги на экономическую жизнь оренбуржья. . Диссертация на соискание ученой степени кандидата исторических наук. Оренбург., 2010. С. 146.

第三章　俄国其他交通运输方式

从 19 世纪初开始，俄国经济快速发展，资本主义生产关系已逐渐深入到各经济部门，对交通运输的要求不断提高。俄国各地区间的政治、经济和军事联系都要仰仗交通运输，除水路运输和铁路运输外，陆路运输（畜力运输）作用也不容忽视，其主要作用如下：一是虽然在俄国的社会经济发展过程中陆路运输的作用远逊色于水路运输和铁路运输，但其在维系国家政局稳定，保障经济发展、文化繁荣和军事稳定等方面的作用也不容小觑；二是部分商品的运输仍需仰仗陆路运输，弥补水路运输和铁路运输的不足；三是驿路的设置保证国家行政公文和信息的有效传递。远洋运输也是俄国交通运输体系的重要组成部分，其作用如下：一是推动国际贸易发展；二是加强与其他国家的政治经济联系；三是保障军事优势。此外，管道运输和航空运输作为新型运输方式的作用也不容忽视，因材料有限，本章仅对管道运输进行分析。

第一节　陆路运输概述

18 世纪初，四通八达的陆路交通网络就已经奠定，莫斯科逐渐成为陆路运输的中心。十条重要的道路交会于莫斯科：第一条路线可从莫斯科前往雅罗斯拉夫尔、沃洛格达和霍尔莫戈雷，终点为阿尔汉格尔斯克；第二条线路可从莫斯科前往罗斯托夫，此后向东经维切格尔，穿过乌拉尔和西伯利亚，终点为远东地区；第三条线路可由莫斯科前往弗拉基米尔、下诺夫哥罗德和阿斯特拉罕，终点为里海沿岸地区；第四条线路可从莫斯科前往科洛姆纳和梁赞；第五条线路可从莫斯科到达谢尔普霍夫、土拉和库尔斯克；第六条线路可由莫斯科到达卡卢加和基辅；第七条线路可由莫斯科抵达沃洛克拉姆斯克和勒热夫；第八条线路经莫斯科可前往莫扎斯克、维亚济马和斯摩棱斯克；第九条线路可由莫斯科前往特维尔和诺夫哥罗德；第十条线路可由莫斯科抵达德米特罗夫、卡申和乌斯丘克。

一　土路

古罗斯时期土路可连接基辅—佩列雅斯拉夫—顿河下游地区和基辅—第聂伯河—克里木地区，此时道路的特征如下：一是道路设施落后，很少得到修缮，时常泥泞不堪；二是因社会经济发展滞后，道路上车辆甚少；三是夏季货物运输工具主要是无轮托架，冬季多用雪橇。随着社会经济的发展，俄国政府开始修建土路，因资金匮乏，只能通过征税来筹资修路。

12 世纪初，弗拉基米尔·莫诺马赫曾下令征收修路税和修桥税；13 世纪，蒙古人征服基辅罗斯后重视道路修缮工作，金帐汗国时期四通八达的道路网基本建成，莫斯科公国在金帐汗国道路的基础上建立了俄国驿道，政府更加重视道路建设。《1497 年法典》中就有关于道路修缮和维护的相关条款，此时国家已开始关注交通状况。《1649 年法典》中规定，土地所有者有义务维护其领地内的桥、路和渡口。16 世纪，莫斯科公国设立了俄国历史上第一个运输机构——驿务衙门。17 世纪中叶，俄国主要道路已具雏形，主要线路为里弗内—鲍格杜霍夫—佩列科普、穆拉夫斯基、拉曼达诺夫斯基、帕赫努特采夫、卡里米乌斯、新卡里米乌斯、诺盖、巴卡耶夫和切尔内，但路况较差。南部地区主要道路为基辅—君士坦丁堡、基辅—斯摩棱斯克—华沙、苏梅—佩列科普—克里木，很少有道路铺设沙石，所以道路时常泥泞不堪，途经沼泽和小河路段用树枝和木板铺路。

随着俄国社会经济发展，莫斯科陆路完成与俄国北部、西北部、南部、西南部地区以及中亚和西伯利亚地区的陆路衔接，俄国陆路运输网络最终形成。18 世纪末，俄国共有 400 条重要的道路，长度达数千俄里，其中有 8 条线路最为重要：第一条是圣彼得堡大道，长度为 1033 俄里，连接莫斯科和圣彼得堡，途经特维尔和诺夫哥罗德，经过此线路还可到达瑞典边境；第二条为立陶宛大道，长度为 1064 俄里，由莫斯科通往立陶宛，途经斯摩棱斯克和布列斯特，通过此道路还可抵达柯尼斯堡、华沙、意大利、瑞士、西班牙和葡萄牙，从一定程度上说，它可被称为国际线路的延长线；第三条为西南部的基辅大道，总长度为 1295 俄里，可由莫斯科到达南俄的政治经济文化中心基辅，经此线路也可到达土耳其境内的霍京；第四条为白城大道，长度为 1382 俄里，以莫斯科为起点，终点为土耳其境内的杜博萨雷，途经奥廖尔、哈尔科夫、伊丽莎白格勒；第五条为沃罗涅日大道，长度为 1723 俄里，始于莫斯科，终点为格鲁吉亚的莫兹多克；第六条为阿尔汉格尔斯克大道，全长 2291 俄里，由莫斯科至科拉，途经雅罗斯拉夫尔、沃洛格达、申库尔斯克、霍尔莫戈雷、阿尔汉格尔斯克、奥涅加和凯姆等地；第七条为阿斯特拉罕大道，长度为 1972 俄里，经由莫斯科可到达莫兹多克，途经坦波夫、察里津、基兹利亚尔和莫兹多克等地；第八条为西伯利亚大道，全长 1784 俄里①，始于莫斯科，终点为叶卡捷琳堡，途经诺夫哥罗德、喀山和彼尔姆，此外该条道路还分出很多重要的支线，分别通往维亚特卡、萨拉托夫、辛比尔斯克和奥伦堡。

上述道路既具有经济意义，也具有政治和军事意义。此时，莫斯科和圣彼得堡的交通作用日益突出，逐渐成为俄国重要的交通运输中心。莫斯科道路状况上文已有所分析，圣彼得堡大道经维堡、芬兰通往瑞典边界，还可经涅瓦河通往俄国西部地区，亦可到达奥洛涅茨、奥涅加河和阿尔汉格尔斯克等地。18世纪，俄国主要畜力运输网络虽然已基本建成，但分布十分不平衡，主要集中于欧俄地区，除莫斯科外，圣彼得堡、斯摩棱斯克、白城、沃罗涅日、基辅、阿斯特拉罕、沃洛格达、阿尔汉格尔斯克、奥洛涅茨、下诺夫哥罗德、喀山、彼尔姆和叶卡捷琳堡等地也是重要的交通枢纽。俄国主要的道路集中于西部地区，而西伯利亚与中亚地区开发较晚，陆路运输相对滞后。

因俄国地域辽阔，人口众多，土路铺设困难，畜力运输发展十分缓慢。加上俄国各地区自然环境各异，道路运行工具也有较大差异，但马拉车形式较为普遍，冬季则广泛使用雪橇。17世纪前，俄国多用一匹马拉车和犁田，此后用数匹马拉车。俄国畜力运输的主要工具一直是雪橇和轮式马车，雪橇是俄国冬季的主要运输工具。18世纪至20世纪初，雪橇的构造和规格相差无几，农村雪橇主要有载货雪橇和载人雪橇，载人雪橇在外出做客、去教堂、去集市和举行结婚仪式时使用。多数载人雪橇外观和饰物漂亮，内部衬有呢子、粗麻布和皮革，随着时间的推移，载人雪橇样式有所改变。20世纪初之前，雪橇一直都是农村重要的交通工具。

俄国道路多为土路，修路和护路技术十分落后，春秋季节道路泥泞不堪，无法通行。俄国道路维护多在夏冬季节，究其原因如下：一是道路维护多依靠

① Марасинова Л. М. Пути и средства сообщения//Очерки русской культуры XVIII века. Т. 1. М．，Из-во МГУ，1985. С. 267.

农奴，春秋时节农民忙于农活；二是夏季道路路况差，通行车辆较少，便于修路；三是冬季虽然封冻，但可进行路基的处理工作。随着社会经济的发展，俄国政府开始关注道路修缮工作。1720 年，彼得一世下令修建圣彼得堡和莫斯科之间的土路，1746 年竣工。即便该道路时常被修缮，仍泥泞不堪，路况每况愈下。19 世纪初，此路已不能通行。为一劳永逸，俄国政府下令修建莫斯科—圣彼得堡公路，于 1817 年开始动工，1834 年竣工，耗时 18 年，全长 680 俄里，共花费 2250 万卢布。该道路的路基用石头夯实，路面用碎石铺设，沼泽地段路基用木板处理，上面铺设碎石。由于土壤成分复杂，该公路时常被损坏，需经常维修。①

俄国各条道路路况很糟糕，为改善路况，俄国政府开征实物修路差役，但此方法只能治标，道路的状况仍逐年恶化。政府责成当地居民免费修路，农奴长期不堪修路之劳。最早的修路方法为先在坑洼地段铺上数层柴束，在柴束上填土后再摆圆木，在圆木上再填土，但底层柴薪容易腐烂，夏季路面仍泥泞不堪。② 18 世纪 80 年代，政府开始用石头铺设道路，莫斯科—圣彼得堡—纳尔瓦的部分路段、诺夫哥罗德的若干路段都是石路。19 世纪 30 年代中期，为修缮道路，政府耗费大量人力和财力，冬季 5 个月内使用数百万人来保障俄国道路运输的畅通。

尽管土路运输网络不断扩大，道路运输能力仍十分有限。道路运输能力受制于自然环境，即地形、地势、土壤成分、天气情况、河流和沼泽分布等因素。为维护路况，俄国政府只能依靠农民修路，农民负担加重。18 世纪下半叶，参政院颁布法令，规定道路沿线村庄居民需定期维护道路，为此数百万名农民带着给养和马匹于春秋农忙时节放下手中的农活来完成此义务。对于畜力运输而言，运送货物最好的季节是冬季，但冬天经常出现深雪、积雪和薄冰等情况，所以运输能力受天气状况制约较大。

路况不佳影响行车速度。从莫斯科至基辅行车需要 2 周，从阿尔汉格尔斯克至沃洛格达耗时近 5 天，从莫斯科至阿尔汉格尔斯克需 10 天左右，从莫斯科

① Виргинский В. С. Возникновение железных дорог в России до начала 40 – х годов XIX в. М., Государственное транспортное железнодорожное изд-во, 1949. С. 244；张广翔、范璐祎：《19 世纪上半期欧俄河运、商品流通和经济发展》，《俄罗斯中亚东欧研究》2012 年第 2 期，第 55 页。

② 范璐祎：《18 世纪下半期—19 世纪上半期的俄国水路运输》，吉林大学博士学位论文，2014，第 11 页。

至斯摩棱斯克需3天，从莫斯科至汉堡需20天。夏季和冬季俄国中部地区陆路平均时速分别为7俄里和5俄里。[①] 路况较差导致货物运输缓慢，19世纪30年代，货物由阿斯特拉罕运至下诺夫哥罗德需3个月左右，由特维尔运至圣彼得堡需2个多月。在所有道路中，从圣彼得堡至皇村的道路路况最好，整条道路都用石块砌成，道路两侧设有排水沟，每隔一段路还安装有里程标，道路两旁还设有数千盏路灯。18世纪20年代初修建的圣彼得堡—纳尔瓦道路也是硬路面。随着西伯利亚地区政治经济意义加强，俄国政府加大了改善西伯利亚地区的交通运输状况的力度，在修建莫斯科—西伯利亚大道的同时也修建其他道路，但国家修建道路的主要目的是运送政府公文和输送军资。

俄国陆路运输落后引起了社会各界的关注。19世纪，此状况已严重制约社会经济发展。库图佐夫于1841年给沙皇尼古拉一世的奏折中写道："国内路况逐年恶化，哪怕极小的旱灾也会让圣彼得堡面临饥荒的威胁……路况较差只能依靠农民修缮，农民完全不能理解为什么每年都需修缮道路，道路为什么时常泥泞不堪，桥梁为什么春汛时节都被冲垮，夏天渡口为什么时常决堤。"[②] 交通运输滞后和物价昂贵导致俄国国内贸易混乱。因运费昂贵，俄国西部部分省份的乌拉尔铁制品价格高得离谱，严重制约经济发展。19世纪，俄国著名经济学家坚戈博尔斯基指出："尼古拉一世执政时期，铁制品价格高昂导致西部省份农民马匹挂不上掌，修建房屋时用木钉来代替铁钉，90%以上的车轮不包铁，连锹和耙子都用木头做成，只在边缘镶上薄薄的一层铁皮。"[③]

18世纪，俄国政府不断关注交通问题，道路仍主要依靠地方政府和村社来管理和维护。1833年，政府绘制俄国交通总图，将国家道路分为五级：一、二级为国道和一级公路；三、四级道路为驿路和省际公路；五级道路为农村和田间小路。一级国道包括6条主干道：圣彼得堡—莫斯科道路、莫斯科—下诺夫哥罗德道路、莫斯科—基辅道路、圣彼得堡—维捷布斯克—基辅道路、圣彼得堡—科夫诺道路和莫斯科—布列斯特—立托夫斯克道路。1835～1836年，斯摩棱斯克—里热斯克公路和莫斯科—下诺夫哥罗德公路开始建设，19世纪50年

---

① Марасинова Л. М. Пути и средства сообщения. //Очерки русской культуры XVIII века. Т. 1. М.，Из-во МГУ，1985. С. 272；张广翔、范璐祎：《19世纪上半期欧俄河运、商品流通和经济发展》，《俄罗斯中亚东欧研究》2012年第2期，第55页；范璐祎：《18世纪下半期—19世纪上半期的俄国水路运输》，吉林大学博士学位论文，2014，第11页。

② Соловьева А. М. Промышленная революция в России в XIX в. М.，Наука，1991. С. 27.

③ Соловьева А. М. Промышленная революция в России в XIX в. М.，Наука，1991. С. 27.

代初才完工。19 世纪 40 年代中期，因开始建设铁路，俄国公路建设规模急剧缩
减。1861 年农奴制改革后，公路建设长度几乎为零。1833～1855 年，俄国共建
成 6500 俄里公路。俄国公路密度远低于西欧各国，英国每平方俄里土地上的公
路长度是俄国的 15 倍，法国是俄国的 190 倍，德国是俄国的 90 倍。[①] 1912 年，
俄国各地区的公路长度和石路长度见表 3－1。

表 3－1　1912 年俄国各地区的公路长度和石路长度

单位：俄里

地区	公路长度		石路长度		总计	
	每万平方俄里土地内公路长度	每百万居民拥有的公路长度	每万平方俄里土地内石路长度	每百万居民拥有的石路长度	每万平方俄里土地内公路和石路长度	每百万居民拥有的公路和石路长度
欧俄地区 50 省	37.9	135.2	10.9	39.0	48.8	174.2
波兰	701.1	644.8	32.8	30.2	733.9	675.0
高加索	111.6	392.0	0.4	1.3	112.0	393.3
西伯利亚	—	—	—	—	—	—
中亚	0.4	13.1	—	0.1	0.4	13.2

资料来源：Россия 1913 год. Статистико-документальный справочник. СПб. ，Блиц，1995. С. 122.

　　随着铁路的大规模修建，畜力运输急剧衰落。为适应日益发展的交通运输
业，1865 年，俄国政府设立交通部，下设分支机构管理公路。19 世纪下半叶，
绝大多数土路归省、县和乡地方政府管辖，中央政府很少过问土路，大修铁路
时期鲜有官员关心公路修缮和土路维护问题。1864 年，省级公路和县级公路归
地方自治局管辖，设立专门基金修路和护路。1895 年，欧俄地区 49 省地方自治
局共管辖土路 11.9 万俄里，乡路 100.7 万俄里；1897～1903 年，近 4300 俄里
的国家级公路都交给地方自治局维护；1896～1901 年，地方自治局新修 2127 公
里沙石路；1911 年，俄国土路总长度为 300 万公里。[②]

　　1913 年，俄国（除芬兰外）的公路、石路和土路总长度约为 72.2 万俄里，
俄国陆路运输线路的具体长度见表 3－2。虽然俄国土路和公路路况较差，但其
社会经济意义不容忽视。

①　Соловьева А. М. Промышленная революция в России в XIX в. М. ，Наука，1991. С. 29.

②　Экономическая история России с древнейших времен до 1917 г. Энциклопедия. Том первой.
М. ，РОССПЭН，2009. С. 622.

表 3－2　1913 年俄国陆路运输线路具体长度（不含芬兰）

单位：俄里

各省和地区	公路长度	石路长度	土路长度	总计
1. 阿尔汉格尔斯克	—	—	2763.0	2763.0
2. 阿斯特拉罕	5.3	—	5067.5	5072.8
3. 比萨拉比亚	135.2	215.0	4649.0	4999.2
4. 维尔诺	340.8	14.9	24521.7	24877.4
5. 维捷布斯克	388.9	17.4	4620.3	5026.6
6. 弗拉基米尔	419.0	315.0	2401.0	3135.0
7. 沃洛格达	32.0	7.0	5980.8	6019.8
8. 沃伦	731.5	412.2	4225.0	5368.7
9. 沃罗涅日	132.7	7.2	6806.3	6946.2
10. 维亚特卡	174.0	—	3981.6	4155.6
11. 格罗德诺	1430.1	74.5	22057.4	23562.0
12. 顿河哥萨克军区	6.5	4.0	89361.5	89372.0
13. 叶卡捷琳诺斯拉夫	1285.0	75.0	3323.0	4683.0
14. 喀山	58.0	41.4	2281.3	2380.7
15. 卡卢加	285.6	199.0	1898.9	2383.5
16. 基辅	158.4	335.4	7135.9	7629.7
17. 科夫诺	343.7	28.3	6402.5	6774.5
18. 科斯特罗马	2.5	—	3625.9	3628.4
19. 库尔兰	168.9	0.3	16918.3	17087.5
20. 库尔斯克	225.3	18.7	1888.2	2132.2
21. 里加	305.9	16.1	11006.9	11328.9
22. 明斯克	329.1	64.4	5656.1	6049.6
23. 莫吉廖夫	780.3	68.2	18890.0	19738.5
24. 莫斯科	1681.1	436.9	1216.0	3334.0
25. 下诺夫哥罗德	54.8	264.5	3266.4	3585.7
26. 诺夫哥罗德	538.8	12.0	3965.3	4516.1
27. 奥洛涅茨	—	—	10406.0	10406.0
28. 奥伦堡	19.0	49.5	2266.9	2335.4
29. 奥廖尔	394.9	181.9	4561.3	5138.1
30. 奔萨	—	117.4	2216.3	2333.7

各省和地区	公路长度	石路长度	土路长度	总计
31. 彼尔姆	—	—	5542.3	5542.3
32. 圣彼得堡	1690.4	83.2	2291.3	4064.9
33. 波多利斯克	284.1	225.6	2266.4	2776.1
34. 波尔塔瓦	189.9	—	11369.4	11559.3
35. 普斯科夫	450.1	56.7	28234.2	28741.0
36. 梁赞	67.9	3.1	3681.9	3752.9
37. 萨马拉	24.0	51.5	7723.5	7799.0
38. 萨拉托夫	22.0	121.0	1932.5	2075.5
39. 辛比尔斯克	40.5	24.7	7246.5	7311.7
40. 斯摩棱斯克	337.3	21.0	2628.4	2986.7
41. 塔夫里达	945.9	2.7	10677.9	11626.5
42. 坦波夫	10.9	91.0	3266.1	3368.0
43. 特维尔	196.6	311.8	2526.8	3035.2
44. 土拉	641.3	8.8	17241.0	17891.1
45. 乌法	—	343.9	4002.0	4345.9
46. 哈尔科夫	134.3	10.4	4114.2	4258.9
47. 赫尔松	25.0	117.0	40835.0	40977.0
48. 契尔尼戈夫	375.8	185.6	3156.0	3717.4
49. 爱斯特兰	—	—	4530.0	4530.0
50. 雅罗斯拉夫尔	171.2	8.9	1469.9	1650.0
欧俄地区50省总计	16034.5	4643.1	448095.6	468773.2
51. 华沙	1408.9	104.0	496.9	2009.8
52. 卡利什	769.3	18.5	1966.4	2754.2
53. 凯尔采	554.0	5.9	947.0	1506.9
54. 沃姆扎	784.2	34.3	16502.8	17321.3
55. 卢布林	624.1	74.2	9211.5	9909.8
56. 彼得拉科沃	960.6	28.5	1114.1	2103.2
57. 普沃茨克	508.5	52.6	12450.9	13012.0
58. 拉多姆	777.6	14.4	7391.0	8183.0
60. 谢德尔采	747.8	51.0	8771.1	9569.9

续表

各省和地区	公路长度	石路长度	土路长度	总计
维斯瓦河沿岸各省总计	7135.0	383.4	58851.7	66370.1
61. 巴库	155.9	—	1466.0	1621.9
62. 巴统	261.9	—	73.6	335.5
63. 达格斯坦	106.3	—	663.5	769.8
64. 叶里萨维托波里	94.5	—	—	94.5
65. 卡尔斯	581.5	1.2	734.8	1317.5
66. 库班	105.4	—	141.5	246.9
67. 库塔伊斯	384.4	—	156.2	540.6
68. 苏呼米	127.5	—	93.8	221.3
69. 斯塔夫罗波尔	46.8	12.4	3279.4	3338.6
70. 捷列克	38.3	3.2	9817.7	9859.2
71. 第比利斯	1541.9	0.2	470.3	2012.4
72. 黑海沿岸各省	600.8	0.5	—	601.3
73. 埃里万斯卡亚	644.8	0.6	878.6	1524.0
高加索总计	4690.0	18.1	17775.4	22483.5
74. 阿穆尔	—	—	3059.0	3059.0
75. 叶尼塞	—	—	27328.0	27328.0
76. 外贝加尔湖	—	—	17665.0	17665.0
77. 伊尔库茨克	—	—	4282.0	4282.0
78. 堪察加	—	—	—	—
79. 滨海地区	—	—	—	—
80. 托博尔斯克	—	—	4620.0	4620.0
81. 托木斯克	—	—	44740.5	44740.5
82. 雅库茨克	—	—	6217.0	6217.0
83. 萨哈林	—	—	241.0	241.0
西伯利亚总计	—	—	108152.5	108152.5
84. 阿克莫林斯克	—	—	—	—
85. 外贝加尔湖地区	3.0	—	2164.5	2167.5
86. 撒马尔罕	—	—	107.0	107.0
87. 塞米巴拉金斯克	—	—	25731.2	25731.2
88. 谢米列奇耶	1.0	—	8848.4	8849.4

各省和地区	公路长度	石路长度	土路长度	总计
89. 达里诺	118.0	—	11288.3	11406.3
90. 图尔盖	—	—	1489.0	1489.0
91. 乌拉尔	—	—	1301.0	1301.0
92. 费尔干纳	9.0	1.3	5491.2	5501.5
中亚总计	131.0	1.3	56420.6	56552.9

资料来源：Россия 1913 год. Статистико-документальный справочник. СПб. ，Блиц，1995. C. 119 – 122。

此外，畜力运输还是运送军事物资的重要方式。1736 年，在俄土战争中，俄国就组建了 9 万辆马车组成的车队运输军资；1828～1829 年，在高加索军事行动中，俄国共动用了 1.4 万辆大马车、2.7 万辆牛车、2850 匹马、2000 头骆驼；克里木战争时期为给军队运送弹药，俄国政府征用了 13.2 万辆马车；1877～1878 年，俄土战争中征用了 35.4 万辆马车；1914～1918 年，第一次世界大战中畜力运输功不可没，仅 1916 年就有偿征用了 1.3 万辆马车，1917 年 9 月 1 日又征用了 276 万匹马。[①]

18 世纪，畜力运输工具不断完善。以城市为例，轿式马车、普通四轮大车、轻便马车、大车、带篷马车、四轮马车、双轮轻便马车、双轮车、雪橇和窄长雪橇等较为常见。上层人士钟爱城市轿式马车，因其运行异常平稳、舒适。部分轿式马车由俄国制造，部分从国外进口，轿式马车造价因车身大小和装饰程度的不同花费几百卢布至数千卢布不等。

冬季最常用的交通工具是雪橇。驿站雪橇用树皮或椴树皮制作，长度与人身高差不多，底部铺上厚厚的毛毡。行人躺在雪橇里，用大绵羊皮裹住身子，再盖上厚毛毡、呢子或者毛皮。各等级居民都喜欢乘坐雪橇游玩，他们都将雪橇装饰得很漂亮。18 世纪，畜力运输的主要牵引力是马，北部还用狗和鹿，南部还用牛。

二　驿路

1670 年，俄国主要驿路为莫斯科—里加—华沙、莫斯科—莫吉廖夫、莫斯

---

① Экономическая история России с древнейших времен до 1917 г. Энциклопедия. Том первой. М. ，РОССПЭН，2009. C. 622.

科—阿尔汉格尔斯克和莫斯科—斯摩棱斯克线路；至1725年驿路网不断扩大，新建莫斯科—阿斯特拉罕、莫斯科—沃罗涅日、莫斯科—基辅—白城、莫斯科—库尔斯克—苏梅、沃罗涅日—库尔斯克和雅罗斯拉夫尔—特维尔—维亚济马线路；1725～1762年，新建驿路为沃罗涅日—鲍古恰尔—切尔克斯克、莫斯科—叶卡捷琳堡—托博尔斯克、托木斯克—叶尼塞斯克—雅库茨克—鄂霍次克、托博尔斯克—秋明、雅库茨克—鄂霍次克海岸、奥姆斯克—伊尔库茨克—谢连金斯克—尼布楚和莫斯科—圣彼得堡线路。彼得一世时期建立了圣彼得堡与莫斯科之间、雷瓦尔与维堡之间的邮路，莫斯科可与基辅、别尔哥罗德、阿斯特拉罕通邮，此后又可与西伯利亚和南部地区通邮。18世纪末，所有省城以及诸多县城都可同首都通邮或彼此通邮。18世纪中叶，整个国家的邮路不过1.6万俄里；19世纪初，俄国已有3200家邮政所，饲养3.8万匹马，还建立了450家邮局。①

虽然土路路况长期较差，但驿站业务仍不断扩大。18世纪，每隔20～30俄里就设有驿站。驿站马车夫住在驿站附近的村子中，每名驿站马车夫饲养3～4匹马，此外，还需配备马车、雪橇、马鞍和套车用具。驿站由驿站衙门和各地驿站司书管理，圣彼得堡驿站衙门统管全国驿站事务。18世纪中叶，驿站衙门改组为驿站办公厅。

早期俄国邮政事务主要借鉴德国经验，甚至长时间用德语处理事务。所有寄交的信件按其目的地投递，18世纪末，形成稳定的邮寄时间表。圣彼得堡至里加、莫斯科、维堡、克里木、乌克兰等的邮件一周投递2次；至伊斯坦布尔的邮件一月投递1次；至喀琅施塔得和皇村的邮件一天投递1次。俄国邮局通过里加与欧洲各国建立了邮政联系，通过维堡与斯堪的纳维亚诸国建立了邮政联系。莫斯科至圣彼得堡和斯摩棱斯克的邮件一周投递2次；莫斯科至基辅、克里木、阿斯特拉罕、沃罗涅日、阿尔汉格尔斯克和西伯利亚的邮件一周投递1次。

19世纪初，俄国共有3240个邮站，但仍不能满足邮政业务需求。1820年，俄国成立第一家股份制马车旅客运输公司。该公司的主要业务是在莫斯科和圣彼得堡之间运输乘客的货物和邮件，公司创始人包括银行家施季格里茨、缅什

---

① Марасинова Л. М. Пути и средства сообщения. //Очерки русской культуры XVIII века. Т. 1. М.，Из-во МГУ, 1985. С. 280；范璐祎：《18世纪下半期—19世纪上半期的俄国水路运输》，吉林大学博士学位论文，2014，第12页。

科夫公爵、沃伦佐夫伯爵和古里耶夫伯爵等。此后该公司于基辅、哈尔科夫、敖德萨、里加、喀山和第比斯等地设立分支机构，专门负责信件和贵重货物运输。19世纪30年代初，圣彼得堡还出现旅客邮政马车，专门输送旅客和邮件，往返莫斯科—圣彼得堡线路的时间为4～4.5天，票价为12卢布。1821～1830年，公共载客马车运送旅客的数量为3.4万人，年均运输乘客3400人；1841年、1844年、1845年、1847年和1848年运送旅客的数量分别为4980人、1.0万人、1.3万人、2.4万人和3.8万人；1850～1855年，年均运输旅客的数量为6万人。1850年，俄国已有17条公共载客马车线路，总里程达10.4万俄里。①

19世纪，书信为俄国人最普遍的交流方式，俄国邮政系统不断完善。1830年，俄国政府将全国划分为13个邮政区，此后邮政区数量逐渐增加，至1885年，已增加至85个。第一批邮政机构专业人员于1799年产生，邮政系统官员长期由贵族担任，1861年农奴制改革后市民等级也获得进入邮政机构任职的权利。为更好地完善邮政系统，1833年和1845年，俄国政府分别于圣彼得堡和莫斯科设立城市邮局；19世纪中叶，俄国共有458所邮政机构；19世纪末，其数量增至4400所。② 随着社会经济的发展，邮局已不能满足通信需求，电报和电话逐步得到普及。

陆路运输网的形成虽然将俄国边疆地区纳入全俄市场范畴之中，亦促进了国内贸易的发展和工商业中心的形成，但俄国道路路况较差，春夏季节更是泥泞不堪，受自然条件制约较大。随着全俄市场的形成和商品经济的发展，畜力运输已经不能满足国内经济发展的需求，阻碍了各生产部门的发展，政府开始重视其他运输方式。

第二节　海上运输拉动对外贸易

俄国的内河运输与畜力运输相配合共同促进全俄市场规模和容量的迅速扩大，带动商品性农业发展的同时，拉动俄国工商业的发展，其社会影响也不容

---

① Экономическая история России с древнейших времен до 1917 г. Энциклопедия. Том первой. М. , РОССПЭН, 2009. С. 620；逯红梅：《1836—1917年俄国铁路修建及其影响》，吉林大学博士学位论文，2017，第19～20页。

② Кошман Л. В. Город и городская жизнь в России XIX стооетия. М. , РОССПЭН, 2008. С. 412.

忽视。如果说俄国内河运输促进国内贸易的发展，那么海上运输则拉动国际贸易的繁荣，将国内外市场连为一体，加强俄国商品在世界市场上的地位。俄国船只可经波罗的海抵达大西洋，亦可经南部港口抵达黑海、地中海和大西洋。因太平洋地区在俄国对外贸易中比重较低，笔者仅对波罗的海、黑海和亚速海地区的海运状况及其在俄国对外贸易中的作用进行简要分析。

一　俄国海上运输概述

海运是国家间商品交换和资源配置的重要手段，对社会经济发展产生重要影响。俄国获得波罗的海和黑海出海口后，国际贸易发展迅速。海上运输可加强国家间的经济联系，为本国商品开辟海外市场，同时也增加了财政收入，促进了国内生产要素的充分利用，优化了国内产业结构。海运最主要的特点有三个：一是海运的国际特征显著，是国家间政治经济交往的主要方式之一；二是海运与众多生产部门密切相关，带动诸多生产部门的发展；三是海运在一定程度上影响内河运输，二者共同推动工商业发展。为更好地阐释俄国海上运输规模，下面从波罗的海和里海出海口的获得以及海上贸易三个方面进行概述分析。

（一）俄国获得波罗的海出海口

获得波罗的海出海口是历代沙皇的梦想，彼得一世将此梦想付诸实践。彼得一世之前俄国虽然幅员辽阔，但没有优良的出海口，阿尔汉格尔斯克冬季封冻，严重制约了俄国对外贸易发展。南部黑海地区由土耳其人控制，奥斯曼土耳其帝国于顿河河口建立亚速夫要塞，俄军不能进入亚速海，第聂伯河河口由克里木鞑靼人控制，经常滋扰边境。基于以上原因，俄国急需打开通往欧洲的门户。

波罗的海位于斯堪的纳维亚半岛和欧洲大陆之间，可通往西欧和大西洋，拥有"北欧地中海"之称，一直是欧洲各国竞争的对象。波罗的海是俄国通往西欧最短的海上通道。1583年，立窝尼亚战争失败后沙皇只能将获得波罗的海出海口的梦想搁置。彼得一世执政后制定了获得波罗的海出海口的外交政策。俄国获得波罗的海出海口的主要阻碍是瑞典。三十年战争之后波罗的海沿岸的诸多重要港口都由瑞典掌控，瑞典是欧洲军事强国，当时陆军人数达15万人，海军战舰达42艘，商船和巡航舰更多。[1] 俄国军事实力远逊色于瑞典，因此必

---

[1]　王绳祖主编《国际关系史》（第一卷），世界知识出版社，1995，第168页。

须寻找军事同盟共同抗击瑞典。

1700 年 8 月 9 日，俄国向瑞典宣战，北方战争正式开始。北方战争从 1700 年开始，至 1721 年结束，历时 21 年。战争大致分为三个阶段：第一阶段为 1700 年 2 月至 11 月，俄军惨败；第二阶段为 1701～1709 年，彼得一世进行了军事改革，重组反瑞同盟，波尔塔瓦战役获胜后俄方获得战争主动权；第三阶段为 1709～1721 年，彼得一世在反瑞同盟的支持下取得了北方战争的最后胜利。

波尔塔瓦战役后彼得一世组建了新的反瑞同盟，俄国获得通往波罗的海的"钥匙"，即诺特堡，随后又控制涅瓦河，在涅瓦河河口建立堡垒，即圣彼得堡，1713 年，成为俄国的首都。北方战争结束后，俄国获得波罗的海出海口后，远洋运输和对外贸易迅速发展。

（二）俄国获得黑海出海口

叶卡捷琳娜二世通过两次俄土战争获得了黑海出海口，俄国的势力渗入黑海地区。1774 年 6 月，俄国将领鲁缅采夫率俄军强渡多瑙河，俄军于科兹卢贾击溃土耳其军队。鲁缅采夫的军队封锁舒姆拉、鲁什丘克和锡利斯特拉诸要塞，先锋部队越过巴尔干。土军接连失利，在外交上孤立无援，只能求和。1774 年，俄土两国签订《库楚克—凯纳吉条约》，根据该条约俄国占领亚速夫、克里木半岛的刻赤、叶尼卡尔、第聂伯河口的金步恩，以及第聂伯河和布格河之间的草原地带，黑海东岸的大、小卡巴尔特等地，俄国获得数个世纪以来梦寐以求的黑海出海口；克里木汗国脱离奥斯曼土耳其帝国，成为俄国附属国，为俄国吞并克里木汗国奠定了基础；俄国商船可在黑海自由航行，且可出入达达尼尔海峡和博斯普鲁斯海峡；俄国商人可在奥斯曼土耳其帝国境内自由通商，同时获得最惠国待遇，可在土耳其所有码头、港湾包括君士坦丁堡在内的一切港口停靠。

《库楚克—凯纳吉条约》签订后俄国获得梦寐以求的黑海出海口，为吞并克里木汗国做好准备，也为俄国进一步向巴尔干半岛和近东地区扩张奠定基础。1792 年，俄土双方签订《雅西条约》，重新确定《库楚克—凯纳吉条约》，土耳其承认俄国吞并克里木汗国，将布格河南部与德涅斯特河之间的黑海北岸地区，以及奥恰科夫要塞割让给俄国，俄土边界推进至德涅斯特河沿岸。俄国获得南方出海口后，取代奥斯曼土耳其帝国成为黑海的霸主。

俄国获得出海口后，分别于波罗的海和黑海海域设立海军基地，18 世纪末，俄国军舰吨位居世界第三，仅次于英国和法国，海军实力的巩固促进了俄国商品经济发展。为保障外交和经济优势，俄国政府开始在丹麦、瑞典、英国、法国、比利时、意大利、奥地利、西班牙、葡萄牙、达尔马提亚、撒丁、西西里、那不勒斯、巴西、土耳其、阿尔巴尼亚、叙利亚、埃及和波斯等地区设立领事馆。

（三）俄国远洋贸易概述

1812 年，俄土两国签订《布加勒斯特条约》后，俄国获得黑海沿岸喀山和苏呼米海段；1813 年，《古利斯坦和约》签署后，俄国逐渐吞并格鲁吉亚与阿塞拜疆北部。上述条约都对俄国远洋贸易产生了重要影响。1829 年，俄土两国签订《亚得里亚堡和约》，俄国在黑海沿岸的势力得以巩固；1833 年，俄土两国签订《温卡尔—伊斯凯莱西条约》，俄国军舰获得通过达达尼尔海峡的权利，在取得军事优势的同时，对俄国工商业发展也具有重要作用。克里米亚战争失败后，俄国虽然在黑海地区丧失军事主导权，但商业优势仍在。《亚得里亚堡和约》签订后俄国与波斯、土耳其的双边贸易迅速发展，俄国商品开始在上述地区销售。19 世纪中叶，西欧商品迅速占领东方市场，俄国与东方国家的贸易开始衰落，虽然俄国粮食种植面积不断增加，粮食商品率提高，顿河流域诸多地区、北高加索地区、乌克兰南部地区都被开垦，但仍不能弥补国际贸易的赤字。早期英国是俄国粮食的主要进口国，19 世纪中叶，英国开始在巴尔干地区大量采购粮食，敖德萨、赫尔松和塔甘罗格等港口的粮食大量剩余。

18 世纪，俄国的海外贸易由外国人掌控，为扶持本国工商业发展，俄国政府采取了诸多措施。如 19 世纪二三十年代，俄国海军上将格林克负责尼古拉耶夫和塞瓦斯托波尔港口海军事务，为保障本国利益进行改革，采取的主要措施如下：一是在黑海港口建立造船厂；二是改善港口基础设施建设；三是改善航运技术，在港口设立天文台和研究院，并在黑海首次使用锚链、排水泵、舷窗、传话筒、信号灯和电报等设施，用玻璃灯取代云母信号灯。随着港口军事实力的不断增强，俄国政府也开始组建商业舰队。1826 年，商人向财政大臣坎克林建议组建海上贸易舰队。社会各界对该建议的关注度不断提高，呼吁加强港口的基础设施建设，改善航运技术，培养本国技师。为获得贸易优势，有识之士的主要建议有以下三点：一是禁止外国人在俄国海域从事航海业务；二是因俄国航海技术落后，货流量和船只航行速度远逊于其他国家，呼吁政府对外国船只征收重税；三是禁止外国船只向俄国输送工业品，增强本国产品的竞争力，但允许俄国从西班牙、埃及、墨西哥和南美等地运进原材料。

19 世纪上半叶,远洋贸易规模在全俄贸易总量中的比重下降。1802 年和 1804 年远洋贸易货物交易量分别占俄国对外贸易总量的 78% 和 88%,19 世纪中叶为 63%。即便如此,19 世纪 30~50 年代,俄国海上贸易额仍增长 1.5 倍[1],本国商船队可在各港口直接进行东西方转口贸易,东方商品可经黑海各港口运往欧洲,西欧商品亦可经过俄国海港运至波斯、希瓦汗国和布哈拉汗国。

具体而言,俄国出口粮食大都通过海运运至国际市场。主要出口港口有两处:一是北部的波罗的海沿岸各港口;二是南部黑海和亚速海港口。在所有出口货物中,粮食所占比重最高,其次是大麻、亚麻和油脂等货物,金属制品的出口量急剧减少,究其原因为英国、德国、法国和美国的铸铁产量大增,乌拉尔冶金工业迅速衰落。具体而言,1800 年和 1850 年,俄国商品在世界市场上的占比分别为 3.7% 和 3.6%。1846~1848 年,俄国货物的主要出口国为英国,运至英国的货物占俄国出口货物总量的 37.0%,以原材料为主,如粮食、亚麻、大麻、毛线和皮革等。[2] 1846~1848 年俄国对外贸易规模详情见表 3-3。

表 3-3　1846~1848 年俄国对外贸易规模

单位:百万卢布,%

国家	出口额	进口额	进出口总额	出口至如下国家的货物占俄国出口货物总量的比重	从如下国家进口货物占俄国进口货物总量的比重	与如下国家的贸易量在俄国进出口货物总量中的占比
英国	59.3	37.2	96.5	37.0	29.2	33.6
德国	12.8	20.0	32.8	8.0	15.7	11.4
法国	16.6	11.7	28.3	10.4	9.2	9.8
中国	9.7	9.7	19.4	6.1	7.6	6.7
荷兰	8.2	9.4	17.6	5.1	7.4	6.1
丹麦	17.0	0.4	17.4	10.6	0.3	6.0
土耳其	8.4	6.0	14.4	5.2	4.7	5.0
意大利	8.2	3.8	12.0	5.1	3.0	4.2

---

① Истомина Э. Г. Водный транспорт России в дореформенный период (Историко-географическое). М. , Наука, 1991. С. 97.

② Хромов П. А. Экономика России периода промышленного капитализма. М. , Изд-во ВПШ и АОН при ЦК КПСС, 1963. С. 173.

国家	出口额	进口额	进出口总额	出口至如下国家的货物占俄国出口货物总量的比重	从如下国家进口货物占俄国进口货物总量的比重	与如下国家的贸易量在俄国进出口货物总量中的占比
奥地利	6.5	4.2	10.7	4.1	3.3	3.7
美国	2.6	6.3	8.9	1.6	4.9	3.1
西班牙和葡萄牙	0.7	3.7	4.4	0.4	2.9	1.6
瑞典和挪威	2.2	2.1	4.3	1.4	1.6	1.5
其他国家	8.1	13.0	21.1	5.0	10.2	7.3
总计	160.3	127.5	287.8	100.0	100.0	100.0

资料来源：Хромов П. А. Экономика России периода промышленного капитализма. М.，Изд-во ВПШ и АОН при ЦК КПСС，1963. C. 175。

19 世纪初，在俄国进口货物中，棉纺织品、毛纺织品和丝织品的进口量约占进口货物总量的 1/3，但随着俄国纺织工业发展，纺织品的进口量逐年减少，机器和工业制成品的进口量大幅增加。此时，俄国对外贸易以海运为主，从 19 世纪中叶开始，西部边境的商品运输量也快速增加。1802 年，在各港口到港船只中俄国船只所占比例仅为 7.2%，英国和德国分别为 25.8% 和 26.5%。1850 年，上述三国船只的占比分别为 16.6%、27.5% 和 10.5%。[①] 1802 年和 1850 年俄国各港口到港各国船只的比例见表 3 - 4。

表 3 - 4　1802 年和 1850 年俄国各港口到港各国船只比例

单位：%

国家	1802 年	1850 年
英国	25.8	27.5
德国	26.5	10.5
俄国	7.2	16.6
瑞典和挪威	11.8	3.9
丹麦	9.5	2.2
土耳其	10.9	13.0

① Хромов П. А. Экономика России периода промышленного капитализма. М.，Изд-во ВПШ и АОН при ЦК КПСС，1963. C. 177.

续表

国家	1802 年	1850 年
意大利	–	4.4
法国	0.4	1.8
荷兰	5.2	6.5
其他国家	2.7	13.6
总计	100.0	100.0

资料来源: Хромов П. А. Экономика России периода промышленного капитализма. М. , Изд-во ВПШ и АОН при ЦК КПСС, 1963. С. 177。

　　1858 年，俄国商船队共有船只 1042 艘，总吨位为 8.5 万吨；同期美国商船队船只数量为 3.8 万艘，总吨位为 600 万吨；英国商船队船只数量为 3.7 万艘，总吨位为 550 万吨。[①] 俄国船只的数量和吨位数远远落后于西方国家。19 世纪下半叶，黑海和亚速海海域货物出口量迅速增长，随着南部地区社会经济发展，黑海和亚速海各港口成为大型商品的中转地和粮食交易港口。俄国的主要贸易对象为欧洲国家。19 世纪中叶，俄国与西欧国家的贸易额占俄国进出口贸易总额的 85% 和 88%。俄国主要出口货物为粮食，其中，小麦数量最多。19 世纪中叶，在俄国的出口货物中，粮食所占的比例为 20%。[②] 俄国商品主要出口至荷兰、英国、普鲁士、奥地利和北欧诸国。俄国进口货物的种类如下：一是原料，如棉花、棉纱、生丝和纺织染料；二是奢侈品，如葡萄酒、水果、咖啡、糖和轻工业制品等。值得一提的是，从 19 世纪 40 年代起，俄国对机械产品的需求量大幅增加，亚洲部分国家成为俄国工业品的主要销售市场。

　　波罗的海各港口的对外贸易最为发达。19 世纪初，在到港的 3710 艘国外船只中，波罗的海各港口的到港船只的数量为 2786 艘，黑海和亚速海到港的船只数量为 706 艘。随着粮食出口量的增加，黑海和亚速海的船只数量不断增加。1850 年，在到港的 6560 艘船中，波罗的海沿岸各港口、黑海和亚速海到港船只

[①]　Истомина Э. Г. Водный транспорт России в дореформенный период (Историко-географическое). М. , Наука, 1991. С. 96；Эртель. Опыт статистического обзора русского коммерческого флота в 1857 г. //Морской сборник, 1860. № 9. С. 435.

[②]　Истомина Э. Г. Водный транспорт России в дореформенный период (Историко-географическое). М. , Наука, 1991. С. 98.

的数量分别为 3423 艘和 2590 艘。[1] 20 世纪，黑海和亚速海货物出口量激增，进口货物量的占比也开始提升。1915 年俄国各海域到港船只情况见表 3 - 5。

表 3 - 5 1915 年俄国各海域到港船只情况

单位：%

海域	到港船只比例	船只容量比例
波罗的海	47.8	38.3
黑海和亚速海	27.9	44.9
白海和北冰洋地区	7.4	6.1
里海	7.1	3.2
多瑙河	5.9	1.3
太平洋	3.9	6.2
总计	100.0	100.0

资料来源：Россия 1913 год. Статистико- документальный справочник. СПб. , Блиц, 1995. С. 139。

20 世纪初，俄国国内外贸易快速发展，贸易从业人员达 200 万人。1913 年，俄国国内货物流通额增长 1.5 倍，达 180 亿卢布，对外贸易额为 26 亿卢布。俄国出口货物总量中粮食出口量的占比为 44%，畜牧产品出口量占比为 22%，出口货物中工业品价值占比仅为 10%，且主要出口至东方国家。

20 世纪初，俄国为世界粮食市场的主要供货者，进口的商品主要为纺织原料（如棉花、羊毛和丝绸）、机器和设备等，主要的贸易对象仍是德国和英国，与两的对外贸易额分别占俄国对外贸易总额的 30% 和 20%。[2] 19 世纪末 20 世纪初，海运仍是俄国对外贸易的主要方式之一，此时俄国主要的出口港口分布于波罗的海、黑海和亚速海、里海、白海等海域，上述港口的进口货物量占比分别为 70.4%、22.3%、6.8% 和 0.5%；出口货物量占比分别为 43.6%、50.5%、2.9% 和 3%。[3] 由此可知，20 世纪初，俄国南部海运十分繁荣，出口货物中粮食的占比最高，与 19 世纪初不同的是，此时黑海和亚速海各港口的粮食出口量超过波罗的海沿岸各港口，成为粮食出口的主力。1861～1900 年俄国

---

① Хромов П. А. Экономика России периода промышленного капитализма. М. , Изд-во ВПШ и АОН при ЦК КПСС, 1963. С. 177 – 178.

② Федоров В. А. История России. 1861 – 1917. М. , Высшая школа, 1998. С. 192.

③ Хромов П. А. Экономика России периода промышленного капитализма. М. , Изд-во ВПШ и АОН при ЦК КПСС, 1963. С. 203.

粮食出口规模见表 3 - 6。

表 3 - 6　1861 ~ 1900 年俄国粮食出口规模一览

单位：百万卢布，百万普特

时间（年）	出口价值	出口量
1861 ~ 1865	60.3	86.2
1866 ~ 1870	104.8	135.8
1871 ~ 1875	179.9	199.6
1876 ~ 1880	291.1	286.5
1881 ~ 1885	309.6	303.5
1886 ~ 1890	342.6	420.7
1891 ~ 1895	306.3	441.1
1896 ~ 1900	322.8	444.2

资料来源：Хромов П. А. Экономика России периода промышленного капитализма. М.，Изд-во ВПШ и АОН при ЦК КПСС，1963. С. 205。

除粮食外，在俄国出口的货物中，大麻、亚麻和毛纺织品所占的比例最高。值得一提的是，纺织品的出口量大幅增加。此时，俄国出口的货物仍以海运为主导，主要出口港口仍是波罗的海、黑海和亚速海各港口；西部边境的货物出口量也逐步增加，主要出口至德国和奥匈帝国等。1896 ~ 1898 年，俄国出口至各国的商品价值见表 3 - 7。

表 3 - 7　1896 ~ 1898 年俄国出口至各国的商品价值

单位：百万卢布，%

商品出口国	出口货物价值	出口至如下国家的货物价值占俄国商品出口总值的比例
德国	179.6	25.1
英国	150.6	21.1
荷兰	76.8	10.7
法国	63.5	8.9
意大利	40.8	5.7
奥匈帝国	37.1	5.2
土耳其	13.9	1.9
丹麦	9.4	1.3
瑞典和挪威	12.9	1.8

续表

商品出口国	出口货物价值	出口至如下国家的货物价值占 俄国商品出口总值的比例
中国	5.8	0.8
西班牙和葡萄牙	5.6	0.8
美国	2.4	0.3
其他国家	117.6	16.4

资料来源：Хромов П. А. Экономика России периода промышленного капитализма. М. ，Изд-во ВПШ и АОН при ЦК КПСС，1963. С. 211。

20 世纪初，俄国 52% 的商品进口和 70% 的商品出口都是通过海运实现的①，远洋运输对俄国对外贸易的影响毋庸置疑。20 世纪初俄国海运贸易规模、船舶种类、载重量等信息见附表 14 至附表 24。

二 俄国海运商船队和主要港口货流量

海运商船队是俄国最主要的贸易工具，商船队船只数量和载重量是衡量各港口贸易规模的重要指标之一。俄国海上贸易船队主要集中于北海、波罗的海、黑海、亚速海和里海海域，借助内河线路与俄国内陆地区连为一体。各海域贸易规模受制于自然条件和远洋船只通航状况，波罗的海是俄国通往欧洲北部、西北部和大西洋的门户，亦是 19 世纪初俄国最发达的贸易港口。随着南部地区经济地位的不断提升，南部各港口贸易量也迅速增加。北部海域捕鱼业发达，阿尔汉格尔斯克在俄国对外贸易中的地位也不容小觑。19 世纪末，随着高加索石油工业的崛起和中亚地区工商业的发展，里海各港口的贸易额与日俱增。

（一）俄国主要海运商船队

北部海域很早就被开发，但因地理位置和自然条件的影响，后期全部贸易转移至波罗的海海域。18 世纪上半叶，北部海域地位日趋下降。俄国获得黑海出海口后，在各海域都成立军事和商业船队，对外贸易规模急剧扩大。

19 世纪，俄国海运商船队的船只结构不断更新。总体而言，19 世纪上半叶，商船队的船只已从木制帆船向配有蒸汽动力装置的金属船只过渡，蒸汽机船的大规模使用更是推动了俄国造船业和航海技术的发展。工商业发展和资本主义生产关系的确立都要求开展交通运输革命，冶金工业和机械制造业崛起带

---

① Россия 1913 год. Статистико-документальный справочник. СПб. ，Блиц，1995. С. 136.

动了造船业的发展，铁制船体最终代替木制船体，船只排水量不断增加。与木制帆船相比，蒸汽机船的优点有三个：一是排水量增加，19 世纪 50 年代，蒸汽动力船的排水量达 1.9 万吨，而大型海运帆船排水量仅为 3000 吨；二是轮船航行速度加快，蒸汽动力船的航行速度为 37 公里/时，大型帆船的航行速度为 22 公里/时①；三是船只结构不断升级，蒸汽动力船配备锚、起重装置、舵和牵引设备，并设有供暖和通风系统。即便如此，19 世纪末，帆船仍是俄国海运的中坚力量，帆船可实现远洋航行，船只可到达巴西、美国和非洲大陆南岸。

远洋船只分类。就用途而言，船只可分为沿海航行船只和远洋航行船只，本部分仅对远洋航行船只进行分析。17 世纪至 18 世纪初，远洋航行船只体积不断增大，船只在长度和宽度、帆的高度和装备配置、桅杆和帆的数量方面都有所改进，船只帆体装备更加完善，船头更尖。1818 年，圣彼得堡造船厂生产船只的种类如下：一是带有 2～3 个桅杆和巡航舰索具的商船；二是带有 2 个桅杆和快艇索具的运输船只；三是带有 2 个桅杆和快艇索具或双桅纵横帆索具的大型船只；四是带有 2 个桅杆的海运帆艇。19 世纪，远洋航行船只主要由俄国北部和西北部地区的造船厂建造，船只由松木和云杉木制成，一般使用期限为 7 年，维修后还可再使用 5 年。黑海、亚速海和里海的远洋航行船只多用橡木和松木建造，船只使用期限较长，可航行 8～11 年。

因各地的自然条件、社会经济和民族特征各异，各海域的船只类型也各具特征。波罗的海航运相对发达，船只类型多样，在里加码头、温道码头和利巴瓦码头上，除停泊双桅横帆船、轻巡航战舰、三桅战船和平底木驳船外，汽艇、纵帆船、纵帆船—双桅横帆船和纵帆船—平底木驳船等也十分常见。北部海域最大的造船厂为彼拉德造船厂，俄国航行至南美洲诸港口的船只就由该工厂生产。19 世纪上半叶，北部海域常见的船只为纵帆船、大船、早春海船、运盐帆船和霍尔莫戈雷货运帆船等，通常船只在海上可航行 10～20 年，精心维护的话可使用 30 年。19 世纪中叶，北部海域主要航行船只为三桅巡洋舰、远洋帆船、双桅横帆船等。1859 年，白海帆船舰队由 1294 艘船组成。②

黑海舰队的主要船只为双桅横帆船、纵帆船—双桅横帆船，船只多用于远

---

① Истомина Э. Г. Водный транспорт России в дореформенный период（Историко-географическое）. М.，Наука，1991. С. 108.

② Истомина Э. Г. Водный транспорт России в дореформенный период（Историко-географическое）. М.，Наука，1991. С. 115.

洋航行，载货量多为 15～20 吨。亚速海上的远洋航行船只多为双桅横帆船、纵帆船或快艇，沿海航行船只多为快艇、双桨或四桨的小艇和渔船等，大型船只的使用期限是 9～12 年。里海海域的船只种类众多，主要为大型运输帆船、小型运输帆船、纵帆船、双桅横帆船、双桅纵帆船和三桅巡洋舰，也包括一些小渔船和家用船只。1850 年，里海海域的科斯皮贸易运输舰队由 93 艘航海船组成；海上捕鱼船队由 33 艘船组成，包括 3 艘双桅横帆船、1 艘单桅帆船、5 艘（二桅或三桅的）纵帆船、3 艘小艇、1 艘运输船、1 艘两端尖的大木帆船、1 艘货船、9 艘驳船、6 艘轮船和 3 艘其他船只。①

从 19 世纪 20 年代开始，各海域轮船的数量逐年增加。1825 年，北部海域出现了俄国第一艘轮船，发动机功率为 60 马力，该船由阿斯特拉罕造船厂制造；至 1829 年，俄国造船厂共生产轮船 12 艘。1849 年，俄国第一艘载人轮船出现于阿尔汉格尔斯克至索洛韦茨基群岛航线上。就西北部海域而言，波罗的海海域的圣彼得堡至喀琅施塔得航线的第一艘轮船出现于 1816 年，轮船由圣彼得堡至喀琅施塔得要航行 8.5 小时，轮船航速快，受到社会各界的一致好评。1820 年，圣彼得堡—喀琅施塔得航线已有 5 艘轮船。1850 年，波罗的海海域已有 13 条固定轮船航线，可连接圣彼得堡、俄国主要内陆城市和国外重要港口。轮船在波罗的海海域大规模使用后，其他海域也出现轮船，各海域的货流量迅速增加。19 世纪下半叶至 20 世纪初，俄国海运船只种类繁多，主要船只类型为客运—邮政船只、客运—货运船只、货运船只、拖曳船只、救生船和破冰船等。1914 年，各海域蒸汽动力船只的构成情况见表 3－8。

表 3－8　1914 年各海域蒸汽动力船只构成情况

单位：艘，千普特

船只构成情况	白海	波罗的海	黑海和亚速海	太平洋	里海	所有海域
客运—邮政船只						
数量	1	9	37	—	12	59
登记吨位容量	176	485	29156	—	4015	33832
载重量	3	19	2014	—	147	2183

---

① Истомина Э. Г. Водный транспорт России в дореформенный период（Историко-географическое）. М.，Наука，1991. С. 114.

续表

船只构成情况	白海	波罗的海	黑海和亚速海	太平洋	里海	所有海域
客运—货运船只						
数量	23	64	86	15	54	242
登记吨位	7869	47124	83266	16123	21080	175462
载重量	576	4617	7832	1206	1560	15791
货运船只						
数量	26	71	156	6	24	283
登记吨位	3622	61816	107643	357	7431	180869
载重量	453	8673	14918	402	680	25126
液货船和货运—液货船						
数量	—	1	7	—	112	120
登记吨位	—	1246	5853	—	74526	81625
载重量	—	180	725	—	7244	8149
拖曳船只、救生船和破冰船						
数量	20	98	127	17	50	312
登记吨位	563	2237	4908	203	4002	11913
载重量						
所有蒸汽动力船只总计						
数量	70	243	413	38	252	1016
登记吨位	12230	112908	230826	16683	111054	483701
载重量	1032	13489	25489	1608	9631	51249

资料来源：Россия 1913 год. Статистико-документальный справочник. СПб. ，Блиц, 1995. С. 137。

　　19 世纪末 20 世纪初，俄国对外贸易中海运仍独占鳌头，海运商船队集中于波罗的海、黑海和亚速海等港口，因输油船队的船只数量不断增加，里海地区贸易也十分繁荣。诺贝尔兄弟集团控制里海地区的石油运输业务。1877 年，里海第一艘油罐船就属诺贝尔兄弟集团所有，此后油罐船数量不断增加。1879年，该公司船只数量增长至 69 艘，包括 12 艘大型远洋油轮和 10 艘小油轮，在伏尔加河流域还具有数艘铁制平底船和 32 艘木制驳船。[①] 1880 年，诺贝尔兄弟集团建造了两艘长度为 75 米的铁制平底船，载重量为 3.5 万普特；1881 年，又

---

① Наниташвили Н. Л. Экспансия иностранного капитала в Закавказье（конец XIX-начало XX
вв. ）. Тбилисск. ，Издательство Тбилисского университета，1988. С. 83.

从瑞典订购两艘长达 85 米的铁制平底船，诺贝尔兄弟集团打算通过垄断石油运输业务来巩固其在俄国石油市场上的地位。1881 年，诺贝尔兄弟集团建造两艘油罐船，船只载重量达数万普特。1882 年，里海海域还出现了瑞典制造的蒸汽油轮；1897 年又出现了双螺旋桨油轮，油轮开始得到大规模使用。至 1908 年，伏尔加河上共有 117 艘铁制平底船，平均容量为 18.5 万普特[①]，船只大部分属诺贝尔兄弟集团所有。1910 年，诺贝尔兄弟集团共有 238 艘船，其中包括 185 艘非蒸汽油罐船和 53 艘蒸汽油罐船，该公司石油产品运输量也由 1874 年的 1000 万普特增至 1904 年的 3.2 亿普特。[②]

因巴库油田近七成石油产品都由里海经伏尔加河水路运至全国各地，所以，分析里海输油船队十分必要。巴库地区石油需大量外运，因高加索地区铁路建设滞后、石油管道于 19 世纪末才开始建设，最初巴库石油外运以水路为主，主要沿里海经阿斯特拉罕运至国内各港口。巴库地区近 80% 的石油都需外运，而绝大部分石油产品沿里海运至伏尔加河流域。[③] 随着石油运输量的逐年增加，里海输油船队诞生。最初里海输油船队的船只以帆船为主。1889 年，里海输油船队中帆船和蒸汽油轮的数量分别为 275 艘和 28 艘，总容量达 100 万普特，但仍不能满足石油运输的需要。[④] 蒸汽油轮因载重量大、运输速度快获得运输公司的青睐。19 世纪 90 年代，里海运油船队中帆船数量迅速减少，蒸汽油轮数量急剧增加。1894 年，里海输油船队已有 95 艘蒸汽船、251 艘帆船，船只数量仍在增长[⑤]；1898 年，里海输油船队又增添 8 艘大型油轮，其容量为 60 万普特；1900 年，里海输油船队中蒸汽油轮作用更加突出，里海石油产品运输业务中蒸

① Лисичкин С. М. Очерки по истории развития отечественной нефтяной промышленности. （дореволюционный период）. М. , Государственное научно-техническое издательство, 1954. С. 316；Ахундов В. Ю. Монополистический капитал в дореволюционной бакинской нефтяной промышленности. М. , Изд-во социально-экономической литературы, 1959. С. 21.

② Мавейчук А. А. , Фукс И. Г. Иллюстрированные очерки по истории российского нефтегазового дела. Часть 2. М. , Газоил пресс, 2002. С. 21.

③ Самедов. В. А. Нефть и экономика России（80 – 90-е годы XIX века）. Баку. , Элм, 1988. С. 52.

④ Самедов. В. А. Нефть и экономика России（80 – 90-е годы XIX века）. Баку. , Элм, 1988. С. 55 – 56.

⑤ Наниташвили Н. Л. Экспансия иностранного капитала в Закавказье（конец XIX-начало XX вв. ）. Тбилисск. , Издательство Тбилисского университета, 1988. С. 84.

汽油轮和帆船的货物运量占比分别为 91.3% 和 8.7%。[1] 至 1899 年 1 月，里海输油船队共有 334 艘输油船，容量为 825 万立方俄尺；蒸汽油轮数量为 129 艘，容量为 463 万立方俄尺；帆船数量为 205 艘，容量为 362 万立方俄尺。蒸汽油轮容量约占总容量的 56.1%，但其数量占比仅约为 38.6%。[2] 1903 年，蒸汽油轮数量仍明显低于帆船数量，但其容量为 200 万立方俄尺，占船只总容量的 65.5%，蒸汽油轮已成为运输石油产品的主力，帆船作用日渐萧条。[3]

据统计，1914 年 1 月，俄国贸易船队共有 1103 艘蒸汽动力船只和 2597 艘帆船，蒸汽动力船只的净吨位为 52.6 万吨，非蒸汽动力船只的吨位为 25.7 万吨，虽然蒸汽动力船只的数量占比为 29.8%，其吨位占比却为 67.2%。船队船只的总价值为 1.7 亿卢布，帆船的价值仅为 1610 万卢布。蒸汽动力船上的工作人员为 1.9 万人，非蒸汽动力船上的工作人员为 1.3 万人。1905~1914 年，蒸汽动力船只的数量增长 32.1%、容量增加 41%、载重量增加 53.3%、船只价值增加 34.6%，同比帆船分别增加 3.2%、6.9%、5.7% 和 −4.1%。[4]

（二）俄国主要海港的贸易规模

19 世纪上半叶里海北部、东北部和西北部地区都纳入俄国版图，里海对维系俄国在外高加索地区的优势，加强欧俄地区、高加索地区与中亚的联系具有重要作用。19 世纪 30 年代，俄国与波斯、布哈拉汗国、希瓦汗国和外高加索地区间的贸易交往更加频繁，商船队船只数量迅速增加。19 世纪 30 年代末，里海贸易舰队已有 100 艘帆船，单位船只载重量为 45~100 吨不等。

1861 年农奴制改革前，里海航运主要受制于阿斯特拉罕港口的吞吐量。阿斯特拉罕位于伏尔加河出海口，河口三角洲有数百条支流，其中较大的支流为巴赫捷米尔河、布赞河、博尔达河、旧伏尔加河和卡梅贾克河。在伏尔加河河口近海处浅滩众多，给航行带来诸多不便。即便如此，阿斯特拉罕仍把俄国内陆地区与近东和中亚市场连为一体，还沟通了伏尔加河水路与里海海域。1832 年春，阿斯特拉罕港口在册的俄国大型船只为 38 艘；1851 年，通航期船只数量

① Самедов В. А. Нефть и экономика России（80 – 90-е годы XIX века）. Баку., Элм, 1988. С. 57 – 58.

② Наниташвили Н. Л. Экспансия иностранного капитала в Закавказье（конец XIX-начало XX вв.）. Тбилисск., Издательство Тбилисского университета, 1988. С. 85.

③ Наниташвили Н. Л. Экспансия иностранного капитала в Закавказье（конец XIX-начало XX вв.）. Тбилисск., Издательство Тбилисского университета, 1988. С. 86.

④ Россия 1913 год. Статистико-документальный справочник. СПб., Блиц, 1995. С. 145.

已达 335 艘。[①]

除阿斯特拉罕港口外；里海西岸最重要的码头是巴库。巴库周边巴金斯基港湾的水位很深，全年不结冰，适合大型船只停靠。巴库与梯弗里斯、埃里温和外高加索部分城市保持着紧密的商业联系；巴库与波斯的海上贸易频繁，可实现与杰尔普特、连科兰、阿斯特拉罕和波斯所属的里海沿岸港口的海上贸易。19 世纪三四十年代，巴库港口向波斯派发的年均货物价值为 50 万卢布[②]，主要产品为煤油。阿斯特拉罕还向里海各港口运输军粮，主要货物为小麦粉、燕麦和黑麦粉等，以保障海军的物资供应。

19 世纪 30 年代，里海东海岸彼得罗夫斯克码头货流量增加。彼得罗夫斯克以南重要的港口为杰尔普特码头。因水位很浅，杰尔普特码头不能停靠大型船只，但大批军用粮食被运至该港口，返程时船只装载渔产品、高加索丝绸、干果和番红花等。里海最南部的港口是萨利亚（库拉河河口处）港口和连科兰港口，萨利亚港口的主要货物为渔产品。此外，阿尔达比勒、大不里士、恩泽利、拉什特和德黑兰也是俄波两国边境的重要贸易场所。

19 世纪下半叶至 20 世纪初，里海沿岸各港口货物中石油产品所占的比重最高，中亚棉花、波斯等国进口货物也经此处运至国内市场。具体而言，1905年，里海沿岸的巴库港口、彼得罗夫斯克港口、阿斯特拉罕港口和克拉斯诺沃茨克港口的装货量和卸货量分别为 3.3 亿普特和 2735.7 万普特、1063.4 万普特和 1683.2 万普特、2462.1 万普特和 3.1 亿普特、1171.5 万普特和 2344.6 万普特；1912 年，其装货量和卸货量分别为 3.0 亿普特和 4212.1 万普特、2613.0 万普特和 1750.4 万普特、3250.9 万普特和 2.9 亿普特、1168.7 万普特和 3389.9万普特。[③]

波罗的海是俄国与西欧、北欧和大西洋沿岸各国间进行贸易的重要的运输海域。波罗的海流域的主要贸易港口为圣彼得堡、喀琅施塔得、纳尔瓦、雷瓦

---

① Истомина Э. Г. Водный транспорт России в дореформенный период（Историко-географическое）. М. , Наука, 1991. С. 167, 168.

② Небольскин Г. Стастические заметки о внешней торговле России. СПб. , Типография департамента внешней торговли, 1850. С. 156, 157；Истомина Э. Г. Водный транспорт России в дореформенный период（Историко-географическое）. М. , Наука, 1991. С. 168；范璐祎：《18 世纪下半期—19 世纪上半期的俄国水路运输》，吉林大学博士学位论文，2014，第 72 页。

③ Россия 1913 год. Статистико-документальный справочник. СПб. , Блиц, 1995. С. 143.

尔、里加、利巴瓦、温道和维堡等。1825 年，俄国波罗的海沿岸各港口入港船只数量为 2731 艘，离港船只数量为 2821 艘；1826 年，到港船只和离港船只分别为 2387 艘和 2443 艘。①

圣彼得堡位于涅瓦河河口，水位很深，水量充沛，适合吃水量大的航海船只停泊。19 世纪初，圣彼得堡的对外贸易额约为俄国对外贸易总额的 50%。19 世纪 30 年代，每年运至圣彼得堡港口的货物价值约为 1.3 亿卢布，运出货物价值约为 1 亿卢布。② 内地出口货物大都由上沃洛乔克运河（8000 万~1 亿卢布）、季赫温运河（1400 万~1600 万卢布）和马林斯基运河（1000 万~1500 万卢布）运至圣彼得堡。出口货物主要结构如下：一是农产品，如粮食、动物油、大麻油、亚麻籽和鱼子；二是工业品和原料，如铁、大麻纤维、麻屑、亚麻、麻布、缆索、丝绸、毛皮、皮革、蜂蜡、蜡烛、肥皂、钾碱和木材。19 世纪初，每年运往圣彼得堡的大麻纤维、亚麻、钾碱、生铁、麻布和帆布的数量分别为 200 万普特、20 万普特、40 万普特、100 万普特、200 万俄丈和 15.5 万块。③

圣彼得堡港口贸易业务涵盖西北部的圣彼得堡、诺夫哥罗德、普斯科夫，北乌拉尔地区的维亚特卡和彼尔姆，中部工业区的莫斯科、弗拉基米尔、卡卢加、斯摩棱斯克、科斯特罗马、雅罗斯拉夫尔和特维尔，伏尔加河中游地区的喀山、下诺夫哥罗德和辛比尔斯克等，中部黑土地区的土拉、梁赞、奥廖尔、库尔斯克、沃罗涅日、奔萨、萨拉托夫、坦波夫、奥洛涅茨、沃洛格达、大乌斯秋格和莫吉廖夫，西伯利亚地区的托木斯克和托博尔斯克，南乌拉尔山脉西麓地区的奥伦堡，小俄罗斯地区的波尔塔瓦、契尔尼戈夫、叶卡捷琳堡、赫尔松和沃伦。就国际贸易而言，圣彼得堡与英国、法国、荷兰、挪威、丹麦、普鲁士、瑞典、西班牙、意大利、葡萄牙和美国等贸易往来频繁。19 世纪下半叶至 20 世纪初，圣彼得堡港口的货流量一直遥遥领先，即便 19 世纪末，其货物出口量明显低于黑海和亚速海各港口，但其货物进口量一直独占鳌头。1905

---

① Истомина Э. Г. Водный транспорт России в дореформенный период（Историко-географическое）. М., Наука, 1991. С. 198；范璐祎：《18 世纪下半期—19 世纪上半期的俄国水路运输》，吉林大学博士学位论文，2014，第 98 页。

② Небольсин Г. Статистические заметки о внешней торговле России. СПб., Типография департамента внешней торговли, 1850. С. 18, 19；范璐祎：《18 世纪下半期—19 世纪上半期的俄国水路运输》，吉林大学博士学位论文，2014，第 98 页。

③ Истомина Э. Г. Водный транспорт России в дореформенный период（Историко-географическое）. М., Наука, 1991. С. 200.

年，圣彼得堡港口的装货量和卸货量分别约为 1.0 亿普特和 1.6 亿普特；1912年，其装货量和卸货量分别约为 1.1 亿普特和 2.3 亿普特。[①]

纳尔瓦港口位于芬兰湾沿岸纳尔瓦河河口处。在纳尔瓦港口出口的货物中，大麻纤维、亚麻、麻屑、粗席和木材数量较多，大部分货物来自普斯科夫。国外商品很少被运往达纳尔瓦港口，只有利物浦的盐和荷兰的鲱鱼被运至该港口。19 世纪 30 年代，该港口年均出口商品价值约为 60 万卢布，运进商品价值为 40万卢布。[②]

里加港位于道加瓦河河口处，其在波罗的海海域的经济意义仅次于圣彼得堡。里加港水位较深，诸多大型船只都可停靠。俄国内地商品经西德维纳河水路运至里加港港口，主要货物为亚麻、大麻纤维、麻屑、粗席、亚麻籽、大麻籽、粮食、动物油、亚麻油和大麻油、烟草、麻布、丝绸、钾碱、绳索和木材等。里加港与英国、瑞典、丹麦、普鲁士、荷兰和葡萄牙等都保持稳定的贸易联系。19 世纪 30 年代，每个通航期都约有 1400 艘船在此停泊靠岸，出口货物价值达 4600 万卢布，进口货物价值达 1600 万卢布。[③]

19 世纪 40 年代，里加港的货流量迅速增加，海运商船队的船只数量也逐年增加。1840 年、1846 年和 1849 年，里加港海运商船队拥有船只的数量分别为30 艘、49 艘和 68 艘，载重量分别为 3700 吨、4100 吨和 5050 吨。克里木战争期间，里加港海运商船队船只数量迅速减少，1856 年仅有 49 艘船靠岸停泊；1857 年，船只数量重新增加；1861 年，在里加港登记的船只数量为 83 艘，载重量为 6987 吨。[④]

19 世纪下半叶至 20 世纪初，里加港的货运量也大幅度增加。具体而言，1905 年该港口的装货量和卸货量分别为 8834.9 万普特和 5588.6 万普特；1912

---

① Россия 1913 год. Статистико-документальный справочник. СПб. , Блиц, 1995. С. 142.

② Небольсин Г. Статистические заметки о внешней торговле России. СПб. , Типография департамента внешней торговли, 1850. С. 49, 50; Истомина Э. Г. Водный транспорт России в дореформенный период (Историко-географическое). М. , Наука, 1991. С. 204.

③ Истомина Э. Г. Водный транспорт России в дореформенный период (Историко-географическое). М. , Наука, 1991. С. 205; Небольсин Г. Статистические заметки о внешней торговле России. СПб. , Типография департамента внешней торговли, 1850. С. 55 – 57.

④ Вольцемар Х. Несколько данных для историко-статистического обозрения Рижского торгового флота в XIX столетии//Морской сборник, 1862. №6. С. 1 – 3; Истомина Э. Г. Водный транспорт России в дореформенный период (Историко-географическое). М. , Наука, 1991. С. 205.

年，其装货量和卸货量分别约为 1.4 亿普特和 1.1 亿普特。[①] 此外，波罗的海沿岸的雷瓦尔、温道和利巴瓦等港口的货流量也不容忽视。1905 年，上述港口的装货量和卸货量分别为 1539.2 万普特和 2262.1 万普特、1697.4 万普特和 337.1 万普特、5915.3 万普特和 2095.6 万普特；1912 年，其装货量和卸货量分别为 996.6 万普特和 3591.4 万普特、4015.0 万普特和 924.5 万普特、4860.2 万普特和 3735.9 万普特。[②]

北部海域沿海居民很早就在白海和巴伦支海地区进行贸易，造船中心、港口和海湾多集中于白海沿岸，白海可通过白海海峡与巴伦支海连为一体。白海具有四个海湾，即梅津湾、德维纳湾、奥涅加湾与坎达拉克沙湾，较大的岛屿是西部的索洛韦茨基岛、北部的莫尔若维茨岛、东北部的穆季尤格斯基岛。巴伦支海是北冰洋的边缘海，位于欧洲北岸和瓦伊加奇岛屿之间，主要海岛为新地岛、法兰士约瑟夫地群岛和熊岛。巴伦支海大部分海岸十分陡峭，伯朝拉河和一些小河流汇入巴伦支海。

北部海域的运输意义取决于白海沿岸各地区的社会经济发展状况。19 世纪上半叶，海运是穆尔马、斯匹次卑尔根和新地岛与阿尔汉格尔斯克交往的唯一途径。北部海域捕鱼业发达，白海东北部（梅津湾）海域海豹捕捉业十分发达；东南部海域（德维纳湾）捕鲸业发达，盛产鲱鱼；南部海域（奥涅加湾）鲱鱼和宽突鳕捕捞业发达；西北部海域（坎达拉克沙湾）的鲱鱼和大西洋鳕捕捞业发达。

阿尔汉格尔斯克是北部海域最大的港口，位于北德维纳河右岸和北德维纳河三角洲岛屿交汇处。从 18 世纪初开始，圣彼得堡港口的对外贸易就严重冲击了阿尔汉格尔斯克港口的对外贸易，1802～1806 年，俄国的海运贸易总额是 9490 万卢布，波罗的海的贸易额为 5920 万卢布，白海港口的贸易额仅为 330 万卢布。[③] 1811 年 7 月 6 日法令允许俄国向国外出口木材，所以从 1812 年起，阿尔汉格尔斯克港口的地位得到提升，木材和粮食的输出量不断增加。19 世纪 30～50 年代，阿尔汉格尔斯克港口对外贸易额仅次于圣彼得堡港、里加港和敖德萨港。1830 年通航期共有 65 艘装载鱼产品的船只靠岸，船只多来自挪威。

① Россия 1913 год. Статистико-документальный справочник. СПб., Блиц, 1995. С. 142.

② Россия 1913 год. Статистико-документальный справочник. СПб., Блиц, 1995. С. 142.

③ Истомина Э. Г. Водный транспорт России в дореформенный период (Историко-географическое). М., Наука, 1991. С. 219.

1831 年，在到港的 466 艘远洋航行船只中有 44 艘属于俄国，348 艘属于英国，其他的船只来自西班牙、葡萄牙、意大利、法国、吕贝克和汉诺威等。[①] 1830～1840 年，阿尔汉格尔斯克港口年均到港船只数量约为 350 艘，出口贸易额约为 1000 万卢布，进口贸易额约为 100 万卢布。[②] 19 世纪下半叶至 20 世纪初，阿尔汉格尔斯克港口的作用也不容忽视。1905 年，该港口的装货量和卸货量分别为 4020.1 万普特和 519.4 万普特；1912 年其装货量和卸货量分别为 5712.5 万普特和 809.7 万普特。[③]

黑海和亚速海地理位置便利，拥有不冻港，可打开通往地中海、大西洋、波斯湾、印度洋、太平洋、近东国家、中东国家、远东国家和非洲国家的贸易通道。黑海水位很深，东西距离为 1140 公里，宽度达 610 公里，中部深度约为 2000 米，便于船只航行。亚速海沿海水位较浅，船只航行相对困难。

19 世纪上半叶，黑海贸易快速发展，港口贸易规模不断扩大，海运设施逐步完善。黑海和亚速海贸易发展不但对南部地区影响巨大，而且对全俄的经济发展具有重要意义。黑海和亚速海海域主要的大型港口是赫尔松、尼古拉耶夫和伊兹梅尔。1802 年，在全俄出口贸易额中，黑海贸易额的占比为 4.7%；1825 年和 1860 年，黑海和亚速海诸港口的出口商品价值分别为 6700 万卢布和 5.8 亿卢布；在全俄对外贸易额中，黑海和亚速海各港口的对外贸易额占比由 1825 年的 11% 增加至 1860 年的 32.3%。[④]

19 世纪初，黑海和亚速海各港口货物出口量大增。1825 年，黑海各港口离港货物总价值为 167 万卢布，占全俄出口货物总量的 8.7%；1860 年其数值分别为 1297 万卢布和 25.3%。黑海和亚速海各港口的进口作用远逊于出口。1825 年，全俄进口货物总量中，黑海和亚速海所占比重为 4.6%，1860 年为 10.3%。[⑤] 黑海

① Истомина Э. Г. Водный транспорт России в дореформенный период（Историко-географическое）. М., Наука, 1991. С. 220.

② Небольсин Г. Статистические заметки о внешней торговле России. СПб., Типография департамента внешней торговли, 1850. С. 6－8；范璐祎：《18 世纪下半期—19 世纪上半期的俄国水路运输》，吉林大学博士学位论文，2014，第 113 页。

③ Россия 1913 год. Статистико-документальный справочник. СПб., Блиц, 1995. С. 142.

④ Истомина Э. Г. Водный транспорт России в дореформенный период（Историко-географическое）. М., Наука, 1991. С. 242.

⑤ Истомина Э. Г. Водный транспорт России в дореформенный период（Историко-географическое）. М., Наука, 1991. С. 244；Дружиннина Е. И. Южная украина в период кризиса феодализм. 1825－1860 гг. М., Наука, 1981. С. 185；范璐祎：《18 世纪下半期—19 世纪上半期的俄国水路运输》，吉林大学博士学位论文，2014，第 127 页。

和亚速海各港口主要进口货物为葡萄酒、水果、橄榄油和奢侈品，主要出口货物为粮食和农产品。随着对外贸易发展，黑海—亚速海航行的船只数量快速增加。1849～1853 年，黑海和亚速海各港口年均到港和离港船只共计 6591 艘，悬挂俄国旗帜的船只仅为 648 艘，占比约为 9.8%。① 20 世纪初，黑海和亚速海到港船只的数量不断增加。1915 年，黑海和亚速海到港船只的数量占全俄各海域到港船只总量的 47.8%，全俄海运船只容量中上述海域的占比为 38.3%。②

因黑海港口众多，仅选择数个货流量较大的港口加以说明。1905 年，黑海沿岸敖德萨、尼古拉耶夫、赫尔松和塞瓦斯托波尔港口的装货量和卸货量分别为 1.2 亿普特和 1.1 亿普特、1.0 亿普特和 1306.5 万普特、6367.2 万普特和800.0 万普特、204.0 万普特和 684.2 万普特；1912 年，其装货量和卸货量分别为 9937.2 万普特和 1.0 亿普特、8978.7 万普特和 1227.1 万普特、3870.2 万普特和 555.0 万普特、245.9 万普特和 1153.6 万普特。③

亚速海上最大的港口是塔甘罗格，该港口位于塔甘罗格湾。1825 年，到港货物价值为 250 万卢布，离港货物价值为 440 万卢布；1827 年，到港和离港货物价值分别为 390 万卢布和 730 万卢布。④ 20 世纪初，该港口的货流量也不断增加。1905 年，该港口的装货量和卸货量分别为 1.3 亿普特和 612.4 万普特；1912 年，其装货量和卸货量分别为 9579.5 万普特和 1312.3 万普特。⑤

值得一提的是，20 世纪初，黑海和亚速海的地位在俄国对外贸易中不断提升。如 1913 年，全俄各海域船只中黑海和亚速海远洋船只数量占比为 57.9%，吨位占比为 61.8%；里海船只占比为 18.9%，吨位占比为 27.1%；波罗的海船只占比为 16.3%，吨位占比为 5.1%；太平洋地区船只占比为 3.1%，吨位占比为 3.1%；多瑙河流域船只占比为 2%，吨位占比为 1.9%；白海和北冰洋船只占比为 1.8%，吨位占比为 1%。1913 年，所有沿海航行船只中 72.4% 的船只为蒸汽动力船只，27.6% 的船只为帆船，蒸汽船只容量所占比例已达 94.8%。⑥

① Истомина Э. Г. Водный транспорт России в дореформенный период（Историко-географическое）. М.，Наука，1991. С. 244；Очерки истории черноморского пароходства. Одесса，Маяк，1967. С. 23 – 25.

② Россия 1913 год. Статистико-документальный справочник. СПб.，Блиц，1995. С. 139.

③ Россия 1913 год. Статистико-документальный справочник. СПб.，Блиц，1995. С. 142.

④ Истомина Э. Г. Водный транспорт России в дореформенный период（Историко-географическое）. М.，Наука，1991. С. 251.

⑤ Россия 1913 год. Статистико-документальный справочник. СПб.，Блиц，1995. С. 142.

⑥ Россия 1913 год. Статистико-документальный справочник. СПб.，Блиц，1995. С. 142.

　　黑海和亚速海贸易推动了南部地区经济发展。19 世纪上半叶，因粮食出口量增加，南部地区玉米和烟草种植面积不断扩大，细毛羊养殖业也快速发展，还出现大量油脂企业和皮革企业，其产品通过附近港口出口国外。黑海和亚速海贸易强有力地影响着黑海北岸的广大地区，粮食出口刺激了当地垦殖面积扩大，粮食作物和烟草播种面积扩大，养羊业兴起。炼脂、皮革、磨面企业纷纷设立，其产品大多运往最近的海港。缆绳业迅速崛起，其产品被往来于敖德萨港口和尼古拉耶夫港口的船只所消费。俄国出口的粮食，以小麦为主，小麦多销往英国、意大利、法国和土耳其，黑麦多销往荷兰、英国、德国、奥匈帝国和斯堪的纳维亚半岛诸国。多数农产品借助于水路运往黑海和亚速海各港口。

第三节　管道运输

　　十月革命前，俄国新型运输方式中石油管道运输最具代表性，本部分仅以其为例进行分析。石油管道运输可大幅度降低石油产品的外运成本，水路和铁路运输都无法超越其优势。19 世纪末，运输问题已严重制约俄国石油工业的发展，社会各界对石油管道建设十分关注。伏尔加河水路每年仅能通航 7 个月，高加索铁路的输油量仅为石油产品总运输量的 1/10，石油管道建设势在必行。本部分从石油管道建设方案的提出、具体输油管道建设和石油管道输油量等方面对 19 世纪末 20 世纪初的俄国石油管道运输状况进行分析。

　　门捷列夫最早提出在俄国建设石油管道的方案。1863 年，他去炼油厂调研时就曾提出建立石油管道的想法，但由于各种原因并未引起政府重视。美国石油企业主特维德里第一次正式提出修建里海和黑海石油管道方案，他于1870～1880 年多次尝试说服俄国政府和其他石油工业主共同建立石油管道，后因俄土战争该方案被搁置。1883 年，特维德里再一次提出石油管道建立方案，因关注本国利益俄国政府对其方案不置可否。1884 年，《新视野》报纸上刊登特维德里的石油管道方案后，社会各界才开始关注该问题。门捷列夫经过论证指出巴库地区不但可修建油田至炼油厂的石油管道，还可修建工厂至码头甚至连接黑海沿岸的石油管道。石油管道不但能降低运输成本，还可增强俄国石油产品的竞争力。外国资本家对石油管道建设兴趣斐然，纷纷打算投入资金建立石油管道。法国资本家罗斯柴尔德家族代表就曾向俄国政府申请修建巴库—巴统石油管道，提案遭拒后，里海—黑海石油工商业公司对当地政府施压，仍继续制定巴库—巴统石油管道方案，其石油管道建设方案再次被拒后，特维德里又开始关注石油管道建设，并就具体细节和当地政府进行协商。

　　1886 年，巴库油田的采油量约为 2.0 亿普特，本地工厂的石油消耗量仅为 1.0 亿普特[①]，石油产品需大量外运，完善运输方式刻不容缓。早期石油企业主使用皮囊和油桶等装置将石油产品从油田运至加工地和需求地，多使用人工运输或畜力运输，因产品运输成本较高，企业主利润很低。此外，在天气状况不佳时，石油运输工作更是困难重重。石油管道不但可降低运输成本，还可缩短运输时间，获得诸多工厂主的青睐。1878 年，巴库第一条石油管道正式投入使用，该管道所有者为诺贝尔兄弟集团，管道长 9 俄里，其直径为 3 英寸，主要连接巴拉罕和黑城石油加工厂，日均石油运输量达数万普特。该石油管道不但运输诺贝尔兄弟集团的石油产品，还输送其他公司石油产品，根据运输距离计费。石油管道大幅度降低了企业的生产成本，巴库诸多地区纷纷建设石油管道。1879 年，第二条石油管道黑城—巴拉罕管道竣工，此管道属利安诺佐夫公司所有，管道长 13 俄里，其直径为 3 英寸。[②] 1879 年，俄国共建成三条石油管道，除上述石油管道外还有巴库石油公司修建的巴拉罕—苏拉罕石油管道，以及米尔佐耶夫公司修建的黑城—巴拉罕石油管道。1884 年，巴拉罕油田共有五条石油管道，年输油量达数千万普特。1890 年，巴库石油管道的数量已达 15 条。1895 年，高加索铁路管理局开始修建巴库—巴统石油管道。1897 年，该管道正式被投入使用。1900 年、1903 年和 1905 年，该线路长度分别达 215 俄里、240 俄里和 373 俄里。1904 年，石油管道泵输送每普特煤油的成本为 16 戈比，1910 年，降至 13 戈比，此时铁路运输每普特煤油的成本为 20 戈比，企业主利润大幅度增加。以巴库—巴统石油管道为例，该管道建设时共花费 2200 万卢布；

---

① Лисичкин С. М. Очерки по истории развития отечественной нефтяной промышленности（дореволюционный период）. М. , Государственное научно-техническое издательство, 1954. С. 330；Дьяконова И. А. Нефть и уголь в энергетике царской России в международных сопоставлениях. М. , РОССПЭН, 1999. С. 165.

② Ахундов В. Ю. Монополистический капитал в дореволюционной бакинской нефтяной промышленности. М. , Изд-во социально-экономической литературы, 1959. С. 18；Осборник Б. Империя Нобелей. История о знаменитых шведах, бакинской нефти и революции в России. М. , Алгоритм, 2014. С. 42.

1904 年，已获得 7200 万卢布的纯利润。① 1907 年，该管道的长度已达 841 俄里，共有 16 个泵站，年均石油输送量达 6000 万普特。② 1910 年，巴库地区石油管道的总运输能力达 300 万普特/天。③

1895 年，第一条长度为 12 俄里的石油管道于格罗兹尼油田正式投入使用。1911 年，库班省境内又建成两条石油管道，即迈科普—叶卡捷琳诺管道和迈科普—图阿普谢石油管道，其长度分别为 80 俄里和 120 俄里。1914 年，彼得罗夫斯克—格罗兹尼石油管道竣工，管道总长度为 178 俄里，直径为 8 英寸，但该管道对格罗兹尼石油工业的发展影响力有限，格罗兹尼油田石油产品主要使用铁路运输，石油管道的石油产品泵送量仅为当地石油输出总量的 10%。④ 石油工业快速发展要求不断完善石油管道运输网络，格罗兹尼石油工业主开始修建格罗兹尼至黑海的石油管道，1913 年，此管道竣工。此外格罗兹尼—波季、格罗兹尼—图阿普谢和格罗兹尼—新罗西斯克等石油管道的修建工作也被提上日程。总体而言，1901 年，巴库地区共有 39 条石油管道，总长度为 394 俄里，其中包括 25 条泵送石油的管道、14 条泵送水的管道，至 1917 年，俄国已具有 1322 俄里的干线输油管道。⑤

尽管如此，十月革命前俄国仅具有两条大型输油管道，即巴库—巴统管道和彼得罗夫斯克—格罗兹尼管道。虽然上述石油管道线路较长，但在石油产品

① Лисичкин С. М. Очерки по истории развития отечественной нефтяной промышленности（дореволюционный период）. М. , Государственное научно-техническое издательство, 1954. С. 338；Ахундов Б. Ю. Монополистический капитал в дореволюционной бакинской нефтяной промышленности. М. , Изд-во социально-экономической литературы, 1959. С. 18.

② Наниташвили Н. Л. Экспансия иностранного капитала в Закавказье（конец XIX-начало XX вв.）. Тбилисск. , Издательство Тбилисского университета, 1988. С. 144.

③ Лисичкин С. М. Очерки по истории развития отечественной нефтяной промышленности（дореволюционный период）. М. , Государственное научно-техническое издательство, 1954. С. 338 – 339.

④ Лисичкин С. М. Очерки по истории развития отечественной нефтяной промышленности（дореволюционный период）. М. , Государственное научно-техническое издательство, 1954. С. 338 – 339.

⑤ Чшиева М. Ч. Кавказская нефть и Нобелевская премия//Человек, Цивилизация, Культура, 2005. №1. С. 35；Ахундов Б. Ю. Монополистический капитал в дореволюционной бакинской нефтяной промышленности. М. , Изд-во социально-экономической литературы, 1959. С. 19；Лисичкин С. М. Очерки по истории развития отечественной нефтяной промышленности（дореволюционный период）. М. , Государственное научно-техническое издательство, 1954. С. 342.

运输中的作用仍十分有限。1911～1913 年，石油管道的输油量仅为石油产品运输总量的 6%。[1]

　　在俄国所有交通运输方式中，内河运输作为传统的运输方式，长期唱主角，铁路修建后，因其运量大和运速快的优点，一度可和水路运输平分秋色。除内河运输和铁路运输外，俄国还存在传统的畜力运输、海洋运输和新型的石油管道运输，上述运输方式都是内河运输和铁路运输的有力补充，共同促进俄国社会经济的发展。因俄国土路路况长期较差，畜力运输不能满足国内经济发展需求，阻碍国内各市场之间的联系和各生产部门的发展；远洋运输虽然也是俄国主要的运输方式之一，但其对商品流通、国内市场和工商业发展的影响远逊色于内河运输和铁路运输；管道运输虽然是新型的运输方式，但其只能作为其他运输方式的补充，只能运输石油，普及范围十分有限。

---

[1]　Лисичкин С. М. Очерки по истории развития отечественной нефтяной промышленности（дореволюционный период）. М., Государственное научно-техническое издательство, 1954. С. 342.

第四章　下诺夫哥罗德交通运输个案分析

在俄国社会经济发展过程中下诺夫哥罗德的作用突出，它是俄国较大的工商业中心之一，下诺夫哥罗德展销会世界闻名，下诺夫哥罗德港口亦是俄国重要的交通枢纽，便利的交通运输条件促进了下诺夫哥罗德的工商业发展，同时该港口也是俄国最大的货物集散地和转运地。因此，本章以下诺夫哥罗德为例，探究俄国交通运输在社会经济发展过程中的作用。

第一节　下诺夫哥罗德历史概述

19 世纪上半叶，俄国生产力发展水平远落后于西欧国家，西欧资本主义生产方式已逐步得到普及。俄国经济中农奴制占主导地位，农奴制成为工农业发展的桎梏，也掣肘全俄市场规模和容量的扩大，亦无法解决农业发展所需的资金问题，农奴制更不能提供资本主义发展所必需的劳动力，因此农奴制改革势在必行。19 世纪初，俄国封建经济内部资本主义萌芽呈壮大之势，商品货币关系不断发展，这是社会劳动分工、国内个别地区的经济专门化和国内市场容量扩大的结果。随着大工业的快速发展，中部地区外出打工的劳动者数量增加，俄国的国内外贸易额显著增长，在此期间交通运输所发挥的作用毋庸置疑。

一　下诺夫哥罗德地理位置概述

19 世纪中叶，下诺夫哥罗德的总面积为 4.5 万平方俄里，占俄国领土面积的 0.3%。[①] 下诺夫哥罗德由 11 个县城组成，省内面积较大的县城如下：马卡

---

① Военно-статистическое обозрение Российской Империи. Т. 4. Ч. 4. Нижегородская губерния. СПБ. , Тип деп. Генерального штаба, 1852. С. 7.

里耶夫县（6680 平方俄里）、谢苗诺夫县（5615 平方俄里）、阿尔达多夫县（5156 平方俄里）；面积较小的县城为克尼亚吉尼诺县（2439 平方俄里）和戈尔巴托夫县（2990 平方俄里），其余县城的面积为 3000～4000 平方俄里。据统计，1840～1860 年，该省人口增加了 19 万人，增长了 17.2%，1861 年下诺夫哥罗德人口为 128.3 万人。下诺夫哥罗德的县城分为三类：一是人口比重超过10% 的县城，分别为下诺夫哥罗德县、鲁卡亚诺夫县和谢尔加奇县，人口占比分别为 12.4%、12.6% 和 10.6%；二是人口比重为 8%～10% 的县城，分别为阿尔扎马斯县、阿尔达多夫县和戈尔巴托夫县，人口占比分别为 10.0%、9.9%和 8.4%；其余县城人口比重低于 8%。下诺夫哥罗德的各县城人口密度差异较大。马卡里耶夫县和谢苗诺夫县面积较大，但人口密度却很低，每平方俄里人口数量分别仅为 12.8 人和 15.0 人。下诺夫哥罗德县人口密度最高，为 49.7 人/平方俄里，其次是克尼亚吉尼诺县和谢尔加奇县，分别为 41.8 人/平方俄里和40.4 人/平方俄里。[①]

按自然地理条件而言，下诺夫哥罗德各县城可分为三部分：第一部分为南部各县，即阿尔扎马斯县、鲁卡亚诺夫县、阿尔达多夫县、克尼亚吉尼诺县和谢尔加奇县，上述县城都位于黑土区，适合种植粮食和栽种树木；第二部分为瓦西里县、马卡里耶夫县部分地区和下诺夫哥罗德县，上述县城土壤主要是黏土和沙土，虽然也可种植粮食，但需付出更多的劳动和精力；第三部分是伏尔加河沿岸各县，如巴拉赫尼县、谢苗诺夫县和马卡里耶夫县，这些县城沼泽众多，还有沙土带，不适合发展农业，畜牧业和工商业相对发达。

下诺夫哥罗德各县城中，谢尔加奇县的黑土地和优质草地居首位，其面积分别为 20.8 万俄亩和 2181 俄亩，黑土地数量约占下诺夫哥罗德黑土带的 1/3。鲁卡亚诺夫县的黑土地的数量仅次于谢尔加奇县，面积为 10.5 万俄亩，两县黑土地面积占全省黑土地总面积的 50%。阿尔扎马斯县和克尼亚吉尼诺县黑土地面积分别为 9.9 万俄亩和 6.9 万俄亩。尽管其他县城也有少量的黑土地，但土壤相对贫瘠，如巴拉赫尼县、戈尔巴托夫县、谢苗诺夫县和下诺夫哥罗德县的黑土地面积分别为 6990 俄亩、7457 俄亩、9575 俄亩和 1.5 万俄亩，只能发展工

---

① Халин А. А. Система путей сообщения нижегородского поволжья и ее роль в социально-экономическом развитим региона（30－90 гг. XIX в.）. Нижний Новгород. ，Изд-во Волго-вятекой академии государственной службы，2011. С. 82.

商业和手工业。[1]

二　下诺夫哥罗德经济发展概述

下诺夫哥罗德经济的多样性特征明显，部分县城农业相对发达，粮食不但可以自给，还大量外运；部分县城因土壤贫瘠，只能从事畜牧业；也有一部分县城手工业、造船业和贸易相对发达。下诺夫哥罗德经济发展的特征如下。

一是农业相对落后，虽然南部地区农业发达，但粮食产量远落后于伏尔加河下游诸省份。19世纪60年代，下诺夫哥罗德粮食产量约为600万俄石（主要作物为黑麦、小麦、燕麦、大麦和荞麦），其中5个产粮县粮食产量为300万俄石，粮食不仅可自给，还剩余150万俄石。1865年，下诺夫哥罗德粮食产量为300万俄石，仍有部分剩余。据统计，1865年下诺夫哥罗德农业商品率为40%，东部和东南部各县粮食商品率较高，达到50%。[2]

二是部分县城居民从事畜牧业，尤其是伏尔加河沿岸各县城从事畜牧业的居民较多。1861年，下诺夫哥罗德约有115.4万头牲畜，为俄国牲畜总量的45.3%，其中羊的数量居全俄第一，马匹的占比为23.2%，大型有角牲畜的占比为22.1%，猪的数量较少，仅占8%。具体而言，1861年，鲁卡亚诺夫县的牲畜数量占下诺夫哥罗德牲畜总量的15.2%；戈尔巴托夫县的牲畜占比为11.0%；谢尔加奇县的牲畜占比为10.2%，该县居民户均牲畜数量不到一头（约为0.9头）；戈尔巴托夫县、鲁卡亚诺夫县和瓦西里县单位居民的牲畜占有率较高。19世纪下半叶，下诺夫哥罗德各县畜牧业专业化趋势日强。鲁卡亚诺夫县和下诺夫哥罗德县养马业发达，饲养的马匹数量分别占全省马匹总量的15.8%和13.1%；戈尔巴托夫县畜牧业也较为发达，饲养大型有角牲畜的数量为全省同类牲畜总数量的16.8%。[3]

三是下诺夫哥罗德部分县城因土壤贫瘠，农业十分落后，以手工业为主导。

---

① Халин А. А. Система путей сообщения нижегородского поволжья и ее роль в социально-экономическом развитим региона（30－90 гг. XIX в.）. Нижний Новгород. , Изд-во Волго-вятекой академии государственной службы, 2011. C. 84.

② Халин А. А. Система путей сообщения нижегородского поволжья и ее роль в социально-экономическом развитим региона（30－90 гг. XIX в.）. Нижний Новгород. , Изд-во Волго-вятекой академии государственной службы, 2011. C. 84.

③ Халин А. А. Система путей сообщения нижегородского поволжья и ее роль в социально-экономическом развитим региона（30－90 гг. XIX в.）. Нижний Новгород. , Изд-во Волго-вятекой академии государственной службы, 2011. C. 85.

手工业快速发展的原因如下：首先，部分县城土地贫瘠，居民不得不从事工商业；其次，下诺夫哥罗德码头交通运输便利，为工商业发展提供了便利条件。就工业发展水平而言，19世纪中叶，下诺夫哥罗德各县城可分为三类，即工商业发达类、工商业相对发达类和工商业欠发达类。工商业发达的县城为阿尔达多夫县，其工商业生产总值占全省工业产值的26.2%，下诺夫哥罗德县占比为26.1%，两县城工业品产量占全省工业品总量的半数以上；工商业相对发达的县城为阿尔扎马斯县、戈尔巴托夫县、谢苗诺夫县和巴拉赫尼县，上述县城工商业生产总值的占比分别为14.1%、11.4%、8.1%和5.2%，四县城工业品产量的占比为38.8%；鲁卡亚诺夫县、马卡里耶夫县，瓦西里县和谢尔加奇县等工业欠发达，其工业品总产量的占比不足9%。①

19世纪中叶，下诺夫哥罗德主要的工业产品如下：一是皮革产品；二是纺织品；三是冶金产品；四是其他工业品。采矿业中生铁冶炼业居于领先地位，钢铁生产集中于下诺夫哥罗德县和戈尔巴托夫县；下诺夫哥罗德县皮革手工业相对发达，皮革产品价值一度为本省工业产品总值的1/3。19世纪初，皮革工业集中于阿尔扎马斯县和戈尔巴托夫县，50年代，主要集中于瓦西里县和巴拉赫尼县。此外，下诺夫哥罗德纺织业较发达，19世纪中叶，该省50%以上的纺织工厂已使用机器织布，纺织工业主要集中于巴拉赫尼县和马卡里耶夫县。

总体而言，19世纪上半叶，下诺夫哥罗德商业发达，但工业相对滞后。1861年农奴制改革前，各工业部门中，小企业数量众多。1846年，只有7个工业部门年产值超过10万卢布。1851年和1861年年产值超过10万卢布的工业部门数量分别为8个和11个，具体数据见表4-1。

表4-1　1846~1861年下诺夫哥罗德年产值超10万卢布的工业部门一览

单位：卢布，个

工业部门	总产值		
	1846年	1851年	1861年
炼铁业	626892	716300	789930
制革业	481341	494914	891270

---

① Халин А. А. Система путей сообщения нижегородского поволжья и ее роль в социально-экономическом развитим региона (30－90 гг. XIX в.). Нижний Новгород., Изд-во Волго-вятекой академии государственной службы, 2011. С. 86.

续表

工业部门	总产值		
	1846 年	1851 年	1861 年
纺纱机制造业	386747	205530	109710
金属加工业	237535	207416	178080
炼钢业	146000	191697	299640
制砖业	126046	—	102050
呢绒业	105086	106232	—
酿酒业（啤酒）	—	205860	464870
酿酒业（伏特加）	—	120771	—
制皂业	—	—	165400
机械制造业	—	—	260890
船舶制造业	—	—	212730
玻璃制造业	—	—	117260
全省工业部门总数	34	42	36

资料来源：Халин А. А. Система путей сообщения нижегородского поволжья и ее роль в социально-экономическом развитим региона （30 – 90 гг. XIX в.）. Нижний Новгород., Изд-во Волго-вятекой академии государственной службы, 2011. С. 88。

四是下诺夫哥罗德商业发达。因下文单独阐释，此处不再赘述。

五是展销会带动了国内外贸易的发展。下诺夫哥罗德码头为俄国国内重要的贸易中心，但其在对外贸易中的作用也不容忽视。19 世纪二三十年代，运抵下诺夫哥罗德展销会的商品中俄国国内商品所占比例约为 76%，其中铁和金属制品居首位。19 世纪 40 年代初，运抵该展销会的生铁数量约为 350 万普特，占国内生铁产量的 1/3[1]，金属制品价值约为 100 万银卢布，铁制品主要是来自乌拉尔地区。同期在下诺夫哥罗德展销会上国外商品的占比约为 24%。1856 年，俄国进口商品总价值为 12.2 亿卢布，运至下诺夫哥罗德展销会的商品总额就达 1.4 亿卢布。1859 年，国外进口商品总值为 15.9 亿卢布，运至下诺夫哥罗德展销会的货物价值就达 2.6 亿卢布。[2] 下诺夫哥罗德与国内外市场的联系非常广

---

① Рожкова М. К. К вопросу о значении ярмарок во внутренней торговле дореформенной России （Первая половина XIX в.）//Ист. зап. Т. 54. М.，Академия Наук СССР. 1955. С. 309.

② Халин А. А. Система путей сообщения нижегородского поволжья и ее роль в социально-экономическом развитим региона （30 – 90 гг. XIX в.）. Нижний Новгород.，Изд-во Волго-вятекой академии государственной службы, 2011. С. 91.

泛，贸易联系贯穿整个俄国，此外中国、波斯和欧洲国家的商品在下诺夫哥罗德市场上也十分常见。

第二节　下诺夫哥罗德展销会

随着俄国社会经济的发展，1861 年农奴制改革之前，展销会在国内市场发展过程中具有重要的作用，大城市如莫斯科、圣彼得堡、下诺夫哥罗德、阿斯特拉罕、喀山、雅罗斯拉夫尔、雷宾斯克、哈尔科夫、托木斯克、伊尔库茨克等都产生了大型展销会，在所有展销会中下诺夫哥罗德的展销会的意义最为突出。

一　俄国展销会概况

根据商业网点的规模，俄国城镇可分为五种类型：第一类城市为大型城市，具有完善的贸易网点，批发和零售贸易十分发达，店铺、饭店众多，莫斯科、圣彼得堡、下诺夫哥罗德、喀山、雅罗斯拉夫尔、卡卢加、辛比尔斯克、奥伦堡、伊尔库茨克、乌法、基辅、阿斯特拉罕、里加、哈尔科夫和阿尔汉格尔斯克等城市都属于该类型；第二类城市为国内大型商品转运和存储基地，小是重要的贸易中心，此类城市具有固定网点从事批发和零售贸易，里海和波罗的海沿岸的诸多港口都属于此范畴；第三类城市只从事零售贸易，不具有固定的商铺；第四类城市规模较小，城镇和乡村居民只进行集市贸易；第五类城市为小城市，只有乡村居民进行贸易。18 世纪下半叶，固定贸易的规模迅速扩大，展销会是衡量国内贸易发展的重要指标，此时期展销会的数量增长 6.5 倍，151 个城市的固定贸易已颇具规模。①

展销会是 18 世纪下半叶至 19 世纪上半叶俄国最主要的贸易形式。18 世纪末，展销会多于每年的 5 月、6 月、7 月、8 月和 9 月举办，占全年展销会次数的 67％。19 世纪上半叶，春秋季节举办展销会的数量比例为 54％。② 每年 5 月展销会数量较少，但其交易额不断增加，究其原因是农民虽忙于耕种，但对农

---

① Миронов Б. Н. Внутренний рынок России во второй половине XVIII – XIX в. Л.，Наука，1981. С. 62.

② Миронов Б. Н. Внутренний рынок России во второй половине XVIII – XIX в. Л.，Наука，1981. С. 121 – 126.

具和机器设备的需求量较高，5 月展销会的产品销售额丝毫不逊色于 6 月、7 月。6 月末 7 月初展销会销售额最高，此时农忙期结束，农民开始从事手工业，将渔猎产品运至市场上销售。8 月展销会数量接近于全年平均水平，虽然农民忙于农活，但商品需求量仍很高。9 月农民将农产品运至展销会销售，展销会数量大增。从 10 月开始，展销会数量明显减少，直到第二年 3 月都是如此。俄国大多数地区展销会举办的时间与农民农忙季节、气候和交通因素相关，北部地区展销会多于每年 1 月和 3 月举办，波罗的海地区的展销会多于 9 月举办。①

俄国展销会举办的持续时间多取决于贸易规模，展销会规模越大，持续时间越长。展销会持续时间可分为如下等级，即 1～3 天、4～7 天、8～14 天、15～21 天、22～30 天和 31 天以上的展销会。大部分展销会持续时间较短，多为 1～3 天，近一半的展销会仅为 1 天。一般批发型展销会持续 3～4 周，零售型展销会持续 1 周左右，城市展销会的持续时间明显长于乡村展销会。销售国外商品的展销会可划分为五个系列，下诺夫哥罗德展销会属于第一系列，持续时间为 30 天，第二、三、四和五系列展销会的持续时间分别为 21～29 天、15～20 天、8～14 天和 7 天。

就展销会商品种类而言，18 世纪末，近 98% 的展销会销售手工工场产品和服装，75% 的展销会销售肉、鱼和皮货等产品，72% 的展销会销售农民手工业品，68% 的展销会销售农产品，63% 的展销会销售燃料和金属产品，57% 的展销会销售木制品，41%、19%、11% 和 8% 的展销会分别销售日用百货、酒、进口商品和贵重艺术品。② 19 世纪上半叶，工业品开始出现在展销会上。就销售商品种类而言，展销会可划分为农产品展销会、工业品展销会、手工业品展销会和大型商品展销会。农产品展销会主要集中于中部黑土区、波罗的海地区和小罗斯地区；工业品展销会主要参与者为商人和市民，此类展销会主要集中于工业发达省份，如西北部工业区、西部工业区和中部工业区；手工业品展销会主要销售手工作坊产品和农民手工业品，主要集中于西北部工业区、中部黑土区和乌拉尔等地。

随着展销会的发展，18 世纪末，俄国区域市场不断扩展。1770～1863 年，

---

① 张广翔：《全俄统一市场究竟形成于何时》，《世界历史》2001 年第 3 期，第 95 页。

② Миронов Б. Н. Внутренний рынок России во второй половине XVIII – XIX в. Л.，Наука，1981. С. 139；Цветков М. А. Уменьшение лесистости Европейской России с конца XVII столетия по 1914 год. М.，Из-во АН СССР. 1957. С. 123.

北部地区、中部黑土区展销会数量分别增长 92% 和 498%；1770~1857 年，北部地区和乌拉尔北部地区展销会数量分别增长 61% 和 350%；1838~1858 年，西北部地区和乌拉尔北部地区商业机构的增长率分别为 9% 和 56%。[1] 18 世纪末至 19 世纪上半叶，俄国各地区商业网点密度明显增加，但各地区差异较大。[2] 因此，18 世纪末至 19 世纪上半叶，全俄的市场统一性逐渐被强化，各地市场联系加强。

地区间市场联系加强后，各地区生产部门的专业化程度逐步提高，部分地区都形成具有特色的工业模式。如纺织中心为哈尔科夫的特罗茨克、叶卡捷琳诺斯拉夫的彼得罗巴甫洛夫和波尔塔瓦的伊林等；主要的木材加工基地为喀山的科基莫杰夫、科斯特罗马的马卡里耶夫和明斯克等；呢绒生产中心为格良佐夫和拉里斯克；主要制糖中心为基辅、波尔塔瓦和哈尔科夫等；皮革生产中心为彼尔姆的科列斯托夫、托博尔斯克、乌法和维亚特卡等；冶金中心为乌拉尔地区等。

展销会数量增加是国内市场发展、商品关系逐步强化以及商人等级崛起的标志。19 世纪上半叶之前，俄国大部分商品都经展销会销售至国内各地，但展销会多集中于欧俄地区。展销会繁荣的主要原因如下：一是俄国领土广袤，单独商品生产者很难将自己生产的产品销售至国内市场，只有将产品运至展销会借助中间商销售，中间商可采取直接收购或者代售的方式为生产者销售产品；二是 19 世纪上半叶以前，俄国交通运输滞后，即便水路运输蓬勃发展，也不能全年运输商品，产品生产者和中间商只能在特定时期内将产品运至市场上销售；三是俄国居民人口密度较低，城市数量有限，小城市固定商业网点无利润可图，商人和小生产者更青睐于展销会。至 1831 年，俄国已有 1705 个展销会，贸易额约达 5.6 亿卢布。[3] 1831 年，俄国展销会的数量及商品流通额见表 4-2。

19 世纪初，运进商品销售额超 100 万卢布的展销会如下：哈尔科夫的科列谢尼斯克展销会、乌斯奔斯克展销会和波克洛夫斯克展销会，雅罗斯拉夫尔的罗斯托夫展销会，波尔塔瓦的伊林展销会，彼尔姆的伊尔比特展销会，库尔斯克

---

[1]　Миронов Б. Н. Внутренний рынок России во второй половине XVIII – XIX в. Л. ，Наука，1981. С. 73.

[2]　Миронов Б. Н. Внутренний рынок России во второй половине XVIII – XIX в. Л. ，Наука，1981. С. 77.

[3]　Хромов П. А. Экономика России периода промышленного капитализма. М. ，Изд-во ВПШ и АОН при ЦК КПСС，1963. С. 165.

表 4 - 2   1831 年俄国展销会的数量及商品流通额

单位：个，万卢布

展销会规模	展销会数量	展销会运进商品的总价值	商品销售总额	单位运进商品的价值	单位商品销售额
销售额为 1000 万～1.4 亿卢布的展销会	10	30300	5575	3030	557.5
销售额为 350 万～1000 万卢布的展销会	10	5510	1700	551	170
销售额为 100 万～350 万卢布的展销会	44	8140	3054	185	69.4
销售额低于 100 万卢布的展销会	1641	12350	10271	7.5	6.3
总计	1705	56300	20600	3773.5	803.2

资料来源：Хромов П. А. Экономика России периода промышленного капитализма. М.，Изд-во ВПШ и АОН при ЦК КПСС, 1963. С. 166。

的科列展销会、科斯特罗马的巴尔斯克展销会等。据统计，1840～1861 年，伊尔比特展销会运进的商品量增加了 3 倍，商品销售额仅少于下诺夫哥罗德展销会，跃居全俄第二。在该展销会的商品中，原皮、加工皮革、茶叶、铁、铜、蜂蜜、油脂、棉纺织品和麻纺织品的数量较多。19 世纪 60 年代，欧俄地区已有 1127 个城市展销会和 4768 个农村展销会。[1]

在各经济区，无论规模大小，一般都有展销会，主要服务方式为商品生产者采购原材料和销售商品。以乌克兰地区为例，19 世纪中叶，哈尔科夫有 77 个城市展销会和 252 个农村展销会，波尔塔瓦和契尔尼戈夫的城市和农村展销会的数量分别为 63 个和 388 个、52 个和 164 个。[2] 乌克兰各地展销会主要出售的商品为纺织产品、金属制品和其他商品。商品来自全国各地，如中部地区的莫斯科、弗拉基米尔和下诺夫哥罗德等地。运至俄国国内市场的主要商品为小麦、油脂、毛线和糖类产品等。

1861 年俄国开启工业化之前，因经济发展水平较低，交通运输滞后，展销会在俄国社会经济发展过程中具有重要意义。在俄国铁路大规模修建之后，展销会的作用逐渐下降，铁路促进全俄市场进一步深化，展销会失去往日的风采。交通运输发展消除了各地产品价格的差异，各地商品价格指数趋于平衡，农产

---

[1] Хромов П. А. Экономика России периода промышленного капитализма. М.，Изд-во ВПШ и АОН при ЦК КПСС, 1963. С. 168.

[2] Хромов П. А. Экономика России периода промышленного капитализма. М.，Изд-во ВПШ и АОН при ЦК КПСС, 1963. С. 168.

品的价格相对提高，工业品的价格有所降低。具体而言，19世纪上半叶，俄国农产品的价格约提高50%。1863年，工业品的价格指数只为19世纪初的1/2，其中，棉纺织品的价格指数降低得最为明显，为原来的1/3。[①]

随着商品生产率的提高、各部门资本主义生产关系的普及，俄国逐步被纳入世界市场体系之中。对外贸易发展为农奴制生产关系赋予新的内容，地主将大部分商品销售至国际市场，但农产品商品率的提高加速了农奴经济的衰落。值得一提的是，展销会也是进口商品的主要销售点。

二　下诺夫哥罗德展销会

在俄国社会经济发展的进程中，下诺夫哥罗德展销会具有重要作用，马卡里耶夫展销会为下诺夫哥罗德展销会的前身。该展销会产生于16世纪，十月革命前的几百年间都是俄国乃至欧洲重要的贸易场所。

早期马卡里耶夫展销会只是地方性的农村集市，因地理位置优越，贸易规模迅速扩大。17世纪末18世纪初，马卡里耶夫展销会已闻名世界，已成为大型的国际贸易基地之一。1816年，马卡里耶夫展销会发生火灾，所有建筑被付之一炬；1817年，马卡里耶夫展销会迁移至下诺夫哥罗德市举办，下诺夫哥罗德展销会开始步入人们视野，此后该省工业、贸易迅速发展。1817年7~8月，下诺夫哥罗德市建立了一个试行展销会，获得成功后马卡里耶夫展销会正式迁至下诺夫哥罗德市。俄国政府选择下诺夫哥罗德举行展销会的原因如下：一是下诺夫哥罗德码头便于大型船舶停靠；二是该码头地势平坦，可容纳百万辆马车；三是下诺夫哥罗德码头处于伏尔加河和奥卡河交汇处，便于向莫斯科输送货物。1817年，下诺夫哥罗德展销会共有1200多个摊位，有18个哨所被用来维护展销会治安，此年度贸易额近3000万卢布，展销会获得巨大成功。此后下诺夫哥罗德展销会于每年7月中旬至8月中旬定期举行，参观展销会的人数达数万人。[②]

下诺夫哥罗德展销会规模巨大，展销会的商品主要来自乌拉尔、伏尔加河中下游地区、奥伦堡和西伯利亚等地，随着下诺夫哥罗德展销会交易额增加，

---

① Хромов П. А. Экономика России периода промышленного капитализма. М. , Изд-во ВПШ и АОН при ЦК КПСС, 1963. C. 169.

② Российская реальность конца XVI – первой половины XIX в. : эконоика, общественный строй, культура. М. , Институт российской истории РАН, 2007. C. 87.

阿尔汉格尔斯克、阿斯特拉罕、奥伦堡和中部工业区等地的商品也不断被运至此地。具体而言，下诺夫哥罗德展销会的大部分商品来自伏尔加河中下游地区和卡马河流域，从上述地区出发的众多粮食船队为圣彼得堡和非黑土地区居民供应粮食，大多数粮食和原材料被运往俄国工业中心。除粮食外，展销会还向首都提供皮革、蜂蜜和油脂等货物。卡马河的货物也经下诺夫哥罗德码头转运至国内各省份，卡马河流域货物中铁制品数量最多。1764 年，经下诺夫哥罗德码头运至圣彼得堡的乌拉尔生铁就超过 100 万普特；1792 年，运至圣彼得堡的生铁、铸铁等超过 300 万普特。伏尔加河下游和卡马河流域沿岸各省运出大量的盐，盐的年均运输量约为 400 万普特，大多由下诺夫哥罗德转运至国内各口岸。[①] 维亚特卡和喀山每年向伏尔加河流域运输大量锯材，木制品先被浮运至下诺夫哥罗德码头，再被转运至圣彼得堡、阿斯特拉罕和顿河流域，主要为各地造船厂提供木材。叶卡捷琳堡是乌拉尔地区主要的粮食供应地之一，叶卡捷琳堡商人在彼尔姆采购粮食、铜、扁铁、铜铁容器等货物，然后将其运至下诺夫哥罗德展销会。商人们出售货物后采购小牲畜、马匹、皮革、纺织品和银器等货物，并将其返程销售，部分商人也用商品换取小麦等农产品。

每年下诺夫哥罗德展销会举办时，各地商人云集于此，不但聚集众多俄国商人，波斯人、希腊人、土耳其人、德国人和英国人都比较常见。俄国企业主运至展销会的主要商品为棉纺织产品、生铁、呢绒、毛皮、粮食和皮革等，纺织品主要来自伊万诺沃、舒伊和莫斯科等。欧洲国家的商品也被运至该展销会，主要为毛纺织品、丝织品、棉纺织品、涂料、化妆品和乐器等；亚洲国家的商品主要为中国的茶叶、布哈拉汗国的棉花和纱线、波斯的丝织品等。

就下诺夫哥罗德展销会的具体销售额而言，每年都有一定的波动。整体而言，1817～1861 年，下诺夫哥罗德展销会运进商品的数量增加约 4 倍，亦可证明俄国国内市场进一步繁荣。[②] 1817 年、1819 年和 1822 年，下诺夫哥罗德展销会的货物价值分别为 9260.0 万卢布、1.4 亿卢布和 1.4 亿卢布；1824 年、1830 年和 1837 年分别为 8310.0 万卢布、1.0 亿卢布、1.4 亿卢布；1848 年、1853 年和 1858 年，下诺夫哥罗德展销会的货物价值分别为 5170 万卢布、6350 万卢布和 9630 万卢布，货物价值呈下降趋势，这主要是因为克里木战争。19 世纪

---

① Милов Л. В. По следам шедших эпох: статьи и заетки. М. , Наука, 2006. C. 454.

② Хромов П. А. Экономика России периода промышленного капитализма. М. , Изд-во ВПШ и АОН при ЦК КПСС, 1963. C. 167.

60 年代以后，下诺夫哥罗德展销会的货物价值进一步增加。如 1863～1883 年，下诺夫哥罗德展销会的货物价值由 1.0 亿卢布上升至 2.0 亿卢布，货物价值增长 1 倍。[①]

1840 年，前往下诺夫哥罗德展销会进行交易的商人达 1.5 万人，其中，500 名商人来自欧洲和美国，220 名商人来自中亚。为保障展销会顺利进行，展销会举办期间，工人数量大增，达 10 万人，此外，展销会举办期间很多零售商人和个人到此批发和采购货物，整体参会人数为 15 万～20 万人。[②]

下诺夫哥罗德展销会加强了下诺夫哥罗德与其他地区的经济联系，其中，下诺夫哥罗德与圣彼得堡贸易频繁，但从下诺夫哥罗德运至圣彼得堡的商品价值远高于从圣彼得堡运往下诺夫哥罗德的商品价值，前者约为后者的 5 倍，1841 年，从下诺夫哥罗德运往圣彼得堡的商品价值为 6000 万卢布。[③] 19 世纪六七十年代，下诺夫哥罗德码头的 80% 以上的货物被输出到伏尔加河下游沿岸各省，只有不到 20% 的货物被运往伏尔加河上游地区。19 世纪 80 年代末，从下诺夫哥罗德向伏尔加河上游运输的货物逐渐增加。至 20 世纪初，运往伏尔加河上游及下游的货物各占一半。[④] 1825～1840 年，下诺夫哥罗德展销会货流量见表 4-3。

表 4-3 1825～1840 年下诺夫哥罗德展销会货流量

单位：普特，卢布，%

年份	运来的货物总额	商品销售总额	商品销售占比
1825	17101573	11461456	67.0
1832	34551904	29039627	83.91
1840	47265000	38829000	82.·1

资料来源：Халин А. А. Система путей сообщения нижегородского поволжья и ее роль в социально-экономическом развитим региона（30 - 90 гг. XIX в.）. Нижний Новгород., Изд-во Волго-вятекой академии государственной службы, 2011. С. 89。

---

① 高笑：《1817—1918 年下诺夫哥罗德展销会研究》，吉林大学硕士学位论文，2019，第 39、40、46 页。

② Шумилкин С. М. Нижегородская ярмарка. Н. Новгород., Изд-во《Понедельник》，Волго-вятское кн. изд-во, 1996. С. 95.

③ Первые железные дороги в России//Красый архив, 1936. №3. С. 136, 138.

④ Халин А. А. Система путей сообщения нижегородского поволжья и ее роль в социально-экономическом развитим региона（30 - 90 гг. XIX в.）. Нижний Новгород., Изд-во Волго-вятекой академии государственной службы, 2011. С. 105, 106, 183.

下诺夫哥罗德码头的货物中，生铁和铁皮比重较大。19 世纪 90 年代初，运至下诺夫哥罗德码头的货物中上述产品的比例为 11%，且逐年增加；同期每年约有 450 万普特的盐从卡马河流域被运往下诺夫哥罗德；19 世纪 90 年代，下诺夫哥罗德的鱼类产品的运送量明显减少。

19 世纪下半叶，下诺夫哥罗德码头的货流量明显增加，货运总量增长 2 倍，但下诺夫哥罗德码头在伏尔加河各码头中的货流量的占比却逐渐下降。20 世纪初，国内货物运输中粮食比重最高。1900 年，下诺夫哥罗德码头运输的货物中，粮食所占的比例达 10.9%，同年伏尔加河流域的 18% 的粮食经由下诺夫哥罗德码头运输，但运粮量最高的码头仍为雷宾斯克码头，上述两码头的粮食运输量占伏尔加河流域粮食运输总量的 61%。①

下诺夫哥罗德码头是伏尔加河流域商品的中转地。该码头的铸铁主要源于卡马河流域，1900 年，下诺夫哥罗德码头铁制品的输入和输出量分别为 4878 万普特与 2070 万普特，主要运往伏尔加河中下游沿岸各省，只有少部分运往上游各省。② 19 世纪下半叶，伏尔加河流域货流量大增，下诺夫哥罗德的货流量增长最为明显，下诺夫哥罗德码头为中部工业区提供原料的同时也推动了边疆地区经济发展。下诺夫哥罗德码头的货运状况还可说明俄国各地区生产专业化趋势加强，南部和东南部主要产品为农产品和原料，伏尔加河中上游地区主要产品为工业品。虽然河运货物总量变化较小，但是货物种类变化较大，除原有的粮食、盐和铁制品外，新型原料和工业品的比例不断提高。

19 世纪，下诺夫哥罗德码头的货物吞吐量巨大。1840 年，沿伏尔加河和奥卡河运往下诺夫哥罗德码头的货物价值占全俄河运货物价值的 20%，1860 年占比为 25%。因下诺夫哥罗德展销会的举办，下诺夫哥罗德码头在国内贸易中的地位举足轻重，19 世纪 50 年代，俄国共有 4670 个展销会，运至各展销会的商品价值达 1.6 亿卢布，而运至下诺夫哥罗德展销会的货物价值约为 0.8 亿卢布；60 年代，下诺夫哥罗德省展销会的贸易额约为 1.1 亿卢布，全俄所有展销会贸

① Халин А. А. Система путей сообщения нижегородского поволжья и ее роль в социально-экономическом развитим региона（30 – 90 гг. XIX в.）. Нижний Новгород., Изд-во Волго-вятекой академии государственной службы, 2011. С. 190.

② Халин А. А. Система путей сообщения нижегородского поволжья и ее роль в социально-экономическом развитим региона（30 – 90 гг. XIX в.）. Нижний Новгород., Изд-во Волго-вятекой академии государственной службы, 2011. С. 193.

易额中下诺夫哥罗德展销会的占比为99%。① 1905年和1913年，下诺夫哥罗德码头的货运量分别为0.94亿普特和1.4亿普特。② 因展销会的逐渐衰落和石油工业的兴起，下诺夫哥罗德码头的地位略逊于阿斯特拉罕码头。

19世纪下半叶，俄国展销会开始衰落，但边远地区和交通闭塞地区的展销会仍具有重要意义，很多大型展销会仍十分繁荣，1868年，欧俄地区共有1159个城市展销会和5337个农村展销会，运进展销会的商品金额为4.5亿卢布，商品销售额为3.1亿卢布。1894年，欧俄地区还有1.6万个展销会，与1868年相比，其数量增加近2倍，运进展销会的商品金额为5.7亿卢布，商品销售额为4.6亿卢布。19世纪末20世纪初，下诺夫哥罗德展销会仍保持往日的辉煌，究其原因如下：第一，其地理位置优越，它处于水路、陆路和铁路交会处；第二，下诺夫哥罗德是俄国大型商业中心，更是重要的商品集散地。

第三节　下诺夫哥罗德内河运输

18世纪，下诺夫哥罗德畜力运输较为发达，1852年，下诺夫哥罗德公路货运量仅次于莫斯科—圣彼得堡公路，莫斯科—圣彼得堡铁路通行后，下诺夫哥罗德公路的货流量跃居第一。19世纪中叶，下诺夫哥罗德公路货运量增加，其货流量约为国内其他公路的3倍。下诺夫哥罗德不但是俄国重要的陆路运输中心，还是连接莫斯科与东部地区、圣彼得堡和伏尔加河流域的重要枢纽，但其陆路作用远逊于水路运输。

一　下诺夫哥罗德水路线路概述

19世纪上半叶，下诺夫哥罗德主要通过陆路和水路与国内其他地区保持联系。下诺夫哥罗德位于伏尔加河水系的中心，水运十分发达。下诺夫哥罗德码头位于伏尔加河与奥卡河支流的交汇处，奥卡河流经戈尔巴托夫县、巴拉赫尼县和下诺夫哥罗德县部分地区，奥卡河流经下诺夫哥罗德的长度约为125俄里。伏尔加河流经下诺夫哥罗德省的较大码头为下诺夫哥罗德、戈罗杰茨、瓦西里

---

① Халин А. А. Система путей сообщения нижегородского поволжья и ее роль в социально-экономическом развитим региона (30 – 90 гг. XIX в.). Нижний Новгород., Изд-во Волго-вятекой академии государственной службы, 2011. С. 91, 92, 93, 105, 106, 183.

② Россия 1913 год. Статистико-документальный справочник. СПб., Блиц, 1995. С. 133.

苏尔斯克、科通、巴拉赫尼和马卡里耶夫；奥卡河流经下诺夫哥罗德的较大码头为戈尔巴托夫、巴甫洛夫和下诺夫哥罗德。除奥卡河外，苏拉河也流经下诺夫哥罗德，主要流经瓦西里县，伏尔加河的主要支流奥卡河和苏拉河都流经下诺夫哥罗德，下诺夫哥罗德码头的重要意义毋庸置疑。

伏尔加河是俄国内河运输的龙头，伏尔加河及其支流流经欧俄 1/3 的地区，伏尔加河流域生活着欧俄地区半数以上的居民。船只沿伏尔加河干流可抵达 8 个省份，即特维尔、雅罗斯拉夫尔、科斯特罗马、下诺夫哥罗德、喀山、辛比尔斯克、萨拉托夫、阿斯特拉罕。其支流奥卡河、卡马河、苏拉河将弗拉基米尔、莫斯科、梁赞、维亚特卡和彼尔姆连为一体，水路保证下诺夫哥罗德与莫斯科、圣彼得堡以及其他城市间的经济联系。下诺夫哥罗德借助奥卡河可与梁赞、科洛姆纳尤其是莫斯科建立良好的贸易联系，沿奥卡河及其支流可将下诺夫哥罗德展销会的商品运至中部工业区，亦可将各地工业制成品运至展销会。下诺夫哥罗德与西北部工业区的商业联系主要通过季赫温运河和马林斯基运河，展销会的贵重商品大多通过季赫温运河被运至圣彼得堡等地，其他商品主要通过马林斯基运河被运至圣彼得堡，圣彼得堡的进口商品也通过上述运河运至下诺夫哥罗德展销会。据统计，19 世纪初，俄国共有 16 条重要的内河航线，其中 10 条与下诺夫哥罗德相通。下诺夫哥罗德可通航河流长度达 550 俄里，欧俄地区 50 省中该省的水路长度和密度最高，通航能力更是位居第一。

下诺夫哥罗德水路运输网延伸至 25 个省份和地区，水路和人工运河可加强下诺夫哥罗德与其他地区间的经济联系，如季赫温运河可增强下诺夫哥罗德与圣彼得堡的贸易联系；还可经伏尔加河水路与里海相连，沿卡马河和丘索瓦亚河可联通西伯利亚，通过奥卡河与莫斯科和中部工业区各省互通有无。下诺夫哥罗德展销会上不仅有俄国的商品，还有众多来自国外的商品。

下诺夫哥罗德水路分属俄国水路网第五区和第六区，由交通部直接管辖。第五区内主要是下诺夫哥罗德（沿伏尔加河 14 俄里，沿奥卡河 16 俄里）区域和戈罗杰茨（沿伏尔加河 76 俄里）区域；第六区内主要是雷日科夫（沿伏尔加河 130 俄里）区域。下诺夫哥罗德水路通航期为 6～7 个月，通航始于 4 月，结束于 10 月，枯水期货运量骤降。19 世纪中叶，因航运技术落后，加上自然因素影响，船只由阿斯特拉罕至下诺夫哥罗德河段需航行 3 个月，至圣彼得堡需航行 7 个月。沿奥卡河航行的货船航行速度更慢，船只由下诺夫哥罗德至科洛姆纳需 1 个月，至莫斯科最快也需 1.5 个月。

二　主要港口的货流量

下诺夫哥罗德各码头货物运输的特征如下：一是季节性突出，这是水路运输的一般特征，下诺夫哥罗德水路也是如此；二是货物运输的不均衡性，输入量明显大于输出量，19 世纪下半叶，下诺夫哥罗德码头货物输入量约为货物输出量的 3 倍；三是货物流向具有逆向特征，主要输入下游各码头。1890 年，下诺夫哥罗德码头的货物价值仅次于阿斯特拉罕码头（分别为 1481.8 万卢布和 2200.7 万卢布），此时俄国只有 28 个码头的货物发送价值超 100 万卢布，处于第三位的是察里津码头，为 685.7 万卢布。19 世纪末，下诺夫哥罗德码头的年均货物价值居全俄首位，达 2548.4 万卢布；其次是圣彼得堡，为 1870.7 万卢布；随后是雷宾斯克码头，货物价值为 1290.6 万卢布，仅为下诺夫哥罗德货运量的 50%。1861～1900 年，下诺夫哥罗德码头货物输入量约占该省货运总量的 85%，而货物输出量却不足 30%。19 世纪末，下诺夫哥罗德码头货运价值迅速增加。1900 年，运往下诺夫哥罗德码头的货物价值达 4299.6 万卢布；20 世纪初，运至下诺夫哥罗德码头的货物数量占全省商品输入总量的 93.7%。①

（一）19 世纪上半叶下诺夫哥罗德码头的货流量

下诺夫哥罗德码头是伏尔加河中游最大的水运枢纽，因此，笔者以该港口为例探究下诺夫哥罗德水路的货流量。

伏尔加河流域的船只大部分都驶入下诺夫哥罗德码头，如卡马河流域装载盐、铁、铜等货物的商船队首先驶入下诺夫哥罗德码头，然后由该码头将货物转运至国内其他地区。从伏尔加河下游驶入该港口的主要是运盐商船队，奔萨和萨马拉的运粮船队也在下诺夫哥罗德码头转运和补给。1825 年，从伏尔加河流域驶入圣彼得堡的船只共 1.2 万艘，货物价值达到 1.2 亿纸卢布，大部分船只都由下诺夫哥罗德码头出发；同年其他地区驶入伏尔加河流域的货船数量为 7218 艘，货物总价值为 1473.2 万纸卢布，大部分船只也在下诺夫哥罗德码头转运或靠岸补给。1825 年，俄国货船总量为 23.4 万艘，货物价值为 1.9 亿纸卢布，约 80% 的船只和 70% 的货物价值都依靠伏尔加河水运，大部分船只都与下

---

① 　Халин А. А. Система путей сообщения нижегородского поволжья и ее роль в социально-экономическом развитим региона（30－90 гг. XIX в.）. Нижний Новгород., Изд-во Волго-вятекой академии государственной службы，2011. С. 182，183.

诺夫哥罗德相关。[1]

19世纪三四十年代，俄国经济快速发展，伏尔加河流域的7个航运段的货流量较大，货物价值为88万~2000万卢布不等，在诸多码头中下诺夫哥罗德码头的货流量居第二位，仅次于圣彼得堡码头。1840年，国内河运商船共有4.3万艘，运输货物的价值达2.5亿卢布，途经下诺夫哥罗德码头的就有9586艘商船，货物价值为4584万卢布；就货流量而言，下诺夫哥罗德码头的货流量占整个伏尔加河流域货流总量的1/5，1860年，其比例为1/4，1858年，该码头的轮船停靠量占俄国内河靠岸轮船总量的60.5%。[2] 1845~1860年，下诺夫哥罗德码头是俄国较大的货运码头之一，数千艘船云集于此[3]，因下诺夫哥罗德展销会的召开，每年7~9月沿伏尔加河驶入下诺夫哥罗德码头的船只数量激增。

（二）19世纪下半叶下诺夫哥罗德码头的货流量

19世纪下半叶，下诺夫哥罗德码头的作用更加突出，不但货流量增长，货物种类也不断增加。除传统的粮食、木材、盐和冶金产品等货物外，下诺夫哥罗德码头中石油、棉花和茶叶等货物的运输量激增。因数据有限，仅对19世纪八九十年代下诺夫哥罗德码头的货流量进行阐释。

19世纪下半叶，下诺夫哥罗德与国内其他省份之间的经济联系逐步加强。19世纪90年代，俄国众多码头中下诺夫哥罗德码头单位重量的货物平均行驶里程最长，大量商品经伏尔加河中下游、卡马河流域运往下诺夫哥罗德码头，部分货物也来自伏尔加河上游和奥卡河流域。除下诺夫哥罗德码头外，下诺夫哥罗德货流量较大的码头为戈罗杰茨码头、瓦西里苏尔斯克码头和雷日科夫码头。戈罗杰茨码头以商品输入为主，瓦西里苏尔斯克码头和雷日科夫码头是商品输出码头。19世纪80年代末，雷日科夫码头货流量明显高于其他码头，下诺夫哥罗德东部和南部各县城的粮食都运至该码头，戈罗杰茨码头到港货物种类

---

① Халин А. А. Система путей сообщения нижегородского поволжья и ее роль в социально-экономическом развитим региона（30－90 гг. XIX в.）. Нижний Новгород. ，Изд-во Волго-вятекой академии государственной службы, 2011. C. 183.

② Халин А. А. Система путей сообщения нижегородского поволжья и ее роль в социально-экономическом развитим региона（30－90 гг. XIX в.）. Нижний Новгород. ，Изд-во Волго-вятекой академии государственной службы, 2011. C. 99, 105.

③ 范璐祎：《18世纪下半期—19世纪上半期的俄国水路运输》，吉林大学博士学位论文，2014，第53页。

众多，其中粮食的数量最大。

19 世纪下半叶，运至下诺夫哥罗德码头的商品中粮食所占比重较高，粮食多来自伏尔加河中下游。运进的粮食中小麦比重最高，约占 50%，其次是小麦粉、黑麦和燕麦；从卡马河及其支流输入的铁、铁制品和盐仍是下诺夫哥罗德码头的主要商品。19 世纪 80 年代中期，石油产品的比重不断提升；鱼产品数量也较多，主要来自伏尔加河下游沿岸各省；木材多由上游码头运进，经下诺夫哥罗德码头转运至下游各省份。下诺夫哥罗德商品输出仍旧不均衡，输至伏尔加河下游的产品是输至上游的 2 倍。

19 世纪 90 年代初期，伏尔加河流域货物周转速度加快，下诺夫哥罗德码头商品运送量仍名列前茅，生铁、钢轨和糖主要运往伏尔加河下游沿岸各省，石油产品和鱼产品运往伏尔加河上游沿岸各省。

19 世纪末，因铁路的大规模修建，下诺夫哥罗德码头的货运量有所减少，此时俄国重要的水运码头为圣彼得堡码头、特维尔码头、雷宾斯克码头、雅罗斯拉夫尔码头、科斯特罗马码头、下诺夫哥罗德码头、喀山码头和萨马拉码头，1891 年，圣彼得堡码头的货运量达 2.0 亿普特，其次是下诺夫哥罗德码头，其货物总量为 6102.0 万普特，雅罗斯拉夫尔码头居第三，为 2290.3 万普特。伏尔加河沿岸大型码头，如特维尔码头，雷宾斯克码头，雅罗斯拉夫尔码头和科斯特罗马码头的货物输入总量为 7876.2 万普特，下诺夫哥罗德码头的重要地位可见一斑。[1]

随着俄国社会经济的发展，下诺夫哥罗德码头粮食运输量逐年减少，工业品和原材料的输入量增加。除下诺夫哥罗德码头外，19 世纪四五十年代，雷日科夫码头也成为下诺夫哥罗德大型粮食输出点，每年从雷日科夫码头运出大量黑麦、小麦和其他粮食。1849 年，由该码头驶出的船只为 279 艘，货物价值为 74.1 万卢布。1850 年和 1862 年，其数量分别为 466 艘和 94.4 万卢布、259 艘和 100 万卢布。[2] 19 世纪下半叶，因下诺夫哥罗德码头的粮食输出量增加迅速，雷日科夫码头的粮食输出量逐渐下滑。下诺夫哥罗德的粮食除自用外，主要输出方向有四个：一是俄国中部地区，如莫斯科和中部工业区各省；二是运往乌

---

①　Стат. сб. Министерства путей сообщения. Вып. 32. СПб. , Издание М-ва путей сообщ. , 1893. С. 19.

②　Марухин В. Ф. История речного судоходства в России. М. , Орехово-Зуевский педагогический институт, 1996. С. 282.

拉尔和西伯利亚等地；三是沿顿河等河流将粮食运往俄国南部，主要供应顿河哥萨克军区；四是经西北部水路运至圣彼得堡。

水路是粮食运输的主力，19 世纪末，下诺夫哥罗德码头粮食的比重逐年减小，但粮食的运输量不容小觑，1900 年，该码头货物中粮食的占比为 10.9%，伏尔加河流域的 18% 的粮食都被运至下诺夫哥罗德。19 世纪下半叶，下诺夫哥罗德码头的粮食运输量仅次于雷宾斯克码头。因材料有限，仅以下诺夫哥罗德码头的小麦运输量进行分析，1885～1900 年，该码头的小麦运输量增长 2.6 倍，受铁路的冲击，码头的货物中小麦的占比逐年减小，由 1885 年的 9.3% 降至 1900 年的 8.1%。[1] 19 世纪末，下诺夫哥罗德码头的小麦输出量减少，主要原因有两个：一是下诺夫哥罗德面粉加工业快速发展，小麦多留在当地被加工成面粉；二是将小麦粉运往圣彼得堡码头和雷宾斯克码头的利润更高。1885～1900 年，下诺夫哥罗德码头的小麦粉输出量增长 7.8 倍，面粉加工业发展迅速。[2]

伏尔加河一直是铁制品的主要运输线路，19 世纪下半叶，俄国近 87% 的生铁和钢都由内河航运完成。19 世纪八九十年代，下诺夫哥罗德码头铁制品的货运量增加 1.5 倍，占整个伏尔加河流域铁制品运输总量的 75%。下诺夫哥罗德码头是生铁和钢等金属产品的主要中转地，1900 年，通过水路运至下诺夫哥罗德码头的生铁和钢的重量为 487.8 万普特，输出量为 207.0 万普特。生铁主要被运往伏尔加河中下游地区（146.0 万普特），只有 30% 的铁制品被运至伏尔加河上游；运往奥卡河上游的生铁仅为 40 万普特，主要运往弗拉基米尔。[3]

19 世纪 80 年代初，伏尔加河流域石油产品的运输量激增，究其原因有两个：一是随着大工业的发展，对燃料的需求量急剧增加，工业和运输部门对燃料的需求量最大；二是伏尔加河流域石油产品运输量增加刺激了巴库石油工业的发展，石油产品先沿里海运往阿斯特拉罕，然后转运至伏尔加河流域各码头。

---

[1] Халин А. А. Система путей сообщения нижегородского поволжья и ее роль в социально-экономическом развитим региона (30－90 гг. XIX в.). Нижний Новгород., Изд-во Волго-вятекой академии государственной службы, 2011. С. 189; Стат. сб. Министерства путей сообщения. Вып. 67. СПб., Издание М-ва путей сообщ., 1902. Таб. I. С. 6－7.

[2] Стат. обзор железных дорог и внутренних водяных путей России. СПб., Издание М-ва путей сообщ., 1900. С. 159.

[3] Халин А. А. Система путей сообщения нижегородского поволжья и ее роль в социально-экономическом развитим региона (30－90 гг. XIX в.). Нижний Новгород., Изд-во Волго-вятекой академии государственной службы, 2011. С. 193.

伏尔加河流域近 100% 的重油和 95% 的石油产品都源自阿斯特拉罕。19 世纪末下诺夫哥罗德码头的运油量激增，1885～1900 年，该码头的石油产品运输量增长 20 倍；20 世纪初，输入石油产品的伏尔加河流域各码头中，下诺夫哥罗德码头的石油产品接收量最高，其占比达 25%。①

除上述产品外，下诺夫哥罗德码头还是众多商品的集散地，如盐、棉花和鱼产品等货物。19 世纪末，除阿斯特拉罕和伏尔加河部分码头的盐产品被运至下诺夫哥罗德码头外，卡马河流域各码头也向下诺夫哥罗德码头输入大量盐。20 世纪初，卡马河流域的 50% 的运盐商船队驶向下诺夫哥罗德码头。伏尔加河流域货物中鱼产品的数量也不容忽视，阿斯特拉罕是主要的鱼产品输出地，近 50% 的鱼产品被运往察里津码头，剩余部分被运往伏尔加河上游，1/4 的鱼产品被运往下诺夫哥罗德码头。伏尔加河水路促进下诺夫哥罗德的经济发展，加强了该省与俄国其他地区间的经济联系，下诺夫哥罗德码头也一跃成为全俄最大的交通枢纽之一和俄国最重要的贸易中心。

第四节　下诺夫哥罗德铁路运输作用斐然

水运对下诺夫哥罗德经济发展的作用毋庸置疑，随着国内外贸易发展，下诺夫哥罗德港口地位迅速提升。19 世纪下半叶，下诺夫哥罗德铁路的作用凸显，在铁路和水路的共同作用下诺夫哥罗德经济快速发展。为更好地探究下诺夫哥罗德铁路的运输状况，本节以货流量最大的莫斯科—下诺夫哥罗德铁路为例进行分析。

一　下诺夫哥罗德铁路建设状况

19 世纪上半叶，皇村铁路修建后，学者杰尔斯涅尔提出铺设莫斯科—下诺夫哥罗德—喀山铁路的方案。1836 年，工程师沃尔科夫也论证了莫斯科—圣彼得堡铁路和莫斯科—下诺夫哥罗德铁路的重要意义。1839 年，阿巴扎指出，莫斯科—下诺夫哥罗德铁路几乎经过俄国所有的重要工业区，下诺夫哥罗德的地位也十分突出，为俄国的"仓库"。下诺夫哥罗德省长穆拉维耶夫提议在俄国

---

① Халин А. А. Система путей сообщения нижегородского поволжья и ее роль в социально-экономическом развитим региона（30－90 гг. XIX в.）. Нижний Новгород. ，Изд-во Волго-вятекой академии государственной службы，2011. С. 194.

建立以莫斯科为中心的铁路运输网，主张先建立连接莫斯科与下诺夫哥罗德的铁路，然后延伸至喀山和西伯利亚地区。

19世纪三四十年代，俄国政府并未批准莫斯科—下诺夫哥罗德铁路建设方案，究其原因有两个：一是铁路建设问题十分复杂，社会各界对铁路的态度也分歧较大；二是当时的条件不允许，俄国铁路建设技术落后，资金短缺。莫斯科—圣彼得堡铁路建成之后，社会各界对下诺夫哥罗德铁路的态度发生变化，1843年，俄国政府成立由梅尔尼科夫领导的专门委员会，制定了俄国交通发展纲要，试图通过铁路加强各省之间的联系。下诺夫哥罗德是俄国国内最大的贸易中心，为伏尔加河流域的经济中心，下诺夫哥罗德的铁路建设引起了广泛关注。

19世纪40年代，下诺夫哥罗德铁路建设备受关注，工程师们提出铁路应以莫斯科为出发点，途经莫斯科和博戈罗季茨克县，沿着克利亚季马河沿岸的波克罗夫县、苏多格达县、维亚兹尼基县、穆罗姆县和戈罗霍韦茨县修建，横穿奥卡河经戈尔巴托夫县最后到达下诺夫哥罗德，莫斯科—下诺夫哥罗德铁路建设方案被正式提出。沃良尔良斯基是莫斯科—下诺夫哥罗德铁路方案的提出者，在其方案中，莫斯科至奥卡河线路长约335俄里，建设预算约为1000万卢布。奥卡河至下诺夫哥罗德线路长65俄里，因桥梁建设成本较高，预算为1000万卢布左右，但因资金匮乏，该方案被搁置。克里米亚战争后莫斯科—下诺夫哥罗德铁路方案又被提出，学者指出建设该条铁路的重要意义有三点：一是可促进伏尔加河流域下游沿岸各省的商品经济发展；二是可拉动乌拉尔地区采矿工业的发展；三是可缓解该地区陆路和水路的客运压力。

1856年3月，沃良尔良斯基将莫斯科—下诺夫哥罗德铁路建设方案和预算表提交给交通管理总局，其在报告中指出，为降低铁路建设成本，建议不穿过奥卡河，直接沿着奥卡河左岸建设，预计总长度为400俄里，耗资约2200万卢布。许多公司都想承建莫斯科—下诺夫哥罗德铁路，俄国政府最终将该铁路线交由俄国铁路总公司承建。

1857年1月26日，亚历山大二世批准成立俄国铁路总公司，1月28日颁布铁路修建法令。俄国政府提出建立全俄铁路网，主要包括四条铁路干线：一是圣彼得堡—华沙—西部边界铁路；二是莫斯科—下诺夫哥罗德铁路；三是莫斯科—库尔斯克铁路和第聂伯河下游地区—狄奥多西铁路；四是库尔斯克—丁纳堡—利巴瓦铁路。俄国政府计划将俄国26省的铁路连为一体，在此基础上形成全俄铁路网。下诺夫哥罗德铁路不但可辐射莫斯科、圣彼得堡和西部周边省份，还可覆盖整个伏尔加河流域，因此，莫斯科—下诺夫哥罗德的铁路建设备受政府关注。

下诺夫哥罗德铁路主要经过三个省份，即莫斯科（72 俄里）、弗拉基米尔（281 俄里）和下诺夫哥罗德（56 俄里）。建设莫斯科—下诺夫哥罗德铁路有三个方向可以选择：北线，即基尔扎奇—尤里耶夫—舒伊线路；南线，即弗拉基米尔—福明—奥卡河沿岸的巴甫洛夫线路；中线，即波克罗夫—弗拉基米尔—科夫罗夫—维亚兹尼基线路。北线最有利，经过人口稠密的工业区，技术上也最有优势，南线穿过的地区铺设工作相对容易，但是经济不够发达，工程师们最终选择科夫罗夫—弗拉基米尔—维亚兹尼基—下诺夫哥罗德线路。

莫斯科—下诺夫哥罗德铁路同时从两个方向施工，即莫斯科—弗拉基米尔（第一部分）和弗拉基米尔—下诺夫哥罗德（第二部分）。1857 年 9 月，莫斯科—下诺夫哥罗德铁路前期勘探工作开始，同年秋季完成大部分勘探工作。莫斯科—下诺夫哥罗德铁路于 1858 年开始建设，于 1861 年正式通车，铁路长度为 409 俄里。

1858 年冬，弗拉基米尔—下诺夫哥罗德路段准备工作完成。1859 年春，各路段建设工作全面展开，莫斯科—弗拉基米尔铁路部分路段已竣工，此时该路段筑土量达 26.6 万立方俄丈，土筑路基已修建 142 俄里。1859 年，建成 72 座桥梁，还有 21 座桥梁的修建工作已接近尾声；1860 年初，桥梁建筑工作基本完成。[①]

莫斯科—下诺夫哥罗德铁路建设工作主要分为三个路段：一是莫斯科—弗拉基米尔路段；二是弗拉基米尔—下诺夫哥罗德路段；三是下诺夫哥罗德路段。外国企业主格斯特、福尔曼以及俄国人杰米多夫和雅科夫列夫负责下诺夫哥罗德铁路的轨道铺设工作，铁路建设所需钢轨主要来自雅科夫列夫工厂、杰米多夫工厂和英国，其供应量分别为 37.8 万普特、69.9 万普特和 60 万普特，总计 167.7 万普特。1860 年初，莫斯科—下诺夫哥罗德铁路一期建设工作基本完成，只剩第二段铁路还未完全竣工。1860 年 2 月初，俄国政府批准了修建机车库、车站和住房的方案。

就铁路长度而言，莫斯科—下诺夫哥罗德铁路居全国第五位，但其所起的经济作用居全俄第一。修建莫斯科—下诺夫哥罗德铁路耗资巨大，仅工程成本

---

① 逯红梅：《1836—1917 年俄国铁路修建及其影响》，吉林大学博士学位论文，2017，第 14 页。

就近 600 万卢布，其中机车、桥梁建设、土木工程、钢轨和其他器械支出约为410 万卢布，还有 150 万卢布用于勘测工作的花费。国内各大铁路线路中下诺夫哥罗德铁路线耗资最少，工期也低于其他铁路，但部分路段建设质量粗糙，桥梁偷工减料现象十分常见，1863 年桥梁才被彻底修缮完毕。下诺夫哥罗德铁路修建后其货流量迅速增加，社会经济作用日益突出。

下诺夫哥罗德铁路的利润较高，莫斯科—下诺夫哥罗德铁路总投资额高达2950 万卢布，初期年均纯利润率约为 6%。19 世纪 70 年代中期，年均净利润率已达 13%，已彻底收回铁路建设成本。1874～1892 年，莫斯科—下诺夫哥罗德铁路年均净利润率达 13%，最高值为 18.3%，净利润达 10.9 亿卢布。[①]

二 铁路货运规模

莫斯科—下诺夫哥罗德铁路通行后货流量大增，1875 年，该铁路的货运量达 7700 万普特。[②] 因下诺夫哥罗德港口货流量巨大，为满足运输需求每天需派发 15 趟列车，展销会期间莫斯科—下诺夫哥罗德铁路更为繁忙，但只能保障展销会的 70% 的货运需求，因此，下诺夫哥罗德诸多官员请求铺设双轨铁路。1876 年 10 月，双轨铁路的头段建设工作完毕，首期铁路的建设长度为 35 俄里；1877 年 10 月，巴甫洛夫—奥列霍夫段双轨铁路也铺设完毕；同年 11 月，莫斯科—巴甫洛夫的第二条轨道铺设完成，莫斯科与温道间的双轨铁路也开始运行。1878 年 8 月，弗拉基米尔—弗托罗沃和莫斯科—科夫罗夫双轨线路通车；1879年，科夫罗夫双轨线路又延伸 4 俄里，可通往穆罗姆，莫斯科至科夫罗夫线路总长度为 237 俄里，耗资 321.9 万卢布。19 世纪 80 年代，下诺夫哥罗德铁路货流量快速增加，1888 年已超 1 亿普特。[③] 19 世纪末，莫斯科—下诺夫哥罗德铁路线全线建成双轨铁路，大大缓解了俄国的交通压力。1863～1893 年下诺夫哥罗德铁路线的货运量和货流量见表 4－4。

---

① 逯红梅：《1836—1917 年俄国铁路修建及其影响》，吉林大学博士学位论文，2017，第 150 页。

② Халин А. А. Система путей сообщения нижегородского поволжья и ее роль в социально-экономическом развитим региона（30－90 гг. XIX в.）. Нижний Новгород. , Изд-во Волго-вятекой академии государственной службы, 2011. С. 200.

③ Халин А. А. Система путей сообщения нижегородского поволжья и ее роль в социально-экономическом развитим региона（30－90 гг. XIX в.）. Нижний Новгород. , Изд-во Волго-вятекой академии государственной службы, 2011. С. 205.

表 4 – 4　1863～1893 年下诺夫哥罗德铁路线的货运量和货流量

单位：普特，普特/俄里

年份	货运量	货流量
1863	17356434	3195943880
1868	43837074	10518559952
1873	58734320	12223250305
1878	68609087	16956262396
1883	72622107	17843259445
1890	101280000	—
1893	133550000	31696692000

资料来源：Халин А. А. Система путей сообщения нижегородского поволжья и ее роль в социально-экономическом развитим региона（30 – 90 гг. XIX в.）. Нижний Новгород. ，Изд-во Волго-вятекой академии государственной службы, 2011. С. 209。

据统计，1867 年，下诺夫哥罗德铁路的货运总量达 3371.8 万普特，19 世纪 70 年代中期，下诺夫哥罗德铁路的货流量增长 4 倍，因莫斯科与科夫罗夫间的双轨铁路铺设完成，19 世纪 80 年代下半期，共货运量急剧增加。与 1863 年相比，1893 年的货流量增长 9 倍。[①] 下诺夫哥罗德铁路推动了周边地区社会经济的发展，最初铁路以局部货物运输为主，主要满足当地需求。随着俄国社会经济的发展和工业化进程的加速，莫斯科—下诺夫哥罗德铁路成为重要的省际铁路。19 世纪 60～80 年代下诺夫哥罗德火车站的商品输出规模足以证明该论断，具体数据见表 4 – 5。

表 4 – 5　19 世纪 60～80 年代下诺夫哥罗德火车站的商品输出规模

单位：普特，%

输出地	1864 年		1874 年		1884 年	
	输出量	占比	输出量	占比	输出量	占比
莫斯科	1443534	7.7	7717254	13.1	10234867	17.5
弗拉基米尔	12843273	68.6	34583901	58.8	25137078	42.9

---

① Халин А. А. Система путей сообщения нижегородского поволжья и ее роль в социально-экономическом развитим региона（30 – 90 гг. XIX в.）. Нижний Новгород. ，Изд-во Волго-вятекой академии государственной службы, 2011. С. 211.

续表

输出地	1864 年		1874 年		1884 年	
	输出量	占比	输出量	占比	输出量	占比
下诺夫哥罗德	4425942	23.7	16493883	28.1	23256233	39.6
总计	18712749	100.0	58795038	100.0	58628178	100.0

资料来源：Халин А. А. Система путей сообщения нижегородского поволжья и ее роль в социально-экономическом развитим региона（30－90 гг. XIX в.）. Нижний Новгород., Изд-во Волго-вятекой академии государственной службы, 2011. С. 211。

　　莫斯科—下诺夫哥罗德铁路建成后，下诺夫哥罗德与国内其他地区的联系更加紧密。1866 年，下诺夫哥罗德铁路与尼古拉耶夫铁路相通；1868 年与舒伊—伊万诺沃铁路相连；1871 年与莫斯科—梁赞铁路相连；1873 年与莫斯科—布列斯特铁路相连；1875 年，该线路还与西部边境的德国铁路线接通，可开展国际货运业务。随着石油运输量的增加，19 世纪 80 年代，下诺夫哥罗德铁路与里海和高加索铁路相连接。

　　下诺夫哥罗德铁路与莫斯科相连的铁路共有七条，与尼古拉耶夫—布列斯特铁路连接可促进西部和西北部地区的经济发展；与莫斯科—梁赞铁路相连后可沟通俄国南部和东部地区；与莫斯科—库尔斯克铁路相连可加强伏尔加河流域与俄国南部和西南部地区的联系。随着铁路运输的发展，下诺夫哥罗德铁路货流量明显增加，1866 年，该线路货流量占俄国铁路总货流量的 6%；1872 年，其占比为 16%；19 世纪 80 年代，约为 43%；19 世纪 90 年代达 50%。[①]

　　19 世纪 70 年代，莫斯科—下诺夫哥罗德铁路的货流量逐年增加，但货运量分布不均衡。1870～1875 年，莫斯科—下诺夫哥罗德铁路运往莫斯科的货物数量为 8850 万普特，而运往下诺夫哥罗德的货物数量仅为 1950 万普特。[②] 1875～1880 年，虽然双方货物数量都有所增加，但仍具有不均衡特征，运至莫斯科的货物数量为 1.7 亿普特，运往下诺夫哥罗德的货物数量为 4450 万普特。[③] 货物运输的不均衡性主要由货物本身的属性决定，运至莫斯科的货物主要为农产品、原

---

① Халин А. А. Система путей сообщения нижегородского поволжья и ее роль в социально-экономическом развитим региона（30－90 гг. XIX в.）. Нижний Новгород., Изд-во Волго-вятекой академии государственной службы, 2011. С. 212.

② История Москвы. Т. 4. М., Изд-во Акад. наук СССР. 1954. С. 157.

③ Чупров А. И. Железнодорожное хозяйство. М., Тпи. императ. Моск. университета, 1901. С. 157

料、燃料和工业半成品，而运往下诺夫哥罗德的商品主要为工业制品。莫斯科—下诺夫哥罗德铁路除具有货流量分布不均的特点外，还具有一定的季节性特征，下诺夫哥罗德展销会期间货流量大增。

下诺夫哥罗德铁路对莫斯科的经济发展具有重大意义，19世纪80年代至90年代初，下诺夫哥罗德铁路的货流量居全国首位，运往莫斯科的货物中下诺夫哥罗德铁路的运输量位居第三，占莫斯科商品输入总量的17.6%。① 夏季输入莫斯科的货物中，水路的货流量明显低于莫斯科—下诺夫哥罗德铁路，究其原因有两个：一是奥卡河通航能力有限，下诺夫哥罗德—莫斯科方向的水路竞争优势不大；二是下诺夫哥罗德展销会期间所有的运输方式都被采用，铁路的运输速度快，因此货流量更大。下诺夫哥罗德展销会期间商品被提前运入下诺夫哥罗德港口，5月末部分商品就开始运进，展销会期间莫斯科—下诺夫哥罗德铁路的货运量增长了约1.5倍。② 莫斯科—下诺夫哥罗德铁路修建之前展销会的货物运输以水路为主，铁路修建后水路的地位受到冲击，其货运量也远逊于铁路。

下诺夫哥罗德铁路运输商品的种类众多，1880年和1885年，运输商品种类分别为776种和643种。运输的农产品中粮食居首位，1880年，运往莫斯科的粮食为854.3万普特，其次为肉、鱼和盐等货物。19世纪末，石油产品成为莫斯科—下诺夫哥罗德铁路的重要商品之一，此外，木材和建材的运输量也不容忽视。1886～1887年，下诺夫哥罗德铁路的石油产品运输量大增；1876年，莫斯科—下诺夫哥罗德铁路运输的货物中石油产品的占比仅为1.5%，1890年，其占比达18.4%。③ 伏尔加河流域的近50%的石油产品都由下诺夫哥罗德铁路输往莫斯科，下诺夫哥罗德铁路的石油产品供应量为莫斯科石油产品供应总量

① Халин А. А. Система путей сообщения нижегородского поволжья и ее роль в социально-экономическом развитим региона (30 – 90 гг. XIX в.). Нижний Новгород. ，Изд-во Волго-вятекой академии государственной службы，2011. C. 215；Халин А. А. Московско-нижгородская железная дорога//Исторические записки 111. М. ，Наука，1984. C. 309.

② Халин А. А. Система путей сообщения нижегородского поволжья и ее роль в социально-экономическом развитим региона (30 – 90 гг. XIX в.). Нижний Новгород. ，Изд-во Волго-вятекой академии государственной службы，2011. C. 215.

③ Халин А. А. Система путей сообщения нижегородского поволжья и ее роль в социально-экономическом развитим региона (30 – 90 гг. XIX в.). Нижний Новгород. ，Изд-во Волго-вятекой академии государственной службы，2011. C. 217.

的 65% 。①

就伏尔加河流域各铁路的商品运输量而言，19 世纪 70 年代，下诺夫哥罗德铁路线的货流量排第二，90 年代初，跃居第一。莫斯科—下诺夫哥罗德铁路在运输工业原料、半成品和石油产品方面具有重要作用，该铁路促进了沿线地区经济发展。以弗拉基米尔为例，1863～1893 年，该省工业生产总额由 2800 万卢布增长到 1.4 亿卢布，增长了 4 倍。莫斯科—下诺夫哥罗德铁路也促进了下诺夫哥罗德的工业发展。1851～1877 年，该省工业生产总额由 307.4 万卢布增长到 1040.5 万卢布，增长约 2.4 倍。铁路沿线地区的戈尔巴托夫县、下诺夫哥罗德县和巴拉赫尼县的工业得到快速发展，铁路运营初期就初具规模。下诺夫哥罗德主要的工业中心都靠近铁路，1851 年，铁路沿线地区的工业产值占该省工业总产值的 40.2%；1866 年，其占比为 65.7%；19 世纪 70 年代，铁路开始影响下诺夫哥罗德的其他地区甚至偏远县城。19 世纪 80 年代末至 20 世纪初，俄国 56 条铁路中仅有 4 条线路的收入增长近 4 倍，下诺夫哥罗德铁路就在其中。②

下诺夫哥罗德铁路为下诺夫哥罗德展销会的商品的运输主力，但因商品结构和货物性质所限，各年度经由铁路运至展销会的商品的数量略有差异。19 世纪下半叶，经铁路运至展销会的商品运输量逐年提升。1863～1873 年，运输量由 10 亿普特增至 15.8 亿普特，增长 58%。19 世纪 90 年代，运输量达 20 亿普特。③ 从东部和东南部地区运至下诺夫哥罗德的主要商品为农产品，而从下诺夫哥罗德运往伏尔加河下游沿岸各省的产品主要为工业制品。从莫斯科运至下诺夫哥罗德的货物主要为纺织品，其中纱线的比例为 6%、棉纺织品的比例为 7%、棉花的比例为 4%④；从下诺夫哥罗德运往莫斯科的主要产品为农产品、盐和鱼等。

下诺夫哥罗德的交通运输在俄国社会经济的发展过程中具有重要意义，铁路修建前陆路和水路是货物运输的主力，为西北部工业区与中部工业区重要的

① История Москвы. Т. 4. М. ，Изд-во Акад. наук СССР. 1954. С. 161.

② Халин А. А. Система путей сообщения нижегородского поволжья и ее роль в социально-экономическом развитим региона（30 - 90 гг. XIX в.）. Нижний Новгород. ，Изд-во Волго-вятекой академии государственной службы，2011. С. 220 - 221.

③ Халин. А. А. Система путей сообщения нижегородского поволжья и ее роль в социально-экономическом развитим региона（30 - 90 гг. XIX в.）. Нижний Новгород. ，Изд-во Волго-вятекой академии государственной службы，2011. С. 213；

④ Халин А. А. Московско-нижгородская железная дорога.//Исторические записки 111. М. ，Наука，1984. С. 311.

原料转运基地。莫斯科—下诺夫哥罗德铁路修建后,下诺夫哥罗德的交通运输意义更加突出,不仅是重要的原料转运基地,还是莫斯科工业品的销售地,也是东西方贸易的重要交易场所。下诺夫哥罗德交通运输除带动国内外贸易、工商业发展外,还加快了商品流通速度,促进全俄市场的进一步深化,推动了商品性农业的快速发展。

第五章　俄国交通运输的影响分析

古今中外交通运输都是国家经济发展的保障。为更好地分析交通运输对俄国社会经济发展的作用，本章以伏尔加河流域的水运为例，探究水路运输的重要作用。从一定程度上说，伏尔加河流域的水运就是俄国的经济命脉，与市场发育如影随形，长时间左右着商品流通的速度和规模，地区间、生产部门间的分工日益深化，市场的规模和容量不断扩大；农业生产尤其是粮食和农产品生产的商品化程度与水路运输的发展程度同步；伏尔加河沿岸的城市因水运而兴，其中城市人口迅速增加，城市工商业趋于繁荣；伏尔加河流域的水运对工业的影响力首先体现在造船业方面，19世纪木船造船业最先受到影响，轮船造船业则是河运工业革命的开端。总之，伏尔加河流域的水运深刻地影响着俄国的经济和社会发展进程。铁路是第一次工业革命的产物，对各国社会经济发展的作用远高于水路运输，其主要影响有三个方面：一是推动俄国工业化进程，在带动工商业发展的同时，自身也成为重要的工业部门；二是加速了俄国城市化进程，诸多城市的规模进一步扩大；三是促进全俄市场规模和容量的扩大，在水路和铁路的共同作用下全俄市场规模和容量进一步扩大，推动了生产力发展和工业革命进程。

第一节　俄国内河运输的重要意义

伏尔加河是俄国重要的内河航线，对俄国社会经济发展意义非凡，其影响力主要体现在市场、农业和工商业发展等各个方面。就市场影响而言，伏尔加河流域的水运促进了全俄市场的进一步深化，保障了各地区、原料产地与工业中心的商品流通，大体适应工业革命的需要；就工业影响而言，首推造船业，商品流通规模不断扩大刺激了造船业的升级换代，机器制造业也随之发展；同时伏尔加河河运也带动了商品性农业的发展、城市人口数量的增加和城市规模的进一步扩大。

一　促进市场规模和容量的不断扩大

生产和消费是工业发展的两大环节，交通运输则是保障二者协调发展的中间环节，可加强各地区的商品交换。随着生产专门化和地区间经济联系的加强，水路的作用日渐突出，借助水路可实现地区各部门间的经济联系。市场范围扩大和交换空间缩小促进工农业的发展，各地因地制宜发展特色经济。

伏尔加河奠定了俄国四通八达水路网的基础，18 世纪，伏尔加河及其支流把第聂伯河、顿河、涅曼河、苏霍纳河—德维纳河、西德维纳河、西北部水路以及西伯利亚地区水路连为一体，水路的运输作用与日俱增。水路保证俄国西北部地区、伏尔加河上游和中游、乌拉尔北部和南部、中部工业区、中部黑土区、西伯利亚地区间的社会经济联系。

就货流速度而言，水路虽然具有价格和规模优势，但船只航行时间长。轮船通航之前，船只航行速度缓慢限制了商品交换的频率和速度，轮船被大规模推广后，船只航行速度得到大幅提升，航行时间明显缩短，商品交换频繁。19 世纪初，从阿斯特拉罕至下诺夫哥罗德的航道长度约为 2060 俄里，至雷宾斯克的航道长 2500 俄里，至圣彼得堡的航道长 4245 俄里。[1] 船只逆行至下诺夫哥罗德需 60 天[2]，从下诺夫哥罗德至雷宾斯克只需航行 2 ~ 3 个星期[3]，顺流而下的时间也明显缩短。19 世纪上半叶，装载乌拉尔金属的大木船由卡马河驶至彼尔姆码头、喀山码头、下诺夫哥罗德码头、阿斯特拉罕码头和圣彼得堡码头的时间分别为 6 ~ 10 天、27 ~ 30 天、45 ~ 48 天、75 ~ 80 天和 106 ~ 140 天，由特维

---

① Истомина Э. Г. Водный транспорт России в дореформенный период (Историко-географическое). М., Наука, 1991. С. 66, 136; Истомина Э. Г. Водный транспорт как фактор развизия внутренней и внешней торговли сельскохозяйственной продукцией в конце XVIII-первой половине XIX в. // Научный совет по проблемам аграрной истории РАН. Динамика и темпы аграрного развития России: инфраструктура и рынок. Материалы X – XIX сессии Симпозиума по аграрной истории Восточной Европы. Орел., Орловская правда, 2006. С. 51.

② Истомина Э. Г. Водные пути России во второй половине XVIII-начале XIX века. М., Наука, 1982. С. 102.

③ Истомина Э. Г. Водный транспорт России в дореформенный период (Историко-географическое). М., Наука, 1991. С. 138.

尔至圣彼得堡的航期为 60～70 天。① 轮船大规模被使用之前，雷宾斯克至圣彼得堡航段船只运行速度较慢，船只经马林斯基运河、上沃洛乔克运河和季赫温运河至圣彼得堡的航行时间分别为 70 天、60～70 天和 30 天。② 蒸汽轮船被逐渐推广后船只航行时间明显缩短。轮船由下诺夫哥罗德至阿斯特拉罕顺流而下需 10 天，逆流返回只需 16～20 天。19 世纪末，轮船由下诺夫哥罗德航行至阿斯特拉罕所需的时间小于 6 天，返航只需 7.5 天，比传统的运输工具快数倍。③ 19 世纪下半叶，只需一个月左右轮船就能完成整个伏尔加河水路的航行（逆流而上），顺流航行所需时间仅为 17 天。④ 就货流速度而言，水路稍显逊色，而且又受季节性制约，因此只有与铁路相互配合，全俄市场才可进一步完善。

就市场范围而言，17 世纪，伏尔加河流域市场范围有限，该地区的市场开发从北部和西北部开始，伏尔加河右岸市场开发状况较好。17 世纪末，伏尔加河左岸也逐渐被开发。伏尔加河流域的开发与地区市场的形成同步，地区之间的商业联系开始显现。⑤ 18～19 世纪初，上沃洛乔克运河、马林斯基运河、季赫温运河陆续开通。1822 年，连接伏尔加河与西德维纳河的北叶卡捷琳娜运河竣工。1825～1828 年，沟通伏尔加河与北德维纳河的伏登堡运河开通，这些运河使伏尔加河水运如虎添翼。⑥ 此后伏尔加河与顿河地区、第聂伯河地区、西伯利亚和中亚等地的联系加强，伏尔加河市场范围不断扩大，在此基础上全俄市场也日趋完善。

市场范围扩大主要体现在两个方面：第一，货流规模急剧扩大；第二，商品种类逐渐多样化。水路对货流规模的影响较为显著，19 世纪 90 年代中

---

① Марухин В. Ф. История речного судоходства в России. М.，Орехово-Зуевский педагогический институт，1996. C. 272；Быков Л. С. По Петровскому указу-канал на древнем волоке. М.，Транспорт，1994. C. 151.

② Марухин В. Ф. История речного судоходства в России. М.，Орехово-Зуевский педагогический институт，1996. C. 356.

③ Халин А. А. Система путей сообщения нижегородского поволжья и ее роль в социально-экономическом развитим региона（30－90 гг. XIX в.）. Нижний Новгород.，Изд-во Волго-вятской академии государственной службы，2011. C. 169.

④ Истомина Э. Г. Водный транспорт России в дореформенный период（Историко-географическое）. М.，Наука，1991. C. 49.

⑤ Тагирова Н. Ф. Рынок Поволжья（вторая половина XIX-начало XX вв）. М.，ООО 《издательский центр научных и учебных программ》，1999. C. 64.

⑥ Никольский И. В. География транспорта СССР. Государственное издательство географической литературы. М.，изд-во Московского ун-та，1978. C. 190－191.

期，伏尔加河水路上有 1400 艘蒸汽轮船、7600 艘非蒸汽轮船行驶。1894～
1896 年，伏尔加河及其支流运出的货物价值超 100 万卢布的码头共有 20 个，
分别向阿斯特拉罕、下诺夫哥罗德和察里津运输 372 亿卢布、278 亿卢布和
121 亿卢布的商品。① 伏尔加河流域汇集了俄国国内所有商品，各地区的商品
都通过伏尔加河流域运至全国各地，上文已对伏尔加河流域商品运输状况有所
涉猎，此处不再多说。

伏尔加河流域石油产品的运输状况是该流域的市场范围不断扩大的最好例
证。伏尔加河石油运输方向有三个：一是伏尔加河下游各港口，如阿斯特拉罕、
察里津、萨拉托夫和萨马拉等地；二是伏尔加河中游地区，石油产品先被运至
下诺夫哥罗德码头和喀山码头，喀山码头的石油产品主要运往卡马河流域；石
油产品于下诺夫哥罗德码头发生分流，一部分被运至中部工业区，一部分被转
至雷宾斯克码头；三是雷宾斯克码头，石油产品被运至该码头后也发生分流，
主要输油方向为西北部的圣彼得堡、北部的阿尔汉格尔斯克和北德维纳河港口，
以及特维尔和乌格利奇等地。石油输出路线完全可勾勒出伏尔加河流域的市场
范围和规模等。

随着伏尔加河流域市场的逐渐完善，商品种类日趋多样化，进口商品最具
代表性。俄国进口商品渠道有四个：一是北部的波罗的海码头，欧洲货物经此
地输入；二是南部的阿斯特拉罕码头，波斯和西欧货物经此地运至俄国内陆；
三是俄国西部边境，西欧产品经陆路运至俄国内地；四是中国商品经西伯利亚
地区进入俄国内地。以上四个方向中有三个方向与伏尔加河水路息息相关，北
部的进口商品经过西北地区水路进入伏尔加河流域，然后被运至内地；南部商
品经阿斯特拉罕运至伏尔加河流域和首都；中国的茶叶、陶瓷等货物也经恰克
图运至俄国西伯利亚地区，然后从西伯利亚地区转运至伏尔加河流域。

就市场组织形式而言，定期举办的展销会具有举足轻重的地位，它是连接
城乡和工农业生产的流动市场。伏尔加河流域展销会有很多，19 世纪中叶，共
有展销会 419 个，其中 84 个在城市举办②，萨拉托夫和萨马拉因粮食贸易繁荣，

① Истомина Э. Г. Роль Волжского воднотранспортного бассейна в формировании регионального
социо-экономического пространства Европейской России во второй половине XIX-начале
XX века. // Исторический журнал: Научные исследования. №2. 2013. С. 221.

② Тагирова Н. Ф. Рынок Поволжья（вторая половина XIX – начало XX вв）. М.，ООО
Издательский центр научных и учебных программ, 1999. С. 144.

展销会数量最多。所有展销会中商品交易量最大的莫过于下诺夫哥罗德展销会①，其繁荣得益于其毗邻伏尔加河和奥卡河的便利的运输条件。

货流速度的提高是市场范围扩大的前提，新地区开发和各地区联系日趋紧密是市场范围扩大的表现形式，而商品多样化和货流量增加是市场范围扩大的具体内容。与畜力运输相比，水路四通八达，流经范围广，在全俄和伏尔加河市场的形成过程中功不可没，但其影响范围、市场规模和容量仍无法与铁路相较。

二　拉动农业快速发展

18世纪末至19世纪上半叶，在俄国的农业发展进程中，水运至关重要，多数农产品的远距离运输都依靠水运。水路为粮食的远距离运输和向码头运输粮食、亚麻和各种农产品创造便利条件，同时缩短了粮食产区与消费区的距离。18世纪至19世纪上半叶，无水路地区商品性农业发展缓慢，欧俄中部和东部地区、圣彼得堡等地的农产品主要源自伏尔加河流域。俄国农业生产的发展、农产品市场容量的增加、农业技术的提高和面粉加工业的发展无一不与水路密切相关。

粮食产量增加是粮食大量外运的基础。伏尔加河流域为俄国重要的产粮基地，大量粮食由中下游地区运至欧洲市场，随着国内外市场粮食需求量的提高，伏尔加河流域农业迅速发展。伏尔加河下游地区粮食产量的提高最为显著，19世纪五六十年代，从萨拉托夫、萨马拉和辛比尔斯克运出的粮食有5000万普特②，萨马拉小麦产量最高，外运小麦近800万普特③。20世纪初，伏尔加河水路商品粮供应量明显增加。1909～1913年，粮食运输量为19.1亿普特，其中小麦的运量最大，其次是黑麦和燕麦，其运量分别为11.7亿普特、3.8亿普特和3.3亿普特，其占比分别为62.2%、20.3%和17.5%。④ 与19世纪60年代相比，

---

① Ковнир В. Н. История экономики России：Учеб. пособие. М. ，Логос，2005. С. 180，219.

② Дружинина Е. Н. Генезис капитализма на юге и юго-восточной России. Институт истории СССР АН СССР. Материалы по истории сельского хозяйства и крестьянства СССР. Том 9. М. ，Наука. 1980. С. 167 – 168.

③ Марухин В. Ф. История речного судоходства в России. М. ，Орехово-Зуевский педагогический институт，1996. С. 254.

④ Тагирова Н. Ф. Рынок Поволжья（вторая половина XIX-начало XX вв）. М. ，ООО 《издательский центр научных и учебных программ》，1999. С. 189.

80 年代小麦、黑麦、燕麦及大麦等粮食净产量增长 1 倍，其他商品粮增长 2 倍。[1] 随着粮食产量的提高，商品粮的产量激增，1914 年，4 种主要粮食（小麦、大麦、黑麦和燕麦）的商品粮产量约为 11 亿普特，商品粮总量约为 13 亿普特。[2]

　　水路运输的蓬勃发展促进伏尔加河沿岸各省粮食播种面积的增加。19 世纪，俄国农业具有粗放型特征，主要依靠扩大播种面积增加粮食产量。19 世纪末 20 世纪初，俄国粮食播种面积扩大的原因有两个：一是俄国南部和东部地区被大量开发，粮食产量大增；二是经济作物等新型作物播种面积增加。随着粮食播种面积的扩大，各地粮食生产也日趋专门化，此时主要的粮食产区为伏尔加河中下游地区、中部黑土区、南俄地区和西伯利亚地区，伏尔加河是上述各地粮食运输的主力，因此该水路推动伏尔加河流域相关地区商品性农业发展毋庸置疑。具体而言，19 世纪末 20 世纪初，伏尔加河流域各产粮省的播种面积迅速扩大。1881～1912 年，粮食播种面积增长 20%，欧俄地区 50 省中 35 省的播种面积增加，15 省的播种面积减少。[3] 因笔者掌握资料有限只能略举一二例子阐述该问题。1881～1912 年，萨马拉、阿斯特拉罕、乌法、彼尔姆和萨拉托夫的粮食播种面积分别增加 86.1%、80.3%、41.8%、27.7% 和 26.5%。[4] 卡马河流域也是如此。20 世纪初，乌拉尔地区的农业用地已达 1740 万俄亩，耕地面积为 940 万俄亩，大量粮食被外运。[5] 因生产结构不同，农业省的播种面积明显扩大，工商业省的粮食播种面积无明显变化或减少，如莫斯科和圣彼得堡的粮食播种面积分别减少 23.8% 和 14.2%，这与伏尔加河地区农业发展不无关系。[6] 与此同时，因经济作物的利润高于粮食，其播种面积迅速扩大。1914 年，中部

[1]　Лященко П. И. Очерки аграрной революции России. Т 1. Л., Изд. Мин. фин., 1926. С. 170 – 193.

[2]　Кондратьев Н. Д. Рынок хлебов и его регулирование во время войны и революции. М., Наука, 1991. С. 99.

[3]　Давыдов М. А. Всероссийский рынок в конце XIX-начале XX вв. и железнодорожная статистика. СПб., Алетейя, 2010. С. 173.

[4]　Давыдов М. А. Всероссийский рынок в конце XIX-начале XX вв. и железнодорожная статистика. СПб., Алетейя, 2010. С. 173.

[5]　Алексеев В. В., Алексеева Е. В., Зубков К. И., Побережников И. В. Азиатская Россия в геополитической и цивилизационной динамике XIX – XX века. М., Наука, 2004. С. 494; История народного хозяйства Урала (1917 – 1945). Екатеринбург, Изд-во Урал. ун-та, 1988. Ч1. С. 22.

[6]　Давыдов М. А. Всероссийский рынок в конце XIX-начале XX вв. и железнодорожная статистика. СПб., Алетейя, 2010. С. 173.

黑土区农业人口的比例为 78%，经济作物的播种面积占耕地总面积的 71%，为欧俄地区种植总面积的 39.6%。①

精耕细作、引进栽培和种植技术都是增加粮食产量的方法。为进一步提高粮食产量，1897 年，萨马拉从外地引进先进的植物栽培技术，并取得巨大成就。此年度萨马拉向外输出小麦、面粉、燕麦、豌豆和油菜、黍米和稷米分别为 1472.8 万普特、590.6 万普特、127.2 万普特、68 万普特和 104.1 万普特，大麻、亚麻和油菜籽共 195.2 万普特，麦麸为 140.9 万普特。② 西北部地区实行三圃轮作制的省份，主要经济作物是大麻，因自然条件和靠近纺织工业区，该地区成为国内重要的大麻生产基地。

伏尔加河流域以农业经济为主导，工业的主要方向是农产品加工业。19 世纪下半叶至 20 世纪，欧俄地区的粮食总产量由 1860 年的 16.5 亿普特增加至 1909～1913 年的 49 亿普特③，如此庞大的粮食产量是发展粮食加工业的基础。面粉加工业最具代表性，伏尔加河流域大型磨面厂主要分布于萨马拉、萨拉托夫和下诺夫哥罗德。

以萨拉托夫为例，20 世纪初，虽然萨拉托夫面粉加工业发展迅速，但仍以本地需求为主。顿河流域的情况也是如此。与 1901～1903 年相比，1908～1911 年，小麦的收获量增加 2060 万普特，外运量减少 140 万普特，小麦多用于本地居民消费，多数小麦都被运至面粉加工厂。总之，各地区面粉需求量都有所增加，黑土区和非黑土区的各省份最为明显，部分省份面粉可以自给，诸多省份仍须大量运进面粉。具体而言，20 世纪初诺夫哥罗德、梁赞、高加索、斯摩棱斯克和坦波夫等地面粉输入量的增长率在 9%～11.5% 波动；基辅、维列尼茨、普斯科夫、特维尔、弗拉基米尔、下诺夫哥罗德、奔萨、土拉、伏尔加格勒、

① Мухина Н. Е. История создания юго-восточной железной дороги и ее роль в экономическом развитии центрального черноземья. Диссертация на соискание ученой степени кандидата исторических наук. Воронеж. , 2007. С. 109.

② Целиков С. А. Строительство и эксплуатация Самаро-Златоустовской железной дороги и ее влияние на развитие экономики самарской, оренбургской и уфимской губерний. Диссертация на соискание ученой степени кандидата исторических наук. Воронеж. , 2006. С. 108 – 109.

③ 张广翔：《伏尔加河大宗商品运输与近代俄国经济发展（1850—1913）》，《历史研究》2017 年第 3 期，第 130 页。

圣彼得堡和莫斯科等地面粉输入量的增长率在 25% ～40% 波动。[1] 随着面粉加工业发展，伏尔加河流域蒸汽磨的数量快速增加。1860 年，俄国只有 11 台蒸汽磨；1861 年农奴制改革后蒸汽磨的数量迅速增加；1880 年和 1890 年，伏尔加河流域蒸汽磨的数量分别增至 312 台和 862 台。[2] 因此，水路运输带动商品性农业发展的同时，农产品加工业也蓬勃发展。

三 带动造船业发展

因伏尔加河流域水资源丰富，自古以来这里的造船业就十分发达。18 世纪初，伏尔加河沿岸的沃罗涅日、雷宾斯克、下诺夫哥罗德、喀山、萨拉托夫和阿斯特拉罕等城市就已建立造船厂。伏尔加河流域造船业发达的原因如下：一是随着交通运输业的发展船只需求量增加；二是造船企业一般选在交通便利的地区，可轻易获取原料和销售产品；三是伏尔加河流域居民历来就有从事造船业的传统，造船经验丰富，具有大批优秀的工人。伏尔加河流域知名的造船中心为雷宾斯克、特维尔、科斯特罗马、巴拉赫纳、下诺夫哥罗德、阿斯特拉罕、彼尔姆和叶卡捷琳堡等地。

（一）轮船制造业发展

早期蒸汽轮船是造船技术革命的表现。1815 年，俄国出现第一艘轮船。早期俄国的轮船都从国外进口，如伏尔加轮船公司的第一艘拖轮 "伏尔加" 号就是从荷兰进口，船只功率为 250 马力。[3] 19 世纪下半叶，俄国造船业飞速发展。1856 年，伏尔加河流域进口轮船比例仅为 20.5%。[4] 19 世纪 60 年代，伏尔加河流域的轮船几乎都由俄国制造。[5] 1860 年伏尔加河流域共有蒸汽轮船 400 艘[6]、1895 年和 1912 年分别共有轮船 2500 艘和 5556 艘，19 世纪末，俄国蒸汽轮船的

① Давыдов М. А. Всероссийский рынок в конце XIX-начале XX вв. и железнодорожная статистика. СПб., Алетейя, 2010. С. 201.

② Бессолицын А. А. Поволжский региона на рубеже XIX – XX вв.（основны тенденции и особенности экономического развития）//Экономическая история России: проблемы, поиск, решения: Ежегодник. Вып5. Волгоград., Изд-во ВолГУ, 2003. С. 192.

③ Марухин В. Ф. История речного судоходства в России. М., Орехово-Зуевский педагогический институт, 1996. С. 163.

④ Фурер. Л. Н. К истории развития волжского пароходства//История СССР. 1959. №2. С. 156.

⑤ Фурер. Л. Н. К истории развития волжского пароходства//История СССР. 1959. №2. С. 156.

⑥ Сметанин С. И., КонотоповМ. В. Развитие промышленности в крепостной России. М., Издательство 《Академический Проект》, 2000. С. 410.

货物运输量由 1891 年的 1900 万普特增至 1897 年的 6000 万普特，增长 2 倍多。[①] 虽然俄国轮船载重量巨大，但就货运规模而言，其货运量仍远落后于木船。

西伯利亚地区造船业远落后于其他地区，该地造船业历史悠久，主要集中于鄂毕河—额尔齐斯河流域，造船厂一般靠近大型货物集聚地和港口，但船只构造简单，造船技术落后，船只寿命较短。西伯利亚地区的主要船只为平底大木船、平底木驳船、内河平底木船、货运帆船、载货单桅帆船、小船和木筏子。1800～1801 年，托木斯克地区出现吊索船，很多商人用其从事航运活动。[②]

水路发展除带动造船业发展之外，相关行业也随之发展。木船制造带动木材加工业、帆布业和缆绳业的发展；轮船制造则带动轮船配件、发动机制造等行业发展。造船业首先带动伐木业和锯木业的发展。18 世纪末 19 世纪初，伏尔加河流域大型锯材厂的数量约为 73 家，小规模锯材厂的数量很难统计。[③] 大部分锯材厂为造船厂加工板材，18 世纪 80 年代，仅坦波夫一省就有 43 家木材厂专门为伏尔加河流域造船企业加工板材。[④] 俄国板材出口量也很大，1860 年，俄国锯材厂 40% 的产品用于出口。[⑤]

木制船只对帆布和绳索的需求量巨大。18 世纪，帆布和缆绳生产初具规模。1780 年，下诺夫哥罗德共有 4 家缆绳厂，为各地造船业提供缆绳。[⑥] 特维尔也有大型缆绳厂，19 世纪初，该地区缆绳已销至卡马河流域。1860 年，商人茹拉夫列夫在雷宾斯克建成俄国最大的缆绳厂，共有工人 850 名[⑦]，此后又组建锯材厂、锻工场、钳工车间和锅炉厂。19 世纪 60 年代，下诺夫哥罗德的巴拉赫纳县造

①　Халин А. А. Система путей сообщения нижегородского поволжья и ее роль в социально-экономическом развитим региона（30－90 гг. XIX в.）. Нижний Новгород. , Изд-во Волго-вятекой академии государственной службы, 2011. C. 170.

②　Бойко В. П. Томское купечество конца 18－19 веков. Томск. , Издательство "Водолей", 1996. C. 148.

③　Сметанин С. И. , Конотопов М. В. Развитие промышленности в крепостной России. М. , Издательство《Академический Проект》, 2000. C. 401；张广翔：《伏尔加河大宗商品运输与近代俄国经济发展（1850—1913）》，《历史研究》2017 年第 3 期，第 132 页。

④　Истомина Э. Г. Водные пути России во второй половине XVIII-начале XIX века. М. , Наука, 1982. C. 64.

⑤　Сметанин С. И. , Конотопов М. В. Развитие промышленности в крепостной России. М. , Издательство《Академический Проект》, 2000. C. 403.

⑥　Истомина Э. Г. Водные пути России во второй половине XVIII-начале XIX века. М. , Наука, 1982. C. 62.

⑦　Марухин В. Ф. История речного судоходства в России. М. , Орехово-Зуевский педагогический институт, 1996. C. 211.

船业集中，缆绳厂、锚具厂相继设立，缆绳产量已占该省工业品总量的 14%。①

轮船制造厂大多自行加工配件和发动机等零件。1860 年，科斯特罗马的维克苏尼斯基造船厂拥有数家分厂，零件基本上自给自足，共有工人 5784 名，生产发动机 43 台，铁制轮船船身 21 个，木制轮船船身 15 个。② 1857 年，科斯特罗马的希波夫兄弟造船厂的发动机和蒸汽机生产技术已十分成熟。③

造船业是俄国工业革命的缩影。造船业技术革新共分三个阶段：第一阶段是 1815～1840 年，开始尝试制造轮船，引进新技术和培育人才；第二阶段是 1841～1870 年，此时轮船的影响力提高，开始改进船只的牵引方式，尝试使用矿物燃料；第三阶段为 1871～1890 年，俄国造船技术不断突破，新型船只不断涌现，本国产轮船成为伏尔加河、涅瓦河水运的主力，轮船普遍使用石油发动机和煤油发动机，运力直线上升，丝毫不比铁路运输逊色。

克里米亚战争后俄国蒸汽造船业发展迅速，1870～1880 年，共建造约 100 艘轮船。伏尔加河流域货物运输船队主要分为两部分，即非蒸汽船队和蒸汽船队，工业革命开启后船队都向蒸汽船方向改造。19 世纪 70 年代中期，蒸汽机船占客船总数的 20%。19 世纪末，俄国蒸汽机船数量迅速增加。1874～1900 年客轮数量增长近 1.5 倍，拖轮数量由 301 艘增长到 1159 艘，增长 2 倍多。随着蒸汽轮船数量的增加，其马力也不断提高。1877 年蒸汽轮船的额定功率为 4 万马力，1884 年，为 4.8 万马力，1900 年，达 10.1 万马力；拖轮与客轮的功率相对较小，大部分拖轮的功率约为 120 马力，客轮功率约为 250 马力。伏尔加河流域蒸汽轮船数量最多，19 世纪 80 年代中期，伏尔加河流域蒸汽轮船数量占整个俄国的 65%④，19 世纪末 20 世纪初，其比例不断提升。

---

① Марухин В. Ф. История речного судоходства в России. М. , Орехово-Зуевский педагогический институт, 1996. С. 223；Халин А. А. Система путей сообщения нижегородского поволжья и ее роль в социально-экономическом развитим региона. Нижний Новгород. , Изд-во Волго-вятеой академии государственной службы, 2011. С. 107；张广翔：《伏尔加河大宗商品运输与近代俄国经济发展（1850—1913）》,《历史研究》2017 年第 3 期，第 132 页。

② Марухин В. Ф. История речного судоходства в России. М. , Орехово-Зуевский педагогический институт, 1996. С. 226.

③ Марухин. В. Ф. История речного судоходства в России. М. , Орехово-Зуевский педагогический институт, 1996. С. 233.

④ Халин А. А. Система путей сообщения нижегородского поволжья и ее роль в социально-экономическом развитим региона（30－90 гг. XIX в. ）. Нижний Новгород. , Изд-во Волго-вятеой академии государственной службы, 2011. С. 172－173.

（二）输油船数量增加

随着石油工业发展，里海和伏尔加河流域的石油运输量激增，运油船的数量也大幅增加，船只由木制帆船逐渐转变为铁制平底船、煤油发动机船和汽油发动机船。19 世纪 80 年代，帆船为运输石油产品的主力。1883 年帆船和蒸汽船只的载货量分别为 2854 万普特和 908 万普特。19 世纪末，因运输量有限，帆船受到排挤，蒸汽机船成为输油的主力。[①] 因帆船在运油途中容易损耗且发生火灾的概率较高，俄国人开始使用铁制平底船运输石油产品，铁制载油平底船造价低，容量同为 3 万普特的蒸汽油轮和铁制载油平底船造价分别为 10 万卢布和 3 万卢布，铁制平底船的造价较低，但其运行速度和载油量无法与蒸汽油轮相较。帆船的载重量较小且航行速度较慢，最终被蒸汽轮船取代，木制帆船往返巴库—阿斯特拉罕需 7～8 天。蒸汽油轮载重为 6 万～8 万普特，航行速度快，通航期可往返巴库—阿斯特拉罕 40～60 次，载油帆船仅能往返 10～12 次，二者速度悬殊。[②] 俄国载油帆船多由国内造船厂生产，阿斯特拉罕造船厂和下诺夫哥罗德造船厂的产量最高。

因铁制船只制造过程十分缓慢，驳船开始用于输送石油产品。19 世纪 60 年代，高加索和梅尔库里公司建造了三艘长度为 75 米的铁制驳船。1880 年诺贝尔兄弟集团在察里津码头制造两艘长度为 75 米、载重量为 3.5 万普特的铁制驳船，1881 年，又从瑞典订购两艘长度为 85 米的驳船。木制驳船使用期限为 8～15 年，部分驳船使用期限可达 20 年。铁制驳船和钢制驳船可使用 20～30 年。一般而言，伏尔加河流域驳船长度为 65～335 俄尺不等，宽度为 25～45 俄尺不等，载重量为 7000～18 万普特不等。[③] 虽然铁制驳船优点众多，但中小企业主无力制造该类船只，诺贝尔兄弟集团决定利用该类船只巩固其在俄国石油市场

① Самедов В. А. Нефть и экономика России（80－90-е годы XIX века）. Баку. ，Элм，1988. C. 57－58；Лисичкин С. М. Очерки по истории развития отечественной нефтяной промышленности（дореволюционный период）. М. ，Государственное научно-техническое издательство，1954. C. 316；Фабрично-заводская промышленность и торговля России. СПб. ，Тип. В. С. Балашева и Ко，1893. C. 390.

② МавейчукА. А. ，Фукс И. Г. Иллюстрированные очерки по истории российского нефтегазового дела. Часть 2. М. ，Газоил пресс，2002. C. 17.

③ Иголкин А. ，Горжалцан Ю. Русская нефть о которой мы так мало занаем. М. ，Нефтяная компания Юкос/Изд-во Олимп-Бизнес. 2003. C. 34；Чшиева М. Ч. Кавказская нефть и Нобелевская премия//Человек，Цивилизация，Культура，2005. №1. C. 35. Фабрично-заводская промышленность и торговля России. СПб. ，Тип. В. С. Балашева и Ко，1893. C. 375.

上的地位。

20 世纪初，铁制驳船已被广泛用于运输石油。1908 年，伏尔加河流域已有 117 艘总容量为 1.8 万普特的铁制驳船；1908 年又建设 11 艘铁制驳船，其中 8 艘由石油业主制造，3 艘由造船公司生产。[①] 19 世纪 80 年代，卡拉什尼科夫造船厂建造 3 艘铁制驳船，主要用于运输煤油，还在轮船上安装喷油嘴，因运油量大，该类轮船在伏尔加河流域很快得到普及，主要用于运输石油产品。俄国造船厂也开始生产运油驳船，1884～1902 年仅萨拉托夫造船厂生产驳船的数量就达 47 艘，总载重量达 440 万普特。[②]

因驳船的使用范围受限，轮船和油罐船开始用于运输石油。19 世纪末 20 世纪初油罐船已成为运输石油产品的主力。19 世纪末，萨拉托夫造船厂开始制造油罐船，此类船只长度为 150 米，载重量达 1 万吨，油罐船逐渐成为里海输油舰队的主力。1903 年，雷宾斯克—圣彼得堡航线上诞生了世界上第一艘柴油发动机船，该船安装了 3 个 120 马力的发动机。1909 年，里海流域已有两艘大型柴油驱动油轮，发动机功率为 1200 马力，船只载重量为 28 万普特。至 1910 年，俄国共有 33 艘内燃发动机船只，大多都用于输送石油。随着油罐船的广泛使用，输油船队货流量明显增加，如 1874 年、1884 年、1894 年和 1904 年从巴库运往伏尔加河流域的石油产品分别约为 0.1 亿普特、0.5 亿普特、2.0 亿普特和 3.2 亿普特。[③]

石油运输业带动了伏尔加河流域修船业的发展。夏季轮船主们一般都忙于运输石油产品，每逢冬季或恶劣天气，轮船主们会定期维修和保养船只。阿斯特拉罕的轮船修理业务最为发达，1900 年，阿斯特拉罕共有 30 家修船厂，以高加索和梅里库里公司、马祖特公司、诺贝尔兄弟集团和东方公司的规模最大，工人数量分别为 237 人、195 人、170 人和 176 人。[④] 除阿斯特拉罕外，伏尔加河流域的大型轮船公司在沿岸各码头都设有轮船维修点，以保障船只正常运行。

① Лисичкин С. М. Очерки по истории развития отечественной нефтяной промышленности (дореволюционный период). М., Государственное научно-техническое издательство, 1954. С. 316.

② Мавейчук А. А. Фукс И. Г. Иллюстрированные очерки по истории российского нефтегазового дела. Часть 2. С. 29.

③ Лисичкин С. М. Очерки по истории развития отечественной нефтяной промышленности. М., Газоил пресс, 2002. С. 324.

④ Мир-Бабаев М. Ф. Краткая история Азербайджанской нефти. Баку., Азернешр, 2009. С. 106.

伏尔加河流域生产轮船、轮船配件和锅炉的主要厂家为科斯特罗马的希波夫工厂、雷宾斯克的茹拉夫列夫造船厂、彼尔姆的莫托维里赫工厂、沃伦的谢别列夫工厂。此外，乌拉尔地区的诸多冶金工厂还为造船企业生产船身和锅炉用铁。

（三）输油船队诞生

伏尔加河流域庞大的货流量催生了输油船队的诞生。在蒸汽油轮广泛使用前，帆船是运输石油产品的主力。因帆船运输量有限且损耗巨大，俄国开始使用铁制平底船运输石油产品，运行速度和船只载重量分别增加25%，运输成本降低35%、修理费用降低50%。[1] 铁制平底船因制造工艺较为复杂，耗时过长，19世纪60年代俄国仅制造3艘长度为75米的铁制平底船。[2] 19世纪末油轮成为运输石油产品的主力，只有润滑油、汽油等货物才使用包装容器运输。1898年1月，里海流域拥有容量为1800万普特的油轮752艘[3]，按吨位计算，里海地区货物容量已占全俄首位。

随着石油产品运输数量的逐年增加，里海输油船队诞生。早期里海输油船队船只以帆船为主，1889年，该船队中帆船和蒸汽油轮的数量分别为275艘和28艘，总容量达100万普特，但仍不能满足石油运输的需要。[4] 蒸汽油轮因载重量大、运输速度快获得了企业主的青睐，从19世纪90年代开始，里海输油船队的帆船数量迅速减少，蒸汽油轮数量急剧增加。1894年里海输油船队已有95艘蒸汽机船、251艘帆船。[5] 1900年，里海输油船队中蒸汽油轮的数量更多，蒸汽油轮和帆船的货物运量占比分别为91.3%和8.7%。[6] 1899年1月，里海输油船队共有334艘输油船，容量为825万立方俄尺；帆船数量为205艘，其容量为362万立方俄尺。[7] 1903年，蒸汽机船的数量明显低于帆

---

[1] Лисичкин С. М. Очерки по истории развития отечественной нефтяной промышленности. М.，Государственное научно-техническое издательство，1954. С. 316.

[2] Шубин А. И. Волга и волжское судоходство. М.，Транспечать，1927. С. 558.

[3] Наниташвили Н. Л. Экспансия иностранного капитала в Закавказье（конец XIX-начало XX вв.）. Тбилисск.，Издательство Тбилисского университета，1988. С. 85.

[4] Самедов В. А. Нефть и экономика России（80 – 90-е годы XIX века）. Баку.，Элм，1988. С. 55 – 56.

[5] Наниташвили Н. Л. Экспансия иностранного капитала в Закавказье（конец XIX-начало XX вв.）. Тбилисск.，Издательство Тбилисского университета，1988. С. 84.

[6] Самедов. В. А. Нефть и экономика России（80 – 90-е годы XIX века）. Баку.，Элм，1988. С. 57 – 58.

[7] Наниташвили Н. Л. Экспансия иностранного капитала в Закавказье（конец XIX-начало XX вв.）. Тбилисск.，Издательство Тбилисского университета，1988. С. 85.

船的数量，其容量为 200 万立方俄尺，占比为 65.5%。[①] 1899～1913 年，里海输油船队的船只数量及载重量见表 5-1。

表 5-1　1899～1913 年里海输油船队的船只数量及载重量

单位：艘，普特

年份	内燃机船		蒸汽机船		帆船和平底船			船队总运输量
	数量	载重量	数量	载重量	帆船数量	平底船数量	总载重量	
1899	—	—	34	1317000	294	—	5988000	7305000
1902	—	—	126	7368000	157	–	4582000	11950000
1910	2	490000	128	7859000	150	3	4618000	12967000
1913	7	1311000	103	6974000	47	11	2577000	10862000

资料来源：Лисичкин С. М. Очерки по истории развития отечественной нефтяной промышленности（дореволюционный период）. М. , Государственное научно-техническое издательство, 1954. С. 352.

随着石油工业的发展，大量石油产品经里海运至伏尔加河流域。1894～1899 年经伏尔加河水路运输的商品约为 6 亿普特，石油产品为 1.8 亿普特；1901 年，石油产品的运输量已达 2.7 亿普特[②]，如此庞大的货流量促使伏尔加河流域的油船队诞生。伏尔加河流域输油船队的船只种类变化与里海地区类似，最初以运油帆船和铁制平底船为主，但最后逐渐被油轮取代。19 世纪末，帆船和铁制平底船的运油量占伏尔加河流域石油运送总量的 1/3[③]，其余都由蒸汽油轮运输。

四　城市应水运而生

伏尔加河沿岸城市多傍水而建，如喀山、萨马拉、下诺夫哥罗德、莫斯科

---

① Наниташвили Н. Л. Экспансия иностранного капитала в Закавказье（конец XIX-начало XX вв. ）. Тбилисск. , Издательство Тбилисского университета, 1988. С. 86.

② Соловьева А. М. Железнодорожный транспорт России во второй половине XIX в. М. , Наука, 1975. С. 208；Клейн Н. Л. Факторы развития хозяйства Поволжья на рубеже XIX - XX веков∥НИИ проблем экономической истории России XX века волгодского государственного университетеиа. Экономическая история России：проблемы，пойски，решения：Ежегодник. Вып. 2. Волгоград. , Изд-во Вол ГУ, 2000. С. 108；Бессолицын А. А. Поволжский региона на рубеже XIX - XX вв. （основны тенденции и особенности экономического развития）∥Экономическая история России：проблемы，поиск，решения：Ежегодник. Вып5. Волгоград. , Изд-во ВолГУ, 2003. С. 193，197.

③ Самедов. В. А. Нефть и экономика России（80 - 90-е годы XIX века）. Баку. , Элм, 1988. С. 60.

和圣彼得堡分别位于卡马河、萨马拉河、奥卡河、莫斯科河和涅瓦河上。便利的水路运输条件是城市兴起和发展的最佳条件，阿斯特拉罕、雷宾斯克等码头都是从小渔村发展为重要的交通枢纽和商业中心的。

水运直接影响伏尔加河沿岸城市的人口规模，随着伏尔加河货流量增加，沿岸城市规模不断扩大。具体而言，1860～1897 年，16 个城市人口迅速增加，其中阿斯特拉罕、维亚特卡、喀山、科斯特罗马、莫斯科、下诺夫哥罗德、彼尔姆、雷宾斯克、萨马拉、萨拉托夫、察里津、瑟兹兰、特维尔、辛比尔斯克、乌法、雅罗斯拉夫尔的人口分别由 4.3 万、1.5 万、6.3 万、2.1 万、35.1 万、4.1 万、1.2 万、1.1 万、3.4 万、8.4 万、0.8 万、1.9 万、2.8 万、2.5 万、1.6 万和 4.2 万增至 11.3 万、2.5 万、13.2 万、4.1 万、103.6 万、9.5 万、4.5 万、2.5 万、9.3 万、13.7 万、5.6 万、3.2 万、5.3 万、4.3 万、5.0 万和 7.1 万。[①] 19 世纪末，各码头城市人口增长速度加快，仅阿斯特拉罕、萨拉托夫、萨马拉、下诺夫哥罗德四个城市人口就达 75 万。[②]

一些城市人口规模受季节性和人口迁移影响。以雷宾斯克为例，19 世纪 30 年代，雷宾斯克常住人口仅为 6000 人，夏季该码头十分繁荣，河运工人、农民和商人云集于此，人口数量达 20 多万人，冬季却冷冷清清，人口数量不过万人。莫斯科和圣彼得堡等大型城市因农民外出务工流动人口数量迅速增加，以圣彼得堡为例，19 世纪下半叶，工人数量增加 9 倍。[③] 随着经济发展和贸易量增加，大量的农村人口涌入城市，城市人口规模不断扩大、流动人口数量不断增加。

水运的发展促进城市工商业发展。就伏尔加河流域而言，下诺夫哥罗德最具代表性。1817 年后，马卡里耶夫展销会移至下诺夫哥罗德举行，起初展销会占地 50 平方俄里，其后占地面积不断扩大。19 世纪末，下诺夫哥罗德成为有 30 条街道、10 个广场的 "城市"，商铺由最初的 2530 家增加到 6000 家商铺、

① Марухин В. Ф. История речного судоходства в России. М. , Орехово-Зуевский педагогический институт, 1996. C. 373.

② Бессолицын А. А. Поволжский региона на рубеже XIX – XX вв. （основны тенденции и особенности экономического развития ）//Экономическая история России: проблемы, поиск, решения: Ежегодник. Вып5. Волгоград. , Изд-во ВолГУ, 2003. C. 191; 张广翔：《19 世纪至 20 世纪初俄国的交通运输与经济发展》，《社会科学战线》2014 年第 12 期，第 240 页。

③ Водарский Я. Е. Исследования по истории русского города （факты, обобщение, аспекты）. М. , Институт российской истории РАН, 2006. C. 235.

共有商店 1.8 万个，此外，银行、邮局、电报局、酒馆、小吃店、旅馆、浴池、药店、剧院和教堂等一应俱全。19 世纪 60 年代，下诺夫哥罗德共有 4029 家店铺、8 家酒窖、150 家旅馆和 62 家酒馆。①

伏尔加河各支流沿岸城市工商业也十分发达，以叶卡捷琳堡、奥伦堡、彼尔姆和乌法为例，1900 年，这些城市内店铺数量和流动资金额分别为 866 家和 2800 万卢布、1068 家和 2360 万卢布、877 家和 1900 万卢布、795 家和 1650 万卢布。② 虽然此时城市商业规模扩大与铁路修建关系密切，但水路的影响也毋庸置疑。

五 推动燃料结构矿物化进程

随着水路运输工具的不断完善，对燃料的要求也越来越高。木材因体积大、热量低等缺点逐渐被矿物燃料所取代，重油成为蒸汽动力船只的最主要燃料。

最初石油燃料很难在河运部门中推广。虽然俄国的采油量迅速提升，从 1865 年的 55 万普特增至 1880 年的 2150 万普特，但因其价格昂贵并未得到重视，石油并未成为轮船的主要燃料。从 19 世纪 70 年代开始，伏尔加河流域的部分船只已使用重油为燃料，但因成本过高并未得到大规模推广。19 世纪 70 年代末重油价格仍居高不下，1877 年巴库地区重油价格为 20 戈比/普特，阿斯特拉罕和察里津的价格分别为 23 戈比/普特和 33 戈比/普特，其竞争优势甚至逊色于木柴。③

19 世纪 70 年代，俄国工程师发明了诺贝尔喷油嘴，喷油嘴通过气流使重油

① Экономическая история России с древнейших времен до 1917г. Том второй. М. , РОССПЭН, 2009. C. 73, 74；Халин А. А. Система путей сообщения нижегородского поволжья и ее роль в социально-экономическом развитим региона. Нижний Новгород. , Изд-во Волго-вятекой академии государственной службы, 2011. C. 87, 93；Тагирова Н. Ф. Рынок Поволжья（вторая половина XIX – начало XX вв.）. М. , ООО《издательский центр научных и учебных программ》, 1999. C. 146.

② Скубневский В. А. , Гончаров Ю. М. Города западной сибири во второй половине XIX-начале XX в. Часть I. Население. Экономика. Барнаул. , Издательство Алтайского университета, 2003. C. 208.

③ Наниташвили Н. Л. Экспансия иностранного капитала в Закавказье（конец XIX-начало XX вв.）. Тбилисск. , Издательство Тбилисского университета, 1988. C. 47；Дьяконова И. А. Нефть и уголь в энергетике царской России в международных сопоставлениях. М. , РОССПЭН, 1999. C. 165；Марухин В. Ф. История речного судоходства в России. М. , Орехово-Зуевский педагогический институт, 1996. C. 75.

雾化，雾化后重油可充当燃料。最初人们对重油的认识不足，认为它不易保存、运输安全性较低，但实验确认了雾化后重油的燃点较高，一旦放入密封存储器将立即熄灭。重油开始得到迅速推广，甚至黑海舰队也尝试使用重油充当燃料。诺贝尔喷油嘴发明之后，重油从毫无用处的垃圾成为紧俏商品，甚至在俄国煤油出口量逐渐减少之际，重油出口量则迅速增加。

19世纪70年代初，使用重油充当燃料的轮船锅炉诞生，"伏尔加"号轮船率先安装该类型锅炉。70年代中期，伏尔加河流域高加索和梅尔库里轮船公司、德鲁日纳轮船公司相继开始以重油充当燃料。从19世纪80年代初开始，里海轮船主都安装轮船锅炉，几乎所有的船只都使用重油作为燃料。

重油作为船只燃料首先在里海地区得到普及，然后被推广至伏尔加河流域和其他地区。轮船使用重油充当燃料的成本明显低于煤炭，如19世纪70年代，伏尔加河流域轮船每年使用煤炭的成本为3.4万卢布，使用重油后其成本降至3000卢布。[①] 19世纪70年代末期，诺贝尔兄弟集团输油队率先使用重油作为燃料，此后重油逐渐成为伏尔加河流域船只的主要燃料。1879年，里海已有556艘轮船和342艘拖轮都使用重油作为燃料。[②] 1892年，俄国石油产品总消耗量为1.1亿普特，其中水运（包括河运和海运）、工业和铁路部门的需求量占比分别为50%、28%和22%。[③] 因价格优势，19世纪八九十年代伏尔加河流域大部分蒸汽机船都使用重油燃料[④]；1900年伏尔加河流域92%的轮船都使用重油为燃料，其他流域的轮船也纷纷放弃传统木柴和煤炭，改用重油为燃料；20世纪初俄国70.7%的内河轮船都使用重油为燃料。[⑤]

20世纪初，军舰的石油燃料需求量激增。19世纪70年代初，奇里加、比夏里和"康斯坦丁"号军舰成功安装石油发动机后，燃料成本大幅度降低。19

---

① Лисичкин С. М. Очерки по истории развития отечественной нефтяной промышленности. М., Государственное научно-техническое издательство, 1954. С. 249.

② Самедов В. А. Нефть и экономика России (80 – 90-е годы XIX в.). Баку., Элм, 1988. С. 26.

③ Соловьева А. М. Железнодорожный транспорт России во второй половине XIX в. М., Наука, 1975. С. 208.

④ Ахундов В. Ю. Монополистический капитал в дореволюционной бакинской нефтяной промышленностиМ., Изд-во социально-экономической литературы, 1959. С. 9；张广翔：《19世纪至20世纪初俄国的交通运输与经济发展》《社会科学战线》2014年第12期，第238页。

⑤ Лозгачев П. М. Развитие отечественной техники перегонки нефти и мазута. М., Гостоптехиздат, 1957. С. 19.

世纪 80 年代，军舰开始尝试使用石油充当燃料。1885～1888 年，波罗的海的军舰也开始使用巴库产的润滑油。1900 年，俄国诸多中小型军舰都以重油为燃料，1898～1900 年仅诺贝尔兄弟集团就向海军部提供 140 万普特的重油，货物价值为 49 万卢布。20 世纪初，部分军舰开始安装汽油发动机，军队的汽油需求量也开始增加，1905 年达 2.5 万普特，仍由诺贝尔兄弟集团供货。[①] 1908 年，俄国军舰尝试使用柴油发动机，柴油需求量也有所增加。1914 年和 1915 年军队的石油燃料需求量分别为 600 万普特和 1400 万普特。[②] 1916 年，军舰的石油燃料需求量激增，仅重油的需求量就达 1800 万普特，其他石油产品需求量为 80 万普特。[③] 19 世纪下半叶至 20 世纪初，水路运输的工具不断完善，蒸汽动力船只已成为货运的主力，船只的燃料已从木柴逐渐转变为以重油为主体的矿物燃料，所以，水路运输直接推动了燃料结构的矿物化进程。

水运作为俄国数百年来不可或缺的运输手段，对国家经济和社会生活进程的影响深远。水运能力关乎俄国经济生活的发展和经济秩序的正常运行，这在铁路兴修之前尤为重要。

第二节　俄国铁路运输的重要影响

铁路是拉动俄国经济的重要杠杆，对社会经济的作用不言而喻。19 世纪下半叶，两次铁路建设热潮奠定了俄国铁路网络的基础，促进了国内外贸易的发展，推动了重工业的发展，带动了俄国燃料结构的矿物化进程，推动了全俄市场的进一步深化，带动了城市规模的不断扩大，总之，铁路建设加速了俄国现代化的进程。

一　全俄铁路网络的初步形成

19 世纪 70 年代第一次铁路建设热潮过后，欧俄地区建成以莫斯科为中心的铁路网，主要包括莫斯科铁路枢纽、波罗的海铁路枢纽、亚速海—黑海地区

[①] Мовсумзаде Э., Самедов В. Бакинская нефть как топливо для российского военного флата//Черное золото Азербайджана. 2014. №5. С. 15.

[②] Гертер М. Я. Топливно-нефтяной голод в России и экономическая политика третьеиюньской монархии//Исторические записки. Т. 83. С. 76 – 122.

[③] Алияров С. С. Истории государственно-монополистического капитализма в России. Особое совещание по топливу и нефтяные монополии//История СССР. 1977. №6. С. 70.

铁路枢纽和西部地区铁路枢纽。莫斯科铁路枢纽包括 18 条长度近 8000 俄里的铁路[①]，具体线路为尼古拉耶夫铁路、莫斯科—布列斯特铁路、莫斯科—库尔斯克铁路、库尔斯克—基辅铁路、莫斯科—下诺夫哥罗德铁路、莫斯科—梁赞铁路和莫斯科—雅罗斯拉夫尔—沃洛格达铁路等。莫斯科铁路枢纽主要辐射区如下：一是西北部地区，主要线路为莫斯科—圣彼得堡铁路；二是北方地区，主要线路为莫斯科—雅罗斯拉夫尔—沃洛格达铁路；三是伏尔加河上游地区和俄国东部地区，主要线路为莫斯科—下诺夫哥罗德铁路和马尔尚斯科—塞兹兰—萨马拉铁路；四是伏尔加河中游地区、俄国东南部和伏尔加河下游地区，主要线路为莫斯科—梁赞—科兹洛沃—萨拉托夫—察里津铁路；五是俄国南部地区，主要线路为莫斯科—库尔斯克—哈尔科夫—罗斯托夫铁路；六是俄国西部地区，主要线路为莫斯科—斯摩棱斯克—明斯克铁路。

波罗的海铁路枢纽包括通向波罗的海各港口的 8 条铁路，总长度近 3000 俄里[②]，即波罗的海沿线铁路、迪纳堡—维捷布斯克铁路、兰德瓦洛夫—罗曼斯克铁路、利巴瓦铁路、米塔瓦铁路、里加—迪纳堡铁路，奥尔洛夫斯克—维捷布斯克铁路和里加—巴伦支铁路。波罗的海铁路枢纽将乌克兰地区同巴伦支海连接起来，亦把伏尔加河下游、中部黑土区同波罗的海连为一体。

亚速海—黑海地区铁路枢纽包括 5 条通向亚速海和黑海港口的铁路，这些铁路将俄国西部、中部、东南部地区、北高加索地区与南部的敖德萨、塞瓦斯托波尔、费奥多西和塔甘罗格等港口连为一体，主要线路为库尔斯克—哈尔科夫—亚速夫铁路、罗左沃—塞瓦斯托波尔铁路、敖德萨铁路、罗斯托夫—弗拉季高加索铁路和哈尔科夫—尼古拉耶夫铁路，总长度近 3500 公里。[③] 西部地区铁路枢纽包含白俄罗斯、西乌克兰和波兰线，共有 8 条铁路，总长度为 3500 公里，主要线路为华沙—维也纳铁路、华沙—布朗博格铁路、华沙—捷列斯波尔铁路、罗津工厂铁路、基辅—布列斯特铁路、布列斯特—格拉耶夫铁路、普李维斯林铁路和圣彼得堡—华沙铁路。西部铁路与波罗的海沿岸、中部和南部铁路联系密切。

第一次铁路建设热潮时期铁路主要集中于欧俄地区、北高加索和外高加索

---

① 逯红梅：《1836—1917 年俄国铁路修建及其影响》，吉林大学博士学位论文，2017，第 139 页。
② 逯红梅：《1836—1917 年俄国铁路修建及其影响》，吉林大学博士学位论文，2017，第 139 页。
③ 逯红梅：《1836—1917 年俄国铁路修建及其影响》，吉林大学博士学位论文，2017，第 139～140 页。

地区。19 世纪 70 年代中期，俄国东南部地区的奥伦堡铁路建成，乌拉尔地区铁路也开始修建。19 世纪 70 年代末，欧俄地区和南乌拉尔地区 59 省、波兰、芬兰、北高加索和外高加索等地都被纳入铁路交通系统。

19 世纪 90 年代是俄国工业化的重要阶段，亦是第二次铁路建设热潮时期。1893～1900 年，俄国共建成 150 多条新铁路及其支线，总长度约为 2.2 万俄里，占俄国铁路总长度的 40%。① 与第一次铁路热潮相比，不但中部地区大规模修建铁路，边疆地区也建成诸多铁路，此时欧俄地区建成的主要铁路为莫斯科—布良斯克铁路、莫斯科—温道铁路、库尔斯克—沃罗涅日铁路、雷宾斯克—普斯科夫铁路和圣彼得堡—维捷布斯克铁路；伏尔加河流域修建的铁路为雅罗斯拉夫尔—雷宾斯克铁路、梁赞—喀山铁路、奔萨—塞兹兰—辛比尔斯克铁路、坦波夫—巴拉绍夫—卡梅申铁路、萨拉托夫—阿斯特拉罕铁路、季霍列茨卡亚—察里津铁路；北方地区修建的铁路为沃洛格达—阿尔汉格尔斯克铁路和彼尔姆—科特拉斯铁路；南方地区修建的铁路为卢甘斯克—米列洛沃铁路、恰普力诺—别尔江斯克铁路和顿涅茨克矿场铁路线。

里海沿岸的彼得罗夫斯克—巴库铁路将欧俄地区和高加索地区连为一体，中亚地区也建成撒马尔罕—塔什干的跨里海铁路，西伯利亚大铁路将俄国西部地区与太平洋沿岸连为一体。1898 年，俄国铁路网覆盖欧俄地区 50 省、芬兰自治大公国 8 省和亚洲部分的 7 省。虽然俄国铁路建设规模巨大，但俄国铁路网分布不均衡。20 世纪初，俄国 85% 的铁路网集中在欧俄地区，俄国亚洲部分仅集中了 15% 的铁路网。② 铁路多集中于工业区内，俄国诸多铁路枢纽最终形成。

19 世纪末 20 世纪初，欧俄地区共有 8 个主要铁路枢纽，其中莫斯科地位最为突出，该枢纽覆盖俄国 6 个中部省份，分别为莫斯科、弗拉基米尔、土拉、卡卢加、特维尔和梁赞，该地区年均工业总产值达 7.6 亿卢布，铁路网长度为 3.3 万俄里，集中了 33% 以上的工业生产总值和 40.4% 的工人。③ 莫斯科既是铁路交通的枢纽，也是国内主要贸易中心。19 世纪末，莫斯科铁路网得到进一步完善，10 条铁路与莫斯科连接，分别为莫斯科—圣彼得堡铁路、莫斯科—雅

---

① Соловьева А. М. Железнодорожный транспорт России во второй половине XIX в. М., Наука, 1975. C. 273.

② Галицкий М. И., Данилов С. К., А. И. Конеев. Экономическая география транспорта СССР. М., Транспорт, 1965. C. 28.

③ Лившиц Р. С. Размещение промышленности в дореволюционной России. М., Изд-во Академии наук СССР. 1955. C. 150.

罗斯拉夫尔—阿尔汉格尔斯克铁路、莫斯科—下诺夫哥罗德铁路、莫斯科—喀山铁路、莫斯科—萨拉托夫—阿斯特拉罕铁路、莫斯科—库尔斯克铁路、莫斯科—布良斯克—基辅铁路、莫斯科—斯摩棱斯克—布列斯特铁路、莫斯科—勒热夫—温道铁路和莫斯科—撒韦洛沃铁路。

圣彼得堡是俄国另一个大型铁路枢纽，也是俄国最大的海港，芬兰湾沿线铁路将圣彼得堡同芬兰、波兰王国、第聂伯河流域、莫斯科和乌拉尔地区连为一体。20世纪初，圣彼得堡主要铁路线有7条，分别为圣彼得堡—雷瓦尔（塔林的旧称）铁路、圣彼得堡—普斯科夫—里加铁路、圣彼得堡—维尔诺—华沙铁路、圣彼得堡—维捷布斯克铁路、圣彼得堡—莫斯科铁路、圣彼得堡—维亚特卡铁路和圣彼得堡—维堡铁路。圣彼得堡地区工业发达，20世纪初，该地区工业总产值达3.2亿卢布，圣彼得堡还是俄国重要的机器制造中心，占俄国机器制造业生产总产值的26%。[1]

哈尔科夫是南俄地区的工业中心，是俄国第三大铁路枢纽，覆盖南方5省，辐射的主要省份为哈尔科夫、叶卡捷琳诺斯拉夫、赫尔松、塔夫里达和顿河哥萨克军区，该枢纽铁路网长度超4800俄里，其中心为顿涅茨克煤田。19世纪90年代初，该地区工业总产值为2.5亿卢布，主要铁路线路有5条，即哈尔科夫—别尔哥罗德—库尔斯克铁路、哈尔科夫—波尔塔瓦—克列缅丘克铁路、哈尔科夫—罗左沃—锡涅利尼科沃铁路、哈尔科夫—库皮杨斯克铁路和哈尔科夫—利曼铁路。南俄铁路中叶卡捷琳娜铁路意义最为突出，1901年，叶卡捷琳诺斯拉夫铁路长度达2135俄里，其中复线铁路长度为867俄里，占总长度的40.6%，顿涅茨克煤田内还有1000多俄里的铁路和310俄里的煤矿专线。[2] 1900年，叶卡捷琳诺斯拉夫铁路沿线共有770家工业企业，包括85家冶金工厂、184家煤矿、56家铁矿、255家采石场、47家砖厂、11家化工企业和29家木材加工厂等。[3]

19世纪末华沙曾是俄国西部地区重要的铁路枢纽，铁路长度达2200俄里，共有7条铁路与华沙相连。20世纪初，该地区的生产总值达3.4亿卢布。另一

---

[1] Соловьева А. М. Железнодорожный транспорт России во второй половине XIX в. М.，Наука，1975. C. 273.

[2] Соловьева А. М. Железнодорожный транспорт России во второй половине XIX в. М.，Наука，1975. C. 273.

[3] Соловьева А. М. Железнодорожный транспорт России во второй половине XIX в. М.，Наука，1975. C. 274.

个铁路枢纽是以里加为中心的波罗的海沿线铁路网，主要经过的省份为埃斯特兰、库尔兰、利夫兰和科夫诺，铁路长度约为 1700 俄里。俄国西南部地区和乌拉尔等地铁路建设规模也不容小觑，西南地区铁路长度达 4500 俄里，主要辐射省份为基辅、波尔塔瓦、契尔尼戈夫、波多利斯克、沃伦和比萨拉比亚，该地区食品工业最为发达，制糖业和酿酒业最为著名，制糖工业主要集中在乌克兰。乌拉尔地区铁路长度达 1100 俄里，叶卡捷琳堡是该地区的主要铁路枢纽，其中最重要的铁路是叶卡捷琳堡—彼尔姆铁路、叶卡捷琳堡—车里雅宾斯克铁路、叶卡捷琳堡—秋明铁路和叶卡捷琳堡—下塔基尔铁路。外里海州中，巴库油田的铁路线路众多，主要铁路线路有两条，即巴库—巴统铁路和巴库—彼得罗夫斯克铁路，19 世纪 80 年代末，该地区年均生产总值为 8200 万卢布。[①]

1900 年，在俄国众多的铁路线路中，南部矿山铁路货流量最高，其货流量占比为 31.1%；其次是以莫斯科为中心的中部工业区铁路，其占比为 17.7%；西部和北部地区铁路货流量占比为 12.2%；乌拉尔、西伯利亚和中亚地区铁路的货流量占比分别为 5%、2.8% 和 2%。[②] 19 世纪 90 年代，俄国工农业生产专门化程度加强，各地区间经济联系日趋紧密，如顿涅茨克地区的煤炭和冶金工业与莫斯科和圣彼得堡工业区的机器制造业密切相关，中部工业区的纺织工业与中亚棉花产区和西部省份的亚麻种植区联系紧密。俄国巨大的铁路网把东南部地区、伏尔加河中下游地区、乌拉尔和西伯利亚地区融进全俄市场，国内市场容量不断扩大、货物周转率加快。与铁路有关联的工厂村镇转变成大型城市或工商业中心，1897 年，俄国人口超过 2000 人的大型工业村的数量为 60 个。[③] 一些铁路枢纽站，如乌克兰的罗左沃、高加索地区的季霍列茨卡亚和伏尔加河中下游的勒季谢沃都成为大型工商业中心。

二 铁路促进国内外贸易发展

铁路网络的不断完善推动了国内外贸易发展，就国内外贸易而言，铁路网加速了商品流通速度，缩短了商品运输距离，扩大了产品的销售市场。因掌握

---

① Лященко П. И. История народного хозяйства СССР. Т2. М. ，Государственное издательство политичесчской литературы，1952. C. 159.

② Соловьева А. М. Железнодорожный транспорт России во второй половине XIX в. М. ，Наука，1975. C. 275.

③ Водарский Я. Е. Промышленные селения Центральной России. М. ，Наука，1972. C. 240.

的数据有限，本部分仅以铁路对农业的影响为例探究其对粮食贸易的影响。此外，铁路还加快了俄国农业的资本主义进程，对商品性农业的发展产生巨大影响。

（一）铁路拉动国内粮食贸易

农奴制改革后俄国农业商品化特征愈加明显，究其原因如下：一是农业生产的商品性特征凸显，不但农产品商品率提高，土地和劳动力也成为商品；二是改革后农产品的地区分工逐渐专门化，很多地区专门种植谷物、经济作物或蔬菜。俄国主要商品粮生产中心为中部黑土区和伏尔加河流域。19 世纪下半叶，北部地区和中部工业区转换为粮食加工基地；波罗的海地区和西部省份主要从事动植物产品加工工业；乌克兰等地主要从事商品粮生产、烟草和酿酒业等；大城市和工业中心周边地区主要从事蔬菜种植业。铁路是刺激农产品生产专门化的重要因素，农产品依靠铁路大量被外运。19 世纪下半叶，西南部和南部铁路网建立后中部黑土区和南部产粮省份的粮食可运至国内各港口，这为粮食运至国内外市场提供了便利。

粮食产量增加是粮食外运的基础。1881～1912 年，阿斯特拉罕、塔夫里达、叶卡捷琳诺斯拉夫、比萨拉比亚、赫尔松、顿河流域、乌法、摩尔多瓦、沃伦和维捷布斯克、波多利斯克、伏尔加格勒、彼尔姆和萨拉托夫粮食播种面积分别增长 80.3%、76.7%、76.4%、72.8%、63.3%、58.9%、41.8%、38.8%、30%、28.9%、28.3%、27.7% 和 26.5%。[1] 1900～1913 年，欧俄地区 50 个省粮食播种面积由 6670 万俄亩增加至 7310 万俄亩[2]，与此同时部分省份粮食播种面积减少，如黑土区的库尔斯克和奥廖尔，中部工业区的莫斯科、弗拉基米尔、特维尔、雅罗斯拉夫尔、科斯特罗马、卡卢加、土拉和梁赞。边远省份粮食产量不断提高，商品性农业快速发展，铁路是上述诸多地区粮食外运的有力保障，不仅加强了偏远地区与国内市场的联系，还将本地大量农产品外运至国内外市场。

交通运输设施不断完善和移民数量增加促进西伯利亚地区和诸多地区农业发展。20 世纪初，北高加索和西西伯利亚地区粮食播种面积不断增加，粮食产

---

① Давыдов М. А. Всероссийский рынок в конце XIX-начале XX вв. и железнодорожная статистика. СПб.，Алетейя，2010. C. 180.

② Хромов П. А. Экономическая история СССР. Период промышленного и монополистического капитализма в России. М.，Высшая школа，1982. C. 217.

量迅速提升，1900～1913年，上述地区的粮食产量分别由3900万普特和3400万普特增加至6700万普特和5900万普特。南俄草原地区粮食产量不断提升，1900～1913年，粮食产量由78.9万普特增加至260万普特。俄国72省粮食播种面积由1900年的7880万俄亩增加至1913年的9260万俄亩。1913年，谷物和马铃薯的播种面积达1.1亿俄亩。值得一提的是，虽然部分地区的粮食作物播种面积减少，但经济作物播种面积增加明显，棉花和甘蔗等经济作物产量大幅度提升，1915年，俄国棉花产量已达3980万普特；1913年，谷物产品的总价值为38.4亿卢布，经济作物价值为7.8亿卢布。① 铁路对边远地区的经济影响有两个：一是带动边远地区社会经济发展，促进边疆地区经济开发；二是将大量劳动力带到边疆地区，为工农业发展提供劳动力保障。

随着商品性农业发展，大量粮食外运。20世纪初，中部农业区57.9%的粮食被供应至国内市场，伏尔加河沿岸省份53%的粮食被供应至国内市场，第聂伯河东岸地区53.5%的粮食被运至国内市场，第聂伯河西岸地区27.2%的粮食被供应至国内市场。一战前夕，俄国粮食、马铃薯和饲料分别盈余6.6亿普特、2048万普特和2.9亿普特，粮食大量出口至国际市场。② 欧俄地区铁路运输商品粮的主要方向有五个：一是西南地区铁路，粮食主要由基辅、波多利斯克和赫尔松运往西北部的华沙、布列斯特和柯尼斯堡等地；二是利巴瓦—罗姆内铁路，波尔塔瓦、哈尔科夫等地的粮食经过该线路运至华沙和西北部的圣彼得堡等地；三是奥廖尔—里加铁路，粮食主要从奥廖尔、库尔斯克、沃罗涅日和哈尔科夫等省份运至西北部地区；四是梁赞至圣彼得堡方向铁路，东南部省份的粮食经该铁路被运往圣彼得堡、莫斯科和土拉等省份；五是伏尔加河沿线铁路，粮食由乌拉尔、奥伦堡、萨拉托夫、萨马拉、辛比尔斯克、喀山和乌法等省份运至东部和东南部省份，大部分粮食都由雷宾斯克转运至国内其他地区。俄国商品粮运量持续增加，1890～1895年、1896～1900年、1901～1905年、1906～1910年和1911～1913年，年均商品粮运量分别为5.5亿普特、9.2亿普特、12.4亿普特、13.4亿普特和13.2亿普特。③

---

①　Хромов П. А. Экономическая история СССР. Период промышленного и монополистического капитализма в России. М.，Высшая школа，1982. C. 218 – 220.

②　Лященко П. И. История народного хозяйства СССР. T2. М.，Государственное издательство политичесчской литературы，1952. C. 135.

③　Лященко П. И. История народного хозяйства СССР. T2. М.，Государственное издательство политичесчской литературы，1952. C. 79.

20 世纪初，铁路的运粮量不断增加。欧俄东南部地区是俄国的粮仓，西北部粮食严重不足，加上俄国粮食经波罗的海和黑海大量出口，因此水路和铁路的运粮量十分可观。1895～1900 年、1901～1905 年、1906～1910 年和 1909～1913 年，铁路年均运粮量分别为 7.0 亿普特、9.5 亿普特、11.2 亿普特和 12.7 亿普特，水路年均运粮量分别为 2.2 亿普特、2.9 亿普特、2.7 亿普特和 3.0 亿普特，铁路运粮量占粮食运输总量的比例分别为 76.4%、76.5%、80.5% 和 80.9%。①

1890～1914 年的统计数据可表明铁路粮食运输的发展趋势。1894～1911 年，俄国铁路年均粮食运输量由 6.6 亿普特增至 12.0 亿普特②，其中伏尔加河流域铁路粮食运输量比重最大。1898～1902 年，伏尔加河流域铁路年均运输粮食 9490 万普特，其中运输皮粮和面粉分别为 6770 万普特与 2720 万普特，皮粮中小麦、黑麦、燕麦和大麦的运输量占比分别为 31.6%、22.7%、16.6% 和 0.4%，小麦粉和黑麦粉的占比分别为 17.7% 和 11%。③ 1909～1913 年，伏尔加河流域铁路粮食运输量迅速增加，达到 1.4 亿普特。④

20 世纪初，铁路的粮食运输量独占鳌头。具体而言，在伏尔加河沿岸省份的铁路线上，粮食占有优势，坦波夫—科兹洛沃铁路粮食运输量占本线路货运总量的 73%，里亚日斯克—莫尔尚斯克铁路粮食运输量占比为 89%。⑤ 以圣彼得堡为例，19 世纪下半叶圣彼得堡的粮食供应量得到很大改观，19 世纪七八十年代，每年经铁路运进圣彼得堡的粮食为 8000 万普特，占圣彼得堡货物输入量的 35%。⑥ 1895～1900 年、1901～1905 年、1906～1911 年和 1911～1913 年铁路粮食运输量分别占粮食运输总量的 76.4%、76.5%、80.5% 和 80.9%；1901～1905

① Кондратьев Н. Д. Рынок хлебов и его регулирование во время войны и революции. М., Наука, 1991. С. 101.

② Давыдов М. А. Всероссийский рынок в конце XIX-начале XX вв. и железнодорожная статистика. СПб., Алетейя, 2010. С. 166 – 169.

③ Тагирова Н. Ф. Рынок Поволжья (вторая половина XIX-начало XX вв.). М., ООО 《издательский центр научных и учебных программ》, 1999. С. 191.

④ Кондратьев Н. Д. Рынок хлебов и его регулирование во время войны и революции. М., Наука, 1991. С. 323 – 326；Тагирова Н. Ф. Рынок Поволжья (вторая половина XIX-начало XX вв.). М., ООО 《издательский центр научных и учебных программ》, 1999. С. 192.

⑤ Лященко П. И. История народного хозяйство СССР. Т. II. М., Государственное издательство политичесчкой литературы, 1952. С. 131.

⑥ Экономическая история России с древнейших времен до 1917 г. Том первой. М., РОССПЭН, 2009. С. 410, 411.

年、1906～1910 年和 1913 年铁路的运粮量分别占粮食总产量的 24.1%、27.4% 和 26.9%[1]；1890 年、1900 年和 1913 年在铁路和水路货物结构中粮食的占比分别为 26.1% 和 12.8%、20.1% 和 12.5%、14.4% 和 12.7%[2]，铁路的运粮量已明显高于水路。

（二）铁路推动粮食出口量增加

铁路拉动了俄国粮食出口贸易的发展。19 世纪六七十年代，俄国粮食出口量由 7000 万普特增至 2.6 亿普特。1864 年，俄国粮食出口总值占出口货物总值的 33%，1877 年其比例增至 51.8%。1876～1880 年和 1896～1900 年，粮食年均出口量分别为 2.9 亿普特和 4.4 亿普特。[3] 20 世纪初，俄国年均粮食出口量达 7.3 亿普特，粮食出口量居世界第一，一战前俄国粮食出口量约占世界粮食出口总量的 1/3，阿根廷和美国紧随其后。

具体而言，铁路建成后粮食由中部黑土省份运往波罗的海各港口，此处港口粮食出口量比例由 1869 年的 18% 提高至 1876 年的 40%。1871 年，察里津—奥廖尔铁路建成后，奥廖尔和伏尔加河下游的粮食运往里加；1868～1870 年，里加—迪纳堡铁路运往里加的燕麦数量增长了 83.5%。[4]

铁路小麦外运量的增加亦证明俄国粮食出口量增加。1882～1884 年，由铁路运输的 2.1 亿普特小麦中约有 1.3 亿普特用于出口，用于国内消费的只有 7870 万普特。与 1882～1884 年相比，1908～1911 年粮食出口量增加 6600 万普特，增长比例约为 48.4%。由以上数据可知，虽然小麦出口是俄国外汇主要来源之一，但随着国内工业发展和社会经济状况的变化，外运输的小麦多用于本国居民消费。

随着俄国工业化进程加快，铁路线逐步延伸至南乌拉尔、俄国东南部地区

① Россия 1913 год. Статистико-документальный справочник. СПб., Блиц, 1995. С. 130; Кондратьев Н. Д. Рынок хлебов и его регулирование во время войны и революции. М., Наука, 1991. С. 101.

② Никольский И. В. География транспорта СССР. Государственное издательство географической литературы. М., Изд-во Моск. ун-та, 1978. С. 193.

③ Хромов П. А. Экономическая история СССР. Период промышленного и монополистического капитализма в России. М., Высшая школа, 1982. С. 86; Соловьева А. М. Железнодорожный транспорт России во второй половине XIX в. М., Наука, 1975. С. 12; 孙成木、刘祖熙、李建主编《俄国通史简编》，人民出版社，1986，第 128 页。

④ Лященко П. И. Очерки аграрной эволюции России. Т. I. М., Государственное издательство политичесчской литературы, 1952. С. 156.

和中亚等地，铁路货流量迅速增加。1879～1889 年，货物里程增加 180%。铁路货流量增长率明显高于水路，如 1876～1895 年，铁路货流量增长 44%，水路货流量增长 15%。俄国 65% 的货物使用铁路运输，35% 的货物使用河运。随着铁路大规模修建和工商业发展，铁路运输的货物中粮食的比重不断降低。19 世纪六七十年代，某些铁路粮食运输量约达 75%。1878～1885 年，铁路运输的货物中粮食的占比为 26%。1886～1890 年和 1891～1895 年这一数字则分别降至 23% 和 20%。[1] 铁路运输的货物中粮食比例降低并不意味着粮食运输量减少，究其原因如下：一是铁路长度不断增加；二是铁路货运量增加数倍，粮食运输量只是相对减少，绝对数量仍持续增加。19 世纪末 20 世纪初铁路已是粮食运输的主力。

（三）其他主要货物的运输量

就冶金产品而言，19 世纪 90 年代，在南俄冶金业执俄国冶金业牛耳之前，乌拉尔冶金业居主导地位。但乌拉尔远离欧俄地区主要工业品消费中心，其地理位置明显限制冶金业发展，加上畜力运输和河运的种种限制乌拉尔冶金业长期停滞不前。乌拉尔众多冶金企业与客户联系甚少，不能根据市场行情及时调整产品结构和数量[2]，产销脱节。运输能力差是乌拉尔冶金业长期徘徊不前的主要原因。

铁路兴修前，乌拉尔地区金属制品主要通过水路运出，19 世纪下半叶，大规模修建的铁路成为运输乌拉尔冶金产品的主力。19 世纪 70 年代末期，乌拉尔地区开始修建铁路，1897 年，乌拉尔铁路与全俄铁路连为一体后，货流量大幅度增加。[3] 1876～1905 年，乌拉尔铁路长度由 1061 俄里增至 2507 俄里。1906～1914 年，乌拉尔地区又新建 3160 俄里的铁路[4]，乌拉尔闭塞状态逐渐被打破，

① Лященко П. И. Очерки аграрной эволюции России. Т. I. М.，Государственное издательство политичесчской литературы，1952. С. 166.

② Тихонов Б. В. Каменноугольная промышленность и черная металлургия России во второй половине XIX в（историко-географические очерки）. М.，Наука，1988. С. 103.

③ Экономическая история России с древнейших времен до 1917 г. Том второй. М.，РОССПЭН，2009. C101；Алексеев В. В.，Гаврилов Д. В. Металлургия Урала с древнейших времен до наших дней. М.，Наука，2008. С. 439. Гаврилов. Д. В. Горнозаводский Урал XVII – XX вв. Екатеринбург.，УрО РАН，2005. С. 208.

④ Вяткин М. П. Горнозаводский Урал 1900 – 1917 гг. Л.，Наука. 1965. С. 17；Мильман Э. М. История первой железнодорожной магистрали Урала，70 – 90-е годы XIX в. Пермь.，Перм. кн. изд-во，1975. С. 144.

与俄国中部地区和其他工业区联系更加紧密。乌拉尔的铁路促进卡马河流域货流量迅速增长，同时也带动该地区经济发展。1878～1880年，卡马河流域的铁路货流量增长 80%，其中金属制品比重大。[①] 1888年，乌拉尔铁路的货流量达 4280万普特，其中金属制品比例为 44%。[②] 随着铁路的大规模修建和经济发展，乌拉尔铁路货流量激增，1905年，乌拉尔铁路和水路货流量分别为 4.8亿普特和 3.1亿普特[③]，铁路已成为乌拉地区最主要的运输方式。

铁路木材运输量。19世纪下半叶，铁路开始运输木材，枯水期和结冰期铁路木材运输量大增。具体而言，1880年和 1890年，雅罗斯拉夫尔—莫斯科铁路木材运输量分别为 255万普特和 1111万普特。1909年和 1910年，莫斯科—喀山铁路木材运输量分别为 3300万普特和 3900万普特。[④] 虽然铁路木材运输量逐年增加，但 1902～1910年，木材占铁路货流量的比例为 14.5%[⑤]，木材运输仍以水路为主。

很多煮盐场也靠近铁路修建。以奥伦堡铁路为例，1861～1900年，奥伦堡共售盐 5700万普特；1900～1912年，铁路年均运盐 2760万普特，奥伦堡盐大多被运往中部地区。[⑥] 铁路弥补了水路运盐季节性的不足，盐制品运输量迅速提高，两种运输方式相互补充共同促进制盐业的发展。

19世纪下半叶至 20世纪初，俄国河运作用日益逊色于铁路。1876～1895年，水路和铁路货运量分别增加 44%与 115%，铁路货运量比例超 65%，铁路的货流量占主导，但河运的作用也不容忽视。[⑦] 1890～1900年，河运占国内货运和客运的比重分别为 45%和 29%；1913年河运占国内货运和客运的比重分别

① Соловьева А. М. Промышленная револючия в России в XIX в. М. , Наука, 1991. С. 142.

② Мильман Э. М. История первой железнодорожной магистрали Урала. 70 – 90-е годы XIX в. Пермь. , Перм. кн. изд-во, 1975. С. 144.

③ Гаврилов. Д. В. Горнозаводский Урал XVII – XX вв. Екатеринбург. , УрО РАН, 2005. С. 210.

④ Гудкова О. В. Строительство северной железной дороги и ее роль в развитии северного региона (1858 – 1917). Вологда. , Древности Севера, 2002. С. 123; Андреев В. В. Московско-Казакская железная дорога на рубеже XIX – XX вв. М. , Изд-во Политех. университета, 2010. С. 122.

⑤ Россия 1913 год. Статистико – документальный справочник. СПб. , Блиц, 1995. С. 2.

⑥ Горюнов Ю. А. Воздействие ташкентской железной дороги на экономическую жизнь оренбуржья первой трети XX века. Диссертация. Оренбург. , 2010. С. 140 – 141.

⑦ Соловьева А. М. Железнодорожный транспорт России во второй половине XIX в. М. , Наука, 1975. С. 206 ;

为 22.9% 和 16.1%；河运的主要货物是原木、粮食和石油。①

随着铁路的大规模修建，货流量明显增加，货物运输速度加快，带动商品经济发展。铁路除将东部地区原材料运至国内市场外，还将西部地区的工业品运至东部地区。19 世纪上半叶，水路货运量尚能勉强满足经济发展需求，工业革命后商品数量大增、工商业发展迅速，至 19 世纪末，铁路已成为运输业龙头。虽然铁路建设如火如荼，但因部分货物的特殊性和地理位置限制，水路凭借其特有的优势仍保持巨大的商品运输量。

三 拉动诸多工业部门的发展

铁路推动俄国诸多工业部门发展，以冶金业、机器制造业和能源工业最具代表性，冶金工业为铁路提供轨道和相关配件；机器制造业则为铁路提供车厢和蒸汽机车，因此，冶金业和机器制造业发展与铁路息息相关。

（一）冶金工业

俄国第一条铁路全部用进口金属修建，基本上从英国进口。即使在俄国的冶金基地乌拉尔，其早期的矿场铁路建设也靠进口，线路 70% 以上的铁轨（210 万普特）来自英国和比利时，54% 的火车头来自英国，50% 的客运车厢从比利时进口②，甚至绝大部分连接件，如螺丝、螺栓和道钉都是从英国进口。因此，要想建立本国冶金工业，机器制造业和燃料基地已迫在眉睫。俄国铁路大规模修建后，铁制品和钢轨产量大增。据统计，19 世纪 90 年代，铁路的年均机车、货运车厢和客运车厢的需求量分别约为 1000 台、2.5 万节和 1300 节，钢轨和固定件的需求量约为 2200 万普特。每俄里铁路所需钢轨和固定件的数量约为 5000 普特，铁路部件需求量为 200 普特，修建每俄里铁路的生铁需求量为 1.1 万普特，铁路年均生铁需求量约为 2000 万普特。③ 1897 年、1898 年和 1899 年西伯利亚铁路所需要金属制品数量为 19.5 万普特、49.3 万普特和 72.9 万普特，其他金属制品需求量分别为 18.8 万普特、31.9 万普特和 63.4 万普特，煤油需求量分别为 11.7 万普特、28.7 万普特和 44.8 万普特，手工作坊产品的需

---

① Экономическая история России с древнейших времен до 1917 г. Том первой. М., РОССПЭН, 2009. С. 524.

② Мильсан Е. М. Первая железнодорожная магистраль Урала в 70 – 90 – х годах XIX в. Рукопись канд. Дисс. Пермь., 1963. С. 226.

③ Соловьева А. М. Железнодорожный транспорт России вовторой половине XIX в. М., Наука, 1975. С. 218.

求量分别为 21 万普特、39.5 万普特和 53.8 万普特。① 铁路如此庞大的生铁和钢需求量，迅速带动俄国冶金工业的发展。

19 世纪末，随着西伯利亚大铁路冶金产品需求量不断增加，乌拉尔冶金业进一步发展。乌拉尔和中部工业区冶金业又重新恢复，乌拉尔铸铁产量增加 56.2%，土拉多年停用的高炉又恢复生产，莫斯科近郊地区铸铁产量增加 1 倍。1900 年，俄国黑色金属的总需求量为 336.8 万吨，而国内产量仅为 289.6 万吨，占需求总量的 86.0%。虽然国内生铁产量急剧增加，但仍不能满足国内的需求。1900 年，铁路部门是铁制品的最大需求者，其次是金属加工工业，二者需求约占俄国铁制品需求总量的 1/3，房屋建筑等行业的生铁需求量比例约为 10%。② 虽然乌拉尔冶金工业逊色于南俄地区，但一些工业部门仍取得重要成就，金属产量大增。

俄国政府为保障工业和交通运输业所需金属制品，扶持冶金工业，从国内诸多工厂进行订货。1875 年，俄国政府改建铁路时，普吉洛工厂获得国家订单，订单金额为 1050 万卢布，需生产钢轨 400 万普特。③ 1857～1875 年，普吉洛工厂钢轨总产量为 2350 万普特，其钢轨产量为俄国钢轨总产量的 50%。19 世纪 70 年代，俄国冶金工厂年均钢轨产量约为 300 万普特，仅满足俄国 20% 的铁轨需求，仍须从国外大量进口钢轨。1869～1873 年，国外铁轨进口总量达 5000 万普特，年均进口量为 1000 万普特。④

为提高本国钢轨产量，1877 年，俄国政府将 1200 万普特钢轨的订单赋予 6 家冶金企业，3 家企业使用自己工厂的生铁炼钢，即杰米多夫家族在彼尔姆建立的尼日涅—萨尔津斯基工厂、别罗杰尔斯基公爵在乌法建立的卡塔耶夫—伊万诺夫斯基工厂、尤佐夫卡在顿巴斯建立的新罗西斯克工厂，其余工厂则利用进口金属炼钢。1880 年，俄国冶金工厂已能满足国内轨道需求量的 70%，机车需求的 75%；1883 年，经济危机加剧，铁路建设急剧压缩，钢轨已基本满足本

① Скубневский В. А.，Гончаров Ю. М. Города западной сибири во второй половине XIX-началеXXв. ЧастьI. Население. Экономика. Барнаул.，Издательство Алтайского университета，2003. С. 211.

② Кафенгауз Л. Б. Эволюция прошмышленного производства России（последняя треть XIX в. – 30 – е годы XXв）. М.，Эпифания，1994. С. 36.

③ Гиндин И. Ф. Государственный банк и экономическая политика царского правительства（1881 – 1892 гг.），М.，Госфиниздат，1960. С. 239.

④ Соловьева А. М. Железнодорожный транспорт России вовторой половине XIX в. М.，Наука，1975. С. 131.

国需求。

19 世纪 90 年代，俄国迎来第二次铁路建设热潮，冶金产品需求量大增。以亚历山大冶金工厂为例，19 世纪 90 年代，该工厂的高炉数量增加到 5 个，年均生铁产量为 1150 万普特。此外，该工厂还具有 140 个焦炭炉、6 个马丁炼钢炉、5 个轧钢机和 4 个熔炉，74 台蒸汽机的功率为 1.4 万马力。为保证原料供应，工厂董事会在克里沃罗日租赁 5 个铁矿，90 年代初，该工厂工人已达 5700 名。[①]

19 世纪 90 年代初，铁路建设热潮促使俄国钢轨产量激增。1888 年，俄国钢轨产量仅为 380 万普特，1892 年，产量达 1180 万普特。[②] 铁路建设促进俄国经济快速发展，1891～1900 年，工业生产总量几乎增加 1 倍，工人数量增加 50%。19 世纪 90 年代，重工业发展速度几乎是轻工业发展速度的 2 倍，重工业产品产量增加 1.8 倍，而轻工业产品增加 60%。[③] 19 世纪 90 年代，俄国冶金业发展迅速，1890～1900 年，生铁产量由 5600 万普特增加到 1.8 亿普特，增加 2.2 倍；钢产量由 2600 万普特增加到 1.4 亿普特，增加 4 倍多。19 世纪 90 年代，俄国冶金业快速发展主要归功于南俄工业区，南俄地区绝大多数冶金企业（达 70%）都与铁路相关。南俄冶金工厂的钢轨产量约占全俄总产量的 60%，乌拉尔冶金工厂的钢轨产量占比仅为 15%。南俄钢轨生产主要集中于 5 家大型工厂，即尤左沃新罗西斯克公司、卡缅斯克南俄第聂伯公司、布良斯克亚历山大公司、俄比彼得罗夫公司和顿涅茨克德鲁日公司。19 世纪 90 年代，尤左沃新罗西斯克公司钢产量约占南俄钢产量的 30%、俄国钢产量的 20%。[④] 1900 年，俄国共有 16 家大型钢轨生产企业，乌拉尔、南俄、圣彼得堡和波兰地区的工厂数量分别为 5 家、5 家、4 家和 2 家。铁路轨道和金属产品需求量大增促进俄国冶金业进一步繁荣，南俄冶金工业最具代表性，铁路除带动冶金工业发展外，还拉动机器制造业发展。

---

① Соловьева А. М. Железнодорожный транспорт России вовторой половине XIX в. М., Наука, 1975. С. 273.

② Гиндин И. Ф. Государственный банк и экономическая политика царского правительства. (1861－1892 гг.). М., Госфиниздат, 1960. С. 264.

③ Струмилин С. Г. Очерки экономической истории России. М., Наука, 1960. С. 504, 510; Соловьева А. М. Железнодорожный транспорт России вовторой половине XIX в. М., Наука, 1975. С. 278.

④ Соловьева А. М. Железнодорожный транспорт России вовторой половине XIX в. М., Наука, 1975. С. 279.

(二) 机器制造业

随着铁路建设的蓬勃发展，诸多企业专门为铁路生产机车和车厢，早期此类工厂都由外资企业掌控。铁路建设之初，所有的机器都从英国进口，后期其他国家的机器制造品也输入俄国，如 1825～1844 年，美国公司为俄国生产 200 台蒸汽机、253 节载人车厢和 2700 节载货车厢。[①] 19 世纪下半叶，圣彼得堡的诺贝尔兄弟集团、列赫杰别格工厂和亚历山德罗夫工厂都专门为铁路部门生产机器制造品。19 世纪下半叶，圣彼得堡机器制造业发展最为迅速，莫斯科紧随其后。莫斯科的主要机器制造厂有专门生产农业机器的列什加尔和马里采夫工厂、专门生产蒸汽机的多布罗夫工厂和生产蒸汽机车的希波夫工厂。1850 年之前，俄国大型机器制造厂都为国有企业，1850 年后，私人工厂数量快速增加。1850 年，私人机器制造厂数量已达 25 家，工人数量为 1475 人，产品价值为 42.3 万卢布，国外进口机器产品价值为 231.5 万卢布，俄国机器制造业十分落后。19 世纪 60 年代，俄国工业化进程开启，机器制造业蓬勃发展。1860 年，俄国私人机器制造厂数量已达 92 家，工人数量为 1862 名，产品价值达 84.6 万卢布。[②]

1860～1870 年，俄国政府采取一系列措施扶持机器制造业，具体措施如下：首先，政府以零关税进口机器制造厂所需的铸铁和生铁；其次，提高机器进口关税，由 30 戈比/普特增至 75 戈比/普特。俄国建立诸多大型机器制造厂，圣彼得堡最大的机器制造厂为诺贝尔兄弟集团和奥布赫夫工厂；莫斯科最大的机器制造厂为李斯特工厂、彼列尼德工厂和维伊赫里德工厂。据统计，1870 年，俄国机器制造厂数量为 145 家，工人数量达 2.7 万名，产品价值为 2739.1 万卢布，国外进口机器产品价值为 3757.7 万卢布，俄国机器制造业发展成绩显著。为扶持本国机器制造业，俄国政府规定进口机器关税以黄金结算，大幅度提高进口关税，俄国机器制造业快速发展。1861～1879 年，俄国共建成 187 家机器制造厂，主要产品为蒸汽机、机车、车厢、轮船、机床和钢轨等，在此期间俄国机器制造厂的数量增加 2 倍，生产价值增长 6.5 倍[③]，机器制造厂仍集中于圣彼得堡和莫斯科。1880 年，欧俄地区共有 237 家机器制造厂，工人数量为

① Фабрично-заводская промышленность и торговля России. СПб., Тип. В. С. Балашева и Ко, 1893. С. 145.

② Фабрично-заводская промышленность и торговля России. СПб., Тип. В. С. Балашева и Ко, 1893. С. 146.

③ 刘祖熙：《改革和革命——俄国现代化研究 (1861—1917)》，北京大学出版社，2001，第 113 页。

5.6 万名，产品价值为 7228.9 万卢布，国外进口产品价值为 6734.5 万卢布，俄国机器产量已超过国外进口量，进口机器的垄断地位丧失。[①]

19 世纪末，俄国机器制造业发展更为迅速。1890 年，俄国共有大型机器制造厂 331 家，其中俄国企业主和外国企业主所属企业数量分别为 231 家和 100 家。[②] 车厢和蒸汽机车产量增长最快，1890～1900 年，上述产品产量增长了 6 倍。20 世纪初，俄国已有 7 家蒸汽机车制造厂，年产火车机车 1200 台；此时法国境内火车机车的年产量为 500 台，德国为 1400 台，美国为 3153 台，俄国机车产量已超过法国，追赶德国，但远不如美国。19 世纪末，俄国蒸汽机车产量已能满足国内需求量的 50%。[③]

20 世初，铁路建设速度放缓，但蒸汽机车的订购量仍在增加。1902～1906 年，火车机车订购量为 4925 台，其价值为 1.8 亿卢布；1907～1911 年，订购的数量降为 2853 台，其价值为 1.2 亿卢布。因铁路建设速度放缓和经济危机爆发，机车制造业大幅度衰退。1912 年，蒸汽机车的产量为 467 台，价值为 2070 万卢布。20 世纪初，车厢制造业也受到经济危机影响。1908 年，该部门状况稍有好转，产品价值为 819.4 万卢布；1910 年，产品价值为 1181.9 万卢布；1912 年，产品价值达 2095.4 万卢布。[④] 随着俄国交通运输业发展，无轨电车需求量明显增加。1912 年，共生产无轨电车车厢 405 节，其中 270 节由中部工业区生产，135 节由波罗的海地区生产。[⑤] 以上是俄国机器制造业的总体状况，下文仅对部分工业部门进行详细分析。

就机车制造业而言，19 世纪 70 年代，俄国共有 5 家机车制造厂。1869～1880 年，共生产机车 1957 台，大部分机车由圣彼得堡的涅夫斯基厂建造，该工厂共生产机车 845 辆，占机车生产总量的 43%；克罗缅斯克工厂紧随其后，生产机车 596 辆，其比例为 30%，柳季诺夫斯基工厂机车产量为 364 辆，其比例

---

① Фабрично-заводская промышленность и торговля России. СПб., Тип. В. С. Балашева и Ко, 1893. С. 149.

② Фабрично-заводская промышленность и торговля России. СПб., Тип. В. С. Балашева и Ко, 1893. С. 152.

③ Кафенгауз Л. Б. Эволюция прошмышленного производства России（последняя треть XIX в. – 30 – е годы XX в.）. М., Эпифания, 1994. С. 40.

④ Кафенгауз Л. Б. Эволюция прошмышленного производства России（последняя треть XIX в. – 30 – е годы XX в.）. М., Эпифания, 1994. С. 140.

⑤ Кафенгауз Л. Б. Эволюция прошмышленного производства России（последняя треть XIX в. – 30 – е годы XX в.）. М., Эпифания, 1994. С. 142.

为 15%；国有沃特金斯基工厂的机车产量为 84 辆，圣彼得堡亚历山大冶金工厂的机车产量为 71 辆。19 世纪 90 年代，俄国已有 8 家大型机车制造厂，66% 的机车由克罗缅斯克工厂（25.2%）、布良斯克工厂（21.8%）和普吉洛夫工厂（18.9%）生产。与此同时，铁路修配厂数量迅速增加，19 世纪 90 年代初，俄国共有 47 家机车修配厂，叶卡捷琳诺斯拉夫铁路公司修配厂的规模最大，工人数量为 2200 名，修配厂内共有 8 个大型车间，即机械、锻压、锅炉、车轮、铜管锅炉、铜铁铸造、煤水车和机车装配车间，叶卡捷琳诺斯拉夫机车修配厂年生产和修理机车 200 台。[①]

　　铁路建设热潮也拉动车厢制造业的发展。19 世纪 90 年代，俄国车厢主要由 15 家工厂生产，如中部地区的梅季西工厂和特维尔工厂，波罗的海地区的菲尼克斯公司和"发动机"公司，俄国南部地区的尼古拉耶夫工厂和基辅工厂，乌拉尔地区的乌斯季—卡塔夫斯克工厂和圣彼得堡车厢制造厂。19 世纪 90 年代末，普吉洛夫工厂、索尔莫夫斯克工厂、克罗缅斯克工厂、布良斯克工厂的货运车厢产量分别为 2500 节、1700 节、1400 节和 1500 节。1899 年货运车厢产量达到最高值，为 2.6 万节。随着铁路建设的大规模兴起，车厢修配厂的数量不断增加。20 世纪初，俄国共有 11 家大型车厢修配厂，分别设在别洛夫、里加、科韦利、罗斯拉夫利、华沙、第聂伯罗波得罗夫斯克、克列缅丘格、新罗西斯克、坦波夫、普鲁什库夫和叶卡捷琳堡等地。19 世纪末俄国国产车厢已基本满足国内市场需求，1890～1899 年，车厢进口量急剧缩减，年均进口量仅为 235 节。[②]

　　19 世纪末，西伯利亚大铁路的钢轨和车厢需求量最高，主要供货商为由南方五大轨道企业组成的杰米多夫垄断组织、乌拉尔两大企业组成的博格斯洛夫斯基垄断组织，上述 7 家工厂的钢轨产量为 1800 万普特，占供货总量的 76%，货物价值为 3100 万卢布。[③] 西伯利亚铁路机车由克罗缅斯克厂、马利佐夫厂、

①　Соловьева А. М. Железнодорожный транспорт России вовторой половине XIX в. М., Наука，1975. C. 280.

②　Соловьева А. М. Железнодорожный транспорт России вовторой половине XIX в. М., Наука，1975. C. 281－282.

③　Борзунов В. Ф. История создания Транссибирской железнодорожной магистрали XIX-начале XX в. Томск., Томский государственный университет им. Куйбышева，1972. . C. 21；Соловьева А. М. Железнодорожный транспорт России вовторой половине XIX в. М., Наука，1975. C. 283.

俄比工厂、涅夫斯基厂和索尔莫夫斯克厂供应，上述工厂供应的产品价值分别为 540 万卢布、340 万卢布、320 万卢布、290 万卢布和 110 万卢布。[1] 铁路除拉动冶金工业和机器制造业外，还带动轻工业发展。

（三）轻工业

因掌握的数据有限，本部分仅以面粉加工业为例探究铁路对轻工业的影响。随着俄国小麦产量的增加，面粉加工业迅速发展，但面粉多用于本国消费。1901 年，铁路运输面粉的总发货量为 1.2 亿普特，其中 7000 万普特用于国内消费，占面粉总产量的 58.3%。[2] 俄国面粉加工企业多集中于交通发达地区，伏尔加河流域各港口面粉加工业发达。20 世纪初面粉运输量增加，面粉主要被运往一些大城市和港口，如圣彼得堡、里加、雷瓦尔、敖德萨和罗斯托夫等。[3] 下诺夫哥罗德、萨拉托夫、萨马拉的面粉加工业最为发达。1901～1903 年，南部和高加索地区面粉发送量也不断提升，这些地区的面粉发送量占国内面粉总运出量的 21.0%；1908～1911 年和 1912～1913 年，其比例分别为 25.0% 和 26.9%。[4]

铁路修建后奥伦堡面粉加工业快速崛起。1878 年，奥伦堡成立第一家蒸汽面粉和黍米加工厂。20 世纪初该工厂所产面粉分为 25 个等级，日均消耗粮食 7200 普特。19 世纪末 20 世纪初，奥伦堡—塔什干铁路通行后，奥伦堡的面粉加工业迅速发展。例如：1888 年，奥伦堡的外运面粉量为 19.7 万普特；1909 年，其数量达 350 万普特。[5] 交通运输的发展推动农业迅速发展，打破各地市场的隔绝状态，增强国内商品流通速度，为农产品打开更加广阔的市场，促进粮食产量的增加。

---

① Борзунов В. Ф. К вопросу об экономическом значении Сибирской железной дороги в конце XIX-начале XX в. //Вопросы истории Сибири и Дальнего Востока. Новосибирск, 1961. С. 101; Соловьева А. М. Железнодорожный транспорт России вовторой половине XIX в. М., Наука, 1975. С. 283.

② Лященко П. И. Зерновое хозяйство и хлеботорговые отношения России и Германии в связи с таможенным обложением. Пг., Тип. Ред. период. изд. М-ва фин., 1915. С. 235 – 236.

③ Лященко П. И. Зерновое хозяйство и хлеботорговые отношения России и Германии в связи с таможенным обложением. Пг., Тип. Ред. период. изд. М-ва фин., 1915. С. 236.

④ Давыдов М. А. Всероссийский рынок в конце XIX-начале XX вв. и железнодорожная статистика. СПб., Алетейя, 2010. С. 199.

⑤ Горюнов Ю. А. Воздействие ташкентской железной дороги на экономическую жизнь оренбуржья первой трети XX века. Диссертация на соискание ученой степени кандидат исторических наук. Оренбург., 2010. С. 139.

四　推动全俄市场的进一步深化

交通运输对商品流通的影响最大。俄国水路四通八达，流经范围广，但其影响范围、市场规模及容量仍无法与铁路相较，货流速度更是遥不可及。18 世纪末，俄国统一市场初步形成①，但全俄市场形成初期，其范围、规模及容量有限，铁路对全俄市场的影响虽远大于水路，但两种运输方式相互补充、相互协调，共同促进市场范围、规模和容量的扩大。铁路对全俄市场的影响主要体现在如下几个方面：一是货物里程逐渐增加；二是边远地区的产品被运至国内工业区；三是铁路运输货物的种类不断增多。

19 世纪末，铁路运输粮食的货流方向如下：第一，从东向西"面向国内外的消费者"，粮食运输距离最长，贯穿整个俄国，伏尔加河流域的喀山码头、辛比尔斯克码头、萨马拉码头、萨拉托夫码头与莫斯科、圣彼得堡、波罗的海诸港口相通；第二，沿铁路或水路将粮食运至黑海和亚速海地区；第三，伏尔加河流域与西伯利亚的小麦沿水路和铁路向北运至阿尔汉格尔斯克。总之，伏尔加河流域的粮食被运至整个欧俄地区，以满足国内诸省、莫斯科和圣彼得堡的粮食需求，较少用于出口。20 世纪初，伏尔加河流域的铁路运粮的地理范围更广，萨马拉、萨拉托夫、平扎、辛比尔斯克和喀山的皮粮与面粉分别供应 38 个、36 个、25 个、23 个和 7 个地点。② 除上述路线外，萨拉托夫和萨马拉的粮食也被运往北部（阿尔汉格尔斯克和沃洛格达）和西部（明斯克、契尔尼戈夫、库尔斯克和奥廖尔）地区。伏尔加河流域的粮食也经铁路运至爱斯特兰、克利夫兰、奥廖尔和契尔尼戈夫，以小麦和黄米运输最多；喀山和辛比尔斯克的粮食也使用铁路运往雷瓦尔、莫斯科和圣彼得堡。

铁路运输的货物种类甚多，如伏尔加河流域的粮食和农产品、中部工业区的工业品、乌拉尔地区的金属产品、高加索地区的石油产品、南俄的金属制品和煤炭、中亚的棉花、乌克兰的经济作物，等等。

因篇幅有限笔者不能一一罗列，只能简单叙述。就西伯利亚大铁路而言，铁路加强了西伯利亚和欧俄地区间的经济联系，打破了西伯利亚地区相对孤立的状态，便于农牧产品的输出和工业品的输入，扩大了全俄统一市场的规模和

---

① 张广翔：《全俄统一市场形成于何时》，《世界历史》2001 年第 3 期，第 92 页。

② Тагирова Н. Ф. Рынок Поволжья（вторая половина XIX-начало XX вв.）. М.，ООО 《издательский центр научных и учебных программ》，1999. C. 194.

容量。西伯利亚铁路修建后，诸多贸易中心沿铁路线发展起来，冲击以前主要的贸易媒介展销会。据估计，1910～1913年，西伯利亚地区的贸易额由3100万美元增长到7700万美元，年均出口额为1400万美元，进口额达5200万美元。1899～1910年，阿尔泰奶油厂数量由52家增到1214家，阿尔泰奶油大量被运至国内其他地区，莫斯科—喀山铁路设有107节冷藏车专列，将阿尔泰奶油从西伯利亚运到波罗的海诸港口。[①]

奥伦堡—塔什干铁路修建后，俄国与中亚地区的经济联系加强，奥伦堡成为中亚棉花中转站。1909～1913年，沿奥伦堡—塔什干铁路年均棉花运输量为590万普特，占中亚棉花运输量的60%[②]，经伏尔加河流域被转运至欧俄地区，中亚与国内市场联系越发紧密。总体而言，1893～1913年，经铁路运输的铁、生铁和钢由5600万普特增至2.9亿普特，铸铁由3800万普特增至1.5亿普特，水泥由1090万普特增至1.0亿普特，鲜菜由3600万普特增至2.4亿普特，水果干货由1140万普特增至5520万普特[③]，铁路促进国内市场的规模与容量进一步扩大。

五 带动城市规模不断扩大

俄国诸多城市应水路而生，铁路则促进城市规模的进一步扩大。因笔者掌握的材料有限，仅以西伯利亚大铁路对西伯利亚地区城市的影响加以说明。西伯利亚地区的城市最初大多是军事防御据点和行政管理中心。历经数个世纪西伯利亚地区的城市大都失去军事防御的职能，发展成为手工业和商业中心，社会经济职能日益突出。与欧俄地区相比，在西伯利亚地区城市的形成过程中交通运输发挥了重要的作用。西伯利亚地区的城市大致分为以下三类。

第一种类型是以托博尔斯克和叶尼塞斯克为代表的大城市。这类城市就是由军事据点向手工业中心和商业中心转变的代表。18世纪，托博尔斯克是西伯利亚的最大城市，为该地区的行政、宗教、手工业和商业中心。19世纪三四十

---

① История грузовых железнодорожных перевозок в россии XIX – XX века. М. , Кника-Пента, 2008. С. 36, 41.

② Горюнов Ю. А. Воздействие ташкентской железной дороги на экономическую жизнь оренбуржья первой трети XX века. Диссертация на соискание ученой степени кандидат исторических наук. Оренбург. , 2010. С. 146.

③ Давыдов М. А. Всероссийский рынок в конце XIX-начале XX вв и железнодорожная статистика. СПБ. , Алетейя, 2010. С. 821.

年代，托博尔斯克就已成为西伯利亚最大的商品集散地，亦是联结欧俄地区与西伯利亚、中亚和中国的重要枢纽。

19 世纪 70 年代，托博尔斯克具有大量商铺和 2 家大商店，秋明也是如此，不但店铺数量超过 200 家，还拥有饭店。秋明店铺交易额达 65 万卢布，集市贸易额达 85 万卢布。19 世纪 60 年代初期，秋明的货物转运量达 150 万普特，其中 80 万普特的货物由西方运往东方，70 万普特的货物由东方运往西方。土拉河和托博里河的货流量数据可证明秋明已成为西伯利亚地区货物集散中心，1863 年、1865 年、1868 年、1880 年，其货流量分别为 45 万普特、83.5 万普特、130 万普特和 250 万普特。叶卡捷琳堡—秋明铁路开通后，其货流量迅速增加，1886 年、1887 年、1890 年、1891 年和 1892 年的货流量分别为 300 万普特、600 万普特、800 万普特、900 万普特和 1800 万普特。[①]

1891 年，乌拉尔铁路通行后秋明的货物运输量大幅度增加，其中粮食的运输量最大，为 582.8 万普特；其次是茶叶，运输量为 65.8 万普特；油脂运输量为 28 万普特；其他货物，如毛线、皮革、肉、鱼、木制品等货物的运输量也不容忽视。运进的货物中，糖产品运输量最大，为 46.4 万普特；手工业品运输量也很可观，为 31.6 万普特。[②] 因此，铁路修建后城市规模进一步扩大。

18 世纪，叶尼塞斯克是东西伯利亚最大的城市，其规模和地位仅次于托博尔斯克。叶尼塞斯克处在几条重要的水路和陆路的交叉点，地理位置十分优越。该城市以 8 月大集市闻名，前来交易的商人来自欧俄地区和西伯利亚各地。集市商品包括俄国、西欧、中国和西伯利亚等地的土特产品。19 世纪上半叶，叶尼塞斯克市场上工业制品比重不断提升，由 1845 年的 3.26% 增至 1857 年的 45.2%。[③] 西伯利亚大铁路修建后，叶尼塞斯克的作用降低，克拉斯诺亚尔斯克的地位提升，迅速发展为西伯利亚大型城市之一。

第二类城市以托木斯克为代表，是由小城市转变的工商业中心，早期也是军人的营地，手工业、商业和农业发展缓慢，但因便利的水运条件，手工业也粗具规模。

①　Скубневский В. А.，Гончаров Ю. М. Города западной сибири во второй половине XIX-начале XX в. ЧастьI. Население. Экономика. Барнаул.，АГУ，2014. С. 200.

②　Комлева Е. В. Енисейское купечество（последняя половина XVIII-первая половина XIX века）. М.，Издательство Academia，2006. С. 202.

③　Комлева Е. В. Енисейское купече ство（последняя половина XVIII – первая половина XIX века）. М.，Издательство Academia，2006. С. 121.

托木斯克一直是西伯利亚商业中心，人口众多，贸易发达，店铺林立。1866 年，托木斯克从事批发贸易、零售贸易和小贸易的机构数量分别为 40 家、178 家和 214 家，流动资金额分别为 156 万卢布、370.2 万卢布和 554 万卢布；1889 年，其从事批发贸易、零售贸易和小贸易机构的数量分别为 57 家、276 家和 245 家，流动资金额分别为 528.8 万卢布、717.6 万卢布和 49 万卢布。[①] 托木斯克的毛皮和皮革运往莫斯科、雅罗斯拉夫尔、喀山等城市，部分商品也在中国和中亚市场上出售，俄国粗呢绒备受中国人欢迎。俄国中部地区很多货物，如刀具、剪刀、锁头、铁钉等金属制品也通过托木斯克运往西伯利亚地区。1809 年，伊尔比特展销会上的贸易总额为 350 万卢布，1849 年，达 320 万卢布。[②]

托木斯克城市规模扩大与铁路关系密切，铁路加速该城市融入全俄市场的进程，工商业随之崛起。

第三种类型的城市以克拉斯诺亚尔斯克和雅库斯克为代表，18 世纪初，它们才转变为工商业中心。西伯利亚南方堡垒线建立后，克拉斯诺亚尔斯克被开发。西伯利亚大铁路开通后，因该城市位于叶尼塞河沿岸，而迅速成为重要的交通枢纽，地位愈加重要。

随着城市数量增加，西伯利亚地区人口数量也迅速增加。交通运输对西伯利亚地区的社会影响有两个：一是促进城市规模的扩大；二是促进人口数量的增加。移民数量增加是西伯利亚地区人口迅速增加的主要原因之一。1888～1890 年，西伯利亚地区共迁入 11.6 万人；1891～1893 年、1894～1896 年和1897～1899 年迁入人口分别为 22.7 万人、38.3 万人和 11.6 万人，外来人口增加促进西伯利亚地区农业和工商业的发展。移民的大量涌入促进西伯利亚地区粮食播种面积增加。1901～1905 年，西伯利亚地区，包括远东地区在内，粮食播种面积为 480 万俄亩；1911～1915 年，播种面积达 760 万俄亩。与此同时，农产品产量增加迅速，与 1901～1905 年相比，1911～1915 年谷物总产量由 1.7

---

① Дмитриенко Н. М. Сибирский город Томск в XIX-первой трети XX века: управление, экономика, население. Томск., Издательство Томского университета, 2000. C. 130; Скубневский В. А., Гончаров Ю. М. Города западной сибири во второй половине XIX-начале XXв. Барнаул., АГУ, 2014. C. 203.

② Очерки истории города Тоска (1604 – 1954). Томск., Отдел издательств и полиграф. промышленности Управления культуры Томского облисполкома, 1954. C. 38.

亿普特增至 2.8 亿普特。① 西伯利亚地区交通运输影响可谓意义重大，不但加快了商品流通速度，对社会经济发展的作用也不容置疑。除带动农业、工业、造船业等部门发展外，交通运输还促进西伯利亚地区的开发、城市规模的进一步扩大和人口数量的增加。

受铁路影响多数省城成为大的商业中心，喀山和辛比尔斯克则处于不利的地位，大量的粮食经铁路绕过喀山直接被运到雷宾斯克。下诺夫哥罗德充当西伯利亚和亚洲的贸易中介，萨马拉和萨拉托夫大量吸纳伏尔加河流域以外的粮食和盐等货物，再将其发往俄国内地，奥伦堡力压喀山成为中亚的贸易中心。察里津、萨马拉、塞兹兰和萨拉托夫成为水路与铁路的枢纽，在地方市场的作用与日俱增。

六　燃料结构矿物化进程加速

19 世纪下半叶，俄国铁路建设规模不断扩大，因石油工业发展滞后，最初铁路燃料以木柴和煤炭为主。俄国铁路修建之初燃料问题就迫在眉睫，主要问题如下：一是俄国虽森林资源丰富，但铁路通行地区多为森林资源匮乏的工业区，木柴供应量严重不足；二是俄国采煤量较低，进口煤炭价格较高，燃料短缺制约了俄国铁路建设规模。19 世纪 80 年代以后，随着能源工业快速发展，煤炭和重油逐渐成为铁路的主要燃料，铁路燃料问题才得以解决。

19 世纪 80 年代初，铁路尝试使用石油产品作为燃料。1883 年开始，铁路就开始使用石油燃料，高加索铁路最先推广石油燃料，此后格里亚季—察里津等铁路也陆续将石油产品作为燃料。1888 年，莫斯科—梁赞和弗拉基米尔等铁路也开始使用重油燃料。19 世纪末，铁路的石油产品需求量居高不下，诺贝尔兄弟集团率先使用石油产品做燃料，试图通过和铁路部门签署长期供货合同来巩固其在俄国内石油市场的地位。1892 年，国内对石油产品的需求量为 1.1 亿普特，河运和海运部门的需求量占比为 50%、工业领域的需求量占比为 28%、铁路部门的需求量占比仅为 22%。② 1892 年俄国 34.5% 的铁路仍使用木柴做燃料。以木柴为主要燃料的铁路有尼古拉耶夫铁路、西南铁路、库尔斯克—基辅

---

① Иркутский историко-экономический ежегодник. Иркутск. , Изд-во БГУ, 2016. С. 148.

② Соловьева А. М. Железнодорожный транспорт России во второй половине XIX в. М. , Наука，1975. С. 208，210.

铁路、圣彼得堡—华沙铁路等。以尼古拉耶夫铁路为例，19 世纪七八十年代，其木柴消耗量为 9.1 万立方俄丈。圣彼得堡—华沙铁路的木柴需求量为 6.1 万立方俄丈。[①] 随着石油工业的发展，俄国诸多铁路开始使用石油产品做燃料，19 世纪末，铁路燃料中石油产品已占主导地位。

石油的热量是煤炭的 1.8 倍，为优质木柴的 3.3 倍，从理论角度而言，石油产品最适合作为工业燃料，且密度较大，与煤炭相比更方便运输，运输中所需的铁路机车数量明显少于煤炭。19 世纪 70 年代，只有高加索地区的少数铁路使用重油燃料；1874 年，格罗兹尼—察里津铁路率先使用重油燃料；1875 年，敖德萨铁路也开始尝试使用重油，此后重油作为铁路燃料开始被广泛使用。1878 年和 1883 年波罗的海铁路和高加索铁路先后使用重油作为燃料。19 世纪 80 年代，更多铁路使用重油作为燃料，1888 年坦波夫—萨拉托夫铁路、1889 年奥廖尔—格利亚兹铁路、梁赞—科兹洛沃铁路、莫斯科—梁赞铁路、1891 年塞兹兰—瓦杰姆斯克铁路、1894 年梁赞—乌拉尔铁路、萨马拉—兹拉托乌斯托夫斯克铁路等都陆续使用重油燃料。1882 年，铁路对燃料的需求量只有 13 万普特；1883 年增至 172 万普特；1885 年达 500 万普特；1890 年和 1897 年分别为 1800 万普特和 7200 万普特。19 世纪末，铁路部门已广泛使用重油燃料，1880～1900 年，铁路重油消耗量从 11 万普特增至 1 亿普特，铁路燃料中石油产品的占比已达 40%。[②] 1898～1902 年，铁路的年均石油产品消耗量为 9640 万普特，以梁赞—乌拉尔铁路、弗拉基米尔—高加索铁路、高加索铁路和东南铁路的需求量最高，占铁路石油燃料总消耗量的 50%。[③]

20 世纪初，铁路燃料结构中石油产品的比重降低。20 世纪初，石油工业进入萧条期，石油产品的占比开始减小，铁路燃料结构的煤炭化特征凸显。1907～

[①] Соловьева А. М. Железнодорожный транспорт России во второй половине XIX в. М., Наука, 1975. С. 210.

[②] 张广翔：《19 世纪 60—90 年代俄国石油工业发展及其影响》，《吉林大学社会科学学报》2012 年第 6 期，第 121 页；张广翔：《19 世纪至 20 世纪初俄国的交通运输与经济发展》，《社会科学战线》2014 年第 12 期，第 238 页。Самедов В. А. Нефть и экономика России (80 – 90-е годы XIXв.). Баку., Элм, 1988. С. 32 – 33；Ахундов В. Ю. Монополистический капитал в дореволюционной бакинской нефтяной промышленности. М., Изд-во социально-экономической литературы, 1959. С. 9.

[③] Лисичкин С. М. Очерки по истории развития отечественной нефтяной промышленности (дореволюционный период). М., Государственное научно-техническое издательство, 1954. С. 250.

1913 年铁路燃料结构中煤炭、重油和木柴的占比分别为 47% ~ 65% 、20% ~ 30% 和 13% ~ 23% ，铁路燃料结构的煤炭化趋势日增。具体而言，1900 年、1901 年、1905 年、1913 年、1914 年和 1917 年铁路部门的石油燃料需求量分别为 1.04 亿普特、1.07 亿普特、1.1 亿普特、1.09 亿普特、0.99 亿普特和 1.3 亿普特，铁路燃料结构中重油比例分别为 34.7% 、34.2% 、30.5% 、21.7% 、19.0% 和 22% 。[①]

十月革命前，俄国国内以石油燃料为主的铁路分别为北方铁路、萨马拉—兹拉托乌斯托夫斯克铁路、高加索铁路、塔什干铁路、中亚铁路、莫斯科—下诺夫哥罗德铁路、尼古拉铁路、梁赞—乌拉尔铁路和梁赞—弗拉基米尔铁路。

俄国铁路建设伊始，燃料问题就已十分突出，石油工业发展较晚，铁路建设之初的主要燃料为煤炭和木柴。19 世纪下半叶，铁路燃料中矿物燃料的比重不断攀升，木柴的比重逐年下降。受地理位置和各地经济模式影响，不同地区的铁路燃料差异较大。南俄地区因煤炭资源丰富铁路燃料以煤炭为主；伏尔加河流域和高加索地区铁路燃料则以重油为主；乌拉尔地区因森林资源丰富，铁路燃料中木柴的比重较高。俄国使用煤炭作为燃料的铁路线路为叶卡捷琳娜铁路、南部铁路、东南铁路、北顿涅茨克铁路和华沙铁路；以煤炭和木制燃料为主的铁路线路为莫斯科—基辅—沃罗涅日铁路、里加—奥廖尔铁路、亚历山德罗夫铁路、西北部铁路、莫斯科—弗拉基米尔铁路、彼尔姆铁路和西伯利亚铁路等。19 世纪 90 年代，顿巴斯煤炭的主要需求部门为冶金和金属加工厂。20 世纪初，经济萧条时期冶金部门的煤炭需求量并无明显变化，铁路部门对顿巴斯煤炭的需求量则大幅度提高。

铁路建立之初，木柴和煤炭为其主要燃料，早期煤炭多依赖进口。顿巴斯铁路燃料一直以煤炭为主。1874 年和 1879 年铁路煤炭需求量占顿涅茨克煤田总采煤量的 32% 和 62% ，[②] 铁路成为顿巴斯煤炭的最主要需求者之一。铁路建设热潮引起顿巴斯煤炭开采热潮，顿巴斯煤炭产量迅速提高。1855 ~ 1859 年、1860 ~ 1864 年、1865 ~ 1869 年、1870 ~ 1874 年和 1875 ~ 1879 年年均采煤量分

[①] Шполянский Д. И. Монополии угольно-металлургической промышленности юга России в начале XX века. М. , Изд-во академии наук СССР. 1953. С. 130；Межлаука В. И. Транспорт и топливо. М. , Транспечать, 1925. С. 16，117 – 118.

[②] Братченко Б. Ф. История угледобычи в России. М. , ФГУП 《Производственно-издательский комбинат ВИНИТИ》, 2003. С. 133.

别为 400 万普特、733 万普特、1083 万普特、2901 万普特和 6087 万普特。①
1875～1878 年、1896～1900 年和 1900～1908 年铁路的煤炭需求量分别占顿涅茨
克煤田总采煤量的 63%、27% 和 31.9%。② 19 世纪 80 年代，石油工业一枝独
秀，很多铁路都放弃煤炭而使用廉价重油为燃料。即便如此，铁路部门的煤炭
需求量仍逐年增加，1896 年、1897 年、1898 年、1899 年和 1900 年铁路分别使
用 10 万节、14 万节、13 万节、13 万节和 18 万节车厢煤炭，铁路的煤炭需求量
从 1887 年的 5000 万普特增至 1900 年的 1.2 亿普特。③

20 世纪初，在铁路燃料结构中煤炭已占主导地位。1900 年，在铁路部门的
燃料结构中，石油燃料和煤炭的比例分别为 40.5% 和 35.2%，虽然煤炭占比稍
逊色于石油燃料，但其占比已超过 1/3。④ 石油工业的萧条为煤炭工业带来契
机，铁路的煤炭需求量迅速增加。1900 年、1902 年、1904 年、1906 年和 1908
年铁路部门的顿巴斯煤炭消耗量分别为 1.1 亿普特、1.4 亿普特、1.7 亿普特、
2.4 亿普特和 3.1 亿普特，铁路的煤炭需求量已超过冶金工业。1910 年、1912
年和 1913 年其需求量分别为 1.9 亿普特、2.7 亿普特和 3.0 亿普特。⑤

---

① Менделеев Д. И. , Сочинение XI. М. , Изд-во академии СССР. 1949. C. 15. Бакулев Г. Д.
Черная металлургия Юга России. С. 112; Тихонов Б. В. Каменноугольная промышленность
и черная металлургия России во второй половине XIX в (историко-географические
очерки). М. , Наука, 1988. C. 36; Фомин П. И. Горная и горнозаводская промышленность
Юга России. Том I. Харьков. , Типография Б. Сумская, 1915. С. 168, 173, 180; Струмилин
С. Г. Черная металлургия в России и в СССР. М-Л. , Изд-во Академии наук
СССР. 1935. C. 81.

② Братченко Б. Ф. История угледобычи в России. М. , ФГУП 《Производственно-издательский
комбинат ВИНИТИ 》, 2003. C. 129, 147, 166; Соловьева А. М. , Железнодорожный
транспорт России во второй половине XIX в. М. , Наука, 1975. C. 211; Фомин П. И.
Горная и горнозаводская промышленность Юга России. Том II. Харьков. , Хозяйство
Донбасса, 1924. C. 12.

③ Кафенгауз Л. Б. Эволюция промышленного производства России. (последняя треть XIX
в. –30-е годы XX в). М. , Эпифания, 1994. C. 26; Бакулев Г. Д. Черная металлургия Юга
России. М. , Изд-во Гос. техники, 1953. C. 114.

④ Иголкин А. А. Источники энергии: экономическая история (до начала XX века). М. ,
Институт российской истории РАН, 2001. C. 139; Дьяконова И. А. Нефть и уголь в
энергетике царской России в международных сопоставлениях. М. , РОССПЭН, 1999.
C. 107.

⑤ Кафенгауз Л. Б. Эволюция промышленного производства России. (последняя треть XIX
в. –30-е годы XX в). М. , Эпифания, 1994. C. 73, 126; Шполянский Д. И. Монополии
угольно-металлургической промышленности юга России в начале XX века. М. , Изд-во
академии наук СССР. 1953. C. 128.

1900 年铁路的煤炭需求量为 1.3 亿普特。以南俄为例，煤炭需求量最高的铁路为叶卡捷琳娜铁路、库尔斯克—哈尔科夫—塞瓦斯托波尔铁路、东南铁路、哈尔科夫—尼古拉耶夫铁路、莫斯科—基辅—沃罗涅日铁路和西南铁路，其需求量分别为 2950 万普特、2040 万普特、1950 万普特、1310 万普特、1060 万普特和 920 万普特。[①] 一战前夕，铁路的煤炭需求量剧增，1910 年和 1913 年铁路对顿巴斯煤炭需求量分别为 2.2 亿普特和 3.2 亿普特。[②] 因此，铁路与水路一样，在俄国燃料结构矿物化进程中的作用不容小觑，十月革命前，俄国燃料结构中矿物燃料已占主导地位。

七　铁路的军事作用不容忽视

俄国最初铁路建设都出于军事目的。克里米亚战争后俄国政府更加意识到铁路的重要性，政府兴建铁路的第一目的是保证军事物资供应。在进行铁路选址时，政府首先会考虑其经济作用，当然也会考虑其军事意义。俄国诸多铁路都具有军事战略意义，首都与南部港口、北部港口和西部边境的诸多铁路的军事意义则更加突出。如圣彼得堡—华沙铁路是联系圣彼得堡与波兰王国的铁路枢纽，是维系俄国政府在波兰统治地位的战略要道，亦是输送军事物资的主要线路。莫斯科、圣彼得堡、南部港口、西部地区、东部地区和中部地区诸多铁路线路的军事作用都不容忽视。

克里米亚战争失利后俄国诸多铁路都具有军事战略意义，因笔者掌握的材料有限，仅能以一战期间铁路的军事作用来探究铁路的军事战略意义。从 19 世纪 80 年代开始，俄国政府打算从三个方向修建铁路：一是在西部边境的博列西耶、普李维斯林边疆区建立具有军事意义的铁路；二是在克里沃罗日附近修建克维里拉—奇阿土拉铁路；三是建设连接波罗的海和黑海的直线铁路。1883年，博列西耶和普李维斯林边疆区的战略铁路正式开工，博列西耶段的战略铁路于 1887 年完工，该线路涵盖维尔诺—宾斯克—鲁尼涅茨—罗夫诺—巴拉诺维奇—别罗斯托克—戈梅里—布良斯克线，长度为 1438 俄里。1886 年，普李维斯林边疆区的谢德列茨—马尔金—布列斯特—霍尔姆的战略铁路一期工程竣工。19 世纪 90 年代初，奥斯特罗连卡—马尔金—皮里亚瓦段的普利那列夫铁路正

---

① Тихонов Б. В. Каменноугольная промышленность и черная металлургия России во второй половине XIX в (историко-географические очерки). М. , Наука, 1988. С. 187.

② Бакулев Г. Д. Черная металлургия Юга России. М. , Изд-во Гос. техники, 1953. С. 117.

式竣工，其余线路于 1898 年全部建成。19 世纪 80 年代中期，普斯科夫—里日斯科铁路及其通往杰尔普特支线的方案获得政府批准，铁路长 365 俄里。19 世纪 90 年代初，俄国西部边境建成长度为 3000 俄里的战略铁路，确保俄军军事行动①，西部铁路建成后，俄国政府也开始建设通往南部和北部港口的战略铁路。

20 世纪初俄国铁路建设速度明显低于 19 世纪末，此时铁路的经济意义减退。一战期间铁路的军事意义最为突出，俄国 1/3 的铁路都被用于军事，即便诸多铁路线并未处于战区，但后方铁路不仅要继续执行其经济职能，还需要为前线输送士兵和军事物资。1914 年，俄国大部分机车和货运车厢都被用来运输军事物资；1914 年 8 月，近 50% 的车厢被用来运输军事物资；9 月，50% 以上的一、二等车厢和近 20% 的三、四等车厢被用于军事运输；1915 年，俄国后方铁路 40% 的货运车厢被用于运输军事物资和士兵。

一战爆发后，后方铁路的军事意义显著。尼古拉耶夫铁路、西伯利亚铁路、阿尔汉格尔斯克铁路、莫斯科—库尔斯克铁路的军事物资运输量增加了 40% ～ 200% 不等。与 1913 年相比，1916 年后方铁路的运输能力提升了近 50%，前线铁路的通行能力提升了 1 倍，顿巴斯燃料和巴库石油产品的运输量增长显著，阿尔汉格尔斯克铁路和符拉迪沃斯托克铁路的运输量也倍增。

由于俄国的自然地理特点，铁路对俄国的意义明显高于西欧国家，具体原因如下：一是俄国幅员辽阔，为世界领土面积最大的国家，国家地区间的经济文化交流需求更加迫切；二是西欧各国公路设施较好，铁路只是陆路运输的有效补充形式，俄国则不同，俄国土路路况较差，铁路代替土路是迫于无奈；三是俄国虽然以欧洲国家自诩，但多次受东方民族滋扰，文化上远落后于西方国家，所以铁路修建可缩小俄国与西方国家间的差距。铁路作为沟通俄国各地区间的工具，对国家社会经济生活产生双重影响：一是因运速快可降低货物的运输成本；二是虽然运费高于水路，但可承载大宗货物的运输，弥补水路运输的季节性缺陷，推动沿线地区经济发展、老工业区的工商业发展和新工业区的崛起。所以铁路不仅是经济交流工具，亦是强大的生产力，是推动经济发展的有力杠杆。铁路除具有经济意义和军事意义外，还具有政治意义，具体如下：一是铁路是维系国家政治稳定的有效工具；二是铁路不仅本身是大型工业部门，

---

① Соловьева А. М. Железнодорожный транспорт России во второй половине XIX в. М., Наука, 1975. С. 195.

还刺激了诸多工业部门的崛起，提供大量的工作岗位，解决数十万工人的就业问题；三是十月革命期间铁路工人是工人阶级的重要组成部分，在十月革命中的作用毋庸置疑。

20世纪初，铁路的意义更加突出，但由于受货物的特质和俄国自然地理环境的影响，水路运输和陆路运输的作用也不容忽视，多种运输方式共同促进俄国社会经济发展，推动俄国现代化进程。

结　语

交通对一国社会经济发展的影响毋庸置疑，俄国也不例外。俄国受自然地理条件的限制，在大力兴修铁路之前，水路运输长期唱主角，利用舟船之便将粮食、木材、盐等大宗商品运至国内各地，基本满足了国内贸易和经济发展的需要。随着工业革命的兴起，水运和畜力运输的局限性日益凸显，无力满足日益扩大的工业生产和商品交换的迫切需求。运输革命成为工业革命的重要组成部分，大力兴修铁路成为俄国工业化的强有力的杠杆，铁路网不断扩大，铁路运输能力不断得到提升，蒸汽轮船的逐渐推广为水运发展提供良机。

俄国陆路运输长期滞后，究其原因有三：一是受气候等自然条件影响，春季和夏季道路泥泞，难以通行；二是俄国幅员辽阔，公路网不能满足国内运输的需求；三是俄国道路维修技术落后。不过，俄国陆路运输的滞后对俄国的社会经济影响较小。

19世纪，尽管河流每年有枯水期和结冰期，但因水运货运量大、成本低弥补了其速度慢的不足，长期以来一直是俄国运输粮食、鱼、木材、盐等商品的主要方式，大致满足了国计民生的需求。水运的季节性与农业生产的季节性以及人们消费的季节性相适应。19世纪中叶之前，水运一直是俄国商品运输的主力。

19世纪下半叶，俄国工业革命迫切需要大规模兴修铁路，克里米亚战争失利后，俄国政府和社会各界意识到铁路的重要性，俄国铁路网迅速扩大。1898年，俄国铁路网已覆盖欧俄地区和俄国亚洲部分诸多省份。20世纪初，俄国近千座城市已接通铁路。铁路在带动国家经济发展的同时，使俄国对进口产品的依赖度降低，巩固了俄国商品在世界市场上的地位，促进了俄国的重工业体系的形成，同时也促进了俄国生产力的发展，提供了大量就业岗位。

铁路修建后开始侵占水运空间，尽管水运受到严重冲击，但凭借价格和规模优势，其生存空间犹在。铁路和水路的相互配合和补充有效纾解了运输滞后的困难，不但加快了国内商品流通的速度，扩大了商品流通的规模，而且扩大了全俄市场的范围与规模，刺激了诸多工业部门的发展，如带动冶金、机器制造、采煤和石油等重工业部门发展，还拉动沿线地区的社会经济发展，其影响还包括城市规模不断扩大、城市人口激增等。交通运输在加速生产力发展、深化社会分工、加快人口迁移、打破地区市场间的隔绝状态等方面作用显著。

　　除上述运输方式外，俄国还存在诸多运输方式作为陆路、水路和铁路运输的有效补充，因资料和篇幅有限，本书仅以管道运输为例探究了俄国新型的运输方式。随着城市规模的扩大，俄国各城市内的交通运输方式也不断得到完善，笔者以城市交通系统和城市基础设施建设为例探究了俄国各城市交通运输状况，可以说，不同运输方式在俄国社会经济中的作用虽然各异，但在其共同作用下俄国工商业得到了蓬勃发展，下诺夫哥罗德就是例证。

附　表

附表 1　1905 年和 1911 年俄国国内水路货运量

单位：千普特

货物	1905 年运量	1911 年运量
欧洲部分		
铸铁	12741	10662
铁、白铁、钢	21773	23694
鱼	20124	15581
石盐和煮盐	51311	63005
石油、石油剩余物	250969	278067
煤油、石油制品	55855	69470
煤炭	11713	28264
船只运输木柴	188973	210901
木筏运输木柴	124705	140062
建筑用木材（船只）	113903	193155
建筑用木材（木筏子）	525668	1059830
其他	755640	905360
总计	2133375	2998051
亚洲部分		
船只运输木柴	6312	12882
建筑用木材（船只）	7280	10498
建筑用木材（木筏子）	23920	39661
其他	36395	91740
总计	73907	154781
全俄总计	2207282	3152832

附表 2　1913 年欧俄地区主要河流的货运量

单位：百万普特

河流	船只运输	木筏子运输	所有货物
伏尔加河	1078	469	1547
涅瓦河	306	159	465
北德维纳河	43	172	215
西德维纳河	73	107	180
涅曼河	128	131	149
第聂伯河	176	140	316
顿河	37	4	41
总计	1841	1182	2913

附表 3　1913 年俄国部分内河线路的货运量

单位：百万普特

货物	伏尔加河流域	马林斯基水系（含舍克斯纳河）	北德维纳河流域	总计
主要粮食	182.4	40.4	6.2	229.0
盐	50.7	—	0.3	51.0
木柴和木材	154.3	122.7	21.7	298.7
建筑用木材	429.0	266.2	172.2	867.4
石油和燃料油	246.3	—	—	246.3
煤油	71.2	10.7	0.5	82.4
其他货物	322.1	180.9	14.1	517.1
总计	1456.0	620.9	215.0	2291.9

附表 4　1905 年和 1911 年俄国重要河运码头的货流量

单位：千普特

	1905 年	1911 年
伏尔加河所有流域		
阿斯特拉罕	60065	83000
喀山	37742	39896
卡梅申	16614	12101
基涅什马	33793	38526
科斯特罗马	18049	18201

续表

	1905 年	1911 年
莫斯科	21065	22806
下诺夫哥罗德	94065	141468
彼尔姆	14933	12476
梁赞	19463	17670
雷宾斯克	80176	78353
萨马拉	57998	57207
萨拉托夫	65421	73731
瑟兹兰	23581	26880
特维尔	18008	16106
乌法	12874	18314
察里津	98517	100982
雅罗斯拉夫尔	—	82145
北德维纳河流域		
阿尔汉格尔斯克	67669	146015
第聂伯河流域		
叶卡捷琳堡	7439	15818
基辅	15755	36988
克列缅丘格	6182	13495
赫尔松	59721	75375
切尔克萨雷	5653	11914
西德维纳河流域		
里加	61945	146009
涅曼河流域		
维尔诺	4046	29974
科夫诺	8698	10946
尤尔布尔格	70595	72110
顿河流域		
罗斯托夫	44020	30198
南布格河流域		
布列斯特—利多夫斯克	12179	343
尼古拉耶夫	7972	17920

续表

	1905	1911
纳尔瓦河流域		
库尔加	8694	13852
奥涅加河流域		
奥涅加	1638	16553
涅瓦河流域		
圣彼得堡	310457	344165
鄂毕河流域		
新尼古拉耶夫	—	16931
鄂木斯克	—	17859
秋明	—	140445
托木斯克	—	10644

附表5　20世纪初俄国主要河流的货运状况

	发出商品数量（千普特）			发出商品价值（百万卢布）		
	1906~1910年年均运输量	1911年	总货流中河运货运量比例（%）	1906~1910年年均商品价值	1911年	运输货物总价值中河运产品价值占比（%）
所有商品	2313.2	2943.2	26	952.1	1144.1	20.1
其中包括：						
蒸汽动力船只	131.6	140.7	7	287.5	342.5	19
非蒸汽动力船只	1254.4	1600.5	28	586.6	693.2	18
木筏子	927.2	1202.0	30	78.0	108.4	39

附表6　1906年俄国河运船队组成

单位：艘

	欧俄地区		俄国亚洲部分		总计	
	蒸汽动力船只	非蒸汽动力船只	蒸汽动力船只	非蒸汽动力船只	蒸汽动力船只	非蒸汽动力船只
各水域状况						
伏尔加河	2099	8445	—	—	2099	8445
斯维里河	53	401	—	—	53	401
西德维纳河	180	823	—	—	180	823

续表

	欧俄地区		俄国亚洲部分		总计	
	蒸汽动力船只	非蒸汽动力船只	蒸汽动力船只	非蒸汽动力船只	蒸汽动力船只	非蒸汽动力船只
北德维纳河	239	1507	—	—	239	1507
第聂伯河	382	2218	—	—	382	2218
德涅斯特河	16	277	—	—	16	277
顿河	195	471	—	—	195	471
库班河	69	131	—	—	69	131
库拉河	69	181	—	—	69	181
纳尔瓦河	55	458	—	—	55	458
涅瓦河	574	7609	—	—	574	7609
涅曼河	35	458	—	—	35	458
奥涅金河	—	17	—	—	—	17
伯朝拉河	—	17	—	—	—	17
阿穆尔河	—	—	136	477	136	477
阿姆—达里诺河	—	—	60	35	60	35
叶尼塞河和贝加尔湖	—	—	26	30	26	30
勒拿河	—	—	192	245	192	245
鄂毕河	—	—	6	13	6	13
总计	3966	23013	420	800		
按功能划分						
客运船	461	—	11	—	472	—
商客两用船	475	—	63	—	538	—
货运船	123	—	6	—	129	—
拖驳船和拖驳客运船	2443	—	274	—	2.717	—
公务船	368	—	66	—	434	—
渡船	4	—	—	—	4	—
驳船	—	—	—	586	—	586
内河平底木船	—	—	—	90	—	90
其他类型	—	—	—	115	—	115
按载重量划分						
低于1000普特	1723	—	150	—	1873	—
1000～5000普特	1324	—	159	264	1483	264

	欧俄地区		俄国亚洲部分		总计	
	蒸汽动力船只	非蒸汽动力船只	蒸汽动力船只	非蒸汽动力船只	蒸汽动力船只	非蒸汽动力船只
5000~10000 普特	463	8386	53	—	516	8386
10000~20000 普特	—	4037	58	99	58	4136
20000~30000 普特	—	3731	—	161	—	3892
30000~50000 普特	—	2919	—	95	—	3014
50000 普特及以上	—	4102	—	181	—	4283
按建造时间划分						
低于 5 年	—	14923	—	259	—	15182
5~10 年	1574	5458	155	276	1729	5734
10~20 年	1001	2359	158	211	1159	2570
20 年及以上	1248	395	76	35	1324	430
未知	74	30	31	19	105	49

附表 7　1910 年和 1913 年部分国家和地区铁路运营状况

种类	年份	欧俄地区	奥匈帝国	德国	法国	英国	美国
运营长度（俄里）	1910	50453	40002	54521	37893	35291	360067
	1913	52854	—	—	—	35750	382481
双轨或多轨铁路长度（俄里）	1910	13737	4516	21393	16602	19726	38259
	1913	14592	—	—	—	20061	46517
蒸汽机总数量（列）	1910	16930	10806	27042	12840	22840	58947
	1913	16898	—	—	—	24635	63378
单位俄里蒸汽机数量（列）	1910	0.34	0.27	0.50	0.34	0.65	0.16
	1913	0.32	—	—	—	0.69	0.17
载客车厢总数（节）	1910	20194	23171	60105	30467	52725	47095
	1913	23375	—	—	—	54455	51700
单位俄里载客车厢数量（节）	1910	0.40	0.59	1.11	0.80	1.50	0.31
	1913	0.44	—	—	—	1.52	0.14
货运车厢总数（节）	1910	400022	249177	604677	348714	786819	2213236
	1913	432255	—	—	—	810437	2393808
单位俄里货运车厢数量（节）	1910	7.93	6, 29	11.17	9.19	22.30	6.15
	1913	8.18	—	—	—	22.67	6.26

续表

种类	年份	欧俄地区	奥匈帝国	德国	法国	英国	美国
货运车厢平均装载能力（普特）	1910	860	773	841	757	—	1988
	1913	929	—	—	—	—	2105
列车总里程（百万俄里）	1910	322.0	269.5	643.4	362.9	638.6	1843.8
	1913	362.5	—	—	—	657.7	1988.0
铁路修建过程中外资投入额（百万卢布）	1910	5925	5413	8280	7078	12473	35729
	1913	6509	—	—	—	12620	38404
单位俄国铁路的修建成本（千卢布）	1910	117.3	121.0	152.6	185.2	353.4	99.2
	1913	123.4	124.2	154.2	189.8	353.0	100.4
铁路工作人员总数（千人）	1910	670	402	695	339	—	1699
	1913	709	—	—	—	—	1815
单位俄里铁路的工作人员数量（人）	1910	13.3	10.2	12.8	8.9	—	4.7
	1913	13.4	—	—	—	—	4.7
单位工作人员的平均工资（卢布）	1910	396	589	750	—	—	1306
	1913	408	—	—	—	—	1468

附表8　1913年之前俄国铁路的建设状况（不包括芬兰）

铁路名称	长度（俄里）	双轨铁路长度（俄里）	铁路总长度中双轨铁路的占比（%）	窄轨铁路长度（俄里）	站点数量（个）
国有铁路（欧俄地区）					
1. 亚历山德罗夫	1075	1044	97.1	—	82
2. 巴斯坤恰克	68	15	22.1	—	5
3. 华沙—维也纳	749	290	38.7	500	96
4. 叶卡捷琳堡	2827	1062	37.6	—	341
5. 外高加索	1767	282	16.0	87	222
6. 科韦利—弗拉基米尔—沃伦斯基	52	—		—	6
7. 利巴瓦—罗姆内	1344	183	13.6	—	149
8. 莫斯科—库尔斯克—下诺夫哥罗德	1151	921	80.0	—	172
9. 尼古拉耶夫	1545	854	55.3	—	199
10. 彼尔姆	2553	3	0.1	—	209

续表

铁路名称	长度（俄里）	双轨铁路长度（俄里）	铁路总长度中双轨铁路的占比（%）	窄轨铁路长度（俄里）	站点数量（个）
11. 波列斯克	1905	1039	54.5	—	157
12. 维斯瓦河沿岸铁路	2286	1102	48.2	—	283
13. 里加—奥廖尔	1460	739	50.6	—	180
14. 萨马拉—兹拉托乌斯托夫斯克	1233	434	35.2	80	144
15. 北方铁路	2986	100	3.3	88	249
16. 西北部铁路	2583	1279	49.5	—	238
17. 塞兹兰—维亚济马	1316	96	7.3	—	159
18. 西南铁路	3908	1349	34.5	—	373
19. 南部铁路	3072	1019	33.2	29	371
国有铁路（俄国亚洲部分）					
20. 阿穆尔	1561	—	—	—	65
21. 外贝加尔	1701	3	0.2	—	128
22. 鄂木斯克	642	—	—	—	31
23. 西伯利亚铁路	3163	2302	72.8	—	455
24. 中亚铁路	2375	—	—	—	126
25. 塔什干	2094	—	—	—	264
26. 乌苏里斯克	913	3	0.3	—	43
国有铁路总计	46329	14119	30.5	784	4747
全国性的私人铁路					
1. 阿尔马维尔－图阿普谢	276	2	0.7	—	21
2. 鲍戈斯洛沃	203	—	—	—	13
3. 白城—苏梅	153	—	—	—	8
4. 弗拉季高加索	2369	654	27.6	—	239
5. 伏尔加河—布古利马	340	—	—	—	17
6. 赫尔比—凯尔采	133	—	—	—	12
7. 叶伊斯克	133	—	—	—	9
8. 罗兹工厂	74	24	32.4	39	8
9. 莫斯科—温道—雷宾斯克	2475	29	1.2	157	195
10. 莫斯科—喀山	2443	188	7.7	—	236
11. 莫斯科—基辅—沃罗涅日	2529	438	17.3	371	248

续表

铁路名称	长度（俄里）	双轨铁路长度（俄里）	铁路总长度中双轨铁路的占比（%）	窄轨铁路长度（俄里）	站点数量（个）
12. 梁赞—乌拉尔	4214	587	13.9	468	351
13. 北顿涅茨克	691	193	27.9	—	44
14. 特洛伊茨	102	—	—	—	4
15. 托克马克	120	—	—	—	9
16. 东南铁路	3252	647	19.9	—	319
17. 费尔干纳	85	—	—	—	8
私人铁路总计	19592	2762	14.1	1035	1741
地方性的私人铁路					
1. 华沙专用线路	61	—	—	61	34
2. 沃尔马尔专用线路	107	—	—	107	19
3. 伊里诺夫斯克专用线路	59	—	—	59	28
4. 库夫希诺沃专用线路	55	—	—	—	12
5. 利巴瓦—加杰波特斯克专用线路	46	—	—	46	10
6. 里加专用线路	197	—	—	197	23
7. 罗兹专用线路	40	4	10.0	40	2
8. 马利采夫专用线路	242	—	—	242	32
9. 马尔可夫专用线路	19	—	—	19	11
10. 莫斯科公司专用线路	301	—	—	301	36
11. 新济布科夫专用线路	123	—	—	—	14
12. 第一公司专用线路	1149	—	—	1149	109
13. 彼得罗科夫斯克—苏列夫专用线路	15	—	—	15	9
14. 圣彼得堡—谢斯特罗列茨克专用线路	48	4	8.3	—	24
15. 斯塔罗杜布专用线路	32	—	—	32	5

附表9　20 世纪初萨马拉小麦产量和运输量

单位：千普特

年份	小麦产量	铁路运出量	水路运出量	运出量总计
1901	28950	18607	29878	48485
1902	65934	17134	21418	38552
1903	58218	23369	31129	54498

年份	小麦产量	铁路运出量	水路运出量	运出量总计
1908	59855	15225	19353	34578
1909	131165	50599	41707	92306
1910	116605	67454	50348	117802
1911	23098	28487	35215	63702

附表 10　20 世纪初坦波夫和梁赞燕麦产量和运输量

单位：千普特

年份	坦波夫				梁赞			
	燕麦产量	铁路运出量	水路运出量	运出量总计	燕麦产量	铁路运出量	水路运出量	运出量总计
1901	16088	10920	98	11018	9494	6896	65	6961
1902	47019	23432	86	23518	23899	11520	113	11633
1903	30660	19225	0	19225	14230	10221	164	10385
1908	31899	21676	103	21779	19451	12370	170	12540
1909	49709	27407	77	27484	23184	13518	62	13580
1910	52314	32337	105	32442	28286	18323	105	18428
1911	29823	23854	67	23921	18060	12205	198	12403

附表 11 1913 年俄国铁路的粮食运输量

单位：千普特

地区	黑麦		小麦		燕麦		大麦		黑麦面粉		小麦面粉		总计	
	运出	运入	运出	运入	运出	运入	运出	运入	运出	运入	运出	运入	运出	运入
所有省份	79354	76337	312645	326462	126553	117653	139301	135472	67903	69834	186071	159338	911827	885096
大城市	6643	29085	24485	141391	6229	65539	14711	68270	12358	28211	49086	57074	113512	389570

附表 12　1905 年和 1911 年俄国铁路的商品运输量

单位：千普特

商品名称	1905 年运输量	1911 年运输量
建筑石膏、石膏、石灰、水泥	80716	164478
食品（如鱼、熟食、奶制品、水果和罐头等）、殖民地商品、糖类产品、香料	28968	44153
木桶	7137	10556
纸制品、纸板	19964	31129
葡萄酒	7133	10706
鞣革用的渣滓、甜菜种子	24681	39651
种子、糠和肉	47156	64740
陶器制品、黏土制品和赤陶制品	73971	144685
木材、建筑用材	325959	626885
木材制品	11488	17088
木柴、普通木制品	253041	396243
铁、白铁、钢、铸铁	144652	238336
铁制品、白铁制品、钢和铸铁制品	67182	115070
农作机器和农业用具	12901	27660
土壤、黏土	34845	123516
矿石、矿物及其制品	123274	245261
皮革、兽皮	11708	17858
米	26693	34420
亚麻、纺织用亚麻纤维、麻屑	20739	17147
工场手工业商品、织造业制品	38819	50670
种子油、树油	14590	24225
矿物油	229596	298779
机器（除了农作机器）	11842	25507
贮存的乳制品	11400	15895
化学商品、药品、染料	32850	52886
肉类商品、禽产品	13064	20312
蔬菜、蘑菇、新鲜蔬菜	118846	248543
啤酒、英国黑啤、浓啤酒、家酿啤酒、克瓦斯、蜂蜜	17401	29027
线纱	11287	15921

续表

商品名称	1905 年运输量	1911 年运输量
矿产品	231233	406874
鱼类商品	36750	54483
糖、砂糖	74934	127224
石盐、普通盐	92156	120908
酒精	14874	21918
玻璃餐具、水晶、制品	14306	22964
种子	37450	68425
干草	22283	43148
烟丝、烟草制品	11379	14787
土地施肥用的腐殖质土	14695	33266
煤炭、泥煤、厩肥砖	802845	1333109
水果、果实、坚果	14422	26345
皮棉、棉花	22419	33821
鸡蛋	13425	16070

附表 13　1907～1911 年俄国铁路的客运量和货运量

年份	运送乘客		快速运输的行李和货物运输量（百万普特）	低速运输的货物	
	乘客数量（百万人）	单位俄里乘客数量（百万人）		货运总量（百万普特）	单位俄里的货运量（普特）
国有铁路					
1907	109.3	13531	101.9	7153.3	1839016
1908	120.1	14525	108.9	7180.5	1832340
1909	128.4	15028	114.5	7571.3	1987862
1910	141.9	16047	124.8	7980.8	2074443
1911	157.9	16599	136.8	9057.6	2283077
私人铁路					
1907	38.4	4209	44.6	2833.7	710239
1908	40.9	4451	43.9	2925.1	738640
1909	45.0	4946	47.5	3205.2	877208
1910	51.1	5560	54.5	3401.7	927154
1911	55.9	5862	53.3	3762.5	790828

年份	运送乘客		快速运输的行李和货物运输量（百万普特）	低速运输的货物	
	乘客数量（百万人）	单位俄里乘客数量（百万人）		货运总量（百万普特）	单位俄里的货运量（普特）
所有铁路					
1907	147. 7	17739	146. 5	9987. 0	2549254
1908	161. 1	18978	152. 8	10107. 0	2571051
1909	173. 5	19977	162. 0	10778. 9	2865194
1910	193. 2	21611	178. 4	11384. 9	3001704
1911	213. 9	22465	190. 1	12823. 5	3074059

附表 14　1904~1913 年俄国海运船只规模一览

年份	蒸汽动力船只						帆船					
	船只数量		净吨位（千登记吨）	增长率（%）	功率（千马力）	增长率（%）	绝对数量（艘）	增长率（%）	净吨位（千登记吨）	增长率（%）	载重量（千普特）	增长率（%）
	绝对数量（艘）	增长率（%）										
1904	832	100	390.1	100	531.0	100	2500	100	277.3	100	27990	100
1905	835	100	376.2	96	456.2	86	2516	101	275.7	99	27651	99
1906	847	102	375.4	96	474.1	89	2523	101	266.5	97	26889	97
1907	874	105	418.2	107	513.5	97	2512	101	257.4	93	25840	92
1908	905	109	440.8	113	545.8	103	2544	102	260.1	94	26004	93
1909	898	108	443.2	114	555.3	105	2465	99	257.7	93	25593	90
1910	924	111	459.3	116	565.4	107	2494	100	261.2	94	25823	93
1911	943	114	463.4	119	593.3	112	2504	100	260.1	94	26493	95
1912	1015	122	488.5	126	630.7	119	2516	101	254.3	92	25893	93
1913	1068	128	499.8	128	647.5	122	2577	103	256.8	93	26276	94

注：1904 年的 100 为基准数。

附表 15　1913 年到达俄国港口的贸易船只的国家分布

国家	船只数量	各国船只数量占比（%）	各国船只容量（千登记吨）	各国船只容量占比（%）
俄国	4892	29.0	3312	20.1
瑞典	1281	7.6	850	5.2
挪威	1422	8.4	1300	7.9
丹麦	1387	8.2	1087	6.6
德国	2479	14.7	2189	13.3
荷兰	373	2.2	513	3.1
比利时	128	0.8	195	1.2
不列颠	2522	15.0	4269	25.9
法国	170	1.0	426	2.6
意大利	401	2.4	698	4.2
奥匈帝国	371	2.2	826	5.0
希腊	232	1.4	367	2.2
土耳其	868	5.1	81	0.5
日本	237	1.4	264	1.6
其他国家	97	0.6	101	0.6
总计	16860	100	16478	100

附表 16　1908~1912 年经过俄国港口的船只数量和海运货物重量

年份	到港—离港船只数量（艘）	其中俄国船只的数量（艘）	其中俄国船只数量的占比（%）	俄国船只装卸的商品重量（千普特）	其他国家船只装卸的商品重量（千普特）
1908	17537	4639	26.4	1095.1	106.1
1909	20236	4966	24.5	1461.4	113.6
1910	21459	5378	25.1	1611.7	118.9
1911	21532	5784	26.9	1613.3	131.3
1912	20335	6388	31.4	1414.1	159.9

附表 17　1905 年和 1912 年俄国大型港口的货物流转量（装卸商品）

单位：千普特

港口	1905 年		1912 年	
	装货量	卸货量	装货量	卸货量
白海				
阿尔汉格尔斯克	40201	5194	57125	8097

续表

港口	1905 年		1912 年	
	装货量	卸货量	装货量	卸货量
波罗的海				
圣彼得堡	104851	164454	113021	226987
雷瓦尔	15392	22621	9966	35914
佩尔诺夫	5787	8271	0575	15459
里加	88349	55886	140458	109976
温道	16974	3371	40150	9245
利巴瓦	59153	20956	48602	37359
黑海和亚速海				
敖德萨	119588	109403	99372	104370
尼古拉耶夫	103442	13065	89787	12271
赫尔松	63672	8000	38702	5550
叶夫帕托里亚	16216	2429	11461	4259
塞瓦斯托波尔	2040	6842	2459	11536
费奥多西亚	28923	2735	17542	3654
刻赤	10490	6364	7689	7147
别尔江斯克	21914	1816	9791	1971
马里乌波尔	68259	19441	93461	22428
塔甘罗格	125110	6124	95795	13123
罗斯托夫	11816	6687	15147	6750
新罗西斯克	63174	4251	84201	10195
波季	27033	9968	46778	15286
巴杜姆	46471	7504	61282	10118
里海				
巴库	328917	27357	302139	42121
彼得罗夫斯克	10634	16832	26130	17504
阿斯特拉罕	24621	311291	32509	291978
克拉斯诺沃茨克	11715	23446	11687	33899
太平洋				
符拉迪沃斯托克		11050	28371	47603

附表 18　1903～1913 年俄国到港和离港船只的数量和容量

年份	俄国船只		国外船只		总计	
	数量（艘）	容量（千登记吨）	数量（艘）	容量（千登记吨）	数量（艘）	容量（千登记吨）
1903～1907	6775	2977	19888	20450	26663	23427
1908～1912	8657	4552	22544	23941	31201	28493
1913	9729	6481	23910	26279	33639	32760

附表 19　1913 年俄国各海域货物运输量

单位：千普特

货物运输方向	货物数量
沿海远航	
白海各港口和摩尔曼斯克—波罗的海港口	487
波罗的海港口—白海港口	208
波罗的海港口—黑海和亚速海港口	4078
波罗的海港口—太平洋港口	128
黑海和亚速海港口—波罗的海港口	20934
黑海和亚速海港口—白海港口	264
黑海和亚速海港口—太平洋港口	10534
太平洋港口—波罗的海港口	114
太平洋港口—黑海港口	71
总计	36818
沿海近航	
白海港口	7686
波罗的海港口	49985
黑海和亚速海港口	249901
里海港口	385955
太平洋港口	29380
多瑙河港口	1866
总计	724773

附表 20　1906 年和 1912 年沿海远航船只的货物种类和运输量

单位：千普特

货物种类	1906 年运输量	1912 年运输量
小麦粉	2201	4089
盐	7358	3918
糖产品	1059	4011
铁、钢、白铁	1982	1583
金属制品	1077	519
矿石	250	3666
纸、纸板、纸制品	820	1851
其他货物	2772	3735
总计	17519	23272

附表 21　1906 年和 1912 年沿海近航船只的货物种类和运输量

单位：千普特

货物种类	1906 年运输量	1912 年运输量
小麦	26736	9529
大麦	14599	8532
小麦面粉	14163	18423
盐	17708	18755
糖产品	10593	10105
木柴	10315	11420
建筑用材	19408	35208
煤炭和焦炭	51187	69976
矿石	20506	26223
石油	21501	53664
煤油、照明用油	47737	59098
重油	194603	200425
沙子、石头、黏土	8905	22233
水泥	8207	14367

附表 22　1908～1912 年俄国沿海远航和沿海近航货物重量

单位：千普特

年份	沿海远航货物重量	沿海近航货物重量	运输货物总量
1908	25624.0	574426.0	600050.0
1909	26473.2	611171.0	637644.2
1910	27406.0	657598.0	685004.0
1911	28193.0	733344.0	761537.0
1912	23272.0	67856.0	91128.0

附表 23　1908～1913 年俄国沿海远航船只的货流规模

年份	到港—离港船只					
	俄国船只		国外船只		总计	
	数量（艘）	容量（登记吨）	数量（艘）	容量（登记吨）	数量（艘）	容量（登记吨）
1908	371	749432	44	78158	415	827590
1909	352	720855	36	69280	388	790135
1910	444	883961	42	80324	486	964285
1911	480	941618	38	76398	518	1018016
1912	412	846394	24	41576	436	887970
1913	399	820063	36	67332	435	887395

附表 24　1908～1913 年俄国沿海近航船只的货流规模

年份	到港—离港船只					
	轮船		帆船		总计	
	数量（艘）	容量（千登记吨）	数量（艘）	容量（千登记吨）	数量（艘）	容量（千登记吨）
1908	102798	58009	38029	3231	140827	61240
1909	105743	59986	38889	3633	144632	63619
1910	114215	65127	38928	3548	153143	68675
1911	110439	63397	39655	3065	150094	66462
1912	115551	67675	41898	3461	157449	71136
1913	118306	68502	45222	3835	163528	72337

参考文献

一 中文文献

（一）专著

1. 白建才：《俄罗斯帝国》，三秦出版社，2000。

2. 曹维安：《俄国史新论》，中国社会科学出版社，2002。

3. 曹维安、郭响宏：《俄国史新论：从基辅罗斯、莫斯科罗斯到彼得堡罗斯》，科学出版社，2016。

4. 陈之骅主编《俄国沙皇列传》，东方出版社，1999。

5. 褚德新、梁德主编《中外约章汇要（1689—1949）》，黑龙江人民出版社，1991。

6. 邓沛勇：《俄国能源工业研究（1861～1917）》，科学出版社，2019。

7. 郭蕴深：《中俄茶叶贸易史》，黑龙江教育出版社，1995。

8. 郭蕴静：《清代经济史简编》，河南人民出版社，1984。

9. 贺允宜：《俄国史》，三民书局，2004。

10. 何汉文：《俄国史》，东方出版社，2013。

11. 黄定天：《中俄关系通史》，黑龙江人民出版社，2007。

12. 黄定天：《东北亚国际关系史》，黑龙江教育出版社，1999。

13. 蓝琪主编《中亚史》（第五卷），商务印书馆，2018。

14. 李迈先：《俄国史》，正中书局，1969。

15. 林军：《俄国外交史稿》，世界知识出版社，2002。

16. 刘民声：《十七世纪沙俄侵略黑龙江流域史资料》，黑龙江教育出版社，1992。

17. 刘祖熙：《改革和革命——俄国现代化研究（1861—1917）》，北京大学出版社，2001。

18. 刘祖熙编著《波兰通史简编》，人民出版社，1988。

19. 孟宪章：《中苏经济贸易史》，黑龙江人民出版社，1992。

20. 孟宪章：《中苏贸易史资料》，中国对外经济贸易出版社，1991。

21. 孟宪章：《十七世纪沙俄侵略黑龙江流域编年史》，中华书局，1989。

22. 米镇波：《清代中俄恰克图边境贸易》，南开大学出版社，2003。

23. 孙成木、刘祖熙、李建主编《俄国通史简编》，人民出版社，1986。

24. 孙成木：《俄罗斯文化一千年》，东方出版社，1995。

25. 陶惠芬：《俄国近代改革史》，中国社会科学出版社，2007。

26. 王海军：《近代俄国司法改革史》，法律出版社，2016。

27. 王铁崖：《中外旧约章汇编》，生活·读书·新知三联书店，1959。

28. 尹曲、王松亭：《基辅罗斯》，商务印书馆，1986。

29. 王远大：《近代俄国与中国西藏》，生活·读书·新知三联书店，1993。

30. 王晓菊：《俄国东部移民开发问题研究》，中国社会科学出版社，2003。

31. 吴春秋：《俄国军事史略（1547—1917）》，知识出版社，1983。

32. 吴贺：《彼得一世改革》，北京师范大学出版社，2018。

33. 徐景学：《俄国征服西伯利亚纪略》，黑龙江人民出版社，1984。

34. 杨闯、高飞、冯玉军：《百年中俄关系》，世界知识出版社，2006。

35. 姚海、刘长江：《当代俄国：强者的自我否定与超越》，贵州人民出版社，2001。

36. 姚海：《俄罗斯文化之路》，浙江人民出版社，1992。

37. 于沛、戴桂菊、李锐：《斯拉夫文明》，中国社会科学出版社，2001。

38. 赵士国：《俄国政体与官制史》，湖南师范大学出版社，1998。

39. 赵振英：《俄国政治制度史》，辽宁师范大学出版社，2000。

40. 张广翔：《18—19世纪俄国城市化研究》，吉林人民出版社，2006。

41. 张凤鸣：《中国东北与俄（苏联）经济关系史》，中国社会科学出版社，2003。

42. 张建华：《俄国史》，人民出版社，2004。

43. 张建华：《激荡百年的俄罗斯：20世纪俄国史读本》，人民出版社，2010。

44. 张维华、孙西：《清前期的中俄关系》，山东教育出版社，1999。

45. 张宗华：《18世纪俄国的改革与贵族》，人民出版社，2013。

（二）译著

1. 〔苏〕B. T. 琼图洛夫：《苏联经济史》，郑彪等译，吉林大学出版社，1988。

2. 〔苏〕苏联科学院经济研究所编《苏联社会主义经济史》（第一卷），复旦大学经济系译，生活·读书·新知三联书店，1979。

3. 〔苏〕波克罗夫斯基：《俄国历史概要》，贝璋衡、叶林、葆煦译，生活·读书·新知三联书店，1978。

4. 〔苏〕潘克拉托娃主编《苏联通史》，山东大学翻译组译，生活·读书·新知三联书店，1980。

5. 〔苏〕诺索夫主编《苏联简史》（第一卷），武汉大学外文系译，生活·读书·新知三联书店，1977。

6. 〔苏〕B.B.马夫罗金：《俄罗斯统一国家的形成》，余大钧译，商务印书馆，1991。

7. 〔苏〕M.B.涅奇金娜：《十二月党人》，黄其才、贺安保译，商务印书馆，1989。

8. 〔苏〕И.И.斯米尔诺夫：《十七至十八世纪俄国农民战争》，张书生等译，人民出版社，1983。

9. 〔苏〕斯拉德科夫斯基：《俄国各民族与中国贸易经济关系史：1917年以前》，宿丰林译，社会科学文献出版社，2008。

10. 〔苏〕谢·宾·奥孔：《俄美公司》，俞启骧等译，商务印书馆，1982。

11. 〔苏〕雅科夫列娃编《1689年的第一个俄中条约》，贝璋衡译，商务印书馆，1973。

12. 〔俄〕瓦·奥·克柳切夫斯基：《俄国史教程》（第一卷），张草纫、浦允南译，商务印书馆，2013。

13. 〔俄〕瓦·奥·克柳切夫斯基：《俄国史教程》（第二卷），贾宗谊、张开译，商务印书馆，2013。

14. 〔俄〕瓦·奥·克柳切夫斯基：《俄国史教程》（第三卷），左少兴等译，商务印书馆，2013。

15. 〔俄〕瓦·奥·克柳切夫斯基：《俄国史教程》（第四卷），张咏白等译，商务印书馆，2013。

16. 〔俄〕瓦·奥·克柳切夫斯基：《俄国史教程》（第五卷），刘祖熙等译，商务印书馆，2013。

17. 〔美〕沃尔特·G.莫斯：《俄国史（1855～1996）》，张冰译，海南出版社，2008。

18. 〔英〕杰弗里·霍斯金：《俄罗斯史》，李国庆等译，南方日报出版社，2013。

19. 〔英〕拉文斯坦：《俄国人在黑龙江》，陈霞飞译，商务印书馆，1974。

20. 〔法〕加恩：《彼得大帝时期的俄中关系史（1689～1730）》，江载华、郑永泰译，商务印书馆，1980。

21. 〔荷〕伊台斯、〔德〕勃兰：《俄国使团使华笔记》，北京师范学院俄语翻译组译，商务印书馆，1980。

（三）中文论文

1. 白晓红：《俄国斯拉夫派的政治思想》，《世界历史》2001年第5期。

2. 白胜洁：《19世纪末20世纪初俄国的工业垄断研究》，吉林大学博士学位论文，2015。

3. 白述礼：《试论近代俄国铁路网的发展》，《世界历史》1993年第1期。

4. 部秀颜：《俄国资本主义发展缓慢的原因》，《世界历史》1993年第1期。

5. 部彦秀：《斯托雷平改革与斯托雷平之死》，《世界历史》1996年第4期。

6. 蔡鸿生：《沙俄国家教会形成的历史过程》，《中山大学学报》1978年第6期。

7. 曹维安：《俄国的农奴制度与农村公社》，《兰州大学学报》1997年第1期。

8. 曹维安：《简论俄国的自由民粹派》，《陕西师范大学学报》（哲学社会科学版）2001年第3期。

9. 曹维安：《俄国的农奴制度与农村公社》，《西安外国语学院学报》1996年第1期。

10. 曹维安：《关于俄国农村公社的几个问题》，《陕西师范大学学报》（哲学社会科学版）1998年第3期。

11. 曹维安：《俄国的斯拉夫派与西方派》，《陕西师范大学学报》（哲学社会科学版）1996年第2期。

12. 曹维安：《俄国1861年农民改革与农村公社》，《陕西师范大学学报》（哲学社会科学版）1996年第4期。

13. 曹维安：《评亚历山大二世的俄国大改革》，《兰州大学学报》（社会科学版）2000年第5期。

14. 曹维安：《俄国农村公社的土地重分问题》，《陕西师范大学学报》（哲学社会科学版）1987年第3期。

15. 楚汉：《近代德、俄农业发展之比较》，《郑州大学学报》（哲学社会科学版）1996年第6期。

16. 陈东：《试析塑造俄国女皇叶卡特琳娜二世的历史因素》，《四川教育学院学报》2007 年第 3 期。

17. 陈利今：《叶卡特琳娜二世的开明专制异议》，《湖南师范大学社会科学学报》1992 年第 2 期。

18. 陈秋杰：《西伯利亚大铁路修建及其影响研究（1917 年前）》，东北师范大学博士学位论文，2011。

19. 陈秋杰：《西伯利亚大铁路对俄国东部地区开发的意义》，《西伯利亚研究》2011 年第 2 期。

20. 陈秋杰：《西伯利亚大铁路修建中的外国因素》，《西伯利亚研究》2011 年第 6 期。

21. 陈秋杰：《西伯利亚大铁路修建中机车供应状况述评》，《西伯利亚研究》2013 年第 5 期。

22. 楚汉：《近代德、俄农业发展之比较》，《郑州大学学报》（哲学社会科学版）1996 年第 6 期。

23. 邓沛勇：《19 世纪下半叶至 20 世纪俄国工业发展特征》，《俄罗斯研究》2017 年第 6 期。

24. 邓沛勇：《俄国能源工业发展的影响因素》，《西伯利亚研究》2017 年第 1 期。

25. 邓沛勇：《19 世纪下半期至 20 世纪初俄国能源工业研究》，吉林大学博士学位论文，2016。

26. 邓沛勇：《1917 年前俄国石油工业中外资垄断集团及其影响》，《俄罗斯研究》2017 年第 3 期。

27. 董小川：《俄国的外国资本问题》，《东北师范大学学报》1989 年第 3 期。

28. 杜立克：《论俄皇彼得一世改革的"欧化"与"专制化"》，《内蒙古大学学报》（哲学社会科学版）2009 年第 4 期。

29. 杜立克：《对俄国自由主义的理论探讨》，《史学月刊》2004 年第 8 期。

30. 付世明：《论帝俄时期村社的发展变化》，《广西师范大学学报》（哲学社会科学版）2006 年第 4 期。

31. 范璐祎：《18 世纪下半期—19 世纪上半期的俄国水路运输》，吉林大学博士学位论文，2014。

32. 贾文华：《彼得一世改革与俄国近代化》，《商丘师专学报》（社会科学版）

1988 年第 4 期。

33. 金雁:《俄国农民研究史概述及前景展望》,《俄罗斯研究》2002 年第 2 期。

34. 李非:《19 世纪末—20 世纪初俄国石油工业中的垄断资本》,吉林大学硕士学位论文,2008。

35. 李青:《论 1865—1913 年俄国地方自治机构的民生活动》,吉林大学博士学位论文,2012。

36. 刘祖熙:《叶卡特林娜二世和沙皇俄国》,《北京大学学报》(哲学社会科学版)1980 年第 1 期。

37. 罗爱林:《维特货币改革评述》,《西伯利亚研究》1999 年第 5 期。

38. 刘玮:《试论 19 世纪俄国币制改革》,《西伯利亚研究》2011 年第 1 期。

49. 李显荣:《论彼得改革及其评价》,《史学月刊》1985 年第 1 期。

40. 刘爽:《西伯利亚移民运动与俄国的资本主义化进程》,《学习与探索》1995 年第 2 期。

41. 刘爽:《19 世纪末俄国的工业高涨与外国资本》,《社会科学战线》1996 年第 4 期。

42. 刘爽:《19 世纪俄国西伯利亚采金业与外国资本》,《学习与探索》1999 年第 2 期。

43. 刘玮:《1860—1917 年的俄国金融业与国家经济发展》,吉林大学博士学位论文,2011。

44. 李旭:《1861—1914 年俄国证券市场》,吉林大学博士学位论文,2016。

45. 李宝仁:《从近代俄国铁路史看铁路建设在国家工业化进程中的地位和作用》,《铁道经济研究》2008 年第 2 期。

46. 逯红梅:《1836—1917 年俄国铁路修建及其影响》,吉林大学博士学位论文,2017。

47. 梁红刚:《18 世纪俄国税收制度改革研究》,《江汉论坛》2019 年第 6 期。

48. 梁红刚:《19 世纪俄国税收制度研究》,《史学月刊》2019 年第 5 期。

49. 梁红刚:《19 世纪 60—90 年代俄国国家干预与重工业发展》,《江汉论坛》2018 年第 2 期。

50. 孟君:《斯托雷平土地改革思想的演进》,《西伯利亚研究》2008 年第 5 期。

51. 孟君:《斯托雷平农业改革中的村社政策》,《西伯利亚研究》2007 年第 4 期。

52. 〔俄〕尼·米·阿尔辛季耶夫、〔俄〕季·弗·多连克:《关于俄罗斯现代化的若干问题》，张广翔译，《吉林大学社会科学学报》2008 年第 6 期。

53. 宋瑞芝、宋佳红：《论地理环境对俄罗斯民族性格的影响》，《湖北大学学报》（哲学社会科学版）2001 年第 1 期。

54. 宋华：《十九世纪九十年代俄国发展工业的措施评述》，《河南大学学报》（哲学社会科学版）1985 年第 1 期。

55. 孙成木：《试探十九世纪中叶后俄国资本主义迅速发展的原因》，《世界历史》1987 年第 1 期。

56. 陶惠芬：《俄国工业革命中的对外经济关系》，《世界历史》1994 年第 3 期。

57. 陶惠芬：《彼得一世改革及其实质》，《历史教学》1982 年第 7 期。

58. 谭建华：《叶卡特琳娜二世的"开明专制"新论》，《浙江师大学报》2000 年第 4 期。

59. 谭建华：《试论叶卡特琳娜二世的人才策略》，《湖南第一师范学报》2001 年第 1 期。

60. 唐艳凤：《1861 年改革后俄国农民土地使用状况探析》，《北方论丛》2011 年第 1 期。

61. 唐艳凤：《俄国 1861 年改革后俄国农民赋役负担探析》，《史学集刊》2011 年第 3 期。

62. 王新：《克里米亚战争的经济导因问题》，《北京师范大学学报》1986 年第 2 期。

63. 王新：《克里米亚战争史学研究中的几个问题》，《史学月刊》1985 年第 5 期。

64. 万长松：《论彼得一世改革与俄国工业化的肇始》，《自然辩证法研究》2013 年第 9 期。

65. 王晓菊：《斯托雷平改革时期俄国东部移民运动》，《西伯利亚研究》1999 年第 3 期。

66. 王晓菊：《俄罗斯远东的"犹太民族家园"》，《世界历史》2007 年第 2 期。

67. 王然：《阿塞拜疆石油工业史述略》，《西安石油大学学报》（社会科学版）2013 年第 6 期。

68. 王绍章：《俄国石油业的发展与外国石油资本》，《东北亚论坛》2007 年第 6 期。

69. 王茜：《论俄国资本主义时期的农业经济》，《西伯利亚研究》2002 年第

6 期。

70. 吴清修、王玲：《俄国废除农奴制原因的再思考》，《历史教学》2000 年第 7 期。

71. 肖步升：《关于叶卡特琳娜二世"开明专制"的几个问题》，《兰州大学学报》1993 年第 1 期。

72. 徐云霞：《彼得一世的改革思想》，《辽宁大学学报》（哲学社会科学版）1991 年第 1 期。

73. 徐云霞：《叶卡捷琳娜二世的政治思想》，《河南大学学报》（哲学社会科学版）1990 年第 1 期。

74. 徐景学：《俄罗斯吸收外国资本的历史与现状》，《学习与探索》1995 年第 5 期。

75. 解国良：《从土地关系的演变重新解读俄国农民问题》，《俄罗斯研究》2005 年第 2 期。

76. 解国良：《斯托雷平改革与俄国西部地方自治》，《历史教学问题》2018 年第 4 期。

77. 杨翠红：《俄罗斯东正教会与对外贸易（11—14 世纪)》，《东北亚论坛》2003 年第 6 期。

78. 杨翠红：《俄国早期工业化进程解析》，《贵州社会科学》2013 年第 9 期。

79. 叶同丰：《试论彼得一世改革的性质》，《福建师范大学学报》（哲学社会科学版）1987 年第 3 期。

80. 赵士国、刘自强：《俄罗斯帝国盛极而衰的理性追溯》，《湖南师范大学社会科学学报》2005 年第 2 期。

81. 赵士国、刘自强：《中俄两国早期工业化道路比较》，《史学月刊》2005 年第 8 期。

82. 赵士国：《近代俄国资本主义的困窘》，《史学月刊》1991 年第 6 期。

83. 赵士国、杨兰英：《亚历山大二世与林肯之比较》，《湖南师范大学社会科学学报》2004 年第 2 期。

84. 赵士国：《近代晚期俄国改革述论》，《湖南师范大学社会科学学报》2004 年第 2 期。

85. 赵士国、谭建华：《彼得一世改革和反腐败的斗争》，《湖南师范大学社会科学学报》1996 年第 6 期。

86. 赵虹：《俄国近代社会转型的先行者——彼得一世》，《云南师范大学学报》（哲学社会科学版）2000 年第 4 期。

87. 赵永伦：《奥地利在克里米亚战争中实行反俄政策的原因探析》，《兴义民族师范学院学报》2010 年第 10 期。

88. 赵克毅：《俄国封建君主制的演变》，《史学月刊》1986 年第 6 期。

89. 詹方瑶：《试论俄国产业革命的道路》，《郑州大学学报》（哲学社会科学版）1984 年第 1 期。

90. 张福顺：《资本主义时期俄国农民土地问题症结何在》，《黑龙江社会科学》2008 年第 1 期。

91. 张敬德：《论农奴制改革后俄国经济政策的性质》，《江西社会科学》2002 年第 12 期。

92. 张广翔、丁卫平：《俄罗斯史学界关于从封建社会向资本主义社会过渡问题述评》，《东北亚论坛》2000 年第 4 期。

93. 张广翔：《德国学者关于俄国 1861 年改革研究述评》，《世界历史》2000 年第 4 期。

94. 张广翔：《俄国 1861 年改革新论》，《社会科学战线》1996 年第 4 期。

95. 张广翔：《俄国村社制度述论》，《吉林大学社会科学学报》1997 年第 4 期。

96. 张广翔：《1861 年改革后俄国国家资本主义的几个问题》，《东北亚论坛》1995 年第 2 期。

97. 张广翔：《19 世纪下半期—20 世纪初俄国的立宪主义》，《吉林大学社会科学学报》2003 年第 6 期。

98. 张广翔：《十月革命前的俄国地主经济》，《史学集刊》1990 年第 4 期。

99. 张广翔：《斯托雷平农业改革的几个问题》，《史学集刊》1992 年第 4 期。

100. 张广翔：《俄国农业改革的艰难推进与斯托雷平的农业现代化尝试》，《吉林大学社会科学学报》2005 年第 5 期。

101. 张广翔、安岩：《试论 П. A. 斯托雷平和俄国大臣会议改革（1906—1911）》，《史学月刊》2017 年第 8 期。

102. 张广翔：《俄国历史上的改革与反改革》，《史学集刊》1991 年第 4 期。

103. 张广翔：《十九世纪下半期俄国贵族的资产阶级化》，《史学月刊》1987 年第 5 期。

104. 张广翔：《十九世纪俄国村社制度下的农民生活世界——兼论近三十年来

俄国村社研究的转向》,《历史研究》2004 年第 2 期。

105. 张广翔:《十九世纪下半期俄国贵族资产阶级化历史条件初论》,《黑龙江社会科学》1994 年第 4 期。

106. 张广翔:《伏尔加河大宗商品运输与近代俄国经济发展（1850—1913）》,《历史研究》2017 年第 3 期。

107. 张广翔:《亚历山大二世改革与俄国现代化》,《吉林大学社会科学学报》2000 年第 1 期。

108. 张广翔:《19 世纪俄国工业革命的特点——俄国工业化道路研究之三》,《吉林大学社会科学学报》1996 年第 2 期。

109. 张广翔:《19 世纪俄国工业革命的发端——俄国工业化道路研究之二》,《吉林大学社会科学学报》1995 年第 2 期。

110. 张广翔:《19 世纪俄国工业革命的前提——俄国工业化道路研究之一》,《吉林大学社会科学学报》1994 年第 2 期。

111. 张广翔:《19 世纪俄国工业革命的影响》,《吉林大学社会科学学报》1993 年第 4 期。

112. 张广翔:《论 19 世纪俄国工业蒸汽动力发展历程及其工业革命特点》,《求是学刊》1990 年第 4 期。

113. 张广翔:《19 世纪 60—90 年代俄国石油工业发展及其影响》,《吉林大学社会科学学报》2012 年第 6 期。

114. 张丁育:《19 世纪 90 年代至 20 世纪初俄国与欧洲的石油贸易》,《西伯利亚研究》2009 年第 1 期。

115. 张广翔、邓沛勇:《论 19 世纪末 20 世纪初俄国石油市场》,《河南师范大学学报》(哲学社会科学版)2016 年第 2 期。

116. 张广翔、白胜洁:《论 19 世纪末 20 世纪初俄国的石油工业垄断》,《求是学刊》2014 年第 3 期。

117. 张广翔:《19 世纪末—20 世纪初欧洲煤炭市场整合与俄国煤炭进口》,《北方论丛》2004 年第 1 期。

118. 张广翔、邓沛勇:《19 世纪下半期至 20 世纪初俄国煤炭工业的发展》,《史学月刊》2016 年第 4 期。

119. 张广翔、回云崎:《18 至 19 世纪俄国乌拉尔黑色冶金业的技术变革》,《社会科学战线》2017 年第 3 期。

120. 张广翔：《外国资本与俄国工业化》，《历史研究》1995 年第 6 期。

121. 张广翔、范璐祎：《19 世纪上半期欧俄河运、商品流通和经济发展》，《俄罗斯中亚东欧研究》2012 年第 2 期。

122. 张广翔：《19 世纪至 20 世纪初俄国的交通运输与经济发展》，《社会科学战线》2014 年第 12 期。

123. 张广翔、范璐祎：《18 世纪下半期至 19 世纪初欧俄水运与经济发展——以伏尔加河—卡马河水路为个案》，《贵州社会科学》2012 年第 4 期。

124. 张广翔、逯红梅：《论 19 世纪俄国两次铁路修建热潮及其对经济发展的影响》，《江汉论坛》2016 年第 6 期。

125. 张广翔、逯红梅：《19 世纪下半期俄国私有铁路建设及政府的相关政策》，《贵州社会科学》2016 年第 6 期。

126. 张广翔、王学礼：《19 世纪末—20 世纪初俄国农业发展道路之争》，《吉林大学社会科学学报》2010 年第 6 期。

127. 张广翔、齐山德：《18 世纪末—20 世纪初俄国农业现代化的阶段及其特征》，《吉林大学社会科学学报》2009 年第 6 期。

128. 张广翔：《俄国资本主义农业关系起源的特点》，《河南师范大学学报》（哲学社会科学版）2001 年第 6 期。

129. 张广翔、刘玮：《1864—1917 年俄国股份商业银行研究》，《西伯利亚研究》2011 年第 2 期。

130. 张广翔：《19 世纪俄国政府工商业政策基本趋势》，《西伯利亚研究》2000 年第 4 期。

131. 张广翔、齐山德：《革命前俄国商业银行运行的若干问题》，《世界历史》2006 年第 1 期。

132. 张广翔、李旭：《19 世纪末至 20 世纪初俄国的证券市场》，《世界历史》2012 年第 4 期。

133. 张广翔、李旭：《十月革命前俄国的银行业与经济发展》，《俄罗斯东欧中亚研究》2013 年第 2 期。

134. 张广翔、王子晖：《俄中两国早期工业化比较：先决条件与启动模式》，《吉林大学社会科学学报》2011 年第 6 期。

135. 张福顺：《资本主义时期俄国农民租地活动述评》，《西伯利亚研究》2007 年第 4 期。

136. 张爱东:《俄国农业资本主义的发展和村社的历史命运》,《北京大学学报》(哲学社会科学版)2001 年第 1 期。

137. 张福顺:《资本主义时期俄国农民土地问题症结何在》,《黑龙江社会科学》2008 年第 1 期。

138. 张德敬:《论农奴制改革后俄国经济政策的性质》,《江西社会科学》2002 年第 12 期。

139. 张建华:《俄国近代石油工业的发展及其特点》,《齐齐哈尔师范学院学报》(哲学社会科学版)1994 年第 6 期。

140. 张建华:《俄国贵族阶层的起源、形成及其政治觉醒》,《理论学刊》2008 年第 6 期。

141. 张建华:《亚历山大二世和农奴制改革》,《俄罗斯文艺》2001 年第 3 期。

142. 张宗华:《18 世纪俄国政府改革与贵族退役》,《西伯利亚研究》2013 年第 1 期。

143. 张宗华:《传统与现代的较量——彼得大帝改革的双重效应》,《湖北大学学报》(哲学社会科学版)2004 年第 2 期。

144. 张恩博:《俄国工业革命刍议》,《沈阳师院学报》1984 年第 2 期。

145. 钟建平:《19—20 世纪初俄国粮食运输问题研究》,《俄罗斯东欧中亚研究》2014 年第 3 期。

146. 钟建平:《19—20 世纪初俄国农业协会的兴农实践探析》,《贵州社会科学》2015 年第 3 期。

147. 钟建平:《俄国农民土地银行的运作模式》,《西伯利亚研究》2008 年第 8 期。

148. 钟建平:《俄国贵族土地银行运行机制初探》,《黑龙江教育学院学报》2007 年第 6 期。

149. 钟建平:《俄国国内粮食市场研究(1861—1914)》,吉林大学博士学位论文,2015。

二 俄文文献

(一) 俄文书籍

1. Алексеев В. В. Гаврилов Д. В. Металлургия Урала с древнейших времен до наших дней. М. , Наука, 2008.

2. Ананьич Б. В. Беляев С. Г. Лебедев С. К. Кредит и банки в России до начала XX в. СПб. , Изд-во Спетербургсого университета, 2005.

3. Ананьич Б. В. Российское самодержавие и вывоз капитала. 1895 – 1914 гг. （По материалам Учетно-ссудного банка Персии）. Л. , Наука, 1975.

4. Ахундов Б. Ю. Монополистический капитал в дореволюционной бакинской нефтяной промышленности. М. , Изд-во социально-экономической литературы, 1959.

5. Баканов С. А. Угольная промышленность Урала: жизненный цикл отрасли от зарождения до упадка. Челябинск. , Издательство ООО 《Энциклопедия》, 2012.

6. Бакулев Г. Д. Черная металлургия Юга России. М. , Изд-во Гос. техники,1953.

7. Беляев С. Г. П. Л. Барк и финансовая политика России. 1914 – 1917 гг. СПб. , Изд-во СПбГУ, 2002.

8. Берзин Р. И. Мировая борьба за нефть. М. , Типография Профгортоп, 1922.

9. Блиох И. С. Влияние железных дорог на экономическое состояние России. СПб. , Типография М. С. Вольфа, 1878.

10. Бовыкин В. И. Иностранное предпринимательство и заграничные инвестиции в России. М. , РОССПЭН, 1997.

11. Бовыкин В. И. Формирование финансового капитала в России. Конец XIX в. – 1908 г. М. , Наука, 1984.

12. Бовыкин В. И. Предпринимательство и предприниматели России от истоков до начала XX века. М. , РОССПЭН, 1997.

13. Бовыкин В. И. Иностранное предпринимательство в России//История предпринимательства в России. М. , РОССПЭН, 2002.

14. Бовыкин В. И. Финансовый капитал в России накануне первой мировой войны. М. , РОССПЭН, 2001.

15. Бовыкин В. И. Зарождение финансового капитала в России. М. , Изд-во МГУ, 1967.

16. Бовыкин В. И. Французкие банки в России: конец XIX-начало XX в. М. , РОССПЭН, 1999.

17. БовыкинВ. И. Петров Ю. А. Коммерческие банки Российской империи. М. ,

Перспектива，1994.

18. Борковский И. Торговое движение по Волжско-маринскому водной пути. СПб. ，Типография Бр. Пантелевых，1874.

19. Бородкин Л. И. Коновалова А. В. Российский фондовый рынок в начале XX века. СПб. ，Алетейя，2010.

20. Братченко Б. Ф. История угледобычи в России. М. ，ФГУП 《Производственно-издательский комбинат ВИНИТИ》，2003.

21. Бубликов А. А. Современное положение России и железнодорожный вопрос. СПб. ，Тип. М-ва пут. Сообщ，1906.

22. Виды внутреннего судоходства в России в 1837 году. СПб. ，Печатано в типография 9 дуарда Праца и Ко，1838.

23. Виргинский В. С. История техники железнодорожного транспорта М. ，Трансжелдоризда，1938.

24. Виргинский В. С. Возникновение железных дорог в России до начала 40 – х годовXIX века. М. ，Государственное транспортное железнодорожное изд-во，1949.

25. Витте С. Ю. Принципы железнодорожных тарифов по перевозке грузов. СПб. ，Типография Акц. Общ. Брокгауз-Ефрон，1910.

26. Витте С. Ю. Собрание сочинений и документальных материалов. Т. 3. М. ，Наука，2006.

27. Верховский В. М. Исторический очерк развития железных дорог России с их начала по 1897 г. СПБ. ，Типография Министерства путей сообщения，1897 – 1899.

28. Вяткин М. П. Горнозаводский Урал в 1900 – 1917 гг. М-Л. ，Наука，1965.

29. Гаврилов Д. В. Горнозаводский Урал XVII – XX вв. Екатеринбург，УрОРАН，2005.

30. Гагозин Е. И. Железо и уголь на юге России. СПб. ，Типография Исидора Гольдберга，1895.

31. Георгиевский П. Финансовые отношения государства и частных железнодорожных обществ в России и западноевропейских государствах. СПб. ，Тип. М-ва пут. Сообщ，1887.

32. Гиндин И. Ф. Банки и экономическая политика в России XIX-начало XX в. М. , Наука, 1997.

33. Горбунов А. А. Политика развития железнодорожного транспорта в XIX-начале XX вв: компартивно-ретроспективный анализ отечественного опыта. М. , МИИТ, 2012.

34. Грегори П. Экономический рост Российской империи（конец XIX-начало XX в.). М. , РОССПЭН, 2003.

35. Гронский П. Е. Единственный выгодный способ развития сети русских железных дорог. М. , Типо-лит. Н. И. Куманина, 1889.

36. Гусейнов Р. История эконоики России. М. , Изд-во ЮКЭА, 1999.

37. Гудкова О. В. Строительство северной железной дороги и ее роль в развитии северного региона（1858 – 1917). Вологда. , Древности Севера, 2002.

38. Давыдов М. А. Всероссийский рынок в концеXIX-начале XX вв. и железнод-орожная статистика. СПб. , Алетейя, 2010.

39. Доннгаров А. Г. Иностранный капитал в России и СССР. М. , Международные отношения, 1990.

40. Дьяконова И. А. Нефть и уголь в энергетике царской России в международных сопоставлениях. М. , РОССПЭН, 1999.

41. Дьяконова И. А. Нобелевская корпорация в России. М. , Мысль, 1980.

42. Дубровский С. М. Сельское хозяйство и крестьянство России в период Империализма. М. , Наука, 1975.

43. Дулов А. В. Географеческая среда и история России（Конец XV -середина XIX вв.). М. , Наука, 1983.

44. Дякин В. С. Германские капиталы в России. электроиндустрия и электрический транспорт. Л. , Наука, 1971.

45. Иголкин А. Горжалцан Ю. Русская нефть о которой мы так мало занаем. М. , Нефтяная компания Юкос/Изд-во Олимп-Бизнес, 2003.

46. Ионичев Н. П. Иностранный капитал в экономике России（XVIII-начало XX в.). М. , МГУП, 2002.

47. История Железнодорожного транспорта России. 1836 – 1917. СПб. , Изд-во Иван Федоров, 1994.

48. История Урала с древшейщих времен до 1861 г. М. , Наука, 1989.

49. Истомина. Э. Г. Водные пути России во второй половине XVIII-начале XIX века. М. , Наука, 1982.

50. Истомина. Э. Г. Водный транспорт России в дореформенный период. М. , Наука, 1991.

51. Кабузан В. М. Изменения в размещении насления России в XVIII-первой половине XIX в. М. , Наука, 1971.

52. Карнаухава Е. С. Размещение сельского хозяйства России в период капитализма (1860 – 1914). М. , Изд-во Акад. наук СССР. 1951.

53. Карпов В. П. Гаврилова Н. Ю. Курс истории отечественной нефтяной и газовой промышленности. Тюмень. , ТюмГНГУ, 2011.

54. Кафенгауз Б. Б. Очерки внутреннего рынка России первой половины XVIII века. М. , Изд-во Академии наук СССР. 1958.

55. Кафенгауз Л. Б. Эволюция прошмышленного производства России (последняя треть XIX в. – 30 – е годы XX в.). М. , Эпифания, 1994.

56. Кафенгауз Б. Б. История хозяйства Демидовых в XVIII – XIX вв. М-Л. , АН СССР, 1949.

57. Китанина Т. М. Хлебная торговля России в конце XIX-начале XX века. СПб. , Дмитрий Буланин, 2011.

58. КовальченкоИ. Д. Аграрный сторой России второй половины XIX-начала XX в. М. , РОССПЭН, 2004.

59. Ковнир В. Н. История экономики России: Учеб. пособие. М. , Логос, 2005.

60. Кондратьев Н. Д. Рынок хлебов и его регулирование во время войны и революции. М. , Наука, 1991.

61. Кондратьев Н. Д. Мирное хозяйство и его конъюнктуры во время и после войны. Вологда. , Обл. отделение Гос. издательства, 1922.

62. Конотопов М. В. Сметанин М. В. История экономики России. М. , Логос, 2004.

63. Корсак А. Ф. Историческо-статистическое обозрение торговых сношений России с Китаем. Казань. , Издание книготорговца Ивана Дубровина, 1857.

64. Кульжинский С. Н. О. развитии русской железнодорожнй сети. СПб. , Невская

Лито-Типография，1910.

65. Кушнирук С. В. Монополия и конкуренция в угольной промышленности юга России в начале XX века. М. , УНИКУМ-ЦЕНТР, 1997.

66. Лаверычев В. Я. Военный государственно-монополистический капитализм в России. М. , Наука, 1988.

67. Лившин Я. И. Монополии в экономике России. М. , Изд-во Социально-экономической литературы，1961.

68. Лившиц Р. С. Размещение промышленности в дореволюционной России. М. , Из-во АН СССР. 1955.

69. Лизунов П. В. Биржи в России и экономическая политика правительства （XVIII – XX в. ）. Архангельск. , Поморский государственный университет, 2002.

70. Лисичкин С. М. Очерки по истории развития отечественной нефтяной промышленности （ дореволюционный период ）. М. , Государственное научно-техническое издательство, 1954.

71. Лукьянов П. М. История химической промыслов и химической промышленности России до конца XIX в. Т 5. М-Л. , Из-во АН СССР. 1955.

72. Матвейчук А. А. Фукс И. Г. Истоки российской нефти. Исторические очерки. М. , Древлехранилище, 2008.

73. Мавейчук А. А. Фукс И. Г. Иллюстрированные очерки по истории российского нефтегазового дела. Часть 2. М. , Газоил пресс, 2002.

74. Маевский И. В. Экономика русской промышленности в условиях первой мировой войны. М. , Изд-во Дело, 2003.

75. Марухин. В. Ф. История речного судоходства в России. М. , Орехово-Зуевский педагогический институт, 1996.

76. Менделеев Д. И. Проблемы экономического развития России. М. , Изд-во социально-эконоической литературы，1960.

77. Межлаука В. И. Транспорт и топливо. М. , Транспечать, 1925.

78. Милов Л. В. Великорусский пахарь и особенности российского исторического процесса. М. , РОССПЭН, 2006.

79. Мильман Э. М. История первой железнодорожной магистрали Урала （70 –

90 – е годы XIX в.). Пермь. , Пермское книжное издательство, 1975.

80. Мизис Ю. А. Формирование рынка Центрального Черноземья во второй половине XVII-первой половине XVIII вв. Тамбов. , ООО 《 Издательство Юлис》, 2006.

81. Мир-Бабаев М. Ф. Краткая история Азербайджанской нефти. Баку. , Азернешр, 2009.

82. Миронов Б. Н. Внутренний рынок России во второй половине XVIII – XIX в. СПб. , Наука, 1981.

83. Миронов Б. Н. Хлебные цены в России за два столетия: XVIII, XIX в. СПб. , Наука, 1985.

84. Монополистический капитал в нефтяной промышленности России 1883 – 1914. Документы и материалы. М. , Изд-во Академии наук СССР. 1961.

85. Монополистический капитал в нефтяной промышленности России 1914 – 1917. Документы и материалы. Л. , Наука, 1973.

86. Наниташвили Н. Л. Экспансия иностранного капитала в Закавказье (конец XIX-начало XX вв.) Тбилисск. , Издательство Тбилисского университета, 1988.

87. Нардова В. А. Монополистические тенденция в нефтяной промышленности и 80 – х годах XIX в. и проблема транспортировки нефтяных грузов// Монополии и иностранный капитал в России. М-Л. , Изд-во Академии наук СССР. 1962.

88. Нардова В. А. Начало монополизации бакинской нефтяной промышленности// Очерки по истории экономики и классовых отношений в России конца XIX-начала XX в. М-Л. , Наука, 1964.

89. Нифонтов А. С. Зерновное производство России во второй половине 19 века. М. , Наука, 1974.

90. Обухов Н. П. Внешнеторговая таможенно-тарифная и промышленно-финансовая политика России в XIX-первой половине XX вв. (1800 – 1945). М. , Бухгалтерский учет, 2007.

91. Оль П. В. Иностранные капиталы в народном хозяйстве Довоенной России. Л. , Изд-во академии СССР. 1925.

92. Осбрник Б. Империя Нобелей. История о знаменитых шведах, бакинской нефти и революции в России. М., Алгоритм, 2014.

93. Очерк месторождения полезных ископаемых в Евройской России и на Урале. СПб., Типография В. О. Деаков, 1881.

94. Пайпс. Р. Россия при старом режиме. М., Независимая Газета, 1993.

95. Пажитнов К. А. Очерки истории текстильной промышленности дореволюционной Россиии. М., Изд-во академии наук СССР. 1958.

96. Першке С. и Л. Руссская нефтяная промышленность, ее развитие и современное положение в статистических данных. Тифлис., Тип. К. П. Козловского, 1913.

97. Погребинский А. П. Государственно-монополистический капитализм в России. М., Изд-во социально-экономической литературы, 1959.

98. Потолов С. И. Начало моноплизации грозненской нефтяной проышленности (1893 – 1903)// Монополии и иностранный капитал в России. М-Л., Изд-во Академии наук СССР. 1962.

99. Погребинский А. П. Строительство железных дорог в пореформенной России и финансовая политика царизма (60 – 90 – е годы XIX в.). //Исторические записки. Т. 47. М., Изд-во. АН СССР. 1954.

100. Прокофеьев М. Наше судоходство. СПб., Типография министерства Путей Сообщения. Выпуск 6, 1884.

101. Прокофеьев М. Наше судоходство. СПб., Типография А. М. Котомина. Выпуск 5, 1877.

102. Прокофеьев М. Наше судоходство. СПб., Типография Глазунова. Выпуск 4, 1872.

103. Прокофеьев М. Наше судоходство. СПб., Типография П. И. Глазунова. Выпуск 3, 1870.

104. Прокофеьев М. Наше судоходство. СПб., Типография П. И. Глазунова. Выпуск 2, 1870.

105. Прокофеьев М. Наше судоходство. СПб., Типография П. И. Глазунова. Выпуск 1, 1870.

106. Проскурякова Н. А. Земельные банки Российской империи. М., РОССПЭН,

2012.

107. Пушин В. М. Главные мастерские железных дорог. М-Л. , Государственное изд-во, 1927.

108. Рагозин Е. И. Железо и уголь в Урале. СПб. , Типография Исидора Гольдберга, 1902.

109. Рашин А. Г. Население России за 100 лет（1813 – 1913 гг）. Статистические очерки. М. , Государственное статистическое издательство, 1956.

110. Рихтер И. Личный состав русских железных дорог. СПб. , Типография Штаба Отдельного Корпуса Жандармов, 1900.

111. Рихтер И. Десять лет железнодорожной ревизии. СПб. , Тип. бр. Пантелеевых, 1900.

112. Родригес А. М. История стран Азии и Африки в Новейшее время: учебник. М. , Проспект, 2010.

113. Рожкова М. К. Экономическая политика царского правительства на среднем Востоке во второй четверти XIX века и русская буржуазия. М-Л. , Изд-ва Акад. наук СССР. 1949.

114. Рындзюнский П. Г. Крестьянская промышленность пореформенной России. М. , Наука, 1966.

115. Рубакин Н. А. Россия в цифрах. СПб. , Вестник знания, 1912.

116. Рямтчников В. Г. , Дерюгина И. В. Урожайность хлебов в России 1795 – 2007. М. , ИВ РАН, 2009.

117. Рязанов В. Т. Экономическое развитие России. Реформы и российское хозяйство в XIX – XX вв. СПб. , Наука, 1999.

118. Саломатина С. А. Коммерческие банки в России: динамика и структура операций, 1864 – 1917 гг. М. , РОССПЭН, 2004.

119. Салов В. В. Некоторые данные к вопросу о финансовых результатах эксплуатации железных дорог в России. СПб. , Тип. М-ва пут. сообщ. , 1908.

120. Самедов. В. А. Нефть и экономика России（80 – 90-е годы XIX века）Баку. , Элм, 1988.

121. Сеидов В. Н. Архивы бакинских нефтяных фирм（XIX-начало XX века）. М. , Модест колеров, 2009.

122. Силин Е. П. Кяхта в XVIII в. Иркутск. , Иркутское областное издательство, 1947.

123. Сигов С. П. Очерки по истории горнозаводской промышленности Урала. Свердловск. , Свердлгиз, 1936.

124. Соловьева А. М. Железнодорожный транспорт России вовторой половине XIX в. М. , Наука, 1975.

125. Соловьева А. М. Промышленная революция в России в XIX в. М. , Наука, 1990.

126. Соболев А. Н. Железные дороги в России и участие земств в их постройке. СПб. , Тип. Л. Н. Соболев, 1868.

127. Степанов В. Л. Контрольно-финансовые мероприятия на частных железных дорогах России (конецXIX-начало XX в.). //Экономическая история. Ежегодник 2004. М. , РОССПЭП, 2004.

128. Струмилин С. Г. История черной металлургии в СССР. Феодальный период (1500 – 1860 гг.). М-Л. , Изд-во АН СССР. 1954.

129. Струмилин С. Г. Черная металлургия в России и в СССР. М-Л. , Изд-во Академии наук СССР. 1935.

130. Сучков Н. Н. Внутрение пути сообщения России//Федоров В. П. Россия в ее прошлом и настоящем (1613 – 1913). М. , Типография В. М. Саблина, 1914.

131. Тарновский К. Н. Формирование государственно-монополистического капитализма в России в годы первой мировой войны. М. , Изд-во МГУ, 1958.

132. Таранков В. И. Ценные бумаги государства российского. М. , Автовазбанк, 1992.

133. Тагирова Н. Ф. Рынок поволжья (вторая половина XIX-начало XX вв.). М. , ООО 《издательский центр научных и учебных программ》, 1999.

134. Тихонов Б. В. Каменноугольная промышленность и черная металлургия России во второй половине XIX в. (историко-географические очерки). М. , Наука, 1988.

135. Тихвинский С. Л. Русско-китайские отношения в XVIII в. Материалы и

документы. Т. I. М. ，Памятники исторической мысли，1973.

136. Тридцать лет деятельности товарищества нефтяного производства Бр. Нобеля 1879 – 1909. СПб. ，Типография И. Н. Скороходова，1910.

137. Трусевич Х. Посольские и торговые сношения России с Китаем до XIX века. М. ，Типография Г. Малинского，1882.

138. Туган-Барановский М. И. Русская фабрика в прошлом и настоящем：Историко-экономическое исследование. Т. 1. Историческое развитие русской фабрики в XIX веке. М. ，Кооперативное издательство 《Московский рабочий》，1922.

139. Упорядочение железных тарифов по перевозке хлебных грузов. М. ，Тип. Министерства внутренних дел，1890.

140. Федоров В. А. История России 1861 – 1917. М. ，Высшая школа，1998.

141. Фомин П. И. Горная и горнозаводская промышленность Юга России. Том I. Харьков. ，Типография Б. Сумская，1915.

142. Фомин П. И. Горная и горнозаводская промышленность Юга России. Том II. Харьков. ，Хозяйство Донбасса，1924.

143. Фурсенко А. А. Династия Рокфеллеров. Нефтяные войны（конец XIX-начало XX века）. М. ，Издательский дом Дело，2015.

144. Фурсенко А. А. Первый нефтяной экспертный синдикат в России（1893 – 1897）//Монополии и иностранный капитал в России. М-Л. ，Изд-во Академии наук СССР. 1962.

145. Халин А. А. Система путей сообщения нижегородского поволжья и ее роль в социально-экономическом развитим региона（30 – 90 гг. XIX в. ）. Нижний Новгород. ，Изд-во Волго-вятской академии государственной службы，2011.

146. Хейфец Б. А. Кредитная история России. Характеристика сувернного заемщика. М. ，Экономика，2003.

147. Хромов П. А. Экономическое развитие России. Очерки экономики России с древнейших времен до Великой Октябрьской революции. М. ，Наука，1976.

148. Хромов П. А. Экономика России периода промышленного капитализма.

М. ，Изд-во ВПШ и АОН при ЦК КПСС，1963.

149. Хромов П. А. Экономическая история СССР. М. ，Высшая школа，1982.

150. Цветков М. А. Изменение лесистости Европейской России с конца XVII столетия по 1914 год. М. ，Из-во АН СССР. 1957.

151. Чунтулов В. Т. ，Кривцова Н. С. ，Чунтулов А. В. ，Тюшев В. А. Экономическая история СССР. М. ，Высшая школа，1987.

152. Шаров Н. О безотлагательной необходимсти постройки железнодорожных линий в интересах самостоятельного развития России. СПб. ，Тип. В. С. Балашева，1870.

153. Шадур Л. А. Развитие отечественного вагонного парка，М. ，Транспорт，1988.

154. Шполянский Д. И. Монополии угольно-металлургической промышленности юга России в начале XX века. М. ，Изд-во академии наук СССР. 1953.

155. Шухтан Л. Ф. Наша железнодорожная политика，СПб. ，Тип. Н. Я. Стойков，1914.

156. Эдмон Т. Экономическое преобразование России. М. ，РОССПЭП，2008.

157. Ямзин И. Л. Вощинин В. П. Учение о колонизации и переселениях. М – Л. ，Государственное издательство，1926.

（二） 俄文论文

1. Абрамова Н. Г. Из истории иностранных акционерных обществ в России （1905 – 1914гг. ）//Вестник Московского университета. История. 1982，№2.

2. Алияров С. С. Истории государственно-монополистического капитализма в России. Особое совещание по топливу и нефтяные монополии//История СССР. 1977，№6.

3. Бовыкин В. И. ，Бабушкина Т. А. ，Крючкова С. А. ，Погребинская В. А. Иностранные общества в России в начале XX в. //Вестник Московского университета. История. 1968，№2.

4. Бессолицын А. А. Поволжский региона на рубеже XIX – XX вв. （основны тенденции и особенности экономического развития）//Экономическая история России：проблемы，поиск，решения：Ежегодник. Вып. 5. Волгоград. ，Изд-во ВолГУ，2003.

5. Бовыкин В. И. Банки и военная промышленность России накануне первой мировой войны//История СССР. 1959, №64.

6. Бовыкин В. И. Монополистические соглашения в русской военной промышленности//История СССР. 1958, №1.

7. Волобуев П. В. Из истории монополизации нефтяной дореволюционной промышленности России. 1903 – 1914//Исторические записки, Т. 52. М., Изд-во АН СССР. 1955.

8. Горюнов Ю. А. Воздействие ташкентской железной дороги на экономическую жизнь оренбуржья первый трети XX века. Диссертация. Оренбург., 2010.

9. Гертер М. Я. Топливно-нефтяной голод в России и экономическая политика третьеиюньской монархии//Исторические записки. Т. 83. М., Изд-во АН СССР. 1969.

10. Грегори П. Экономическая история России, что мы о ней знаем и чего не знаем. Оценка экономиста//Экономическая история. Ежегодник. М., РОССПЭН, 2001.

11. Дякин В. С. Из истории экономической политики царизма в 1907 – 1914гг. // Исторические записки. Т. 109. М., Изд-во АН СССР. 1983.

12. Дьяконова И. А. Исторические очерки. За кулисами нобелевской монополии//Вопросы истории. 1975, № 9.

13. Кириченко В. П. Роль Д. И. Менделеева в развитии нефтяной промышленности//Вопросы истории народного хозяйства СССР. М., Изд-во Академии наук СССР. 1957.

14. Кондратьев Н. Д. Большие циклы конъюнктуры//Вопросы конъюнктуры. 1925, №1.

15. Клейн Н. Л. Факторы развития хозяйства Поволжья на рубеже XIX – XX веков. НИИ проблем экономической истории России XX века волгоградского государственного университеиа//Экономическая история России: проблемы, пойски, решения. Ежегодник. Вып. 2. Волгоград., Изд-во Вол ГУ, 2000.

16. Косторниченко В. Н. Иностранный капитал в нефтяной промышленности дореволюционной России: к разработке периодизации процесса//Экономическая история: обозрение. Вып. 10. М., Изд-во МГУ, 2005.

17. Кондратьев Н. Д. Спорные вопросы мирного хозяйства и кризиса// Социалистическое хозяйство. 1923, № 4 – 5.

18. Корелин А. П. Аграрный сектор в народнохозяйственной системе пореформенной России (1861 – 1914) //Российская история, 2001, №1.

19. Лаверычев В. Я. Некоторые особенности развитии монополии в России (1900 – 1914)//История СССР. 1960, №3.

20. Мовсумзаде Э. , Самедов В. Бакинская нефть как топливо для российского военного флата//Черное золото Азербайджана, 2014, №5.

21. Милов Л. В. Если говоритъ серьезно о частной собственности на землю// Свободная мысль, 1993, №2.

22. Потолов С. И. Начало моноплизации грозненской нефтяной промышленности (1893 – 1903)// Монополии и иностранный капитал в России. М-Л. , Изд-во Академии наук СССР. 1962.

23. Сидоров А. Л. Значение Великой Октябрьской социалистической революции в эконоических судьбах нашей родины//Исторические записки. Т. 25. М. , Изд-во АН СССР. 1947.

24. Фурсенко А. А. Первый нефтяной экспертный синдикат в России (1893 – 1897)//Монополии и иностранный капитал в России. М-Л. , Изд-во Академии наук СССР. 1962.

25. Фурсенко А. А. Парижские Ротшильды и русская нефть//Вопросы истории, 1962 , №8.

26. Халин А. А. Московско-нижгородская железная дорога//Исторические записки. Т. 111. М. , Изд-во АН СССР. 1983.

27. Чшиева М. Ч. Кавказская нефть и Нобелевская премия//Человек, Цивилизация, Культура, 2005, №1.

28. Яго К. Русско-Китайский банк в 1896 – 1910 гг. : международный финансовый посредник в России и Азии//Экономическая история. Ежегодник. М. , РОССПЭН, 2012.

后　记

　　本书历经两年的梳理、撰写和校对工作即将出版，初次撰写俄国史，心情忐忑不安。本想请恩师张广翔先生作序，但又怕撰写水平有限连累恩师盛名，此处仅将此丛书作为对恩师多年教导的回报。同时本书的出版也得到了贵州师范大学历史与政治学院各位领导和同人的大力帮助，在此深表谢忱。另因笔者研究资历和学术能力有限，很多问题无法进行深入研究，在撰写诸多问题时参考了张广翔、逯红梅、范璐祎、白胜洁、梁红刚等学者的部分观点，在此一一表示感谢。

　　国内关于英、美历史的研究成果较为丰富，关于俄国历史的研究成果稍显欠缺，笔者撰写本丛书也是一次尝试，试图弥补国内俄国史研究的一些不足。本丛书包括四部，分别是1700～1917年的俄国政治史、经济史、交通史和外交史，力求全面、系统地阐释俄国历史发展进程，但受客观因素制约，仍有诸多档案文献和著作未能挖掘，因此对某些问题研究还有待深入。此外，受语种限制，笔者无法大量利用英文资料，更是一大憾事。俄国史内容诸多，笔者着重论述1700～1917年俄国政治、经济、交通和外交状况，对国内的俄国史研究具有抛砖引玉的作用，因篇幅和资料有限，部分问题将在以后进行阐释。因水平有限，不足之处恳请各位读者批评指正。

　　在本书将要出版之际，特别要感谢妻子孙慧颖数年来的默默支持，让我无后顾之忧，顺利完成了本书的写作工作。同时以本书告慰亡母，作为其多年来教养我的回报。

　　最后对本书编辑高雁、贾立平老师的辛勤工作和认真负责的态度表示衷心感谢。

邓沛勇

2021年末于贵阳

图书在版编目（CIP）数据

　　俄国交通运输史：1700－1917 / 邓沛勇著. －－ 北京：
社会科学文献出版社，2022.12
　　（俄国史研究）
　　ISBN 978－7－5201－9892－9

　　Ⅰ.①俄…　Ⅱ.①邓…　Ⅲ.①交通运输史－俄罗斯－
1700－1917　Ⅳ.①F515.129

　　中国版本图书馆 CIP 数据核字（2022）第 047327 号

俄国史研究

俄国交通运输史（1700～1917）

著　　者 / 邓沛勇

出 版 人 / 王利民
责任编辑 / 贾立平
责任印制 / 王京美

出　　版 / 社会科学文献出版社·经济与管理分社（010）59367226
　　　　　　地址：北京市北三环中路甲 29 号院华龙大厦　邮编：100029
　　　　　　网址：www.ssap.com.cn
发　　行 / 社会科学文献出版社（010）59367028
印　　装 / 三河市东方印刷有限公司

规　　格 / 开　本：787mm×1092mm　1/16
　　　　　　印　张：18.75　字　数：325 千字
版　　次 / 2022 年 12 月第 1 版　2022 年 12 月第 1 次印刷
书　　号 / ISBN 978－7－5201－9892－9
定　　价 / 158.00 元

读者服务电话：4008918866